中国特色社会主义经济发展道路丛书

总主编 陈佳贵

经济发展方式转变与经济结构调整

Economic Development Pattern Transformation and Economic Structural Adjustment

陈佳贵/主编

图书在版编目（CIP）数据

经济发展方式转变与经济结构调整/陈佳贵主编.—北京：经济管理出版社，2012.9
ISBN 978-7-5096-2124-0

Ⅰ.①经… Ⅱ.①陈… Ⅲ.①中国经济—经济发展—发展方式—研究 ②中国经济—经济结构调整—研究 Ⅳ.①F12

中国版本图书馆 CIP 数据核字（2012）第 231871 号

组稿编辑：璐　栖
责任编辑：璐　栖　勇　生
责任印制：杨国强
责任校对：陈　颖

出版发行：经济管理出版社
（北京市海淀区北蜂窝 8 号中雅大厦 A 座 11 层　100038）

网　　址：	www.E-mp.com.cn
电　　话：	(010) 51915602
印　　刷：	三河市延风印装厂
经　　销：	新华书店
开　　本：	720mm×1000mm/16
印　　张：	20.25
字　　数：	397 千字
版　　次：	2012 年 10 月第 1 版　2012 年 10 月第 1 次印刷
书　　号：	ISBN 978-7-5096-2124-0
定　　价：	68.00 元

·版权所有　翻印必究·

凡购本社图书，如有印装错误，由本社读者服务部负责调换。
联系地址：北京阜外月坛北小街 2 号
电话：(010) 68022974　　邮编：100836

《中国特色社会主义经济发展道路》
丛书编委会

主　任：陈佳贵

委　员：(按姓氏笔画排序)

王国刚　刘树成　刘迎秋　刘熠辉　刘戒骄
吕　政　张卓元　张晓山　李　扬　李　周
吴太昌　汪同三　陈佳贵　金　碚　周叔莲
洪　涛　高培勇　黄群慧　黄速建　蔡　昉
潘家华

中国经济重大问题跟踪分析（二期）课题组

一、总课题组

负责人：陈佳贵 全国人大常委，中国社会科学院经济学部主任、学部委员

成　员（按姓氏笔画排序）：

王国刚　中国社会科学院金融研究所　　所长　研究员
李　周　中国社会科学院农村发展研究所　所长　研究员
李雪松　中国社会科学院数量与技术经济研究所　副所长　研究员
金　碚　中国社会科学院工业经济研究所　所长　学部委员
张车伟　中国社会科学院人口与劳动经济研究所　副所长　研究员
杨春学　中国社会科学院经济研究所　副所长　研究员
夏杰长　中国社会科学院财经战略研究院　院长助理　研究员
黄群慧　中国社会科学院工业经济研究所　副所长　研究员
韩朝华　中国社会科学院经济学部工作室　主任　研究员
魏后凯　中国社会科学院城市发展与环境研究所　副所长　研究员

二、子课题组

（一）投资宏观调控的效应分析与结构调整

负责人：李雪松　中国社会科学院数量与技术经济研究所　副所长研究员
成　员：张　涛　中国社会科学院数量与技术经济研究所经济模型研究室　主任　研究员
　　　　娄　峰　中国社会科学院数量与技术经济研究所经济模型研究室　副主任　研究员

（二）产业结构调整和升级

负责人：钟宏武　中国社会科学院社会发展战略研究院　副研究员

（三）工业结构的转型升级

负责人：金　碚　中国社会科学院工业经济研究所　所长　学部委员
　　　　吕　铁　中国社会科学院工业经济研究所工业发展研究室　主任　研究员

邓　洲　中国社会科学院工业经济研究室工业经济发展室　助理研究员

(四) 城乡二元结构与城镇化问题
负责人：李　周　中国社会科学院农村发展研究所　所长　研究员
成　员：杜志雄　中国社会科学院农村发展研究所　副所长　研究员
　　　　党国英　中国社会科学院农村发展研究所农村宏观经济研究室
　　　　　　　　主任　研究员
　　　　刘长全　中国社会科学院农村发展研究所农村产业经济室
　　　　　　　　副研究员
　　　　罗万纯　中国社会科学院农村发展研究所农村宏观经济研究室
　　　　　　　　副研究员

(五) 区域结构演变与调整战略
负责人：魏后凯　中国社会科学院城市发展与环境研究所　副所长　研究员
成　员：盛广耀　中国社会科学院城市发展与环境研究所城市与区域管理研
　　　　　　　　究室　副研究员
　　　　王业强　中国社会科学院城市发展与环境研究所城市与区域管理研
　　　　　　　　究室　助理研究员
　　　　张　燕　中国社会科学院城市发展与环境研究所　博士后

(六) 初次分配中劳动报酬份额变动及调整对策
负责人：张车伟　中国社会科学院人口与劳动经济研究所　副所长　研究员
成　员：张士斌　贵州财经大学工商管理学院　副院长

(七) 金融体系结构调整与改革
负责人：王国刚　中国社会科学院金融研究所　所长　研究员
成　员：董裕平　中国社会科学院金融研究所公司金融研究室
　　　　　　　　主任　研究员
　　　　姚　云　中国社会科学院金融研究所公司金融研究室　助理研究员

(八) 所有制结构调整
负责人：杨春学　中国社会科学院经济研究所　副所长　研究员
成　员：胡家勇　中国社会科学院经济研究所政治经济学研究室
　　　　　　　　主任　研究员
　　　　杨新铭　中国社会科学院经济研究所政治经济学研究室
　　　　　　　　副主任　副研究员

编写说明

中国经济改革开放30多年来,我国的经济社会发展取得了举世瞩目的成就,积累了丰富的经济体制改革经验,成功地走出了一条具有中国特色的经济发展道路。对改革开放以来中国经济体制改革进行系统、客观、深入的总结和研究,为我国进一步改革开放提供政策建议,无疑具有重大的理论和实践意义。《中国特色社会主义经济发展道路》丛书正是在这个背景下诞生的。

《中国特色社会主义经济发展道路》丛书共有9本,被国家出版基金规划管理办公室确定为2012年度国家出版基金资助项目。该项目总主持人是全国人大常委、中国社会科学院经济学部主任陈佳贵研究员。该项目共有9个子项目,分别是由陈佳贵研究员主持的"经济发展方式转变与经济结构调整"、数量经济与技术经济研究所原所长汪同三研究员主持的"中国投资体制发展道路"、工业经济研究所所长金碚研究员主持的"中国国有经济发展道路"、农村发展研究所原所长张晓山研究员与农村发展研究所所长李周研究员主持的"中国农村发展道路"、金融研究所所长王国刚研究员与中国社会科学院金融研究所金融实验室主任刘熠辉研究员主持的"中国金融体制发展道路"、财经战略研究院院长高培勇研究员主持的"中国财税体制发展道路"、人口与劳动经济研究所所长蔡昉研究员主持的"中国劳动与社会保障体制发展道路"、研究生院院长刘迎秋研究员主持的"中国非国有经济发展道路"、北京工商大学洪涛教授主持的"中国改革开放与贸易发展道路"。每个子项目的最终成果就构成了本丛书中的一本专著。本丛书的初稿完成后,我们分别请有关领域的专家学者对各卷的初稿提出修改建议,各卷作者又按照修改建议进行了修改。

本丛书编委会由陈佳贵任主任,编委会委员(按姓氏笔画排序)王国刚、刘树成、刘迎秋、刘熠辉、刘戒骄、吕政、张卓元、张晓山、李扬、李周、吴太昌、汪同三、陈佳贵、金碚、周叔莲、洪涛、高培勇、黄群慧、黄速建、蔡昉、潘家华。本丛书的出版得到中国社会科学院科研局、经济学部、国家出版基金规划管理办公室的大力支持,在这里一并表示感谢!

《中国特色社会主义经济发展道路》丛书编委会
2012年11月

总 序

新中国成立以来,1978年开始的改革开放是20世纪70年代以来世界上最重大、最壮观、最为世人瞩目的事件之一。这场波澜壮阔的运动,规模之大,范围之广,持续之久,影响之深刻,成效之显著,都是史无前例的,它使中国实现了由计划经济向市场经济的转轨,建立起了走向成熟的社会主义市场经济制度;中国的工业化和城市化得到加速发展,工业化已经进入中期的后半阶段,中国已经由农业大国变成了工业大国。中国经济的国际化程度大大提高,已经成为世界经济的重要组成部分,对世界经济的贡献越来越大,影响越来越强。2010年中国GDP达到397983.3亿元,约合5.87亿美元,已跃居世界第二位;2011年中国人均GDP为5414美元,已经进入中等收入国家行列;进出口总额超过36418.6亿美元,位居世界第二位。与此同时,中国的科技、教育、文化、卫生、社会保障等领域的改革也得到了长足发展。

新中国成立60多年来,中国在经济建设上积累了丰富的经验,形成了具有中国特色的经济发展道路。我们有责任对这些经验进行总结,使它们成为中国人民永久的财富,并为全世界所分享。概括起来讲,中国60多年来的发展,尤其30多年的改革开放有以下主要经验和特点:

第一,坚持以中国特色社会主义理论为指导。中国特色社会主义理论是在以邓小平为核心的党的第二代领导集体、以江泽民为核心的第三代领导集体和以胡锦涛为总书记的党中央在分析了国内外形势的新变化、新特点,吸取历史的经验教训,总结中国丰富的改革开放的实践经验,吸收中国理论研究的新成果的基础上形成的。它是对马克思列宁主义、毛泽东思想的继承和发展。这个理论包括邓小平理论、三个代表的重要思想和科学发展观三个重要的组成部分。邓小平不仅是中国改革开放的总设计师,而且是中国改革开放的理论奠基人。他支持开展的"实践是检验真理的唯一标准"的讨论使人们冲破了"极左"思想的桎梏,重新确立了"解放思想、实事求是"的思想路线,激发了广大干部群众对改革开放的积极性、创造性和首创精神。邓小平同志关于社会主义初级阶段的理论,关于改革是一场新的革命的理论,关于社会主义本质和社会主义发展道路的理论,关于计划与市场的理论,关于让一部分人和地区先富裕起来、逐步达到共同富裕的理论，关于摸着石头过河的理论，关于政府行政机构改革的理论，关于建立经济特区、大胆利用外资和发展证券市场的理论，等等，以及在这些理论基础上形成的党在社会主义初级阶段的路线、纲领、方针和重大政策，为统一全党和全国人民的认识、把党的工作重心转移到经济建设上来、顺利推进改革开放提供了强大的思想武器和理论支持。江泽民同志继承和发展了邓小平同志的理论，提出了三个代表的重要思想。他的关于改革是全面改革的论述，把建立社会主义市场经济作为改革的目标的论述，关于坚持和完善公有制为主体、多种所有制经济共同发展的基本经济制度的论述，关于依法治国的论述，以及把建立社会主义市场经济体制写入党章、写入宪法，作出加入WTO等重大决策，为改革的深入发展提供了理论指导和法律保障，保证了中国的改革开放事业沿着邓小平同志开辟的正确道路继续前进。胡锦涛同志在继承邓小平、江泽民同志的理论和思想的基础上，提出了科学发展观、建立和谐社会等理论和战略设想，提出了完善社会主义市场经济的思路，推进了中国特色社会主义沿着正确的道路不断前进。

第二，坚持社会主义制度的自我完善。中国的发展道路是根据中国的基本国情确立的。这个基本国情就是中国还处于并将长期处于社会主义初级阶段。它有两重含义：一是中国已经建立起了社会主义制度，中国的社会具有社会主义的性质，我们必须坚持社会主义制度，走社会主义道路；二是中国尚处在社会主义的初级阶段，现在中国的社会主义制度还很不完善、很不成熟，需要我们几代、十几代，甚至几十代人去努力奋斗，以巩固和发展社会主义制度。改革开放就是巩固、发展与完善社会主义制度的重大战略举措。

第三，坚持市场取向的改革。中国特色的社会主义经济发展道路是从在农村推行家庭联产承包制、在城市扩大企业自主权开始的。1982年，中共十二大提出了"计划经济为主，市场调节为辅"的改革原则。1984年，中共十二届三中全会提出了社会主义经济是"有计划的商品经济"的命题，对社会主义经济的性质做出了基本判断。1987年，中共十三大进一步提出"国家调节市场，市场引导企业"的新型经济运行机制。1992年，中共十四大最终提出建立社会主义市场经济体制的改革目标。从这个过程可以看出，尽管中间也出现了一些波折，但是始终坚持了市场取向的改革，并逐步加强市场机制的作用，最终确立成熟的社会主义市场经济的改革目标，肯定了市场在国家宏观调控下对资源配置起基础性作用。

第四，坚持社会主义市场经济体制作为改革的目标和模式。这个制度是建立在"以公有制为主体，多种所有制经济共同发展的基本经济制度"之上的，它既具有市场经济的基本特征，又具有中国特色。它主要由企业制度、市场体系、分配制度、社会保障制度和政府的宏观管理五大支柱所支撑。

——建立"产权清晰、责权明确、政企分开、管理科学"的现代企业制度，使企业成为自主经营、自我发展、自我约束、自负盈亏的市场的主体。企业的主要法律形态采用有限责任公司和股份有限公司。

——发展商品市场以及资本、土地、劳动力、技术和管理等要素市场,建立统一开放、竞争有序的市场体系,形成有效的市场机制,发挥市场在资源配置中的基础作用。

——实行以按劳分配为主体、多种分配方式并存的分配制度,强调效率与公平的结合。

——逐步建立覆盖城乡的社会保障制度,构建完备的社会安全网。

——政府主要运用经济的、法律的手段调控经济,必要时也可采用少量的行政手段对经济进行管理,使国民经济保持平稳、快速、健康发展。

在发展成就的经验基础上,逐步建立起与社会主义市场经济体制相适应的一系列法律。

第五,在发展方法上,采取先易后难,逐步深化,渐进式推进。中国的发展道路选择是史无前例的,无现成的经验可以借鉴。中国又是一个发展中大国,承受改革与发展风险的能力较弱。中国的改革开放又是在遭受"文化大革命"破坏、国民经济处于极端困难的时候开始的,这种环境和条件使中国的改革开放只能采取"摸着石头过河"的办法,在探索中前进,在前进中探索。先推进见效快的改革,后推进见效慢的改革;先推进难度小的改革,后推进难度大的改革;先着手浅层次改革,后推进深层次改革;先推进竞争性领域的改革,后推进垄断行业的改革;先缩小政府机构管理权限,后改革行政管理体制;先着力进行经济体制改革,后推进政治、文化、社会体制改革。

对于把握不大的改革,先进行试点,在总结试点经验的基础上再逐步推广。沿着这种路径、采取这种方法进行改革,保证了改革开放稳步前进,避免了出现大的失误和挫折。

第六,在总体部署上,注意处理好"五个关系",使改革开放不断深化。

处理好农村改革和城市改革的关系。中国的改革先是从农村开始的,1978年后,在农村迅速推广了土地家庭联产承包责任制,这一制度极大地激发了广大农民种田的积极性,迅速解决了中国的粮食问题,并于1993年全面废除了已实行20多年的粮票、油票、布票、副食品等票证制度。这是一个翻天覆地的变化。农村改革不仅为城市提供了足够的粮食和副食品,也为城市改革和发展提供了丰富的原材料和大批的剩余劳动力。十二届三中全会后,城市的改革提上重要议程。城市改革特别是工业的改革和发展,工业化进程的快速推进,国家获得了大量的物力、财力,为工业反哺农业,城市支持农村创造了良好的经济基础,也为农村改革的深化创造了良好的条件。

处理好利益调整和制度、机制创新的关系。改革初期,无论农村推行土地联产承包责任制，或是城市工商企业推行的企业承包经营、建立生产责任制等办法，都主要是进行利益调整，在不根本改变计划经济体制的情况下，调整国家、企业和个人的分配关系，激发广大群众对改革和发展的积极性和创造性。在改革初期这样做是完全必要的，它能使改革很快见到成效，使广大群众支持改革、拥护改革，也减少了改革的阻力。但是，这种扩权让利不可能使计划经济体制本身带来革命性的变化，给广大群众带来的积极性也不可能持久。随着改革的深入，扩权让利的改革必然要发展到机制创新和制度创新阶段。在农村，让农民对土地有长期的经营权、允许经营权有偿转让等改革，就是把利益调整和制度创新有机结合的尝试。在城市改革特别是国有企业改革中，由承包制发展到股份制改革，对国有企业进行股权多元化、分散化的公司化改造，更是使企业改革发展到了企业机制、企业制度创新的新阶段，较好地解决了扩权让利和企业机制、企业制度创新相结合的问题。

处理好公有企业改革和发展非公有企业的关系。在所有制的改革上，始终从两个方面推进：一方面，对国有企业、集体企业进行改革，探索公有制的实现形式，把大批国有、集体企业改变成公司制企业，实现了所有权主体的多元化、分散化；另一方面，大力发展非公有制经济，使它们成为社会主义市场经济的重要组成部分。国有企业改革和国有经济的战略调整，不仅缩短了国有经济战线，优化了国有经济布局，提高了国有经济的素质，而且促进了个体私营经济和混合经济的发展。个体私营经济的发展，不仅繁荣了经济，为社会提供了大量的就业岗位，也对国有企业、集体企业形成压力，促进了国有企业和集体企业的改革。

处理好对内改革和对外开放的关系。中国的经济改革和经济发展，为外资的进入创造了良好的市场环境、体制环境、法治环境和人文环境，因此，长期以来中国一直处于引进外资的前列。加入WTO后，不仅标志着中国对内改革进入了一个新阶段，也标志着中国对外开放进入了全面、全方位开放的新阶段。一方面，我们加快了内部改革，尽力使中国的经济体制和管理办法与国际接轨；另一方面，我们增强了在制定国际规则方面的话语权，加强了中国企业的国际竞争力。在短短几年间，中国的外贸出口额高速增长。2007年，已经成为世界上的第二大出口国。中国企业的对外投资也开辟了新局面。

处理好改革、发展和稳定的关系。改革、发展、稳定，这三者既各有侧重，又存在密切联系。"发展是硬道理"，"发展是改革的根本目的"，"发展是第一要务"，在改革开放中，始终坚持以经济建设为中心，围绕发展促进改革开放。改革是为了解放和发展生产力，改革不仅能激发广大群众的积极性和创造性，为发展提供强大的动力，而且能为国民经济长期、平稳、快速、健康发展提供良好的机制和制度保证。稳定是改革发展的基本前提，要坚持稳中求进。社会动荡不安，改革很难进行，要想快速发展也只能是一场美梦。因此，要把握好改革的力度、发展的速度和社会的可承受度之间的关系，使三者协调推进。

第七，在改革的动力上，既依靠中国共产党以及它领导下的政府的权威，又尊重人民群众的首创精神，充分发挥理论界的作用。中国的改革始终是在中国共产党领导下进行的，中国共产党是推进改革开放的核心力量。中央政府凭借自己的行政权威，保证了中国共产党制定的改革开放的路线、目标、方针、政策得以全面贯彻实行。党的政治权威和政府的行政权威为改革开放创造了良好的环境，是改革开放能够不断持续推进的保障。基层和群众的积极性、创造性始终是中国改革开放的基础力量。中国的许多改革都是从基层，有的还是群众自发先做起来的，然后由政府总结经验逐步推广到全国。

理论界也是推动改革开放的一股重要力量。广大理论工作者解放思想，把马克思主义和中国实践结合起来，既注意引进国外的先进管理理念、理论、方法和手段，吸收现代经济学有用的成果，又深入总结历史的经验教训，及时总结改革开放中基层和人民群众创造的新经验、新做法，研究新情况、新问题，为深化改革开放进行了理论阐述，提出了许多有价值的建议，为改革开放发挥了思想库和智囊团的作用。

第八，在对中国经济发展的措施、手段的选择和成果的评价上，坚持从实际出发，不唯书、不唯上，"评判的标准，应该主要看是否有利于发展社会主义社会的生产力，是否有利于增强社会主义国家的综合国力，是否有利于提高人民的生活水平。"

中国 60 多年来的经济发展，尤其是改革开放 30 年来的发展成就震撼了整个世界，但是也存在一些不足。中国还处于社会主义初级阶段，改革开放持续的时间长，整体配套性不够强；垄断行业的改革进展缓慢，产品、服务质次价高；行政机构的改革成效不大，政府职能还没有很好地转变；社会管理制度滞后，上亿农民工的身份、待遇等问题还没有得到解决；和工业化、城市化快速发展相比，农村生产方式仍很落后；在改革开放中还出现了地区差距扩大、城乡差距扩大、居民收入差距扩大、经济快速增长付出的资源环境代价过大等新问题。如何对待这些问题，当前有不同的认识。有些人认为，这些问题是改革开放带来的，甚至主张体制的倒退和复归。我们认为这种看法是非常错误的、十分有害的。改革开放 30 年来取得的成绩是任何人也抹杀不了的。这样一场史无前例的社会经济的大变革出现一些问题是难免的，但必须引起高度重视。只有进一步解放思想、深化改革、加快发展，才能使这些问题得到有效解决。倒退是毫无出路的，也不符合广大人民群众的根本利益，是不得人心的。

中国特色社会主义经济发展道路走过了 60 多年的历程，取得了一系列辉煌成就，但是我们也要清醒地认识到，国际社会瞬息万变，尤其进入 21 世纪，西方发达国家经历了金融危机和债务危机，经济状况持续衰退，直接影响到全球经济的发展，在中国崛起的过程中会遇到国内外诸多艰巨的问题，未来十年中国完善社会主义市场经济体制的任务将进入建设"成熟社会主义市场经济体制"的新阶段。所谓成熟的社会主义市场经济体制是能够自我调整、自我完善和自我演进的经济制度。建设成熟的社会主义市场经济体制，要从全面制度创新的高度，谋划改革方略、路径和动力问题，统一凝聚改革共识，增强改革动力，注重顶层设计和顶层推进，发挥地方和企业的首创精神，突出改革的整体性，推动改革的多层次协调配套，我们要做好攻坚克难的准备。应当从理论上、实践上认真总结中国经济发展的成绩、经验和教训，提高认识，以利于夺取中国特色社会主义经济发展建设的全面胜利！

陈佳贵

全国人大常委、经济学部主任

原中国社会科学院副院长

2012.12.6

前　言

中共十七大提出了"转变经济发展方式"的战略任务，标志着我国经济发展进入了一个新的历史时期。

经过30多年的改革开放，我国经济取得了举世瞩目的发展。我国社会主义市场经济体制的基本框架已经成形，正在逐步完善中；我国的工业化、城市化进程在加速发展；我国经济的国际化程度显著提高；经济的总体规模和国际影响力得到了巨大的提升。与此同时，一些深层次的问题也逐渐显露出来，而国内外经济环境又在发生着迅速的变化。这些因素相互交织在一起，使中国经济发展的可持续性面临重大挑战。而要解决这些深层次问题，必须对我们30多年来改革开放和社会主义建设的经验教训进行总结，对我们现在和将来面临的一些重大问题进行深入研究，提出解决问题的思路和政策建议。

为了持续地跟踪中国经济发展的进程和研究其发展趋势，及时把握和分析中国经济发展中面临的新挑战，探讨在改革开放和转变发展方式过程中出现的新问题，中国社会科学院经济学部在我院科研局和学部工作局的大力支持下，于2008年启动了"中国经济重大问题跟踪分析"专项系列课题。它的第一个课题是对"十一五"规划的执行情况进行跟踪分析研究。这项研究产生了一批重要的研究成果。其中，除了在各类学术刊物上发表外，有一部分研究成果以中国社会科学院《要报》和其他内部报告的形式递交有关决策部门，供有关政府部门作为决策参考。其最终成果是一本专著：《中国经济发展："十一五"中期评估和"十二五"展望》（中国社会科学出版社，2010年）。

在此基础上，经济学部在科研局和学部工作局的支持下于2010年初又启动了"中国经济重大问题跟踪分析"的第二个课题研究。主要着眼于国际金融危机的大背景，围绕经济结构调整这个重大问题进行了研究，集中分析了经济结构调整所取得的进展和需要进一步解决的问题。整个研究涉及我国的分配结构、需求结构、城乡结构、区域结构、产业结构和所有制结构调整中的进展、问题和进一步调整的思路、政策建议，以及为结构调整营造良好的宏观环境、财政支持、金融支持，等等。承担这些研究的都是中国社会科学院经济学部各研究所的研究骨干，其中，多数成员参与了该项目第一个课题的研究。这些研究人员在相关领域中有着长期的研究积累，他们熟悉相关问题的历史背景和现状，在研究上具有较好的连续性，分析依据的资料和数据具有较强的连贯性。同时，这些研究者又熟悉国内外相关领域最新的理论动态，这保证了该项目的研究能持续地得到新理论和新思路的支持。

该课题的研究历时两年多，完成了一批具有现实意义和学术价值的研究成果，现在这部专著是该课题的最终成果。全书共分三个部分：第一部分是总报告；第二部分经济结构调整分析，是本书的主体；第三部分营造转变发展方式的良好环境。

毫无疑问，这些研究成果中的认识和判断都是作者个人的观点，转变经济发展方式、调整经济结构是一个十分复杂的问题，中国经济在不断发展，发展所面临的问题也处于变动之中，不同的研究者对这些问题的研究会得出很不相同的判断。我们希望这些研究成果能对学界同行有所启发，能对政府制定相关的政策有所参考，更欢迎各界读者对我们研究中的不足提出批评和建议。

陈佳贵
2012 年 9 月

目 录

前言 ·· 1

第一部分 总报告

第一章 新时期的经济发展方式转变与经济结构调整 ························· 3

第二部分 经济结构调整分析

第二章 我国初次分配中劳动报酬份额变动及调整思路 ···················· 29
第三章 中国三次产业结构的调整和升级 ·· 71
第四章 中国工业结构的转型升级问题分析 ······································· 95
第五章 城乡二元结构背景下的城镇化进程及其问题 ······················ 127
第六章 中国经济的区域结构演变与调整战略 ································· 159

第三部分 营造转变发展方式的良好环境

第七章 投资宏观调控的效应分析与结构调整 ································· 211
第八章 中国金融体系结构调整与改革 ·· 237
第九章 我国经济所有制结构调整问题 ·· 283

第一部分

总报告

第一章　新时期的经济发展方式转变与经济结构调整

自改革开放以来，我国经济保持了 30 多年的持续高速发展。据国家统计局公布的数据，从 1978 年至 2011 年的 33 年中，按不变价格计算我国的国内生产总值增长了 22.5 倍，年均增长 9.89%。分三次产业来看，这 30 多年里，第一产业年均增长 4.58%，第二、三产业的年均增长速度分别为 11.42% 和 10.87%。到 2010 年，我国的国内生产总值达到了 58786 亿美元，超过了日本的国内生产总值（54742 亿美元），已成为世界第二大经济体。①

西蒙·库兹涅茨在其名著《现代经济增长》一书中曾指出，绝大多数国家的经济增长都伴随着人口增长和结构的巨大变化，与经济增长相伴随的结构变换主要有这样几个方面：第一，工业化；第二，城市化；第三，不同社会群体之间相对经济地位的变化；第四，产品在居民消费、资本形成和政府消费之间的分配，以及这三类用途内部的结构变化；第五，一国之内地区生产布局的变化；等等。②我国 30 多年经济的高增长清楚地印证了他的结论（见表 1-1）。

表 1-1　改革开放以来中国经济的主要结构变化

单位：%

主要经济结构指标		1978 年	2011 年
GDP 的产业部门比重的变化	第一产业	28.19	10.1
	第二产业	47.88	46.8
	第三产业	23.94	43.1
其他主要结构性指标的变化	经济开放度（进出口总额/GDP）	9.74	48.66
	城市人口比重	17.92	51.3
	城镇公有部门就业比重	99.84	20.51*

资料来源：《中国统计年鉴》2011 年；2011 年数据出自"中华人民共和国 2011 年国民经济和社会发展统计公报"（国家统计局网页）；* 为 2010 年数据。

---

① http://www.sina.com.cn，2011-02-14.
② 西蒙·库兹涅茨. 现代经济增长. 戴睿，易诚，译. 北京：北京经济学院出版社，1989：1.

从表 1-1 可以看出，自 1978 年以来，我国经济中的一些基本结构关系发生了显著的变化。首先，从三次产业结构看，第一产业的比重从 28.19%降至 10.1%，第二产业的比重基本稳定，而第三产业的比重从 23.94%升至 43.1%。这说明，经过这 30 多年的改革开放，中国经济彻底摆脱了以第一产业为主体的农业大国，已经成长为一个工业大国。

另外，在这 30 多年里，我国经济的对外开放度（进出口总额对国内生产总值的比率）从 1978 年的 9.7%上升为 2011 年的 48.66%。这说明我国经济已经从一个相对封闭的体系转变为一个高度开放的体系，我国经济已深深地融入了全球化的国际经济循环过程。

同时，我国的城镇人口从 1978 年的 1.72 亿增至 2010 年的 6.70 亿，年均增长 4.3%，[①] 导致我国城镇人口占总人口的比重从 1978 年的 17.92%变为 2011 年的 51.3%。这说明，这一期间内我国的城市化水平有了飞速的提高。

与一般新兴市场经济国家或发展中国家不同的是，在这 30 多年里，我国经济中的所有制结构也有了很大变化。1978 年，我国城镇就业人口中，在国有单位和集体所有制单位中就业的人数占总就业人数的比重为 99.8%，但到 2010 年，这个比例下降为 20.5%。这意味着，这一期间我国经济中由市场调控的领域有了显著的扩大。这反映出，30 多年来我国经济体制经历了从计划经济向市场经济的巨大转变。

现在我国经济已经进入转变发展方式和调整结构的新时期，在这一时期，从整体上看，中国经济发展虽然仍处于工业化和城镇化阶段。但是，今后我国经济发展面临的国际环境更加复杂多变，自身的发展也面临一些新的问题和任务。转变经济发展方式，进行结构调整的形势更加紧迫，任务更加艰巨。我们必须以科学发展观为指导，以转变经济发展方式为主线，以结构调整为主攻方向，深化改革，努力创新，保持经济平稳、持续高效发展，不断增强国家的综合实力，改善人们的物质文化生活，把我国的现代化建设推进到一个新的时期，提升到一个新的水平。

一、新时期我国经济发展面临的国内外环境更加复杂

（一）我国经济发展面临的国际经济环境正在发生重大转变

我国经济发展面临的国际经济环境正在发生重大转变。这主要表现为以下几个方面：

---

① 《中国统计年鉴》2011 年。

（1）20世纪末的互联网"新经济"繁荣结束之后，国际经济增长放缓，多数发达国家过度依靠宽松的货币政策来刺激经济增长，在许多经济体中导致了广泛的金融泡沫，直接诱发了重创全球经济的2008年国际金融危机，使世界经济的发展受到严重影响。美国引发的世界性的金融危机还没有过去，欧盟的一些国家又陷入了主权债务危机，使欧盟的经济遭到很大打击，欧元受到巨大冲击，欧盟经济陷入严重衰退之中。世界经济增长乏力，短期内新的经济增长点还难以形成。在这种情况下，贸易保护主义盛行，经济全球化进程减缓，外向程度高的经济体增长受阻。

（2）2008年的国际金融危机使发达国家盲目依赖虚拟经济发展的增长模式深受质疑，发达国家纷纷寻求转变经济发展重点，提出了"再工业化"、"重振制造业"等战略主张。同时，世界科技发展正孕育着新的技术突破，发达国家大力调整科技和产业发展战略，把绿色、低碳技术及其产业化作为突破口，全力培植新型战略性产业，推动产业结构的又一轮转型。这对国际产业竞争格局注入了新的不确定因素。各新兴市场经济体和后发经济体若不能积极跟进，并在这一轮战略性产业创新中把握住机遇，就可能在今后的全球产业竞争中屈居劣势。

（3）中国经济的对外开放度不断提高，中国经济受世界经济的影响越来越大。2000年，中国的进出口总额只有4742.9亿美元，到2011年，中国进出口总额达到36421亿美元，年均增长20%以上。目前，中国已成了进出口总额位居世界第二位的贸易大国。[①]在最近两年进出口总额很可能跃居世界第一位。这一转变一方面显示出中国经济的总规模和国际竞争实力大大增强，另一方面也说明我国经济受国际经济变化的影响越来越大。贸易摩擦频繁发生，出口形势更加严峻，由于初级产品，特别是石油、铁矿石等大宗商品的进口大幅度增加，2011年它们的对外依存度都超过50%，达到56%，诱发物价上涨的国际因素增加，经济安全的形势更加复杂。（见图1-1、表1-2）

（二）转变经济发展方式的国内形势更加严峻

在肯定我国经济取得举世瞩目的成绩的同时，我们也应该看到，我国的经济发展方式还很粗放，经济发展的质量和效益有待提高。总体看，我国经济存在着固定资产的投入高、劳动者的工资低、资源性产品的价格低和对环境损害的补偿低等问题。

1. 主要依靠投资驱动刺激经济增长

从"十一五"期间GDP的构成看，投资占GDP的比重在逐年上升，2006年占50.9%，2010年上升到69.3%；资本形成率2006年为41.8%，2010年上升到

---

① 《中国统计年鉴》2010年。

48.6%；从投资增长速度看，"十一五"期间投资年均实际增长21.9%，远高于GDP年均11.2%的增速；从对经济增长的贡献率看，2006年，投资对经济增长的贡献率为43.9%，2010年达到54.0%，其中2009年甚至高达91.3%（见表1-3）。

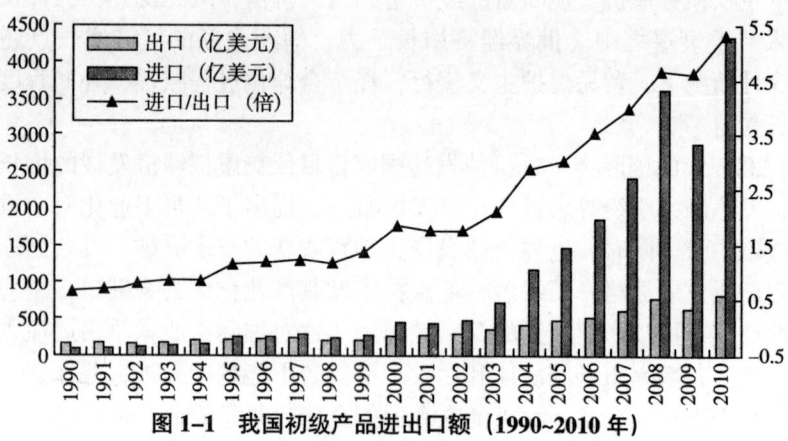

图1-1 我国初级产品进出口额（1990~2010年）

表1-2 我国能源进出口情况

单位：万吨标准煤

年　份	进口量	出口量	净进口	消费总量	净进口/总消费（%）
2000	14334	9633	4701	145531	3.23
2001	13471	11145	2326	134915	1.72
2002	15769	11017	4752	148222	3.21
2003	20048	12989	7059	174990	4.03
2004	26593	11646	14947	203227	7.35
2005	26952	11448	15504	235997	6.57
2006	31057	10925	20132	246270	8.17
2007	34904	10298	24606	265583	9.26
2008	36764	9955	26809	291448	9.20
2009	47313	8440	38873	306647	12.68

资料来源：《中国统计年鉴》相关各年。

表1-3 "十一五"期间投资占GDP的比重及对经济增长的贡献

年　份	固定资产投资占GDP的比重（%）	资本形成率（%）	资本形成增长率（%）	资本形成对经济增长的贡献率（%）	拉动经济增长百分点
2006	50.9	41.8	23.9	43.9	5.6
2007	51.7	41.7	24.8	42.7	6.1
2008	55.0	43.9	25.9	47.5	4.6
2009	65.9	47.5	30.0	91.3	8.4
2010	69.3	48.6	23.8	54.0	5.6

资料来源：国家统计局. 中国统计摘要2011. 北京：中国统计出版社，2011.

这种主要依靠投资拉动的经济增长不仅挤压了消费，消耗大量资源，损害环境，而且使投资效益下降。（见表1–4）

表1–4　历年固定资产投资效果系数

单位：%

年份	系数	年份	系数	年份	系数
1996	45.2	2001	28.1	2006	24.0
1997	31.3	2002	24.6	2007	36.0
1998	19.1	2003	27.9	2008	27.9
1999	17.7	2004	34.1	2009	12.0
2000	29.0	2005	26.1	2010	21.7

资料来源：根据《中国统计摘要2011》测算，中国统计出版社，2011年5月。

到2009年，投资效果系数为12.0%，处于有历史数据的最低水平，即每一亿元的固定资产投资，GDP只增加0.12亿元，比1996年减少了3320万元。而且凡是大量增加投资的年份，投资效率下降得更加明显，比如，1998年和1999年这两年分别只有19.1%和17.7%，2009年和2010年这两年分别只有12.0%和21.7%。这说明，在投资规模增大的同时，资本投入的生产效率却在降低，高投入、低效益的问题较为突出。部分资金投入后并未得到充分、有效的运用，投资资金的低水平运作严重影响了投资效益和质量的提高。

2. 主要依靠较低的劳动者报酬提高竞争力

统计表明，我国劳动者报酬占GDP的比重已经从1990年的53.4%下降到2007年的39.7%，下降了13.7个百分点，明显低于成熟市场经济国家54%~65%的水平。而同期企业利润占GDP的比重从21.9%增加到29.6%。

根据国际组织测算，目前我国制造业劳动力成本仅相当于发达国家的3%左右。1996~2005年10年间，全国职工工资总额年均增长9.15%，不足同期企业利润增幅（28.62%）的1/3。农民工的工资增长更慢，不少农民工没有参加社会保险。一些垄断行业的职工收入特别是企业高管人员的收入过高，城乡居民收入差距扩大，贫富差距拉大。

3. 主要靠大量消耗资源维持粗放型发展

我国资源性产品的资源税低、价格不合理，使我国资源消耗高、浪费大。我国每百万美元国内生产总值能耗比世界平均水平高出2.2倍，比美国略高出2.5倍，比欧盟高近5倍，比日本高8倍多。目前我国钢铁、电力、水泥等高耗能产业的单位产品能耗比世界先进水平平均高20%左右；矿产资源总回收率为30%，比国外先进水平低20%以上；木材综合利用率为60%，比国外先进水平低20%。再生资源利用量占总生产量的比重，比起国外先进水平也低出很多。其中，钢铁工业年废钢利用量不到粗钢总产量的20%，国外先进水平为40%；工业用水重复利用率比国外先进水平低15%至25%左右。

另外，2000~2009年，我国拥有的水资源总量从27701亿立方米下降为24180亿立方米，导致这一期间我国人均水资源量从2193.9立方米减少至1816.2立方米（见表1-5）。从世界范围来看，我国的人均可更新淡水量为2140立方米，在全球180个国家和地区中仅列第125位。同时，2009年我国的森林覆盖率为20.36%，在全球227个国家和地区当中排在第140位之后。①

表1-5 全国水资源总量和人均水资源占有量

年份	水资源总量（亿立方米）	降水量（亿立方米）	人均水资源量（立方米）
2000	27701	60092	2193.9
2001	26868	58122	2112.5
2002	28261	62610	2207.2
2003	27460	60416	2131.3
2004	24130	56876	1856.3
2005	28053	61010	2151.8
2006	25330	57840	1932.1
2007	25255	57763	1916.3
2008	27434	62000	2071.1
2009	24180	55959	1816.2

资料来源：国家统计局网页·专题调查。

4. 主要靠牺牲环境换取经济增长

根据国家统计局公布的数据，进入新世纪以来，我国的污染物排放总量逐年增长。如全国工业废水排放量从2000年的1942405万吨增至2010年的2374732万吨，年均增长2.03%。全国工业废气排放量从2000年的138145亿标立方米增长至2010年的519168亿标立方米，年均增长14.16%。而全国工业固体废弃物的产生量在2000年时是81608万吨，至2010年时达到了240944万吨，年均增长11.43%。②

据环保部监测，我国水污染物排放总量居高不下，水体污染相当严重。2005年全国七大水系的411个地表水监测断面中有27%的断面为劣V类水质，全国约1/2的城市市区地下水污染严重，一些地区甚至出现了"有河皆干、有水皆污"的现象。我国部分流域水资源的开发利用程度过高，加剧了水污染的恶化趋势。据最新《水资源调查评价结果》，淮河开发利用率为53%；辽河开发利用率为66%、海河开发利用率为100%，导致这些河流枯水期基本没有生态流量，大大

---

①②《中国统计年鉴》相关年份。

降低了流域水体的自净能力。

由于我国生态环境对人类活动废弃物的总接纳容量是基本恒定的，随着各类污染物排放总量的不断攀升，我国环境总体所承受的污染压力也就逐年增大。例如，从表1-6可以看出，近年来，我国近海海域中，"较清洁海域面积"显著下降，从2003年的6.79万平方公里下降至2009年的3.80万平方公里，而"中度污染以上海域"的面积则从2003年的3.97万平方公里上升至2009年的4.87万平方公里。

表1-6 我国近岸海域不同水质海域的面积

单位：万平方公里

年　份	较清洁海域	轻度污染海域	中度污染海域	严重污染海域
2003	6.79	2.07	1.45	2.42
2004	3.34	2.25	2.80	3.17
2005	2.64	2.39	1.55	3.10
2006	2.02	3.05	1.60	2.77
2007	2.91	3.13	1.59	2.96
2008	3.21	2.51	1.69	2.53
2009	3.80	1.76	1.86	2.91

资料来源：国家统计局网页·专题调查。

由于经济发展方式粗放，经济发展质量低，效益不高。从产业价值链国际分工角度而言，中国企业大部分处于附加价值较低的制造环节，而高附加值的技术和营销环节被发达国家的跨国企业所主宰。中国制造在获得GDP增长的背后是"世界廉价打工仔"的无奈，中国在世界经济中仍然扮演着"世界加工厂"的角色。我们目前还只是一个制造业大国，不是一个制造业的强国。要由制造业大国，走向制造业强国，我们必须调整经济结构转变发展方式。

二、以调整经济结构为主攻方向，推动经济发展方式的转变

经济结构内容十分丰富，这里我们只讨论收入分配结构、需求结构、区域结构、城乡结构、产业结构和所有制结构的调整。

1. 加快收入分配体制改革，调整收入分配结构

收入分配结构不合理的问题日益突出，已成为社会关注的焦点问题。其最终表现是居民收入在国民总收入中的比重较低，劳动者报酬在初次分配中的比重较低。

改革开放以来,我国劳动报酬份额经历了一个先升后降的变动过程。即我国的劳动报酬份额在 1978 年时为 40.1%,到 1995 年升至 45.7%,但到 2007 年又降为 39.2%。可见,在 1978~1995 年的 17 年里,我国的劳动报酬份额趋于上升,总的上升幅度为 14.0%。但在 1995 年,这一上升趋势发生逆转。在此后的 12 年里,我国的劳动报酬份额趋于下降,至 2007 年共下降了 14.2%,基本恢复到了 1978 年的水平。

中国的劳动报酬份额长期显著地低于其他国家,尤其是低于发达国家。如 1978~2007 年,中国劳动报酬占 GDP 的份额平均为 42%,最高值不过 45.7%。但就世界各国工业化过程中劳动报酬份额的变动情况来看,美国 1850~1920 年劳动报酬占 GDP 的份额平均为 76%,比中国高 30 多个百分点。1910 年,日本劳动报酬占 GDP 的份额已达到 55%,而到 1960 年,日本劳动报酬占 GDP 份额进一步上升到 67%。20 世纪 50 年代韩国开始工业化时,其劳动报酬占 GDP 的份额还低于中国,但到 1970 年时,韩国的劳动报酬占 GDP 份额为 41.4%,与中国 1980 年时大致相当。以后,韩国劳动报酬占 GDP 的份额迅速提升,到 1990 年,韩国的劳动报酬份额要比中国高出 15 个百分点。

由于国民收入分配严重向资本倾斜,居民家庭收入占 GDP 的比重也不断下降(见表 1-7)。

表 1-7 城乡居民家庭收入总额占 GDP 的比重

年 份	城乡居民家庭收入	
	总额(亿元)	占 GDP 比例(%)
2001	51798	47.2
2002	58047	48.2
2003	64526	47.5
2004	73373	45.9
2005	83247	45.0
2006	94786	43.8
2007	113190	42.6
2008	131991	42.0
2009	146322	42.9
2010	167716	41.8

资料来源:根据《中国统计摘要 2011》中城乡居民人均收入及人口数测算,中国统计出版社,2011 年 5 月。

当然收入结构还包括解决城乡之间收入差距过大、区域之间收入差距过大、行业之间的收入差距过大和贫富差距过大等问题。收入分配的不合理、不公平,不仅影响经济的可持续发展,而且也加剧社会矛盾,影响社会安定。

改革收入分配制度，调整收入分配结构要从以下几个方面努力：

第一，改革初次分配制度，建立工资合理增长机制。首先，需要根据经济社会发展要求，由政府建立有关最低工资标准的动态调整机制；其次，要建立和完善国有资本经营预算制度，合理确定国有垄断行业的资本和劳动分配比例；再次，加强劳动保护，严格执行劳动合同法，进一步完善劳动合同制度和劳动保护制度，加强劳动监督力度；最后，要增强劳动者在工资决定中的话语权，切实维护劳动者的合法权益，完善保障工资增长的三方协调机制。

第二，加快覆盖所有劳动者的社会保障制度建设。长期以来，我国的社会保险体系将以农民工为主的非正规就业者排除在外，导致大量劳动者享受不到社会保险。这实际上意味着生产过程中本应由用工单位为劳动者缴纳的社会保险费（这是属于劳动者的收入）被社会其他部门（企业和国家）所占有，成为企业利润或政府财政收入。因此，改革目前以正规部门就业者为基本对象的城镇社会保险制度，适当调整社会保险的参与条件和领取资格，扩大社会保险覆盖面，从而扩大劳动者享受社会保险的范围。同时，还要加强社会保险费的征缴工作，主要是加强非正规就业部门（中小企业）社会保险费的征缴工作，确实提高社会保险的覆盖面。

第三，加快个人收入所得税制度改革，提高个税起征点。个人所得税征收的主要对象应该是中等偏上收入人群，起征点应该在职工平均工资之上，且随平均工资的增长而动态上调。此外，还需要加强对高收入和收入多样化群体的监控机制，加大对偷、逃个人所得税行为的处罚力度，建立一个协调配合、覆盖居民收入运行全过程的税收调控体系。这样，既能避免个人所得税对劳动收入份额的不良影响，又能充分发挥税收在调解个人收入分配、缩小收入分配差距中的作用。

第四，切实提高农民的收入水平。如前所述，我国主要劳动者的工资是由其在农业部门就业的收入所决定的，因而持续、稳步提高农民的收入水平，意味着提高农民工的保留工资和工资预期，从而有助于提高农民工的实际工资水平。提高农民收入的途径主要包括提高农业劳动生产率和加快农村劳动力转移。提高农业劳动生产率的根本途径是实现农业的规模化、专业化、集约化生产经营，落实党中央国务院各项兴农惠农的政策措施，加大公共财政对农业的投入力度，加快农村金融体制改革，走科技兴农之路。加快劳动力转移，需要做两个方面的工作：一是继续千方百计扩大就业；二是加大农村劳动力的技能培训，提高转移农村劳动力的就业能力和工资水平。

2. 调整需求结构，增强消费对经济的拉动力

从拉动经济的三大需求看，近些年来，我们过多依靠投资拉动经济。十多年来，我国的投资率居高不下，而消费率偏低，且这一现象在近年来仍有加剧的趋势。如2000年时，我国国内生产总值中，最终消费支出所占比重为62.3%，但到 2010 年时，消费所占比重降为 47.4%，而同期资本形成的比重则从 35.3%上升至 48.6%（见表 1-8）。另据国家统计局公布的数据，这一时期，我国支出法国内生产总值的增长当中，国内居民消费增长的贡献率在 2000 年时为 65.1%，到 2010 年时降为 36.8%；而资本形成增长的贡献率则从 22.4%上升至 54.0%。究其主要原因，是居民消费增长显著慢于政府消费的增长。如从 2000 年至 2010 年的 10 年间，我国的支出法国内生产总值中，扣除物价影响之后，居民消费支出的年均增长率为 10.5%，而资本形成的年均增长率为 15.7%。[①] 最后，多年来，我国经济增长对外贸扩张的依存度不断上升，如从 2000 年至 2010 年的 10 年间，我国支出法国内生产总值中，净出口的比重从 2.4%上升至 4.0%，进出口额的年均增长率为 18.1%，显著高于前两项内需的增长速度。这一方面意味着我国经济开放程度的提高，但同时也意味着我国经济增长对海外市场的依赖性在不断上升。这使我国经济增长受国际经济形势波动的影响也越来越大，引发国际贸易摩擦的可能性也迅速提高，因而使得我国保持经济稳定增长的难度增加。

表 1-8 支出法国内生产总值中的构成变化（2000~2010 年）

单位：%

年　份	最终消费支出	资本形成总额	货物和服务净出口
2000	62.30	35.28	2.42
2001	61.39	36.48	2.13
2002	59.61	37.82	2.57
2003	56.86	40.96	2.19
2004	54.45	43.02	2.54
2005	52.93	41.61	5.46
2006	50.68	41.83	7.49
2007	49.47	41.73	8.80
2008	48.38	43.93	7.69
2009	48.17	47.49	4.34
2010	47.40	48.61	3.98

资料来源：《中国统计年鉴》(2011)。

扩大居民消费需求已是我国转变经济发展方式的关键，需要从一些深层次的体制、机制改革入手，统筹兼顾，建立全面扩大消费需求的长效机制。

第一，显著提高居民收入水平，提高居民消费倾向。我国当前的国民收入分配向政府倾斜，导致居民收入增长受到抑制。同时，政府转移支付和社会保障等方面的制度创新相对滞后，也进一步抑制了居民的消费倾向。为此，今后应大力推进结构性减税、扩大营业税改增值税试点，以改善国民收入分配状况，提高居

[①] 根据国家统计局《中国统计年鉴》(2011) 相关数据计算得出。

民收入比重。政府应通过降低个人所得税收入、完善社会保障等措施，增强城乡居民的生活安全感，从而激发居民的现期消费倾向。同时，采取切实措施，增加低收入者的收入水平，提高中等收入者在总人口中的比重。同时，还应合理调整消费税的适用范围和税率结构，提高居民消费倾向，让居民"想消费"、"敢消费"。

第二，改善消费条件和环境，促进居民消费结构的升级。迄今为止，我国城镇居民的消费中，物品消费比重偏大，服务消费比重偏小。但目前，城市居民对吃、穿、用等物品消费的需求渐趋稳定，而对服务消费的需求则方兴未艾。随着我国经济的进一步发展和人均收入水平的进一步提高，我国城乡居民的消费观念也在发生较大变化，花钱买享受、买时尚、买轻松、买健康等正成为城镇居民消费的新潮流。生活质量的提高已带动消费结构发生变化，住房、汽车等高档消费品的有效需求上升，居民消费意愿明显改善。因此，政府采取措施，改善消费环境和条件，建设良好的交通、通信等基础设施，大力建设文化娱乐休闲场所，以满足国内居民对多样化服务消费的需求。

第三，努力开拓农村消费市场，推进服务下乡，扩大农民消费需求。近年来，我国农村消费已进入快速增长阶段。目前，农村消费结构正处于转型升级时期。家用电器、手机、电脑等中高档消费品正成为农民消费热点。农村居民已逐步从食物、居住等基本生存型消费，向发展型、享受型消费升级。因此，农村市场应成为政府扩大居民消费的重点开拓领域。今后，在着实提高农村居民收入的基础上，有关部门应增加对农村的消费品供应，从供给源头刺激农村消费，提升农村居民的消费结构。要充分利用城市服务资源，积极引导城市服务资源下乡，为农村居民建立一个高效、低成本、市场化和社会化的农业服务体系。

3. 缩小区域发展差距，促进区域协调发展

长期以来，中国地区经济增长呈现出东部地区快、东北和中西部地区慢的不平衡增长格局。在1978~2010年，中国各地区GRP年均增长9.91%。其中，东部地区的GRP年均增长10.92%，东北地区的GRP年均增长8.02%，中部地区的GRP年均增长9.37%，西部地区的GRP年均增长9.31%。但进入20世纪90年代，中央正式确立了地区经济协调发展的指导方针，并先后制定实施了西部大开发战略、中部崛起战略和东北地区等老工业基地振兴战略，由此形成了体系化的国家区域发展战略。与此同时，中央还出台了一系列相关政策，加大了对老少边穷地区的扶持力度。随着这些战略和政策的实施，我国中西部地区和东北地区的经济增长速度明显加快，各地区经济发展趋于相对均衡的态势。我国东西部地区之间的发展差距已由扩大转变为缩小，产业布局也逐步由过去主要向东部集中转变为向中西部转移扩散。中国经济的区域结构正在发生重大转变。

总的来看，近年来，在国家区域发展总体战略和有关政策的支持下，中国经济的区域结构正在发生重要转变，区域经济协调发展并取得了较大成效。但是，

应该看到，目前中国的城乡区域差距仍然很大。2009年，东部人均GRP达5943美元。其中，上海、北京均超过1万美元。而西部地区只有2669美元，贵州仅为1508美元。2010年，中国城镇居民人均可支配收入与农民人均纯收入之比高达3.23，而1985年该比例只有1.86，1997年只有2.48，缩小城乡区域差距仍是一项长期的艰巨任务。

同时，近年来中国区域经济发展基本上走的是一条以高增长、高消耗、高排放、高扩张为基本特征的粗放外延式发展道路，特别是东北地区和中西部地区经济的高速增长主要是依靠资源和投资拉动，资源性产业比重大，产业链条短，加工深度和综合利用程度低。显然，这种依靠资源和投资拉动的区域增长模式是不可持续的。为此，国家"十二五"规划纲要明确指出："实施区域发展总体战略和主体功能区战略，构筑区域经济优势互补、主体功能定位清晰、国土空间高效利用、人与自然和谐相处的区域发展格局，逐步实现不同区域基本公共服务均等化。"因此，进一步优化区域结构，构建区域协调发展的新格局，将是当前中国经济转型升级的一项重要任务。

要想促进区域协调发展的目标，今后需要在以下几个方面采取相互配套的政策和战略：

第一，深入实施区域发展总体战略。这包括若干个有针对性的区域性总体发展战略。①坚定不移地全面深入推进实施西部大开发，坚持"民富为先、稳定为重"的方针，切实提高西部自我发展能力和综合竞争力，使西部尽快走上持续稳定快速健康发展的轨道。②全面振兴东北地区，要更加注重结构优化和机制体制创新，突出产业振兴和重点区域，强化国家战略产业基地和创新能力建设，加快实施全面开放战略，促进东北地区的全面振兴。③促进中部地区崛起，要继续抓好"三个基地、一个枢纽"的建设，同时加强以城市群为核心的重点区域开发，加快推进工业化和城镇化进程，促进重点区域率先崛起，进而带动整个中部地区的崛起。④支持东部地区转型升级，必须加快东部经济转型和产业升级步伐，提升东部地区参与全球化和国际分工的层次，提高国际竞争力、综合创新力和可持续发展能力，在科学发展方面走在全国前列。

第二，全面推进城镇化的战略转型。中国的城镇化水平已越过了50%的临界点，今后必须改变过去那种重速度、轻质量的城镇化推进方式，更加注重提高城镇化的内涵和质量。为此需要采取多方面的措施。一是要按照"多层统筹、区域协调、分类指导、农民主体"的原则，分阶段积极推进进城农民工的市民化进程，逐步让农民工在社会保障、就业和转岗培训、公共服务、保障性住房、子女教育等方面享受与市民同等的待遇，使广大进城农民工能够和谐地融入城市、共享城镇化的利益和成果。二是全面推进城镇化的绿色转型。促进我国的城镇化进程由粗放型的高速城镇化向集约型的可持续城镇化转变，根本改变高消耗、高排放、高扩张、低效率、不协调的粗放型城市发展模式，促使城市向低消耗、低排放、高效率、可持续、和谐有序的新型科学发展模式转变。三是加快城乡一体化进程，促进城乡发展由分割型向融合共享型转变。坚持城乡统筹，全面推进城乡规划、基础设施、公共服务、产业发展、生态环境和管理体制一体化。努力构建新型的城乡关系、工农关系和镇村关系，促进城乡关系从二元分割向融合共享转型。四是在提高城市群综合承载能力的同时，加快推进中西部城镇化进程。

第三，积极推进主体功能区建设。要按照国家规划，对城市化地区实行优化开发和重点开发，对农产品主产区着力保障农产品供给安全，对重点生态功能区实行限制开发和禁止开发。要在深化实施分类管理的区域政策和差别化的绩效考核制度之基础上，建立健全多元化的利益补偿机制，对限制和禁止开发区域实行补偿政策，推动形成各地区共同发展、共同富裕的新格局。

第四，构筑多中心网络开发新格局。所谓"多中心"，就是要在抓好珠三角、长三角经济转型升级的基础上，依托大都市圈和城市群的建设，在环渤海、中西部和东北地区培育一批新的增长极或增长区。所谓"网络开发"，就是要在继续完善沿海轴线的基础上，进一步加强沿长江轴线尤其是长江中上游地区的开发，并依托主要交通干道和综合交通运输网络，以大都市圈和城市群为载体，以主要中心城市为节点，加快推进建设一批新的国家级重点开发轴线，逐步形成网络开发的总体格局。

第五，实施差别化的国家援助政策。从国际经验看，要促进区域协调发展，中央政府必须加大对关键问题区域的支持力度，并按照"区别对待、分类指导"的原则，建立全国统一的国家区域援助政策体系。目前，大体上可以将中国的关键问题区域划分为七种类型，即经济发展落后的贫困地区、处于相对衰退中的老工业基地、结构单一的资源枯竭城市、财政包袱沉重的粮食主产区、各种矛盾交融的边境地区、自然灾害突发区，以及过度膨胀的大都市区。对于不同类型的关键问题区域，国家应根据其区情特点和面临的困难，实行差别化的国家援助政策。

4. 消除城乡二元结构，实现城乡协调发展

在计划经济体制下，我国城乡之间存在着全面的体制分割，形成了城乡二元的社会—经济结构。这种城乡间的二元结构有以下四个基本特点：首先是城乡间的市场不统一，特别是要素市场不统一；其次是城乡居民在享有基本公共服务上的不均衡，由政府提供的公共服务不能覆盖全社会，农村居民享有的公共服务严重不足；再次是社会治理方式不统一；最后是城乡之间存在明显的发展差距，乡村的发展水平显著低于城市。改革开放以来，中国的城乡二元结构受到了直接的冲击，城乡分割的状况已经发生转变。而不断加速的城镇化进程则成为打破城乡间制度分割、实现城乡一体化的基本动力。

从统计上来看，我国的城镇化进程主要表现为城镇常住人口占总人口比重的提高。就这一点而言，只要农村劳动者从农村转入城镇就业和居住，就意味着城镇化水平的提高。但这样的城镇化是不完全的。完全意义上的城镇化，不仅是指先前的农村人口转入城镇居住和就业，它还要求进入城镇的农村居民获得了与城市居民相同的福利保障和公共服务，从而实现城乡居民在享受公共服务方面的权利均等化。但在目前我国的现实生活中，完全意义上的城镇化并不必然与农村人口流入城市同步实现。据国家统计局的数据，1990~2008 年，我国城镇户籍人口数量与非农就业人口数量之间的差距从 6628 万人增长到 1.67 亿人。但是，由于户籍制度改革明显落后于农村人口向城镇迁移的步伐，使得大量农村户籍人口尽管已脱离农村，常住城镇，但仍不能享有与城镇户籍人口同等的公共服务和福利保障。在这种情况下，按总人口中常住人口的比重来衡量我国的城镇化水平，存在明显的高估。

中国目前的城镇化进程具有如下五个显著特点：

（1）农村人口的身份转变滞后于就业转变。农民在城镇化过程中往往要经历"纯农业→兼业→完全非农业→户籍身份转变"这样多阶段的就业和身份转换过程。在这一过程中，农村居民的就业转变往往与身份转变相错位，或者说，户籍身份的转变通常落后于就业领域的转变。据估计，在 2010 年全国城镇中共有 6.2 亿常住人口，其中有 1.5 亿~1.7 亿人仍然是农民身份（陈锡文，2010）。

（2）农村居民向城镇的流动主要是劳动力流动而不是人口（家庭）流动。城乡间人口流动的主体是劳动力的流动，而不是农村劳动者整个家庭的流动。由于流入城镇的农民不能被很快地纳入城市的社会福利体系，他们享受不到与城市居民同等的社会保障和公共服务，支付不起在城市的定居成本，往往很难实现全家人口向城镇的整体迁移。因而对许多农民工来说，不管他们在城镇工作、生活了多长时间，自己的家仍在农村，因而他们逢年过节总要想方设法回到老家。与此相应，在农村中则产生了留守老人、留守儿童等社会问题，同时也导致农村常住人口的素质退化。

（3）农村进城劳动者的就业缺乏稳定性。每当经济波动或政策发生重大变化时，农村进城务工者的就业往往是最脆弱的，一有风吹草动，他们就不得不"回流"农村。

（4）农村流出人口的回流现象普遍。由于许多农民工难以在城市中永久定居，他们在达到一定年龄后，因体力和技能不能满足城市工作的要求，往往不得不返回农村，在居住地周边务工或重新从事农业。

（5）对大多数农民工来说，在城镇中所能从事的职业多数是简单体力劳动，所需技能和经验很有限，因而城镇就业对多数流动人口的人力资本积累并无显著积极作用。这抑制了进城农民工收入的持续增长。相反，这样的劳动者随着年龄的增长，大都会面临体力衰退和能力下降从而收入下降甚至失业的问题。

一方面，在这种情况下，进城务工和定居对于农村居民来讲，长期风险很大。因而，即使城镇化可能会增加农民的收益，但只要城乡分割的二元体制不根本改变，农民的城镇化动力就会受到抑制。农民工这种边缘化、钟摆型的流动特征表明，当前我国的城镇化在相当程度上仍然延续着原有的城乡二元结构和体制（张晓山，2010）。

另一方面，从整体上来看，我国农村劳动力的绝对剩余正在趋于消失。今后，农村仍然存留的劳动力大都属于相对剩余劳动力。这主要体现为目前农村劳动者当中的纯农业就业人口，以及一部分兼业及从事非农业活动的从业人口。农村中的这部分劳动力，大都年龄偏大、受教育水平低、缺乏技能，因而不具有高的流动性。

"十二五"规划明确规定，要"加快消除制约城乡协调发展的体制性障碍，促进公共资源在城乡之间均衡配置、生产要素在城乡之间自由流动。统筹城乡发展规划，促进城乡基础设施、公共服务、社会管理一体化。"这是对我国近期内城镇化基本目标的规定。其中包括了三个基本的方面，即消除制约城乡协调发展的体制性障碍，促进公共资源在城乡间的均衡配置，促进城乡基础设施、公共服务、社会管理的一体化。当前，在这方面较为突出的改革任务涉及土地制度、城乡户籍制度和乡村治理三个方面。

首先，土地制度改革。要加快修改有关土地方面的法规，落实中共十七届三中全会提出的"明晰产权，用途管制，节约集约，严格管理"的土地管理改革原则。为此，需要在几个方面推进改革：第一，通过明晰产权，逐步形成多元化的土地产权结构。要通过落实土地承包权长久不变政策，形成农民的土地财产权；要废除城市经营性土地使用权仅70年有效的政策，实现土地使用权的长久稳定不变。第二，进一步严格制约平原地区的城市扩张，保护我国优质耕地，为此需要重新核定平原地区城市用地的规划指标。第三，开放浅山区建设用地市场，改变现有政策把大量农业利用价值低的土地排除在住宅用地之外的现状，让大量农业利用价值低的土地成为城市扩张的空间。

其次，要进一步打破城乡分割的户籍管理体制，认真落实我国有关劳动保护的法律法规，切实维护进城务工劳动者的合法权益。要以户籍制度改革为重心，全面改革城市社会管理体制，为进城务工的农村劳动者创造能在城市中长期稳定就业的制度保障。

最后，转变乡村治理方式，实现城乡社会治理的一元化。目前，在长三角和珠三角地区的农村地区，多数村庄的产业都已高度非农化，尽管我国在行政管理上仍然将这些村庄社区视为乡村，但这些乡村的存在和发展都已与农业关系不大。因此，在未来的一二十年里，转变乡村治理模式已是不容回避的任务。这涉及两个方面的转型：第一，在全国范围里消除社会治理的二元机制，将所谓乡村治理转化为城市治理，实现社会治理的一元化；第二，农村大量人口一部分进入现有各类城市，还有一部分进入新兴城市，其余农村人口转变为专业农户，在管理上与城市打通，使农民仅仅成为一种职业身份，在其他方面农民完全与城市中从事其他职业的居民完全一样。

5. 调整产业结构，促进产业协调发展

目前，我国在产业结构方面存在以下三个突出问题：

（1）第一、二、三产业发展不协调，其主要表现在以下三个方面：首先是第一产业不稳。在第一产业的发展中，国家对农业基础设施投入不够，农业特别是水利的基础设施薄弱，还不能从根本上解决靠天吃饭的问题；科技投入不够，科技服务体系不健全，科技服务力量薄弱；经营单位规模小，经营分散，现代化农牧业比重小、水平低；我国农业的劳动生产率低，占40%左右的劳动力只提供了10%的国内生产总值。其次是第二产业不强。我国已经是工业大国，但还不是工业强国。我国的主要工业产品产量居世界前列。如钢材、水泥、原煤、化肥、棉纱、棉布、主要家用电器等近200种产品的产量位居世界第一，我国制造的玩具占全球产量的70%左右，鞋类产品占全球产量的50%左右，彩电占全球产量的45%左右，空调占全球产量的30%左右，纺织品服装贸易占全球的24%左右，但是我们的工业现代化水平还不高。根据我们的测算，我国的工业现代化水平只有30%~40%。再次是第三产业发展不足。我国第三产业在国民生产总值所占的比重多年来徘徊在40%左右，最高年份是2009年，达到43.4，2010年又有所下降，没达到"十一五"规划要达到的43.5%的预期目标。

（2）各个产业内部结构特别是工业内部结构很不合理。一是轻、重工业的比重不协调。1978年，我国的轻工业在工业中的比重只有43%，经过几年调整上升到1985年的47.4%，之后的10多年，轻重工业的比重一直在50%左右波动，基本上保持了协调发展的态势。二是一些行业产能严重过剩。钢铁、电解铝、水泥、造船、汽车制造、纺织服装等行业的产能都严重过剩。高耗能产业发展过多、过快，高耗能产业的用电量占全部工业用电量的80%左右。三是传统产业技术水平低。多数传统产业都没有自主技术。截至2005年，我国自主产业生产率水平只有20%，而且99%以上的企业都没有自主核心技术。我国的一些支柱产业核心技术与产业主导权更严重"空心化"。在汽车（轿车）、重大装备制造等产业中，我国自主产业的国内市场份额只有20%~30%。我国是微波炉生产大国，但在微波炉生产中的200多项专利技术中，我国只有20多项，出口一台需要交3~5美元的专利费。四是高新技术产业发展慢。高新技术产业增加值在国民生产总值中的比重还不到15%，在制造中的比重还没有超过20%。

（3）产业组织结构还不合理，"大而全"、"小而全"的现象仍然严重，大企业不强，小企业不专、不精、不特；在区域间的配置不合理，有趋同化的倾向。

"十一五"规划提出了"三次产业协同带动"经济增长的目标。但现在来看,这样的产业发展格局尚未完全成形。因为,从三次产业对GDP增长的贡献率来看,在"十一五"规划期内,第一产业的贡献率逐年下降;第二产业特别是工业的贡献率波动上升,提供了50%左右的GDP增长;但第三产业的贡献率虽然在前几年趋于上升,却在金融危机冲击下又转为下降,到2010年,第三产业仅贡献了GDP增长的不到40%。这可能主要是因为金融危机期间,政府的危机应对措施侧重于扩大投资规模,使得工业成为保持中国经济增速不减的主要动力源。

第一产业对GDP增长的贡献率趋于下降是工业化过程中的正常现象,但这并不意味着第一产业,特别是农业,今后在国民经济中的地位会越来越不重要。农业在国民经济中的基础性地位是永远不会改变的。在整个工业化过程中,如何通过工业反哺农业,加快农业现代化,是一个不容忽视的战略性问题。

总之,"十一五"期间,在我国的产业结构中,工业结构高加工度化趋势日益明显,"十二五"规划期间,这个势头仍将继续推进。同时,大力推进服务业的发展,提高农业现代化水平,积极推动新兴战略性产业健康发展,实现经济发展方式的转变,是我们在"十二五"期间和今后长时期面临的基本任务。

中国的产业结构调整涉及多方面因素的权衡和兼顾,在调整思路上必须注意以下五个问题:

第一,要正确分析我国经济的特点和经济发展阶段。经济结构是发展变化的,它和各个国家的经济特点、经济发展阶段存在着密切的联系。我国正处在工业化的中后期阶段,根据其他工业化国家的发展经验,在经济发展的这一阶段里,第二产业仍有较大的发展空间,服务业尤其是生产性服务业有很大潜力。

第二,要充分考虑我国区域经济发展不平衡的因素。从整体上看,当前我国已经进入工业化的中后期阶段,但是各地区经济发展很不平衡,从而产业结构的具体现状各不相同,各地在产业结构调整上所面临的任务也应有所区别。对于已经实现工业化和处于工业化发展后期的地区来说,他们面临的主要任务是如何促进产业结构升级的问题,而对于处于工业化初期阶段的地区来说,他们面临的主要任务则是加快工业化进程的问题。从这种意义上说,产业结构的调整和优化不能搞"一刀切",不能要求全国推行一个统一的产业结构调整政策。要考虑各个地区资源禀赋等特点,发挥各地的优势,形成自己的产业特点。

第三,要考虑世界经济发展的大趋势。2008年国际金融危机后,各国都在反思自己的经济发展模式,如美国等发达国家都在强调提高居民储蓄率,减少政府的赤字,增加出口,有的甚至提出了再工业化的口号。一些国家开始寄希望于科技进步和战略性新兴产业的发展,并开始调整经济结构,推进产业升级,意在抢占新一轮国际竞争的先机和优势。这必然对我国的产业形成新的压力和挑战。中国产业必须尽快改变以靠低成本竞争优势进行大批量生产的发展路径,提升产业的核心竞争力，树立自己的品牌，增加出口产品的附加值。

第四，要密切关注世界技术发展的新动向，特别要关注新技术革命的进展和战略性高技术产业的发展。我们必须高度重视节能环保、新一代信息技术、生物、高端装备制造、新能源、新材料和新能源汽车等战略性新兴产业的发展，高度重视基础科学的重大进展与突破。在这些领域加大投入，抢占先机。同时要深化科技体制改革，加快成果转化，快速形成产业和产业链。

第五，调整和优化产业结构，转变经济发展方式既要依靠政府政策，又要发挥市场配置资源的基础作用。在调整和优化产业结构上，政府的政策干预具有重要的作用，但经济方式的转变最终还要靠市场的力量。政府的政策只能是因势利导，不能违背市场原则。为此，我们必须深化改革，扫除不利于市场机制充分发挥作用的体制障碍。只有巩固和完善社会主义市场经济体制，使市场在资源配置中发挥基础性作用，才能在宏观经济政策的指导下，顺利推进产业结构的调整和经济发展方式的转变。

6. 调整所有制结构，完善基本经济制度

2003年，党的十六届三中全会明确提出，深化经济体制改革的主要任务之一是"完善公有制为主体、多种所有制经济共同发展的基本经济制度，建设统一开放竞争有序的现代市场体系"，"要进一步巩固和发展公有制经济，鼓励、支持和引导非公有制经济发展"。为此，2005年，国务院出台了国内第一个促进非公有制经济发展的系统性政策文件，《国务院鼓励支持非公有制经济发展的若干意见》，俗称"非公经济36条"。随后，包括个体经济和私营企业在内的民营经济快速成长，企业数量不断增加，资金规模不断扩大。

根据国家有关统计部门公布的权威数据来看，当前我国经济中不同所有制经济的发展各有千秋，而资源配置的总体状况得到了显著改善。

首先，在国民经济中，公有制经济资产在总量上依然保持主导地位，且资产质量在提升，与私营和外资及港澳台经济的资产质量没有显著差异。整个"十一五"期间，国有经济的发展呈现了三种集中趋势，即向基础性行业集中，向大型企业集中，向中央企业集中。这反映了国有经济与非国有经济在国民经济中的分工逐渐清晰，形成优势互补的态势。

以规模以上工业企业为例，在工业总资产中，国有及国有控股企业所占比重由1998年的76.66%下降到2009年的50.01%，但依然是所有企业中比重最高的。而且，近几年来国有企业资产比重的下降速度明显放缓。另外，私营工业企业发展最快，其资产比重从1998年的1.52%迅速上升到21.14%；但从2007年起，私营工业资产比重的上升势头开始放缓。外资企业资产占比在1998年以后一直在20%~30%波动。从资产负债率来看，1998年以来，三者的差异并不是很大，基本属于同一水平。

其次，国有企业的盈利水平在1998年以后也呈现快速增长的趋势。2009年，国有、私营、外资及港澳台经济的利润比重分别为31.95%、33.29%和34.77%。从企业利润创造的效率来看，国有、私营、外资及港澳台经济的人均利润率和资本盈利率变化与人均产值和资本产出率变化相似。国有、私营、外资及港澳台经济的人均利润都呈现出逐渐上升的趋势，且国有经济人均利润增长速度远高于私营与港澳台经济。2009年，国有经济人均利润51498.20元，是私营经济人均利润的1.58倍，外资及港澳台经济的1.25倍。而1998年，国有经济人均利润仅为私营经济人均利润的33.50%，外资及港澳台经济人均利润的25.95%。可见，国有经济的人均盈利能力大幅度提高了。不仅如此，国有企业资本盈利率也大幅度提高，由1998年的0.70%上升到2009年的4.30%，增长了5.14倍，年均增长51.18%，大大缩小了与私营经济以及外资经济的差距。

最后，在创新活动上，无论从投入还是从产出看，公有制经济的主导地位没有发生变化，但比重在下降，而非公有制经济则呈上升态势。

2001年，公有制经济的研发人员占我国全部研发人员的89.78%。2009年，公有制经济依然在研发人员数量上占有62%的比重。在研发经费投入上，公有制经济的主导格局也没有变化。2001年，公有制经济研发投入占全国的78.67%，随后逐年下降，但到2009年也依然保持着62.39%的份额。近年来这一比重一直维持在62%以上，且出现了回升趋势。

在非公有制经济中，外资及港澳台经济的研发经费投入占有主导地位。但2005年以后，外资及港澳台经济的研发经费投入保持稳定，而私营企业的研发投入呈现不断上升的趋势，从而导致私营企业的研发经费比重从2001年的5.3%上升到2009年的27.07%，并带动整个非公有制经济研发投入占比的上升。按此态势发展，私营经济将取代外资及港澳台经济成为公有制经济以外我国研发经费投入的重要来源。

从创新的产出结构和效率看，公有制经济的科研产出逐年上涨且维持着主体地位，同时科研产出效率大幅度上升，大大缩小了与非公有制经济的差距。如从申请专利数来看，2001年，公有制经济申请专利占69.51%，之后虽然逐渐下降，但到2009年依然保持在53.60%的绝对优势。2001年，混合所有制经济占公有制经济申请专利数的42.23%，2009年上升为77.42%。在非公有制经济中，外资及港澳台经济是科研创新的主要力量，一直占非公有制经济申请专利数的60%以上，但从近几年看其逐年下降的趋势明显。

尽管我国经济的所有制结构调整取得了显著进展，但调整过程中也出现了一些新问题，需要深入研究。

（1）对不同所有制经济在不同产业领域中的应有地位缺乏量化的认识和界定。在经济的所有制结构调整方面，由于缺乏明确的量化界线，不同的分析者在判断经济中的所有制结构时,容易根据个人的偏好产生意见分歧。导致这一现状的主要原因是对不同所有制经济在不同产业中的发展程度缺乏系统的定量分析。但有一点是可以肯定的,我国的社会主义建设实践已经证明,在社会主义初级阶段,纯而又纯的统一公有制是不利于我国生产力发展的。在现阶段,应该鼓励多种所有制经济共同发展,特别是要促进非公有制经济发展。同时,鼓吹全面私有化也是不科学的。因为,即使是在现今的发达资本主义国家里,国有经济在国民经济中仍然保有着重要的地位。

(2) 消除所有制歧视,鼓励非国有企业进入国企垄断行业。自2005年国务院发布"非公经济36条"以来,既有的垄断性行业(除关系经济安全的行业外)大都已在理论和政策层面上向民营经济开放。但在操作层面上,很多领域依然存在各种看不见的"玻璃门"妨碍着民营企业的进入。为了切实破除阻碍非公有制经济发展的制度性障碍,2010年,国务院颁布了《国务院关于鼓励和引导民间投资健康发展的若干意见》,也就是"新36条"。但是,要想使这方面的政策真正落到实处,需要进行一系列深层次的体制改革和政策创新。

(3) 应对外资进入对国民经济安全的冲击。长期以来,我国疏于设置控制外资进入的防火墙机制,缺乏对外资进入的立法管理,再加上地方政府间招商引资上的恶性竞争,外资企业轻易获得"超国民待遇",同时将市场、优良企业以低廉价格出售给外资企业,造成大量国有资产流失。随着加入世界贸易组织后我国原有的产业管制措施逐渐放松,跨国公司开始向我国制造业以外的领域渗透,并表现出以下四个特征:其一,外资正沿着制造业的产业链作纵向延伸,即向能源、资源类产业和技术研发等上游领域和批发零售、物流仓储等下游领域延伸;其二,外资对水利、环境和公共设施管理业,电力、燃气及水的生产和供应业等公共服务领域增资迅速;其三,外资逐渐向关系国计民生的重要行业中的骨干企业渗透,通过控制龙头骨干企业控制该行业;其四,对国内经济产生挤出效应,导致国内资本流向金融、房地产等资本市场,加剧了金融风险。在今后,如何完善我国的外资政策和对外开放政策体系,妥善处理扩大利用外资和维护国家经济和产业安全的关系,将成为一项重要的政策挑战。

总之,所有制结构问题涉及诸多重大的战略性体制问题,其影响不仅仅在于经济效率和社会福利,还涉及政治问题。因此,在讨论所有制结构调整变化过程中,应该综合考虑经济、社会、政治等因素,还要结合一国经济、社会、政治等发展的阶段性特征,才能切实把握不同所有制经济发展的基本规律,促进经济发展。

三、为调整经济结构、转变经济发展方式营造良好的环境

1. 加强和改善宏观调控,为经济结构调整营造良好的宏观环境

要加强和改善宏观调控。加强宏观调控的科学性,改善宏观调控的手段,发挥市场在资源配置中的基础作用,应主要采取经济的、法律的手段对经济运行进行调控,最大限度地避免对企业的直接干预。要加强对经济形势的分析与预测,正确判断经济形势的走向。健全经济形势的预警机制,提高对经济发展趋势的预见性。需要把短期调控政策和长期发展政策有机结合起来,加强财政、货币、投资、产业、土地、环保等各项政策协调配合,避免各唱各的调,各吹各的号。要增强宏观调控政策的针对性和灵活性,合理调控经济增长速度,避免大起大落。更加积极稳妥地处理好保持经济平稳较快发展和调整经济结构、转变发展方式的关系,实现经济增长速度与结构质量效益相统一。

2. 继续深化重点领域和关键环节的改革,为调整经济结构、转变经济发展方式提供更大的内在动力

要深化行政管理体制改革,转变政府职能。第一,应该正确界定政府的经济管理职能。始终坚持能由市场做的交给市场,能由企业做的交给企业,能由社会完成的交给社会组织完成的原则。政府需要从一个无所不包的系统,逐步变为一个有限并有效地提供公共服务的系统,让市场、社会机制在资源配置和社会有序化方面发挥更多的主导作用。第二,应按照精简、统一、效能的原则,探索新的行政管理体制架构,优化政府组织结构,减少或撤并直接从事或干预微观经济活动和社会事务的机构。第三,要加强和完善从事公共服务和社会管理的机构。第四,应创新完善行政运行机制,建立行政决策权、执行权、监督权既相互制约又相互协调的权力结构,形成权责一致、分工合理、决策科学、执行顺畅、监督有力的行政管理体制。第五,行政管理体制改革应与政府职能转变相结合,如果没有政府职能转变,仅仅在行政管理体制架构上做文章,只能是流于形式。

要深化财税体制改革,建立健全公共财政制度。以公共化为目标,以逐步消除二元财政体制为主线,致力于促进发展方式的转变;健全财税的收入分配功能;从改善民生入手,大力调整财政支出结构;坚持预算的完整性、科学性和严肃性原则;加快新一轮税费制度的改革步伐;进一步明确各级政府之间的事权和支出责任,通过税权划分、转移支付机制改革等措施确保事权、支出责任与财力相匹配。

全面推动金融改革、开放与发展。坚持金融服务实体经济的本质要求,构建多层次、多样化、适度竞争的金融服务体系,为经济社会发展提供更多优质金融服务;加快金融市场的改革,完善市场化的间接调控机制,逐步增强利率、汇率

等价格杠杆的作用;加强和改进金融监管,切实防范系统性金融风险;加快多层次资本市场体系建设,证券发行实行登记制,加快发展债券市场,为不同规模、不同类型、不同成长阶段的企业提供多元化、多层次金融服务。

要深化价格管理体制改革。要尽量避免用行政办法干预价格的涨落,充分发挥价格杠杆对供求关系的调节作用;特别要加快资源性产品的价格改革,形成反映市场供求关系、资源稀缺程度和环境保护成本的资源性产品价格形成机制,进一步扩大完善矿产资源有偿使用制度,以抑制高耗能产业的发展,淘汰落后产能,节约资源,保护环境。

要深化国有企业改革,建立新型国有企业制度。继续深化国有资产管理体制改革,进一步强化政府的国有资产出资人职能;健全国有企业的公司治理结构,规范国有企业的市场行为,防止出现内部人控制;健全国有资本经营预算、收益分配和国有企业经营业绩考核制度,扩大国有资本经营预算实施范围,逐步提高国有资本收益上缴比例,国有资本收益全部纳入公共财政预算,更好地体现民有民享的性质,使全体人民更切实地、直接地分享国有企业发展成果;人大应加强对国有企业预算的审查、收益分配和使用的监督。

3. 加强科技创新,为调整经济结构、转变经济发展方式提供更有力的科技支撑

科技发展水平较低,对研发活动的资源投入总量不足,已投入资源的使用效率不高,严重制约了我国经济发展方式的转变和产业结构的调整,也影响了我国经济的质量和整体竞争力。从国家统计局提供的 2009 年世界 18 个国家的数据来看,就从事 R&D 活动的总人数和研究人员数而言,中国都位居第 17 位(倒数第二);而就研发活动从业总人数中研究人员所占比重而言,中国居第 14 位(倒数第四)。另外,从 R&D 投入额占国内生产总值的比率来看,在全球 34 个主要国家当中,中国一直排在第 20 位之后。[①] 科技投入不足,科研水平离国际先进水平差距大,导致中国经济发展依赖科技进步的程度有限。中国经济的高速增长主要靠投入要素的高消耗来支持。这种经济增长方式限制着中国经济的质量提高,使中国绝大多数产业的发展局限于国际产业链的低附加值环节上。同时,这样的经济增长加剧了经济发展对资源和环境的压力,威胁着经济增长的长期可持续性。

因此,要强化技术创新政策,提升产业的技术水平。国家、企业都要加大对科技创新的投入,争取到 2020 年,R&D 占 GDP 的比重提高到 2.5%以上,科技进步对 GDP 的贡献率达到 60%以上。要制定国家层面的强化基础研究和共性技术研发的发展计划,对成为发展瓶颈的知识和技术难题进行重点突破。要实施科技振兴计划,支持企业建立技术中心和研发中心,培育企业自主创新能力。要采

---

① 国家统计局网页・专题数据・科技年度数据。

用高新技术改造传统产业，扶持企业技术改造。要发挥政府、高校、科研机构和中介组织的作用，促进技术转化和转移。

4. 加大人力资本的投入，提高劳动者素质

人力资本是提高劳动者素养和劳动力质量的关键因素，人力资本的形成除学校的学历教育外，还要靠企业的再投入。在相当长的一段时期里，职业教育被教育部门和人力资源管理部门忽视了，才造成了技术工人短缺的局面。现在不少用工部门和企业行为短视，它们只愿意用有工作经历的熟练职工，而不愿意用刚参加工作的新职工，如果大家都这样做，熟练职工从哪里来呢？要转变经济发展方式，使我国尽快成为制造业强国，增强我国经济在国际上的竞争力，需要培养大量的高素质人才，特别要注意培养大批的高级技工。国家要进一步加大这方面的投入，教育主管部门要切实扭转只重视大学教育的倾向，与相关企业一道花大力气办好各类技工学校，社会、企业要加强职工的在职培训，不断更新职工的知识，提高他们的技能。

（执笔：陈佳贵　韩朝华　黄群慧）

第二部分

经济结构调整分析

第二章 我国初次分配中劳动报酬份额变动及调整思路

我国初次收入分配中劳动报酬占 GDP 份额是否下降是目前全社会关注的热点问题。虽然大多数看法认为劳动报酬份额出现了下降，但也有看法认为事实并非如此。导致对这一问题出现争论的主要原因在于从国民经济核算角度衡量劳动报酬存在不同的口径，劳动报酬份额的变动会因口径不同而受到影响。通过按国际上可比口径对中国劳动报酬加以调整，本文重点研究了我国劳动报酬占 GDP 份额在近 30 年来的变化问题，发现我国劳动报酬占 GDP 份额虽然在近几年有所下降，但下降程度并不像很多研究认为的那么严重。而且，这一比例在近 30 年的时间内保持了相对稳定。通过比较工业化国家与我国类似发展阶段劳动报酬份额的变动，笔者发现我国初次分配中存在的主要问题并不是劳动报酬份额的下降，而是这一份额长期处于低水平，从而我国的初次收入分配格局似乎陷入了一种低水平稳定状态。

我国劳动报酬份额长期保持在低水平反映了一种不利于劳动者的收入分配格局，它深深植根于中国的经济增长方式和固有的制度之中，反映了中国经济发展的阶段性特征，市场机制自身的力量从短期来看不仅不会扭转这样一种趋势，而且还将继续加剧这种不合理的趋势，这实际上代表了市场的"失败"。要改变目前初次收入分配格局不利于劳动者的局面，校正"市场失败"，就必须依靠政府的作用，要求政府改革当前的收入分配制度，建立一种更加公平的市场环境，从而让劳动者能够更加公平地分享经济增长的成果。

一、经济发展过程中的要素分配

国民收入的要素分配是经济学研究的古老话题。在古典经济学的概念中，在一定技术条件下，厂商将生产要素投入生产过程，获得产出（商品和服务）。同时，各要素获得相应的回报：资本获得利息，劳动获得工资，土地获得地租。这就是国民收入的功能性分配（function distribution，亦称为初次分配）。

在国民收入账户尚未建立的时代，经济学家从微观（家庭和企业）层面探讨要素的分配比例,并将劳动报酬份额作为衡量收入分配状况的粗略指标。20世纪以来,随着发达国家的国民收入账户逐渐完善起来,大量研究逐渐揭示了一个令人惊讶的事实:劳动报酬份额具有长期的相对稳定性。19世纪中期到20世纪中期,资本主义经济高速发展,英国在1880年最终实现了工业国蓝图,美国、德国、法国及日本等国也完成了工业化。在这100年中,生产技术以前所未有的速度进步,工业化国家的人均资本、人均产出、经济结构、人口分布都发生了巨大变化,[①] 国民收入中各要素的分配似乎也应该出现较大变动。但实际上,英美等国国民收入中的劳动报酬份额相当稳定,并没有随人均收入的增长和经济周期的更替而大幅波动。凯恩斯[②](Keynes, John M., 1939)、卡尔多(Kaldor, N, 1961)等先后观察到了这个现象,卡尔多直接将劳动报酬份额的长期稳定性视为经济发展过程中的一个特征事实。

20世30年代以来,经过马丁(R.F.Martin, 1936)、金(W.I. King, 1930)、库兹涅茨(Simon Smith Kuznets, 1951)和约翰逊(D.Gale Johnson, 1954)等人的努力,经济学家得以观察发达国家劳动报酬份额的长期波动情况。他们发现,英美等国在快速工业化、城市化过程中,劳动报酬份额保持着长期的相对稳定性。

表2-1 美国和英国1860~1940年的劳动报酬份额

单位:%

国家	1860年	1870年	1880年	1890年	1900年	1910年	1920年	1930年	1940年
美国	78.1	78.7	76.5	75.5	77.7	76.0	73.9	76.7	77.6
英国[1]	43.5	38.6	39.8	41.5	40.7	37.8	43.0	41.0	38.2
英国[2]	57.8	53.8	—	58.7	58.4	56.0	66.6³	—	—

注:1指普通工人工资占国民收入的比重;2指国民的劳动者报酬(既包括普通工人的工资和薪水,也包括自雇者、企业家的劳动收入)占国民收入的比重;3为1924年数据。
资料来源:英国1860年数据来自R. Matthews等, British Economic Growth, 1856-1973, 第164-165页, 1870~1940年来自E.H.Phelps Brown and P. E. Hart, the Share of Wage in National Income, the Economic journal, 1952, Vol. lxii, 第253-277页。美国数据来自Joseph D. Phillips, Labor's Share and "Wage parity", the review of economics and statistics, 第164-174页, 和Irving B. Kravis, Relative Income Shares in Fact and Theory, the American economic review, 第917-949页。

表2-1说明1860~1940年英国劳动报酬份额(工人工资占国民收入的比重)围绕在40.3%上下随机波动,标准差为0.0019,美国围绕在75.1%上下波动,标准差为0.0021,变动幅度都较小。如果将劳动报酬份额和其他经济数据变动结合

[①] 以人均产出为例,1870~1950年,西欧以不变价格计算的人均GDP增长了1.5倍,美国增长了2.9倍,加拿大增长了3.4倍。参见:麦迪逊.世界经济千年史.伍晓鹰,等,译.世界知识出版社,2004:179.
[②] 凯恩斯发现,1920~1935年,英国和美国的劳动报酬份额都以平均线为中心随机波动,且两国的差距也比较稳定,他认为英美两国劳动报酬份额的差异可以用垄断程度及基础条件的差异来解释。参见:Keynes, John M. Relative Movements of Real Wages and Output. Economic Journal, 1939 (3): 34-51.

起来观察，劳动报酬份额的稳定性令人吃惊。表2-2列出了美国1870~1950年的劳动报酬份额和人均GDP、城市化水平、农业增加值占GDP比重的变动情况。以1870年为基期，到1950年，即便美国人口增长了近3倍，人均GDP仍然增长了3倍多，城市化水平提高了1.5倍，农业产业的GDP比重下降了82%，但劳动报酬份额仍然围绕着平均线波动，变动幅度明显小于其他指标。

表2-2 美国1870~1950年一些经济和社会结构变化指数

(1870=100)

项 目	1870年	1880年	1890年	1900年	1910年	1920年	1930年	1940年	1950年
农业产业占GDP比重	100	85	77	99	93	72	53	33	18
劳动报酬份额	100	97	96	99	97	94	97	99	89
城市化水平	100	110	137	155	178	200	219	220	249
人均GDP	100	147	182	222	273	283	327	310	412

资料来源：人均GDP、农业产业占GDP比重数据来自吉尔伯特·菲特，吉姆·里斯著：《美国经济史》，司徒淳、方秉铸译，辽宁人民出版社，1981年，第373~385页；城市化水平的数据来自M.波斯坦、D.科尔曼、彼得·马赛厄斯主编：《剑桥欧洲经济史》（第六卷），《工业革命及其后的经济发展：收入、人口及技术变迁》，经济科学出版社，2002年，第658页；劳动报酬份额数据同上。

在其他经济变量都发生明显变化的情况下，为何劳动报酬份额能够保持长期稳定性？理论上，在一个完全竞争的市场中，要素收入取决于其边际生产率，要素之间的分配比例仅取决于要素间的边际替代率，若要素的边际替代率保持不变（或者接近于1），劳动报酬份额将保持稳定。在技术进步的情况下，要素分配还将取决于技术进步的类型，资本节约型（劳动扩张型）的技术进步将有利于劳动，保持劳动报酬份额不至于下降。而劳动节约型（资本扩张型）技术进步将导致劳动报酬份额的下降。1850~1950年间，由于美国和英国劳动与资本要素的边际替代率接近于1，劳动报酬份额对时间的变化接近于零，加上技术进步也倾向于劳动扩张性的技术进步，劳动报酬份额便能保持相对稳定。

在实证研究中，早期研究更多从行业间的变动（internal shift）来解释长期稳定性问题，即劳动报酬份额的相对稳定性来源于产业间转变效应的相互抵消。[①] 劳动报酬份额由三个变量决定：工人的数量、平均工资和国民总收入。如果将国民总收入看做一个外生变量，劳动报酬份额便取决于普通工人的数量和实际工资。一方面，机器大生产代替了手工作坊，又吸引了大量农民进入工业部门，工业化导致工人的增长速度比自雇者、家庭工作者和小企业主快，雇用工人的比例可能增加。另一方面，工业化过程中的技术进步和生产管理的需要产生了大量的

---

① 布朗和哈特较早从产业间变化来解释劳动报酬份额的稳定性。参见：E.H.Phelps Brown and P. E. Hart, the Share of Wage in National Income, the Economic journal, 1952（62）：253-277.

技术工人和管理者,这又会降低雇佣工人的数量。工人数量的变化取决于这两种相反的效应。由于技术工人和管理者的收入不被计入劳动报酬,[①]普通工人向技术工人和管理者数量的转变会降低国民收入中工资的比例,但它可能同时导致普通工人平均工资的上升,并使得进入到其他部门劳动者的平均工资下降(因为新进入者往往只能获得较低的报酬),从而挣工资报酬劳动者的变动小于整个就业人口平均收入的变动。例如,1881年,英国挣工资者占总就业人口的比例为81%,1911年为74%,1931年下降到72%,但其真实工资则增加了1倍多。技能工人与普通工人的工资比也从1880年的7.5倍下降到第二次世界大战前的4.5倍,挣工资者的劳动报酬在国民收入中的比重得以保持稳定。

19世纪末期,自由竞争的资本主义逐渐为垄断资本主义取代,资本主义国家的大工业资本、金融资本结合起来,形成了各种类型的垄断集团,自由竞争市场的工资决定理论逐渐演变为垄断加成价格理论(mark-up)。卡莱克(Calecki,1938)创立了不完全竞争市场上的收入决定理论。他认为,产品市场和要素市场的垄断决定了劳动报酬份额。在不完全竞争市场中,总流通中资本利息和薪水(企业家、管理者的收入)的相对比例近似等于平均的垄断水平,即加成价格(markup pricing)。由于劳动报酬份额等于1(国民收入)减去总资本和总薪水的比例,它与厂商在产品市场上的垄断程度呈反向关系,垄断程度越高,劳动报酬份额可能越低;反之亦然。以1880~1935年英国的劳动报酬份额的变动情况来看,1880~1913年,由于厂商的垄断能力增强,资本的回报上升,导致劳动报酬份额下降9%;1913~1935年,虽然厂商的垄断力量有所加强,但由于原材料价格的大幅下降,垄断对劳动报酬份额的负作用被抵消,劳动报酬份额得以保持稳定。[②]但一些早期的实证研究表明,厂商的垄断对劳动报酬份额没有显著影响。莫洛聂和艾伦(John Moroney、Bruce Allen,1969)研究了美国27个行业的劳动报酬份额情况,采用各行业中四个最大公司的集中度(four-firm concentration ratio)测量厂商的垄断程度,发现劳动报酬份额与垄断之间没有系统联系——在所有27个行业中,只有5个在统计上负相关,而还有一个正相关,说明垄断力量难以解释劳动报酬份额的变化,而用工资率表示的要素比率有较强的说服力。

工人阶级于1848年正式登上历史舞台,工会组织的形成与发展导致劳动力

---

① 需要注意的是,在早期的研究中,劳动收入仅包括手工劳动(manual labor)的工资,统计对象也只针对挣工资者(wage-earner),其他劳动者,如自雇者、技术工人以及管理者不在统计范围之内,早期对英国劳动报酬份额稳定性的研究主要指手工劳动者的工资在国民收入中的比重,凯恩斯对劳动报酬份额稳定性的论断也是基于对普通劳动者的工资与国民收入之间的关系。参见:E.H.Phelps Brown and P. E. Hart, the Share of Wage in National Income, the Economic journal, 1952 (62): 253-277 和 Keynes, John M. Relative Movements of Real Wages and Output. Economic Journal, 1939 (3): 34-51.

② 参见:M.Kalecki. The Determinants of Distribution of the National Income. Econometrica, 1938, 6 (2): 97-112.

要素市场的垄断，工资得到增长。厂商因为担心价格上涨会削弱其竞争力，可能不会将工资增长的全部份额都转移到加成价格，而宁愿接受一个较低的利润水平。因而，工会可以影响企业的垄断程度，导致利润向工资的分配（特别是在加成价格很高，厂商有能力支付较高工资时），劳动报酬份额得以提高。但如果工资谈判是整个产业的集体谈判，或者工资增长非常迅速，以至于蔓延到整个产业时，单个公司对竞争力削弱的担心会下降，增长的工资可能全被转移到加成价格，工会对劳动报酬份额的影响相应下降。这样，问题的关键在于劳动需求曲线的弹性：如果劳动需求曲线不变，因为增长的工资中只有部分被转移到价格里面，工资的增长毫无疑问会导致劳动报酬份额的上升；但如果经济中出现了普遍的工资增长，劳动的需求曲线向上移动，工资增长不一定带来劳动报酬份额的提高。

森勒尔（N.J.Simler，1968）用各行业集体谈判合约所覆盖工人的比例作为工会化程度的指标，研究了工会组织对劳动报酬份额的影响。他发现工会力量与劳动报酬份额并不存在显著的正关系。工会虽然会导致名义工资的增加，但并不必然导致劳动报酬份额的增加。由于真实工资取决于劳动的边际生产率，当且仅当劳动的边际生产率比平均生产率增长得更快时，劳动报酬份额才会增加。而且，雇主在一定程度上可以通过资本替代劳动和选择劳动节约型的生产函数或者单位产出值来对抗工会组织和工资的增长，降低工会对劳动报酬份额的影响。

第二次世界大战之前，美国农业和制造业部门的劳动收入比都相对稳定。第二次世界大战之后到20世纪60年代末，美国的劳动报酬份额发生了变化，农业部门的劳动报酬份额逐渐下降，制造业部门的劳动报酬份额则相对上升，整个经济中的劳动报酬份额有所上升。马丁和哈夫利切克（Marshall Martin、Joseph Havlicek，1977）认为美国1952~1969年，农业部门的劳动报酬份额从38.6%下降到22.3%，西奥多·莱洛斯（Theodore Lianos，1971）认为1949~1968年，相应的比例从42.9%下降到20%。对于这个期间总劳动报酬份额的变动，直接的原因可能是：政府部门雇员大量增加，导致总劳动报酬份额的增长；农业部门的劳动收入比较低，且常常容易被低估，农业部门重要性下降使得劳动力从农业部门转移到劳动报酬份额较高的其他部门，导致整个经济中的劳动报酬份额上升；另外，战后资本折旧的政府补助大幅增长，导致固定资产折旧在总收入中的比重下降。再从技术进步的类型与资本与劳动的边际替代率等角度来说，劳动报酬份额的变动说明，或者是要素的边际替代率发生了变动，或者是技术进步的类型出现转变，或者二者同时出现变动。第二次世界大战之后，美国资本扩张型（劳动节约型）的技术进步降低了对劳动的需求，还使得资本生产率的提升速度快于劳动生产率。虽然制造业和农业都出现了资本深化（劳动节约型的技术进步），但由于美国制造业中,要素的替代弹性小于 1,[①] 资本和劳动呈现互补的关系,导致制造业劳动报酬份额上升,而农业的要素替代弹性大于 1,[②] 导致农业的劳动报酬份额下降。

20 世纪 60 年代以来,发达国家劳动报酬份额开始经历了一个先升后降的过程。归纳起来看,英语系国家的变动幅度相对较小,欧洲大陆国家的变动幅度相对较大。这些发达国家劳动报酬份额的变化又激起了经济学探索的热情,很多人开始从石油冲击、高涨的失业率、资本国际化、贸易国际化以及全球化的角度展开了影响劳动报酬份额变动的实证分析。

我国目前正处于快速工业化的过程中,国民收入的要素分配格局是否也像早期工业化国家那样保持相对稳定的格局或者具有什么其他不同的特征呢?本书在接下来的部分将对此进行探讨。

二、关于我国劳动报酬占 GDP 份额的考察

我国国民收入的要素分配格局也一直是经济学界探讨的重要问题。改革开放以来,我国经济迅速发展,收入水平迅速提高。在从计划经济向市场经济的转变过程中,工资开始从制度决定向市场决定转变,工资水平迅速提高,劳动报酬占 GDP 份额出现了上升趋势。有人据此认为,国民收入分配中出现了工资侵蚀利润的情况。例如,戴园晨和黎汉明(1988)认为,国有企业的劳动定价(工资制度)方式导致了生产成本中工资比例的上升,利润比例的下降,从而工资侵蚀了利润。虽然有人对此持不同看法,认为资本所得的减少并不是由于工资份额的上升,而是由于利息份额的上升,国有企业的资本利息最终又被国有银行的控制者——国家所得(唐宗焜,1995),但工资侵蚀利润的看法仍然在某种程度上成为国有企业工资制度改革的重要原因。

20 世界 90 年代中期以来的劳动力市场改革造成了大批国有企业和集体企业工人的下岗失业,大批正规部门就业岗位被削减,劳动者不得不以更加灵活的形式重新就业。在劳动力市场变得更加灵活的同时,就业也出现了非正规化趋势。在这一过程中,经济的高速增长虽然仍使劳动者者的收入不断增长,但增长的幅

[①] G.E. Ferguson John Moroney 等人发现,60%的劳动报酬份额的变化可以通过资本深化得以解释。但并不是所有的学者都认同制造业上升的观点,如 Damodar Gujarati 就认为,美国制造业的劳动收入比从 1949 年的 55.3 下降到 1964 年的 47.4;Graham Richards 则认为,澳大利亚从 1945~1968 年的制造业的劳动报酬份额从 59.7 下降到了 50.65,虽然同期的总劳动报酬份额从 1950 年的 51 上升到 1968 年的 58.3。

[②] Marshall Martin 和 Joseph Havlicek 认为,1946~1964 年,美国农业中资本对劳动的替代率为 1.5,远大于 1。参见:Marshall A. Martin, Joseph Havlicek. SOUTHERN JOURNAL OF AGRICULTURAL ECONOMICS, 1977(12):137-141。

度与国民财富总体增长速度相比相对缓慢，劳动报酬占 GDP 份额上升的势头被遏制并开始向相反方向发展。

劳动报酬占 GDP 份额下降一开始并没有受到很多人关注，直到进入新世纪以来，随着收入分配状况的不断恶化，国民收入分配格局的失衡问题才开始被越来越多的人所重视并成为研究的热点问题。截至目前，大量研究都揭示我国劳动报酬占 GDP 份额出现了下降趋势，这一结论似乎已经成为全社会的共识。例如，白重恩、钱震杰（2009）用全国劳动者报酬除以净 GDP（总 GDP 扣除净间接税）的比例来表示劳动报酬份额，认为它从 1995 年的 59.7%下降到 2006 年的 47.3%。李稻葵等（2009）用劳动者报酬除以总 GDP 表示劳动报酬份额，认为中国劳动报酬份额从 1990 年的 53%下降到 2006 年的 40%左右。他们还认为国际范围内劳动报酬份额与经济发展水平存在"U"型关系，而中国正处在这一曲线的下行区间，这意味着中国劳动报酬份额还将继续降低。罗长远、张军（2009）认为中国劳动报酬份额从 1995 年 51.4%的峰值下降至 2003 年的 46.2%，且在 2004 年加速下降至 41.6%，目前远低于世界多数国家 55%~65%的水平。

然而，劳动报酬收入占 GDP 份额是否下降的问题和如何度量劳动报酬有很大关系，不同的度量方法会得出不同的结论。所以，对于中国劳动报酬占 GDP 份额下降的结论并非所有人都认同。例如，有研究指出，中国劳动报酬份额下降主要是统计误差造成。其主要原因在于家庭经营纯收入中农林牧渔收入自 20 世纪 90 年代初以来在 GDP 中的比重直线下降了 10 个百分点，当在劳动收入中扣除农村家庭经营收入后，劳动收入份额不仅没有下降，反而会出现上升趋势，全社会公司化和工薪制就业的劳动者报酬在 GDP 中的比重呈现上升趋势（华生，2010）。

（一）不同数据来源的劳动报酬份额

到目前为止，有关中国劳动报酬实际上并没有一个官方的准确数据，研究者所依据的数据来源也不尽相同。归纳起来看，在计算中国劳动报酬占 GDP 份额时所依据的数据主要有这样三个来源，分别是国家统计局公布的投入产出表数据、资金流量表数据、地区收入法国内生产总值数据。虽然，从这样三个来源数据中所得到的劳动报酬数据占 GDP 份额的变动趋势基本一致，但它们之间仍然存在着差异。

投入产出表反映的是国民经济各部门之间的投入和产出之间的关系，是一定时期国民经济系统实际运行情况的缩影。到现在为止，国家统计局相继成功编制了 1987 年、1990 年、1992 年、1995 年、1997 年、2000 年、2002 年、2005 年和 2007 年的价值型投入产出表。投入产出表中间使用表是逢二、七年份编制，是国家统计局唯一直接给出的全国层面按产业部门分类的要素收入数据。利用投入产出表，不仅可以测算全国的劳动报酬比重，还可以进一步细分行业的劳动报酬比重。例如，2007年投入产出表将全部生产活动划分为123个部门，将这123个部门分为农林牧渔业、工业、建筑业、交通运输仓储和邮政业、批发和零售业以及其他部门进行增加值的核算。① 利用投入产出表测算劳动报酬比重的优点是数据准确全面，可以研究劳动报酬占GDP份额的结构变化。但是，投入产出表目前只有9个年份数据可以获得，而且投入产出表还存在数据滞后性问题。利用投入产出表研究劳动报酬占GDP份额的变动规律存在着局限性。图2-1是投入产出表数据中劳动报酬占比的变动情况。根据图2-1的数据，1987年劳动报酬占GDP份额为47.23%，到1997年上升到54.87%，之后则呈现下降趋势，到2000年下降到54.06%，2002年下降到48.38%，2005年下降到41.73%，2007年下降到41.36%。

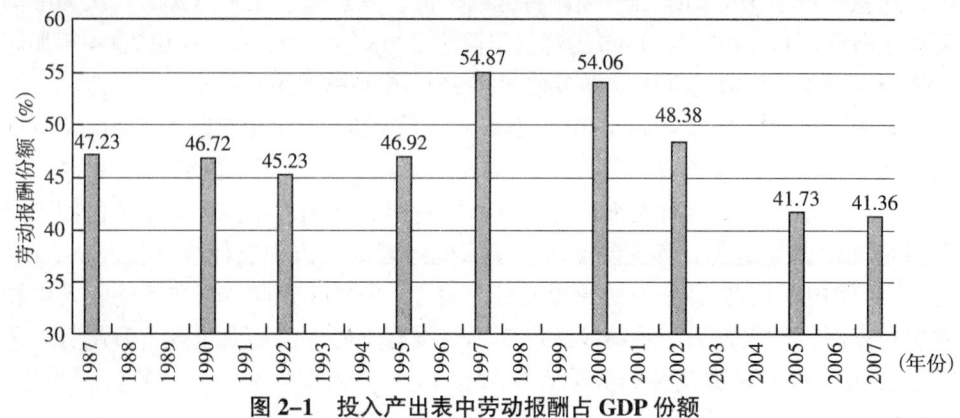

图2-1 投入产出表中劳动报酬占GDP份额

资料来源：根据《中国统计年鉴》（1987~2007）整理。

资金流量表作为国民经济核算体系的重要组成部分，记录了非金融企业部门、金融机构、政府部门、住户部门和国外部门五大部门间的收支情况。资金流量表采用矩阵结构，主栏列出交易项目，宾栏列出各机构部门，而每个机构部门下再列出两个分栏，分别反映该机构部门的资金流入和流出，称为"来源"和"运用"。利用资金流量表可以计算出劳动报酬份额。根据资金流量表，国内劳动报酬来源=国内各部门劳动报酬运用总和+国外部门劳动报酬运用-国外劳动报酬来源。为了便于说明，以及国外部门劳动报酬所占比例很小，研究中一般忽略国外部门的劳动报酬，仅看来自国内劳动报酬的状况。这样，把资金流量表中四个国内部门的劳动报酬运用加在一起就可以得到总的劳动报酬了。

需要指出的是，2004年我国进行第一次经济普查后，国家统计局对资金流

---

① 国家统计局国民经济核算司. 中国2007年投入产出表编制方法. 北京：中国统计出版社，2009.

量历史数据进行了调整，调整后的数据收集在国家统计局编的《中国资金流量表历史资料：1992~2004》中。这样，在利用资金流量表数据时，2004年的数据往往会得到两个序列，一个序列是从各相关年份《中国统计年鉴》中资金流量表数据的数据，另一个序列是从调整后资金流量表中得到的数据。从两个不同序列资金流量表得到的列劳动报酬数据相差较大。正因为如此，到现在为止，我们看到的研究中，同样使用资金流量表数据，但结果却相差甚远。图2-2是两个序列数据得出的结果以及二者的对比。

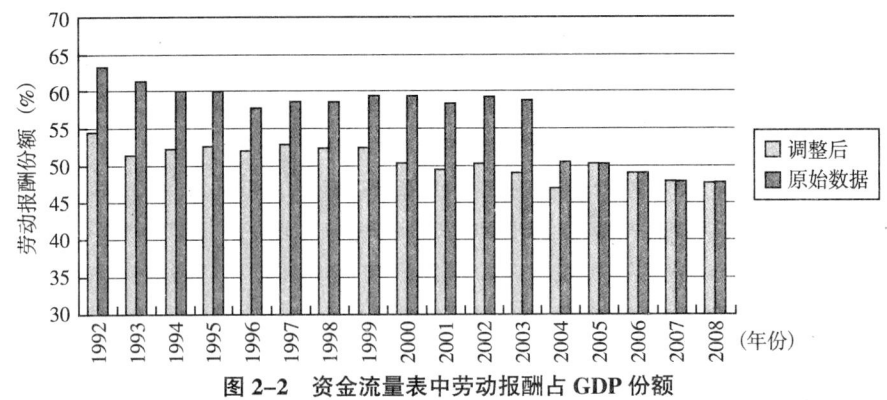

图2-2 资金流量表中劳动报酬占GDP份额

资料来源：1992~2004年数据《中国资金流量表历史资料：1992~2004》，其他各年数据来自《中国统计年鉴》（2008）。

对比资金流量表中两个序列的劳动报酬占GDP份额数据可以看出，没有经过回溯调整的数据在2003年和2004年出现了一个突然的下降，从58.9%下降到50.6%，而在2003年之前和之后的数据都表现出了基本稳定的趋势。这一突然下降的原因主要在于2004年有关劳动报酬的统计口径发生了变化：一是个体经济业主收入从劳动收入变为营业盈余；二是农业部门不再统计营业盈余。根据劳动报酬统计口径的这一变化，国家统计局重新对之前的资金流量表数据进行了回溯调整，从而出现了一个下降趋势更为平缓的数据序列。调整前劳动报酬份额1992年为63.47%，调整后为54.59%，二者相差将近9个百分点；1995年调整前为60%，调整后为52.78%，二者相差将近8个百分点；2003年调整前为58.9%，调整后为49.2%，二者相差9个多百分点。1995~2008年，调整前劳动报酬份额从60%下降到47.78%，下降了12个多百分点，而调整后则仅仅从52.78%下降到47.79%，仅仅下降了4个多百分点，下降幅度减少了近2/3。由此可见，资金流量表调整后的劳动报酬份额数据虽然也呈现出下降趋势，但下降的幅度却大大减轻。

国家统计局公布的收入法地区国内生产总值也是获得劳动报酬数据的来源。在地区收入法国内生产总值的核算中，GDP被分为这样几个部分：劳动者报酬、生产税净额、固定资产折旧和营业盈余。与前两个来源的数据相比，收入法国内生产总值并没有直接给出全国水平的劳动报酬数据，全国劳动报酬占 GDP 份额一般是通过把各省劳动报酬和 GDP 分别加总计算得到。由于我国采取分级核算体制，地区 GDP 核算易受地方干预等弊端，可能出现地方 GDP 加总高出全国核算数据的情况，从而可能影响省份加总法测度全国劳动报酬份额的准确度。

根据这一来源的数据，改革开放以来全国劳动报酬占 GDP 份额总体上趋于下降，但不同时期劳动报酬占 GDP 份额变动规律相差较大。1978~1984 年中国劳动报酬占 GDP 份额从 49.64% 上升到 53.68% 的顶点；1985~1998 年全国劳动报酬占 GDP 份额基本保持在 50% 以上，处于相对稳定时期；1999 年之后则趋于下降，特别是 2003 年之后开始加速下降，到 2007 年全国劳动报酬占 GDP 份额降至 39.74% 的历史最低水平。从各产业劳动报酬占 GDP 份额来看，农业劳动报酬占 GDP 份额明显高于其他产业，平均达到 85.62%，是第二产业劳动报酬占 GDP 份额平均值（36.93%）的 2.32 倍，是第三产业平均值（43.84）的 1.95 倍（见表 2-3）。

表 2-3　地区收入法 GDP 中劳动报酬占 GDP 份额变化

单位：%

年　份	全　国	第一产业	第二产业	第三产业
1978	49.64	86.67	31.03	43.31
1979	51.45	86.55	31.4	45.79
1980	51.18	87.11	31.76	45.71
1981	52.71	88.4	31.72	45.7
1982	53.58	81.02	32.64	45.19
1983	53.54	87.12	30.95	44.91
1984	53.68	87.48	32.64	45.8
1985	52.74	87.82	34.54	42.72
1986	52.82	82.15	35.13	49.34
1987	52.02	85.56	35.46	43.33
1988	51.69	84.99	36.13	43.08
1989	51.55	84.34	37.25	38.15
1990	53.31	85.64	38.89	43.34
1991	52.12	79.64	39.04	47.67
1992	50.04	84.72	37.33	43.3
1993	49.49	85.69	39.36	42.05
1994	50.35	85.13	39.61	44.1
1995	51.44	86.08	41.52	43.81
1996	51.21	86.54	41.4	43.43
1997	51.03	86.41	42.04	43.67

续表

年 份	全 国	第一产业	第二产业	第三产业
1998	50.83	86.64	42.44	43.68
1999	49.97	86.47	41.88	43.74
2000	48.71	85.65	40.62	43.92
2001	48.23	85.44	40.29	43.93
2002	47.75	84.46	39.92	44.35
2003	46.16	83.44	38.75	43.36
2004	41.55	90.56	33.25	36.18
2005	41.4	—	—	—
2006	40.61	—	—	—
2007	39.74	—	—	—
2008	—	—	—	—
2009	46.6	—	—	—
2010	45.0	—	—	—
最大值	53.68	90.56	42.44	45.79
最小值	39.74	79.64	31.03	36.18
平均值	49.68	85.62	36.93	43.84
标准差	3.90	2.18	3.84	2.44
年均变化幅度	0.90	1.81	0.96	1.80

注：1978~1995年数据来自《中国国内生产总值核算历史资料（1952~1995）》，1996~2002年数据来自《中国国内生产总值核算历史资料（1996~2002）》，2003~2004年数据来自《中国国内生产总值核算历史资料（1952~2004）》，2005~2007年数据来自2006~2010年《中国统计年鉴》。

需要指出的是，地区收入法国内生产总值核算数据劳动报酬在2003年和2004年之间也出现了突然下降，从2003年的46.16%下降到2004年的41.55%，这主要是2004年后劳动报酬统计口径变化的影响。而2008年后，劳动报酬份额又出现了大幅度回升，其中2009年达到46.6%，2010年达到45.0%。这一回升似乎表明国家统计局可能又一次对劳动报酬统计口径进行了调整。

现在让我们来对上述三个来源的数据做一简要小结，看一看它们都展现出了什么样的共同特征。首先，资金流量表数据的回溯调整影响很大，没有经过回溯调整的资金流量表数据大大高于另外两个来源的数据；其次，回溯调整后的资金流量表数据展现出了和另外两个来源数据相似的趋势特征，都表现出了下降趋势，但下降的幅度差异很大。图2-3是三个来源数据的对比，其中资金流量表数据是使用回溯调整后的数据。

从图2-3的对比可以看出，地区收入法得到的劳动报酬在这些比较年份基本上都是最低的，同时下降趋势也最明显，投入产出法得到的劳动报酬份额在1995年、1997年和2000年三个年份最高，但呈现出的下降趋势和地区收入法接

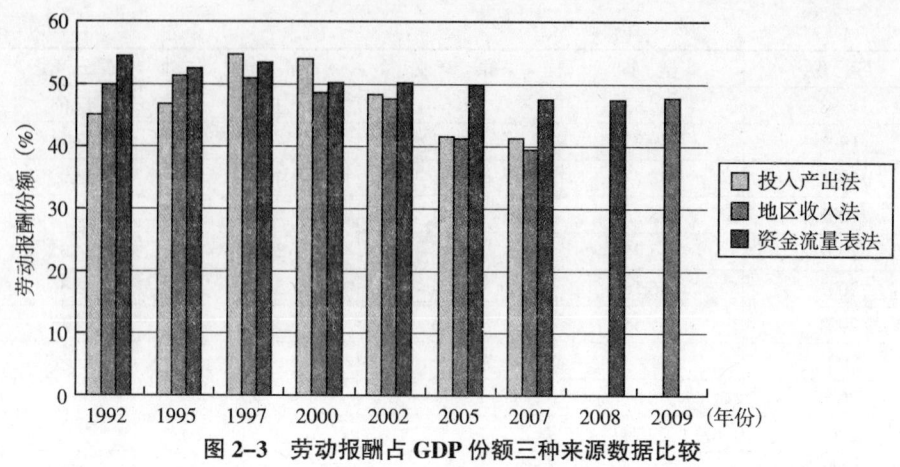

图 2-3 劳动报酬占 GDP 份额三种来源数据比较

近。2002 年以来，资金流量表法得到的劳动报酬份额数字最高，且下降趋势也没有另外两个来源数据明显。由于资金流量表数据回溯调整了统计口径，消除了统计口径变化的影响，变动趋势特征应该说是比较可信的。另外两个来源的数据因为都没有经过回溯调整，2004 年后统计口径变化使得其趋势变化夸大了实际情况。需要指出的是，国家统计局在编制资金流量表时，经济普查年份数据直接取自普查数据，而非普查年份部分数据通过假设劳动者报酬的增长率与居民人均可支配收入增长率相同推算得到的。在劳动者报酬下降较快的时期，如果其他条件不变，居民可支配收入下降较慢，会高估资金流量表中的劳动者报酬在国民收入中的占比并低估其下降幅度（白重恩、钱震杰，2009b）。因此，尽管调整后的资金流量表数据所反映的趋势比较合理，但其绝对值却可能存在对劳动报酬份额的高估。这实际上也是我们看到 2004 年后资金流量表数据都显著高于另外两个来源的数据的原因。鉴于资金流量表在普查年的劳动报酬直接取自普查数据，这意味着 2004 年资金流量表中劳动报酬占 GDP 比重为 47.04% 也许比较接近真实。与此相对照，其他两个来源的数据则可能存在系统性地偏低的情况。其中，地区收入法 2004 年劳动报酬份额为 41.55%，低于资金流量表数据 5 个多百分点。投入产出法 2005 年劳动报酬份额为 41.73%，接近地区收入法 2004 年数据，低于资金流量表同样是 5 个多百分点。如果说 2004 年后三个来源数据在统计口径上都按经济普查进行了调整，具有统计口径上的可比性，那么，总的来看，资金流量表数据存在着对劳动报酬数据的高估，而另外两个来源的数据则可能存在着对劳动报酬数据的低估。

综合上述三个来源的数据我们也许可以暂时得出这样的结论，我国劳动报酬份额确实出现了下降趋势，但在多大程度上下降仍然是一个没有答案的问题。事实上，由于国家统计局在如何处理自雇者收入问题上存在着简单化倾向：自雇者收入要么被全部归为劳动报酬,要么被全部归为营业盈余。所以,上述三个来源的数据都不能体现真正意义上劳动报酬的含义。因为自雇者的收入是一种混合收入,既包括劳动报酬收入,也包括其他要素收入。简单地把这部分收入归为劳动报酬或营业盈余,都会造成对劳动报酬统计数据的扭曲。正确的做法是按照一定的比例把这部分混合收入分别归为劳动报酬和营业盈余。

(二)劳动报酬份额的变动与问题

正因为国家统计局对自雇收入的处理可能会影响到劳动报酬份额的变动趋势,有人认为中国劳动报酬份额下降的主要原因在于家庭经营纯收入中农林牧渔收入自 20 世纪 90 年代初以来在 GDP 中的比重直线下降造成的;要准确了解劳动报酬份额的变动趋势,需要在劳动报酬中把这部分收入剔除掉(华生,2010)。表 2-4 是通过这种方法对劳动报酬调整的结果,从这一调整可以看出,在扣除全部农户农林牧渔收入之后,中国纯粹的劳动者报酬及其占 GDP 的比重大为降低,其变动规律也发生了根本性变化:中国劳动者报酬在初次分配中占 GDP 的比重并未下降,反而一直在稳定攀升。

表 2-4 调整后的劳动报酬情况

年份	家庭经济性纯收入中农林牧渔收入总和(亿元)	劳动者报酬(亿元)	调整后劳动者报酬(亿元)	GDP(亿元)	家庭经济性纯收入中农林牧渔收入总和/GDP(%)	劳动者报酬/GDP(%)	调整后劳动者报酬/GDP(%)
1992	3895.112	14696.7	10801.59	26923.48	14.47	54.59	40.12
1993	4648.346	18173.4	13525.05	35333.92	13.16	51.43	38.28
1994	6099.63	25206	19106.37	48197.86	12.66	52.30	39.64
1995	7873.519	32087.4	24213.88	60793.73	12.95	52.78	39.83
1996	9351.182	37085.80	27734.62	71176.59	13.14	52.10	38.97
1997	9832.547	41870.4	32037.85	78973.03	12.45	53.02	40.57
1998	9447.927	44337.2	34889.27	84402.28	11.19	52.53	41.34
1999	9343.718	47177.9	37834.18	89677.05	10.42	52.61	42.19
2000	8816.649	50075.9	41259.25	99214.55	8.89	50.47	41.59
2001	8963.17	54444.8	45481.63	109655.2	8.17	49.65	41.48
2002	8880.275	60732	51851.72	120332.7	7.38	50.47	43.09
2003	9188.229	66925	57736.77	135822.8	6.76	49.27	42.51
2004	10583.94	75366.2	64782.26	159878.3	6.62	47.14	40.52
2005	10954.99	92948.8	81993.81	183217.4	5.98	50.73	44.75
2006	11218.39	105555.3	94336.91	211923.5	5.29	49.81	44.51
2007	12695.75	125359.1	112663.4	257305.6	4.93	48.72	43.79

资料来源:华生. 劳动者报酬占 GDP 比重低被严重误读——中国收入分配问题研究报告之二. 中国证券报,2010-10-14.

然而，上述调整的思路虽然是正确的，但具体做法却存在问题。因为，既然农户的农林牧渔收入属于混合收入，那就不应该将其全部扣除，而应该仅扣除其中资本和土地要素的收入，属于劳动要素的贡献仍然应该被归为劳动收入并参加到劳动报酬占 GDP 份额的计算中，把这部分混合收入全部剔除的做法显然是不恰当的。

事实上，为了更准确地衡量劳动报酬占 GDP 份额，对自雇者收入数据进行调整是通行的做法。例如，约翰逊（Johnson，1954）将企业家收入以及农民收入的 2/3 划归劳动报酬，1/3 归资本性收入，这种方法被广泛接受。[①] 目前国际上存在多种对劳动者报酬的调整方法（见表 2-5），这些方法各有其优缺点。从理论上讲，"扬方法"能够比较准确地计量自雇者的资本性收入和劳动收入。但运用这套方法，需要具备两个基本条件。首先，需要拥有翔实的微观数据，包括劳动者行业、性别、年龄、教育程度和工作时间等信息；其次，劳动力市场的一体化达到较高的程度。因为，如果劳动力市场分割严重，自雇者的收入函数与雇员的收入函数差别大，自雇者与性别、年龄和教育等相似雇员的劳动收入差距就可能较大。那样的话，按照"扬方法"计算出的雇员劳动报酬便难以准确代表自雇者的劳动报酬。约翰逊方法主要依据其对美国农业部门和非农业部门企业家和自雇者收入的研究，在计算工业化国家企业家和自雇者的收入时具有较强指导意义，但在将其用来计量中国劳动报酬份额时需要谨慎对待。戈林的第一种方法就是中国国家统计局使用的方法（未调整的劳动者报酬数据），它把自雇者所有收入计入劳动报酬。这种方法对那些缺乏自雇者收入数据的发展中国家具有一定意义，但明显忽略了自雇者经营收入中的资本和土地收入。戈林的第三种方法假定自雇者的劳动报酬与雇员的劳动报酬相同，实际上就是"扬方法"，明显不适合中国。

表 2-5 自雇者经营收入的调整方法

	调整方法	研究的国家和地区
Young（1994）	自雇者与部门、性别、年龄和教育程度相同的雇员具有同样的小时工资	韩国、香港、台湾、新加坡
Johnson（1954）	农业自雇者的收入有 64%，非农业自雇者的收入有 2/3 是劳动报酬	美国
Gollin（2002）	（1）自雇者的所有收入均属于劳动报酬；（2）自雇者与公司经营者的资本与劳动报酬份额相同；（3）自雇者与雇员有相同的劳动报酬	42 个不同发展水平的国家

资料来源：根据相关文献整理，具体见参考文献。

[①] Karis（1995）较早接受约翰逊的计算方法，将企业家收入中的 65% 划为劳动者报酬，35% 划分为资本性收入。另一些学者的研究也证明该估计符合工业化国家的事实。Englander 和 Gurney（1994）发现 OECD 国家资本收入份额普遍在 0.3~0.35 变动。Young（1994）则估计韩国的资本份额为 0.32、中国台湾为 0.29、新加坡为 0.53、中国香港为 0.37。

中国城乡差距大，劳动力市场严重分割，农民纯收入远低于城镇职工，用职工工资代表城乡个体户和农民的劳动报酬将严重高估中国农民的劳动报酬。

鉴于各种方法的优缺点和中国的实际情况，本研究比较了约翰逊调整方法和戈林的第二种调整方法。结果发现，约翰逊方法和戈林方法计算的中国自雇者劳动报酬非常相近。按照约翰逊方法，农民的家庭经营收入中有 2/3 属于劳动报酬，1/3 属于资本（土地）所有；按照戈林第二种调整方法，中国第二和第三产业劳动收入与资本收入之比也大约为 2∶1（劳动报酬份额为 40% 多，企业盈余份额为 20% 多），那么，自雇者收入中也是 2/3 属于劳动报酬，1/3 属于资本和土地。因而本书对中国劳动报酬数据的调整主要依据约翰逊方法，即城乡自雇者的经营收入中 2/3 属于劳动报酬，1/3 属于资本收益。

具体来看，我国劳动者报酬主要有两个地方需要调整。一是农民的经营性收入。1978 年以来我国农村实行家庭联产承包责任制，农民属于典型的自雇者，其家庭经营收入有部分来自资本和土地，但国家统计局将农民所有经营性收入都计入劳动报酬。考虑到中国农民数量极其庞大，这种方法将严重高估农业劳动报酬份额，进而高估全国总劳动报酬份额。二是城镇个体户经营性收入。国家统计局 1978~2003 年将城镇个体户经营收入全部算入劳动报酬，2004 年之后又将其经营性收入全部划为资本性收入。由于改革开放后城镇个体户经营性收入增长迅速，把城镇个体经营性收入全部算入劳动报酬将高估全国劳动报酬份额，而将其全部算入资本性收入又会低估全国劳动报酬份额。

考虑到不同时期农民劳动报酬的统计口径不同，本研究采取了有差别的调整方式。1978~1984 年农民纯收入来源分为从集体统一经营中获得的收入、从经济联合体获得的收入、农民家庭经营收入及其他收入（借贷性收入等）。借贷性收入无疑不属于劳动报酬的范畴；而与家庭经营收入一样，早期农民从集体统一经营和经济联合体得到的收入也是一种混合收入，包含了资本和土地收益。[①] 因此，在计算 1978~1984 年的农民劳动报酬时，我们剔除了农民集体统一经营和经济联合体收入中的资本和土地收益，调整方式仍然是 2/3 归劳动所有，剩下的归土地和资本所有。1985 年以后农民收入来源分为劳动者报酬、家庭经营收入、财产和转移性收入，我们在计算 1985 年之后的农民劳动报酬时仅调整农民家庭经营收入，农民的工资性收入不予调整。城镇个体经营性收入也采用类似的调整方法。

如果用 L'_s 表示调整后的劳动报酬份额，W 为未调整（统计年鉴上）的劳动

---

① 近年来《中国农村统计年鉴》将 1978~1984 年农民从集体统一经营和经济联合体中得到的收入作为工资性收入，从而也列出了按照工资性收入、家庭经营收入、财产与转移性收入的纯收入来源。如果按照此数据来调整劳动报酬份额，1978~1984 年的中国农业劳动报酬份额将大大提高。但考虑到多方面因素，本书认为农民从集体统一经营收入和经济联合体获得的收入仍然是一种混合性收入。

者报酬，W′为调整后的劳动者报酬数据，Y 为国民收入（GDP），W_a 为未调整（统计年鉴上）的农业劳动者报酬数据，W_n 为非农业劳动者报酬数据，I_{am} 为农民的经营性收入，I_{nm} 为城镇个体工商户的经营性收入，则劳动者报酬的调整公式为 $L'_s = \dfrac{W'}{Y} = \dfrac{[(W_a - \frac{1}{3}I_{am}) + (W_n - \frac{1}{3}I_{nm})]}{Y}$。

依据上述调整方法，我们对来自地区收入法 GDP 核算中的劳动报酬数据进行了调整，调整结果见表 2-6。

表 2-6　调整后 1978~2007 年劳动报酬占 GDP 份额

年份	调整前劳动报酬①（亿元）	需剔除的资本性收入（亿元）		调整后劳动报酬=①-②-③（亿元）	GDP（亿元）	调整后劳动报酬占 GDP 份额（%）
		农户②	城镇③			
1978	1708	327	—	1382	3442	40.1
1979	2017	381	—	1636	3920	41.7
1980	2238	448	—	1790	4372	40.9
1981	2512	528	—	1984	4766	41.6
1982	2840	658	—	2181	5300	41.2
1983	3186	745	—	2441	5951	41.0
1984	3807	771	—	3036	7092	42.8
1985	4537	797	9	3732	8602	43.4
1986	5092	847	9	4236	9640	43.9
1987	5950	940	10	5000	11438	43.7
1988	7466	1107	16	6344	14445	43.9
1989	8437	1205	20	7213	16366	44.1
1990	9846	1454	23	8369	18470	45.3
1991	11078	1477	26	9575	21255	45.0
1992	13030	1591	31	11409	26038	43.8
1993	16935	1930	45	14959	34219	43.7
1994	22829	2519	70	20240	45345	44.6
1995	29597	3225	85	26286	57535	45.7
1996	34704	3864	144	30695	67764	45.3
1997	38954	4132	221	34601	76339	45.3
1998	41960	4063	259	37638	82558	45.6
1999	44082	3961	324	39798	88216	45.1
2000	47978	3846	377	43755	98504	44.4
2001	52351	3871	439	48041	108546	44.3
2002	57577	3877	556	53144	120571	44.1
2003	64272	3948	705	59618	139250	42.8

续表

年份	调整前劳动报酬①（亿元）	需剔除的资本性收入（亿元）		调整后劳动报酬=①-②-③（亿元）	GDP（亿元）	调整后劳动报酬占GDP份额（%）
		农户②	城镇③			
2004	69640	4405	1787	66972	167587	40.0
2005	81885	4583	2547	79792	197789	40.3
2006	93831	4746	3114	92136	231053	39.9
2007	101283	5320	3724	99614	254864	39.2

注：需要剔除的资本性收入按照城乡个体户经营收入的1/3来计算。2004年之后，城镇个体经营收入的统计口径变化，其从全部计入劳动者报酬变为全部计入营业盈余。因而，在计算劳动者报酬时，就不需要再从国民总劳动报酬中扣除城镇个体经营的资本性收入，反而应该将城镇个体经营收入中的劳动者报酬加入到国民的劳动者报酬中，计算方法同上。

资料来源：根据《中国国内生产总值核算历史资料（1952~2005）》，《中国国内生产总值核算历史资料（1996~2002）》，《中国国内生产总值核算历史资料（1952~2004）》，2006~2008年《中国统计年鉴》计算得到。

通过分析调整后的劳动报酬份额，本研究发现中国劳动报酬份额显示了相对稳定性，其最高值为1995年的45.69%，最低值为2007年的39.16%，而1978年与2007年的劳动报酬份额相差仅为0.99个百分点。分阶段来看，1978~1990年，中国劳动报酬份额逐步上升，从40.15%上升到45.31%，上升了5.16个百分点，1990~2002年劳动报酬份额则趋于稳定，维持在43.72%~45.69%；从2002年开始中国总劳动报酬份额下降趋势比较明显，从2002年的44.08%下降到2007年的39.16%，下降了4.92个百分点。由于劳动报酬份额在轻微上升之后又轻微下降，1978~2007年中国总劳动报酬份额保持着相对稳定（见图2-4）。

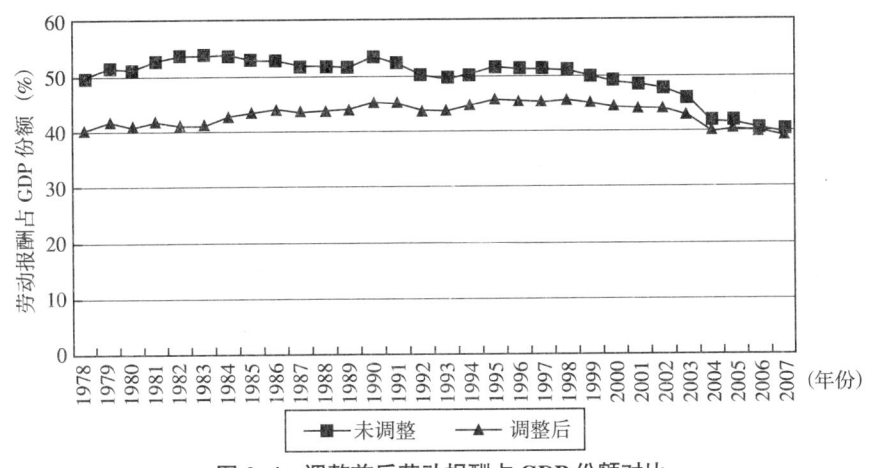

图2-4 调整前后劳动报酬占GDP份额对比

调整前后劳动报酬份额的变化主要体现在以下两方面：

一是总劳动报酬份额变动规律发生了改变。调整后的劳动报酬份额一直处于较低水平，直到 2007 年，全国劳动报酬份额仍然与 1978 年大致相当，其标准差也从 3.90 下降到 1.96，并没有像调整前一样，存在一个明显的劳动报酬份额从高水平下降到低水平的过程。这说明，1978~2007 年中国劳动报酬份额是基本稳定的。分阶段来看，1978~1990 年，调整前的平均劳动报酬份额为 52.3%，调整后的劳动报酬份额为 42.56%，两者相差接近 10 个百分点，但调整前的劳动报酬份额标准差低于调整后，说明调整后的劳动报酬份额波动较大；1991~2002 年，调整前的劳动报酬份额平均为 50.09%，调整后下降为 44.75%，相差 5 个百分点；2003~2007 年，调整前劳动报酬份额为 41.89%，调整后则为 40.45%，两者相差仅为 1 个多百分点（见表 2-7）。

表 2-7　劳动报酬份额调整前后的对比

时间段	调整前		调整后	
	平均值（%）	标准差	平均值（%）	标准差
1978~1990 年	52.30	1.14	42.56	1.54
1991~2002 年	50.09	1.29	44.75	0.66
2003~2007 年	41.89	2.23	40.45	1.25
1995~2007 年	46.82	4.27	43.23	2.38
1978~2007 年	49.68	3.90	43.09	1.96

二是农业劳动报酬份额与非农劳动报酬份额的差距明显缩小，由调整前的相差 1 倍逐渐缩小到相差不到 1/2。调整后 1978~1981 年农业劳动报酬份额相对较高，1982~1991 年有所下降，而资本和土地收益比例上升。这说明家庭联产承包责任制明显提高了资本和土地的配置效率，提升了其边际生产率。非农劳动报酬份额也总体呈现上升趋势。虽然 1998 年以后有轻微下降，但直到 2004 年非农劳动报酬份额仍然明显高于 1978 年。

从农业与非农产业对调整后劳动报酬份额变动的贡献来看，调整前后劳动报酬份额变动绝大部分由农业产业调整的变动引起。平均来看，1978~2007 年调整后的劳动报酬份额平均下降了 6.6 个百分点，而这又主要是由于调整后农业劳动报酬份额的变动引起的。农业劳动报酬份额的调整对调整后劳动报酬份额下降的贡献率平均达到 96.5%，但这种影响呈现下降趋势。1978~1987 年农业劳动报酬份额的调整对总劳动报酬份额下降的贡献达到 99%，而非农产业劳动报酬份额变动的贡献率仅为 1%。随着市场经济体制改革的深入，城镇个体工商户规模逐渐扩大，非农部门自雇者的劳动收入明显提升，导致非农部门对调整后劳动报酬份额的影响逐渐扩大，到 2003 年上升到 15.4%。而 2004 年之后，由于中国国家统计局将城镇个体工商户的经营性收入都纳入资本性收入中，本文按照劳动者报酬的内涵，将部分经营性收入调整到劳动者报酬，导致非农产业对劳动报酬份额变动的影响为负。从农业和非农产业对调整后劳动报酬份额变动的影响来看，2004年之后，对农业劳动者报酬的调整对全国总劳动报酬份额下降的贡献非常大，最高时超过333%（见表2-8），但由于调整后的非农部门劳动者报酬增长非常迅速，其阻止劳动报酬份额下降的影响越来越明显，使得全国总劳动报酬份额的下降相对较小。

表2-8 农业和非农产业劳动份额调整对调整后总劳动报酬份额变动的贡献

单位：%

年 份	劳动报酬份额的变动值	农业产业的贡献	非农产业的贡献
1978	9.49	100.0	0.0
1979	9.74	99.9	0.1
1980	10.28	99.7	0.3
1981	11.13	99.6	0.4
1982	12.49	99.5	0.5
1983	12.6	99.4	0.6
1984	11	98.8	1.2
1985	9.36	99.0	1.0
1986	8.88	99.0	1.0
1987	8.3	99.0	1.0
1988	7.78	98.5	1.5
1989	7.48	98.4	1.6
1990	8.0	98.4	1.6
1991	7.07	98.3	1.7
1992	6.22	98.2	1.8
1993	5.77	97.8	2.2
1994	5.71	97.3	2.7
1995	5.75	97.5	2.5
1996	5.91	96.5	3.5
1997	5.7	95.0	5.0
1998	5.24	93.9	6.1
1999	4.86	92.4	7.6
2000	4.29	91.0	9.0
2001	3.97	89.8	10.2
2002	3.67	87.6	12.4
2003	3.35	84.6	15.4
2004	1.56	168.3	-68.3
2005	1.03	225.1	-125.1
2006	0.71	290.8	-190.8
2007	0.58	333.4	-233.4

续表

年 份	劳动报酬份额的变动值	农业产业的贡献	非农产业的贡献
平均值	6.60	96.50	3.50
标准差	3.31	4.06	4.06
变异系数（标准差/均值）	0.50	0.04	1.16

资料来源：国家统计局网页·专题调查。

综上所述，考虑到统计口径变化的影响并对劳动报酬数据进行调整后，中国劳动报酬占 GDP 份额的下降趋势大大减弱。同时，从一个相对长的时间来看，劳动报酬占 GDP 份额保持了相对稳定的特征。那么，中国的劳动报酬占 GDP 份额与其他国家工业化进程中这一份额的变动相比有什么不同呢？

三、我国劳动报酬份额变动的"非典型"特征：低水平稳定

在进行劳动报酬占 GDP 份额的国际比较时同样受到劳动报酬统计口径变化的困扰。如果不对劳动报酬口径加以区分，把一种口径的数据同另一种口径的数据相比较，就会得出不正确甚至南辕北辙的结论。

按照国家统计局的定义，劳动者报酬是指劳动者因生产活动所获得的全部报酬，包括劳动者获得的各种形式的工资、奖金和津贴。其中，既包括货币形式的，也包括实物形式的，还包括劳动者所享受的公费医疗和医药卫生费、上下班交通补贴、单位支付的社会保险费、住房公积金等。从劳动报酬的定义看出，和劳动者有关的劳动收入都应归为劳动报酬。然而，由于靠个体经营活动取得收入者的劳动报酬不容易计算，国际上衡量劳动报酬时也就有了两个统计口径。一种口径是仅核算雇员或者说领取工资劳动者的劳动报酬，而那些从事个体经营活动者的劳动报酬不被包括在内。这种方法虽然简单易行，但并没有包括所有劳动者的收入，属于窄口径的劳动报酬统计。另一种口径则既包括雇员的劳动报酬也包括自雇者（从事个体经营活动者）的劳动报酬，属于宽口径的劳动报酬统计。但这种方法因为在如何衡量自雇者收入中劳动应得份额时缺乏一个普遍遵守的标准，核算的结果往往因核算方法不同而不同。需要指出的是，上面提到的我国劳动报酬的各种来源数据，无论是地区收入法 GDP 核算的劳动报酬，还是资金流量表中的劳动报酬和投入产出表劳动报酬数据，都使用了宽口径的概念。这里的劳动报酬不仅包括工资领取者（雇员）的劳动报酬，也包括从事个体经营活动者的劳动收入。

前面提到的华生使用的中国劳动报酬数据来自《资金流量表》，是宽口径的劳动报酬数据。他试图通过调整使之变为窄口径数据以便进行国际对比，但在调整

中他仅扣除了农村家庭经营收入，而仍有大量城乡个体从业者的劳动报酬收入没有被扣除。这样的调整因而是不彻底的，也无法做到和窄口径劳动报酬数据相一致。他用来和中国作对比的其他国家的劳动报酬数据取自联合国的数据，是仅包括雇员劳动报酬的窄口径概念。由此，他得出了这样的结论："不用说和其他发展中国家，即使与中等发达国家相比，我国劳动者报酬占 GDP 的比例还是排在前列。'金砖四国'中除印度外，巴西和俄罗斯的人均 GDP 都远超中国，但我国劳动者报酬占 GDP 的比重 44%则一点也不落后。"（华生，2010）

和华生相类似，贾康等人（2010）也是使用中国资金流量表中宽口径的劳动报酬数据和国际上其他国家窄口径劳动报酬数据作对比，也得出了中国劳动报酬占比并不低的结论。利用联合国数据，贾康等选择了 7 个具有代表性的发达国家（澳大利亚、加拿大、法国、德国、日本、英国和美国）和 3 个新兴经济体以及发展中国家（"金砖四国"的另外 3 个国家，巴西、印度和俄罗斯）和中国进行对比，发现中国劳动报酬占比虽然低于发达国家，但大大高于其他发展中国家，与世界各国相比，处于中等偏上水平，高于"金砖四国"中的其他三国 10~23 个百分点。

（一）劳动报酬份额的国际比较

一般来说，有关国外劳动者报酬及劳动报酬占 GDP 份额的数据存在多种来源，《国际统计年鉴》和《联合国国民收入核算账户》等统计资料上都列示了劳动者报酬及 GDP 的相关数据。利用上述数据计算劳动报酬占 GDP 份额并不复杂。但这些数据有一个共同特点，其核算的劳动者报酬都是雇员劳动报酬（Employee Compensation），其中并未包括自雇者的劳动报酬。由此计算得到的劳动报酬占 GDP 份额也仅仅是雇员的劳动报酬占 GDP 份额，而非整个经济体的劳动报酬占 GDP 份额。[1] 一般来说，经济越发达，自雇部门在经济中的比重就越小，雇员劳动报酬占 GDP 比重就会越高；而经济越不发达，自雇部门在经济中的比重就越高，雇员劳动报酬占 GDP 的比重就越低。在有些最不发达国家，雇员劳动报酬占 GDP 比重甚至只有百分之几或者百分之十几。

表 2-9 是按照《国际统计年鉴》相关数据计算得出的雇员劳动报酬占 GDP 份额数据。[2] 从中可以看出，1970~2005 年发达国家劳动报酬占 GDP 份额明显高于

---

[1] 戈林对各国自雇者的劳动者报酬进行了调整，发展中国家劳动报酬占 GDP 份额明显提升，由此世界各国的劳动报酬占 GDP 份额集中于 60%~85%。参见：Gollin, Douglas. Getting Income Shares Right. Journal of Political Economy, 2002, 110（2）：468-472.

[2] 另一种数据来自《联合国国民收入核算账户》统计年鉴，本书也用此数据计算了 1970~2005 年各国的劳动报酬占 GDP 份额，发现该结果与利用《国际统计年鉴》数据计算的劳动报酬占 GDP 份额有一定差异，但是差异并不明显。

发展中国家。其中，美国劳动报酬占 GDP 份额最高，平均达到 59.8%，英国次之，平均约为 56.8%。作为新兴工业化国家的韩国，其 1970~2005 年平均劳动报酬占 GDP 份额明显低于美国和英国，平均为 41.9% 左右，墨西哥劳动报酬占 GDP 份额则远低于英美等发达国家，平均为 31.7%，仅为美国的一半左右。我们这里依据地区收入法 GDP 核算数据，通过从中扣除城乡个体劳动者劳动报酬收入而得到了中国雇员劳动者报酬数据。1980~2005 年中国雇员劳动报酬占 GDP 份额平均仅为 38.9%，大大低于英美等国已经完成工业化的国家，而和墨西哥这样的陷入中等收入陷阱的国家相类似。

表 2-9 根据国际统计年鉴相关数据计算的各国雇员劳动报酬占 GDP 份额

单位：%

国家	1970 年	1980 年	1985 年	1990 年	1995 年	2000 年	2005 年
英国	59.3	59.7	55.4	57.5	54.4	55.5	55.7
德国	53.2	58.5	56.0	54.3	54.7	53.4	50.4
日本	43.5	54.3	54.3	53.6	56.7	53.9	51.7
加拿大	55.3	55.7	54.3	56.0	54.9	50.6	50.6
美国	61.3	61.0	59.6	60.4	60.1	59.3	56.9
韩国	33.8	39.6	39.5	45.5	46.8	42.8	45.0
西班牙	45.2	51.3	45.8	47.8	46.4	49.5	47.0
墨西哥	35.6	36.0	28.7	29.5	31.1	31.3	29.6
中国		35.8	37.3	40.6	42.3	41.7	35.8[1]

注：1 为 2004 年数据。
资料来源：根据相关年份的国际统计年鉴中劳动者报酬和 GDP 数据计算而来。

事实上，戈林（Gollin，2001）认为，发展中国家农业就业比例普遍较高（多数属于家庭劳动者），且工商业部门也存在大量自雇者，仅核算雇员劳动报酬的计算方法严重低估了发展中国家的劳动报酬占 GDP 份额，这是导致发展中国家劳动报酬占 GDP 份额明显低于发达国家的重要原因，他因此认为应该在考虑自雇者劳动报酬的基础上来比较发达国家和发展中国家劳动报酬占 GDP 份额的差异。他的研究表明，当统一考虑了发达国家和发展中国自雇者劳动报酬和雇员劳动报酬收入后，劳动报酬占 GDP 份额在发达国家和发展中国家间的巨大差异就消失了。

鉴于联合国的数据大多都使用雇员劳动报酬的口径，所以使用包括自雇者劳动报酬占 GDP 份额的宽口径数据进行国际比较就变得很困难。我们这里收集了国外有关劳动者报酬研究的一些文献，整理出了 1970~2000 年部分国家包括自雇者劳动者报酬占 GDP 份额的宽口径数据，结果见表 2-10。从表 2-10 可以看出，与仅核算雇员的劳动报酬占 GDP 份额相比，包括自雇者的劳动报酬占 GDP 份额明显提高。1970~2000年，日本、美国和英国劳动报酬占GDP份额都达到70%，比仅包括雇员劳动报酬占GDP份额高出10多个百分点。中国包括自雇者的劳动报酬占GDP份额也有所提高，平均达到42.8%，比仅包括雇员劳动报酬占GDP份额高出近4个百分点。同时，从包括自雇劳动者的全口径劳动报酬数据来看，中国劳动报酬占GDP份额仍然大大低于发达国家；与仅包括雇员劳动报酬口径的数据相比，中国低于发达国家的程度并没有降低，中国比这些国家低至少20个百分点。

表2-10 1970~2000年各国包括自雇者的劳动报酬占GDP份额

国家	1970年	1975年	1980年	1985年	1990年	1995年	2000年
日本	—	70.4	69.1	68.3	68	71.8	70.2
德国	64.1	67.5	68.7	68.7	62.1	62.1	61.7
美国	72.1	72	72.3	72.3	71.4	71.2	71.4
英国	71.5	73.8	70.8	67.9	71.8	68.3	73.1
中国	—	40.1[1]	40.8	41.4	44.3	45.7	44.4

注：1为1978年数据。
资料来源：Nicoletta Batini, Brian Jackson and Stephen Nickell. Inflation Dynamics and the Labor Share in the U.K. MPC discussion paper No.2 pp.4-44.中国的数据同表2-6。

除了数据的可比性问题之外，在比较分析不同国家劳动报酬占GDP份额的数据时还必须重视发展阶段性问题。改革开放以来，中国经济从工业化初级阶段逐渐向工业化中级阶段转变，当前仍然处于快速工业化、城镇化过程中，要了解中国目前劳动报酬占GDP变动的特征，还应该把中国和那些已经工业化国家在处于和我国类似发展阶段时的数据相对比。

（二）中国劳动报酬占GDP份额变动的"非典型"特征

有研究指出，劳动报酬占GDP份额的变动和经济发展阶段有关系，二者会呈现出"U"型的变动规律，即在工业化之前或工业化初期，劳动报酬占GDP份额相对较高，随着经济水平的发展，劳动报酬占GDP份额将会下降；但在劳动报酬占GDP份额降至最低点后会出现一个拐点，自此之后劳动报酬占GDP份额将趋于上升（李稻葵等，2009年）。然而，从国际经验来看，这样的看法并没有得到发达国家时间序列数据的支持。

从已有研究文献来看，早期工业化国家经济发展（工业化）过程中劳动报酬占GDP份额普遍表现出相对稳定的"卡尔多"特征事实，并未呈现出"U"型规律。凯恩斯（Keynes, John M, 1939）发现，英国1911~1935年工人工资占国民收入的比重在40.7%~43.7%小幅波动，美国1919~1934年的工资比重则在34.9%~39.3%，且两国工资比重的差距也相当稳定。布朗和哈特（Phelps Brown, P. E.

Hart, 1952) 也发现, 1870~1950 年英国工资比重稳定在 36.6%~42.7%, 而工资加薪水占国民收入的比重在 1856~1913 年也稳定在 53.8%~56.7%。卡尔多 (Nicholas Kaldor, 1961) 则直接指出, 尽管技术进步、人均资本积累和实际收入等都发生巨大变化, 但发达资本主义经济在过去 100 年的劳动报酬占 GDP 份额却令人吃惊地稳定, 成为经济发展过程的特征事实。

而稍后实现工业化的国家在快速工业化过程中劳动报酬占 GDP 的变动往往呈现出快速上升的趋势, 也没有表现出先下降后上升的"U"型规律。总的来看, 在劳动报酬占 GDP 份额统计口径可比的情况下, 世界各国在工业化过程中劳动报酬占 GDP 份额的变动并没有表现出统一的模式, 而是呈现出不同类型和特征。一种类型是劳动报酬占 GDP 份额长期在较高水平上保持稳定, 另一种类型是在工业化过程中劳动报酬占 GDP 份额快速上升。同时, 目前仍未完成工业化的拉美国家和正在工业化进程中的国家, 如中国、印度等国劳动报酬占 GDP 份额表现出长期低水平的相对稳定性, 展现出一种和已经完成工业化国家不同的"非典型"特征。

1. 工业化过程中劳动报酬占 GDP 份额的高水平稳定

一些国家在工业化初期甚至工业化之前劳动报酬占 GDP 份额就相对较高, 而在工业化过程中, 尽管人均收入、人均资本和人口城乡分布等都发生了巨大变化, 其劳动报酬占 GDP 份额仍然保持在较高水平, 且一直相对稳定, 英国和美国是劳动报酬占 GDP 份额高水平稳定的代表。

英国是最早成功完成工业化的国家, 其于 19 世纪 80 年代就完成了工业化。由于缺乏更早期的数据, 我们仅能得到英国 1850 年之后的劳动报酬占 GDP 份额数据, 从这一数据可以看出, 英国劳动报酬占 GDP 份额具有相对稳定的特征 (见表 2-11)。1856~1913 年英国总劳动报酬占 GDP 份额相当稳定, 在 53.8%~58.7%轻微波动, 波动幅度不超过 10%。而且, 英国总劳动报酬占 GDP 份额的波动幅度明显小于各行业劳动报酬占 GDP 份额的波动幅度, 说明行业间劳动报酬占 GDP 份额的波动具有相互抵消的性质。

表 2-11 英国 1856~1913 年的劳动报酬占 GDP 份额

单位: %

项 目	1856 年	1873 年	1890 年	1900 年	1913 年
工资占国民收入比重	43.5	41.4	41.5	40.7	36.6
薪金占国民收入比重	6.9	6.3	9.8	10.2	11.9
雇主劳动收入占国民收入比重	0	0	1.0	1.0	1
自雇者劳动收入占国民收入比重	7.4	6.1	6.4	6.5	6.5
劳动报酬占 GDP 份额合计	57.8	53.8	58.7	58.4	56.0

资料来源: R.C.O. Matthews, C.H. Feinstein, and J.C. Odling-Smee (1982), British Economic Growth, 1856~1973, Clarendon Press, pp.164-165.

美国工业化过程中劳动报酬占 GDP 份额更清晰地表现出高水平的相对稳定性特征（见表 2-12）。1850~1920 年是美国的高速城镇化阶段，其城镇化率从 1850 年的 15.3%猛增到 1920 年的 51.2%，上升了 2 倍多；人均 GDP 从 1850 年的 1885 国际元迅速增长到 1920 年的 5536 国际元，增长了 1.9 倍；资本积累也快速增长，投资率从 1850 年的 13%上升到 1900 年的 30%，增长了 1.3 倍。但令人吃惊的是，美国劳动报酬占 GDP 份额一直相当稳定，仅在 73.9%~78.7%轻微波动，既不存在上升趋势，又不存在下降趋势，是典型的长期高水平稳定型。

表 2-12 美国 1850~1920 年劳动报酬占 GDP 份额、城镇化率、人均 GDP 与投资率

时　间	城镇化率（%）	人均 GDP（国际元）	劳动报酬占 GDP 份额（%）	投资率（%）
1850	15.3	1885	78.1	13
1860	19.8	2147	78.7	15
1870	25.7	2445	76.5	24
1880	28.2	2941	75.5	25
1890	35.1	3542	77.7	28
1900	39.7	4225	76	30
1910	45.7	5104	73.9	—
1920	51.2	5536	76.7	—

资料来源：城镇化率来自彼得·马赛厄斯等编（2002）：《剑桥欧洲经济史》第 6 卷，王春法等译，经济科学出版社，第 658 页；投资率来自彼得·马赛厄斯等编（2002）：《剑桥欧洲经济史》第 7 卷上，王春法等译，经济科学出版社，第 30 页；劳动报酬占 GDP 份额来自 Joseph D. Phillips, Labor's share and "wage parity", The Review of Economics and Statistics, 第 164-174 页, and Irving B. Kravis, relative income shares in fact and theory, The American Economic Review, 第 917-949 页；人均 GDP 来自安格斯·麦迪森著（2003 年）：《世界经济千年史》，伍晓鹰等译，北京大学出版社，第 178-181 页。

2. 工业化过程中劳动报酬占 GDP 份额的上升

晚于欧美国家实现工业化的国家和地区，劳动报酬占 GDP 份额的波动呈现出另外一种情况，即随着工业化的不断深入，劳动报酬占 GDP 份额呈现持续上升趋势。在这些国家和地区中，有的劳动报酬占 GDP 份额从低水平快速上升到高水平，如韩国；有的劳动报酬占 GDP 份额则从中位水平逐渐上升到更高水平，如日本和中国台湾地区。

韩国在 20 世纪 50 年代中期开始工业化，快速工业化带来了经济社会的巨大变化（见表 2-13）。韩国人均 GDP 从 1955 年的 1054 国际元上升到 1993 年的 10280 国际元，增长了近 9 倍；非农就业也从 1955 年的 28%上升到 82%；城镇化率则从 1955 年的 24.4%上升到 1993 年的 78.3%。与此同时，韩国劳动报酬占 GDP 份额从 1955 年的 30.1%迅速上升到 1993 年的 60.6%，上升了超过 1 倍。

日本工业化初期的劳动报酬占 GDP 份额就已经处于较高水平，在工业化过程中又呈现稳步上升趋势。20 世纪初以来，日本经济社会变化巨大，城镇化率

表 2-13 韩国工业化过程中城镇化率、人均 GDP、劳动报酬占 GDP 份额与非农就业比例

年 份	城镇化率 (%)	人均 GDP (国际元)	劳动报酬占 GDP 份额 (%)	非农就业比例 (%)
1955	24.4	1054	30.1	28
1960	27.7	1105	37.4	35
1965	32.4	1295	37.8	—
1970	40.7	1954	41.4	50
1975	48.0	3162	40.6	—
1980	56.9	4114	52.1	34
1985	64.9	5670	53.9	75
1990	73.9	8704	59	82
1993	78.3	10280	60.6	85

资料来源：城镇化率来自联合国（1998）：Word Urbanization Prospects，New York：Litho in UN，第 88-95 页；人均 GDP 来自安格斯·麦迪森著（2003）：《世界经济千年史》，伍晓鹰等译，北京大学出版社，第 302 页；劳动报酬占 GDP 份额和非农就业比例来自 Dong-Se Cha etc.（1997），The Korean economy 1945~1995：performance and vision for the 21st century，Seoul：Korea Development Institute。

从 1920 年的 18.1%飞速上升到 1960 年的 63.5%，40 年间上升了 2.5 倍；其人均 GDP 和投资率也普遍增长了 2 倍。在这个过程中，虽然第二次世界大战期间劳动报酬占 GDP 份额有所下降，但劳动报酬占 GDP 份额总体上呈逐步上升趋势，从 1910 年的 55%上升到 1960 年的 67.1%，上升了 12.1 个百分点。

表 2-14 日本城镇化率、人均 GDP、劳动报酬占 GDP 份额以及投资率

时 间	城镇化率 (%)	人均 GDP (国际元)	劳动报酬占 GDP 份额 (%)	投资率 (%)
1910	16[1]	1304	55[2]	12.75
1920	18.1	1696	56.9	16.46
1930	24.1	1850	57.2	15.13
1940	37.8	2874	48.1[3]	20.53
1950	37.5	1926	—	—
1955	56.3	2772	70.3	29.74
1960	63.5	3988	67.1	36.42

注：1 为 1890 年数据，2 为 1915 年数据，3 为 1938 年数据。

资料来源：城镇化数据来自 Francks London（1999），Japanese economic development：theory and practice/Penelope；New York：Routledge；人均 GDP 来自安格斯·麦迪森（2003）：《世界经济千年史》，伍晓鹰等译，北京大学出版社，第 198-199 页；投资率来自彼得·马赛厄斯等编（2002）：《剑桥欧洲经济史》第 7 卷上，王春法等译，经济科学出版社，第 139-142 页；劳动报酬占 GDP 份额来自 Samuel Bentolila and Gilles Saint-Paul（2003），Explaining Movements in Labor Share. Contributions to Macroeconomics, 3（1），第 1-31 页；Ryoshin Minami and Akira Ono, Behavior of Income Shares in a Labor Surplus Economy：Japan's Experience, Economic Development and Cultural Change, 第 309-324 页。

中国台湾地区 20 世纪 50 年代以来的劳动报酬占 GDP 份额也呈上升趋势。20 世纪 50 年代台湾进入工业化进程，当时其劳动报酬占 GDP 份额就已经超过

60%（1950~1969年中国台湾劳动报酬占GDP份额在63%~67%轻微波动），高于许多发达国家工业化初期的水平。从20世纪70年代开始，随着工业化和产业结构加速变动，中国台湾地区劳动报酬占GDP份额稳步上升，到20世纪末已上升到75%，比最低时的63%（1969年）上升了12个百分点，上升幅度接近20%。①

3. 中国劳动报酬占GDP份额变动的"非典型"特征

中国目前正处在快速工业化过程中，劳动报酬占GDP份额水平与工业化国家相比很低，且在较长时期内保持了稳定甚至下降的趋势，展现了不同于其他工业化国家的非典型特征。1978年以来，中国以不变价格计算的人均GDP增长了10倍，增长速度与1955~1993年的韩国大致相当，高于日本和美国。非农就业的比例从1978年的30%上升到2007年的59%，增长了近1倍。另外，城镇化率也从1978年的18%上升到2007年的45%，与1860~1910年美国城镇化率的变化情况接近。除变化速度不同之外，中国许多经济变量与其他国家工业化过程中的趋势是一致的。

表2-15 中国城镇化率、人均GDP、非农就业比例和劳动报酬占GDP份额

年份	城镇化率（%）	人均GDP（%）	非农就业比例（%）	劳动报酬占GDP份额（%）
1978	17.92	381.2	29.5	40.1
1980	19.39	431.0	31.3	40.9
1985	23.71	669.0	37.6	43.4
1990	26.41	904.6	39.9	45.3
1995	29.04	1519.6	47.8	45.7
2000	36.22	2193.9	50.0	44.4
2005	42.99	3357.6	55.2	40.3
2007	44.94	4151.8	59.2	39.2

资料来源：劳动报酬占GDP份额来自表2-4，其他数据来自相关年份《中国统计年鉴》。

然而，1978~2007年中国劳动报酬占GDP份额却保持了低水平的稳定甚至下降趋势，平均仅为42%，最高值不过45.7%。就世界各国工业化过程中劳动报酬占GDP份额的情况来看，美国1850~1920年劳动报酬占GDP份额平均为76%，比中国高30多个百分点。20世纪50年代韩国开始工业化时，劳动报酬占GDP

---

① 数据来自于李稻葵、何梦杰、刘霖林：《我国现阶段初次分配中劳动收入下降分析》，经济理论与经济管理，2010年第2期，第13-19页。在该文中，作者将中国台湾地区劳动报酬占GDP份额视为工业化过程中劳动报酬占GDP份额呈"U"型规律的证据。然而，劳动报酬占GDP份额的相对稳定并不是劳动报酬占GDP份额绝对不动，而是指波动幅度明显低于其他经济变量的波动幅度。1950~1967年中国台湾劳动报酬占GDP份额在63%~67%波动，波动最大幅度仅为6%，属于典型的相对稳定特征，并未呈现下降规律；而从1969~1999年，台湾劳动报酬占GDP份额从63%上升到75%，上升幅度达到20%，呈现稳步上升趋势。

份额还低于中国，到 1970 年韩国劳动报酬占 GDP 份额为 41.4%，与中国 20 世纪 80 年代大致相当，以后随着韩国劳动报酬占 GDP 份额迅速提升，到 20 世纪 90 年代韩国劳动报酬占 GDP 份额要比中国高出 15 个百分点。1910 年日本劳动报酬占 GDP 份额为 55%，1960 年日本劳动报酬占 GDP 份额达到 67%，而中国 1978~2007 年的劳动报酬占 GDP 份额仅在 39%~46% 徘徊，两国工业化过程中劳动报酬占 GDP 份额差距越来越大。

中国劳动报酬占 GDP 份额的变动展现了和拉美以及印度等国家类似的低水平稳定特征。1970 年以来，许多拉丁美洲雇员劳动报酬占 GDP 份额也保持着相对稳定性，其 1970~1995 年雇员劳动报酬占 GDP 份额集中在 39%~44%，而中国 1980~2003 年雇员劳动报酬占 GDP 份额在 36%~42% 波动，拉丁美洲雇员劳动报酬占 GDP 份额甚至还高出中国 2~3 个百分点。由于 20 世纪 90 年代以来拉美国家劳动报酬占 GDP 份额轻微下降，从平均 42%~44% 下降到 39%~40%，这些国家劳动报酬占 GDP 份额的变动似乎出现了一种向低水平收敛（约为 40%）的趋势。[①]

中国工业化进程中劳动报酬占 GDP 份额不仅没有像其他工业化国家那样出现上升，而且出现了在低水平上保持稳定甚至下降的状况，这和卡尔多所描述的劳动报酬占 GDP 份额相对稳定的典型特征事实具有本质的不同。卡尔多特征事实描述的是劳动报酬占 GDP 份额在相对较高的水平上保持稳定的情况，而中国的劳动报酬占 GDP 份额却在低水平上保持稳定，中国的情况应该说是工业化进程中的一种非典型特征事实。

四、为什么中国劳动报酬占 GDP 份额难以上升

为什么中国劳动报酬占 GDP 份额在低水平上保持稳定甚至还出现下降趋势呢？这是一个非常复杂的问题，也难以用单一的原因加以解释，需要从各个方面和多种角度加以理解。

（一）经济结构转变不利于劳动报酬份额上升

我国目前正处于快速结构转变之中，农业部门比重不断下降，非农产业部门快速扩张。很多西方国家在这一过程中劳动报酬份额都出现了上升，但我国却出现了下降的趋势，一个关键的原因就在于与这些西方国家相比，我国各产业劳动

[①] 虽然总体上说，拉丁美洲地区的雇员劳动报酬占 GDP 份额比中国稍高，但也有一些拉丁美洲国家，如墨西哥劳动报酬占 GDP 份额在 1975~1982 年为 35%~40%，1983~1997 年为 30%~35%，比中国稍低。参见：Ishac Dowam. labor shares and financial crises, the world bank working paper, 1999-11.

报酬份额有这样两个特点：一是我国农业部门劳动报酬份额过高，农业部门份额的下降直接意味着劳动报酬份额的降低；二是我国非农产业部门尤其是工业部门劳动报酬份额偏低，这使得经济结构在从农业向非农产业的转变过程中，劳动报酬份额难以提高。

中国农业劳动报酬份额明显高于发达国家。从表2-16可以看出，数据调整前中国农业劳动报酬份额高达80%以上，与世界其他国家相比显得出奇的高。这也从一个侧面说明农业劳动报酬中可能包括了其他要素的收入，确有必要进行调整。即使调整过的农业劳动报酬份额来看，1980~2002年中国农业劳动报酬份额皆超过50%，是所列国家中平均值最高的国家。相比之下，韩国农业劳动报酬份额在10%~13%波动，仅为中国的1/5~1/4；日本农业劳动报酬份额也在20%上下波动，仅为中国的2/5左右；美国、德国和英国的农业劳动报酬份额则在22%~43%波动，都明显低于中国。

表2-16 各国农业劳动报酬份额比较

单位：%

国家	1980年	1985年	1990年	1995年	2000年	2002年
韩国	10.39	12.86	11.84	10.61	10.6	10.03
日本	18.81	23.29	21.05	24.42	22.32	—
印度	88.51	20.34	18.58	49.08	42.04	41.93
美国	22.63	22.82	27.29	33.70	39.24	38.16
德国	22.27	22.24	20.22	43.39	39.51	43.05
英国	37.58	35.35	33.06	25.40	36.96	36.12
中国—未调整	87.11	87.82	85.64	86.08	85.65	84.46
中国—调整后	53.9	50.0	53.7	58.7	59.6	60.4

资料来源：国际资料来自历年《国际统计年鉴》，中国数据来自表2-1和表2-4。

与农业劳动报酬份额高于这些发达国家不同，中国的第二、三产业劳动报酬份额却较低。由于只能从《联合国国民收入核算账户》资料中获得其他国家工业部门雇员劳动报酬占GDP份额数据，所以这里只能对工业部门雇员的劳动报酬占GDP份额进行国际比较。中国工业部门雇员劳动报酬占GDP份额在1980~1995年有一个上升的过程，从27.8%上升到41.0%，之后却有所下降，2002年为38.8%，2004年更是降至35%（见表2-17）。2002年中国工业部门雇员劳动报酬占GDP份额比德国低32.5个百分点，比英国和美国低20个百分点左右，比加拿大、韩国低6~7个百分点。同时，与发达国家工业化中后期工业产值比重相对下降不同，1978年以来中国工业产值比例一直较高，并没有呈现明显的下降趋势。工业部门雇员劳动报酬占GDP份额水平低和工业产值比例长期较高是中国总劳动报酬占GDP份额相对低水平稳定的重要原因。

表 2-17　1980~2002 年各国工业雇员的劳动报酬份额

单位：%

国　家	1980年	1985年	1990年	1995年	2000年	2002年
德国	65	64.9	65.9	73.7	71.9	71.3
英国	67.9	59.2	66.7	57	58.6	60.4
美国	64.6	60.1	58.4	56.5	52.4	57.9
日本	47.4	47.8	48.7	58.8	50.4	—
加拿大	52.7	51.3	55.9	47.6	41.4	45.4
韩国	40.6	39.3	44.8	37.6	42.5	45.2
中国	27.8	30.2	35.2	41.0	38.9	38.8
印度	—	33.1	32.3	30	32.5	29.2

资料来源：根据 1984 年、1995 年、2006 年《联合国国民收入核算账户》相关数据计算。

再从第三产业雇员劳动报酬份额来看，中国也明显低于发达国家。2002 年中国第三产业雇员劳动报酬份额比韩国低 16.9 个百分点，比英国低 25.4 个百分点（见表 2-18）。但值得注意的是，中国并不是所有行业的劳动报酬份额都低于发达国家，中国政府机关和社会服务业的劳动报酬份额并不低，甚至还稍微高于部分发达国家。但由于中国第三产业的邮电运输业、商业和房地产服务业的劳动报酬份额明显低于发达国家，加上这几个行业的产值比重又相对较高，中国第三产业的劳动报酬份额明显低于发达国家，进而总劳动报酬份额明显低于发达国家。

表 2-18　各国第三产业雇员的劳动报酬份额

单位：%

国　家	1980年	1985年	1990年	1995年	2000年	2002年
英国	67.1	64.1	62.6	60.3	62.5	61.6
加拿大	67.0	64.1	69.3	58.6	59.6	59.6
美国	59.3	57.1	58.5	57.9	59.2	58.3
德国	55.3	55.3	53.5	56.4	56.6	55.6
韩国	46.9	47.3	50.8	49.5	52.7	53.1
印度	—	45.0	45.8	38.3	42.2	38.6
中国	45.7	42.7	43.3	43.8	43.9	36.2
日本	55.5	54.8	53.0	54.5	40.1	—

资料来源：根据 1984 年、1995 年、2006 年《联合国国民收入核算账户》相关数据计算。

那么，中国产业结构的变动对劳动报酬份额的变动产生了什么影响呢？现在让我们首先来看一看 1978 年以来中国主要行业劳动报酬份额波动的情况。目前能够获得的数据包括 1978~2002 年农业、工业、建筑业等 13 个行业的增加值和劳动者报酬。由于文化、体育和卫生事业产出占总产出的比例过小，这里将它们与教育科学研究产业综合起来，进而总行业被缩小为 10 个，分别为农业、工业、建筑业、邮电运输业、商业、金融保险业、房地产服务业、社会服务业、教育体育文化卫生业（简称教体文卫）和国家机关部门（见表2-19）。

表2-19　1978~2002年中国各行业劳动报酬份额及其变动

单位：%

产业	权重	1978年	1985年	1990年	1995年	2000年	2002年	方差
农业	0.300	0.539	0.500	0.537	0.587	0.596	0.604	0.0027
工业	0.469	0.268	0.302	0.352	0.410	0.389	0.388	0.0026
建筑业	0.052	0.697	0.672	0.686	0.620	0.625	0.599	0.0035
邮电运输	0.043	0.323	0.360	0.355	0.479	0.452	0.431	0.0041
商业	0.059	0.448	0.429	0.499	0.525	0.513	0.512	0.0010
金融保险	0.022	0.091	0.103	0.091	0.154	0.265	0.316	0.0041
房地产服务	0.013	0.069	0.063	0.061	0.098	0.127	0.137	0.0009
社会服务	0.010	0.591	0.567	0.553	0.599	0.584	0.577	0.0005
教体文卫	0.016	0.794	0.767	0.776	0.792	0.779	0.801	0.0003
国家机关	0.011	0.818	0.813	0.778	0.845	0.833	0.848	0.0019

注：权重为1978年（基期）的各行业产出增加值与全部产出增加值的比例。

从表2-19可以看出，虽然我国总劳动报酬份额呈下降趋势，但并不是所有行业的劳动报酬份额在1978~2002年间都有所下降。一些行业，如农业、邮电运输业、社会服务、教育体育文化卫生服务业和国家机关劳动报酬份额保持着相对稳定，而工业、商业、房地产、金融保险业劳动报酬份额则明显上升，如工业劳动报酬份额从1978年的26.8%上升到2002年的38.8%，商业从44.8%上升到51.2%，房地产服务业从6.9%上升到13.7%，金融保险业则从9.1%上升到31.6%。因而，1978~2002年中国总劳动报酬份额的下降并不是由于行业内劳动报酬份额的下降引起的，而主要是由产业结构的变动引起的。

表2-19的结果还表明，不仅各行业间劳动报酬份额存在较大差异，从最低的工业部门（0.268）到国家机关部门最高的（0.818），相差了三倍多，而且不同行业劳动收入的变动也存在较大差异，运输邮电业、金融保险和建筑业劳动报酬份额的变化最大（其方差分别为0.0041、0.0041和0.0035），房地产服务和国家机关的劳动收入变动则相对较小（方差分别为0.0009和0.00019）。通过计算，1978~2002年中国劳动报酬份额的总变化（方差）为0.000214，它明显不同于在增加值权重不变假定性的劳动报酬份额的变动（方差为0.00084）。这说明了两个问题：第一个问题是行业内劳动报酬份额的变动较为明显，是总劳动报酬份额变动（方差）的接近4倍；第二个问题是产业间劳动收入占比的变动并不是独立的（实际方差与理论方差存在较大差异），它们之间存在较强的相关性，呈反方向运动，从而导致各自的劳动收入变动相互抵消。

我们可以采用不变基期产业结构的方法[①]来研究产业结构变动对劳动报酬份额波动的影响（见表2-20）。我们研究发现，1978~2007年产业结构变动是引起全国劳动报酬份额变动的重要因素，且总体上不利于劳动者。如果以1978年的产业结构为基础保持不变，中国2002年的劳动报酬份额将会是48.2%，比当年实际劳动报酬份额（43.7%）高4个多百分点；如果保持1990年产业结构不变，则2002年的劳动报酬份额会是47.7%，比实际值也高4个多百分点。因此，1978~2002年劳动报酬份额变化主要是产业结构变化造成的。同时，产业结构对全国劳动报酬份额的影响主要是自20世纪90年代以后开始发生的，1978~1990年产业结构变动对劳动报酬份额的影响相对较小。

表2-20 产业结构变动对劳动报酬份额的影响

单位：%

项　目	1978年	1985年	1990年	1995年	2000年	2002年
以1978年产业结构计算的标准值	40	40.2	43.9	48.8	48.1	48.2
以1990年产业结构计算的标准值	39.3	39.4	42.6	47.6	47.4	47.7
实际的劳动报酬份额	40	41.4	43.5	45	44	43.7

注：根据相关数据计算得到。

在给定各产业劳动报酬份额不变的情况下，如果中国产业结构转变和其他国家一样，劳动报酬份额会增加还是降低呢？表2-21是按照其他国家产业结构计算的中国劳动报酬份额。从总的情况来看，虽然产业结构升级会导致中国劳动报酬份额有某种程度的上升，但提升的幅度并不大。也就是说，如果中国产业内劳动报酬份额无法提高，仅仅靠产业结构的升级并不会从根本上提高劳动报酬份

表2-21 按照其他国家产业结构标准化的中国劳动报酬份额

单位：%

项　目	1980年	1985年	1990年	1995年	2000年	2002年
按照韩国标准化	42.5	41.4	43.4	47.4	45.8	45.4
按照日本标准化	42.4	42.7	44.6	49.1	48.1	49.3
按照美国标准化	46.1	42.4	42.1	45.8	45.4	45.8
按照加拿大标准化	40.1	38.5	40.3	45.0	45.3	46.1
按照德国标准化	44.0	43.5	46.2	45.5	46.1	46.3
按照英国标准化	41.2	40.3	41.4	45.8	46.2	46.5
按照丹麦标准化	47.2	45.0	45.4	47.0	47.1	47.6
中国实际劳动报酬份额	40.8	41.4	44.3	45.7	44.4	44.1

[①] Solow（1958）利用劳动报酬份额时间序列的方差来表示劳动报酬份额变动的大小，并从国民经济中产业结构变动的角度分析了劳动报酬份额的变动。

额。具体来看，如果达到日本产业结构的水平，中国劳动报酬份额增加最明显。这主要是因为日本政府、社会和私人服务部门的产值比重较高，达到31%，明显高于其他国家（韩国17%、加拿大21%、美国和德国23%、英国22%）。而日本的金融业比重又明显低于其他国家，日本为18%，韩国为22%，加拿大为26%，美国为32%，德国为29%，英国为30%。中国的政府、社会和私人服务部门劳动报酬份额是金融业劳动报酬份额的3倍多。因此，产业结构向政府、社会和私人服务业的转移将有助于提升中国劳动报酬份额。

那么，为什么一些新兴工业化国家如韩国等在快速工业化过程中实现了劳动报酬份额的迅速提升，而中国却不能呢？与中国不同，韩国工业化过程中劳动报酬份额迅速上升，主要有三个原因：一是农业份额较低，明显低于其他产业，产业结构从农业向其他产业的转移有利于劳动报酬份额的提高；二是工业化过程中韩国各行业劳动报酬份额也普遍迅速上升，即便是产业结构不变，行业内劳动报酬份额的上升也能推动总劳动报酬份额提高；三是韩国工业化过程中劳动报酬份额高的服务业部门的产值上升迅速，加速了韩国总劳动报酬份额的提高。

中国劳动报酬份额的变动则没有出现类似韩国的情形。首先，中国农业部门劳动报酬份额较高，明显高于第二、三产业的劳动报酬份额。农业向第二、三产业的转移不仅不会提高劳动报酬份额，还会降低劳动报酬份额。其次，当前中国产业结构主要是从第一、二产业向第三产业转移，而在第三产业中劳动报酬份额既有明显高于第二产业的部门，如社会服务、政府服务部门，也有明显低于第二产业的部门，如金融和房地产服务业，而发达国家恰好是金融部门和政府、社会服务业的劳动报酬份额较高。虽然产业向政府、社会服务业的转移能够提高中国总的劳动报酬份额，但向金融和房地产服务业的转移则会明显降低中国总的劳动报酬份额。因此，产业结构变动对劳动报酬份额的影响被相互抵消了，在给定产业内劳动报酬份额不变的情况下，单纯产业结构的升级难以使劳动报酬份额得以提升。中国目前劳动报酬份额偏低并在低水平上保持稳定主要在于非农业产业内部劳动报酬份额偏低，提高劳动报酬份额的关键是改变各行业内劳动报酬份额偏低的情况。

（二）经济增长方式不利于劳动要素的利用

长期以来，中国的经济增长更多地靠投资和出口拉动。其结果，中国虽然是劳动力资源丰富的国家，但中国并没有出现劳动扩张型的技术进步；相反，却出现了资本扩张型的技术进步，这是一个不利于劳动报酬份额提高的技术进步方式。一般来说，劳动扩张型技术进步使得生产中劳动投入增长速度快于资本增长速度，劳动报酬份额将可能提高，而资本扩张型技术进步有可能降低劳动报酬份额。我们可以通过劳动报酬份额与劳动生产率的关联来粗略判断中国改革开放以来技术进步的类型。劳动生产率的提高既可能源于劳动者人力资本和技能水平的提高,也可能源于新机器、新设备等物质资本投资。如果劳动生产率与劳动报酬份额之间正相关,我们便认为劳动生产率的增长主要源于劳动者能力的提升,劳动者应该从中获得更多回报,则技术进步属于劳动扩张型技术进步;反之,如果劳动生产率与劳动报酬份额呈负相关,可以认为劳动生产率的增长主要源于物质资本投资,资本应该从劳动生产率提高中获得更多回报,则技术进步属于资本扩张型技术进步。①

图2-5展示了1978~2007年中国劳动报酬份额与劳动生产率的关系,它表明中国技术进步经历了从劳动扩张型转变为资本扩张型的过程:1997年以前,中国的技术进步以劳动扩张型技术进步为主,而1998年之后,中国技术进步则逐渐以资本扩张型技术进步为主。一个明显的例证就是中国出口贸易中资本品比重迅速提高。改革开放以来,资本品出口占总出口的比重持续增长,从1980年的4.7%增长到2007年的47.4%,增长了9倍多,资本品出口增长迅速必然要求大量投资,新机器和新设备等物质资本投资成为劳动生产率提升的主要源泉,进而导致劳动者从劳动生产率提高中获得的回报相对减少。

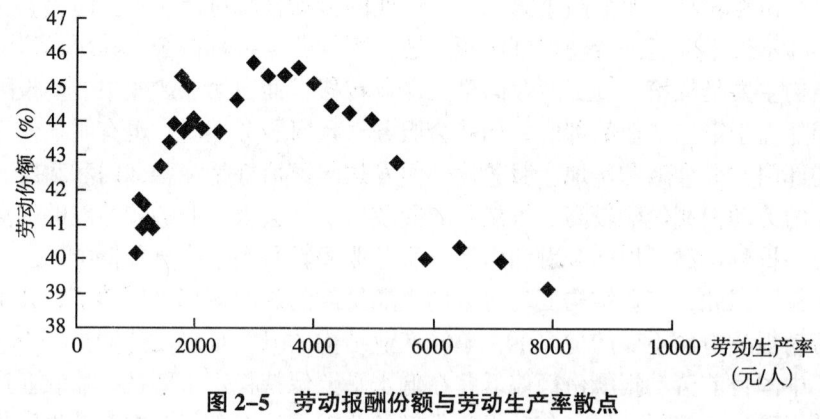

图2-5 劳动报酬份额与劳动生产率散点

(三) 劳动力市场变化使劳动者处于弱势地位

中国存在明显的二元经济特征,虽然农村劳动力不断向城镇非农部门转移,

---

① Guscina (2007) 在分析全球化对劳动报酬份额的影响时采用了这种思路,他认为全球化会影响各国技术进步的类型,导致工业化国家使用劳动节约型的技术,从而降低劳动报酬份额。通过实证研究,他发现在前全球化时代(1985年以前),劳动生产率的上升提升了劳动收入比。即劳动生产率提升1%,使得劳动报酬份额增长41.5%。这说明1985年以前发达国家的技术进步是劳动扩张型的,而在后全球化时代(1985年以后),劳动生产率的提升却降低了劳动报酬份额,劳动生产率提高1%却导致劳动报酬份额下降31.5%。这说明全球化导致工业化国家的企业放弃劳动扩张型的技术进步,转而选择资本扩张型的技术进步。

城镇化速度不断加快，但这一过程远未结束，农村劳动力向非农产业的转移还将在相当长一段时间内持续下去。在这样的发展阶段，非农劳动者的工资水平并不取决于其边际劳动生产率，而是由农业部门的收入决定，因为只要非农部门的工资高于农业就业的收入，就会继续吸引农村劳动力向非农部门转移。中国长期以来存在工农业"剪刀差"，农业劳动力价格较低，由此转移到非农部门的农村劳动力的工资也相对较低。转移到非农产业就业的农民工工资在2003年之前一直维持在600元左右，几乎没有增长。而从1978年到2003年，非农产业劳动生产率增长非常迅速，年均达到6.2%，劳动生产率的增长未能带来工资同步上涨。2003年以来，尽管农民工工资的增长速度有所加快，从700多元涨到1400元，但仍然大大低于非农部门劳动生产率的增长速度，劳动者尤其是广大中低收入劳动者收入水平低、增长缓慢是造成劳动报酬占GDP份额低水平稳定的又一重要原因。

同时，城镇部门劳动力市场的改革使得劳动力市场出现了非正规化趋势，与资本相比，劳动者处于更加弱势地位。图2-6表明了1978年以来中国劳动力就业情况的一些变化。从1978年到2007年，城镇国有单位、集体单位就业比例从98.5%下降到25%，而其他类型就业则从不足2%上升到70%。其他类型的就业多属非正规就业。从20世纪90年代中期开始，越来越多的城镇新增就业人员只能进入非正规部门。例如，2002年进入现职的城镇就业人员的非正规就业比例达到77%，对于初次进入劳动力市场的求职者，非正规就业的比例为77%，而下岗失业后，再就业后非正规就业的比例高达93%。非正规部门就业者缺乏与雇主谈判的能力，不仅工资水平较低，社会保障也比较缺乏，使得本来应该属于劳动收入的很大一部分社会保险金（多数由雇主提供）缺失，而缺失的这一部分多为雇主（资本）获得。众所周知，中国存在明显的劳动力分割市场，正规部门的社

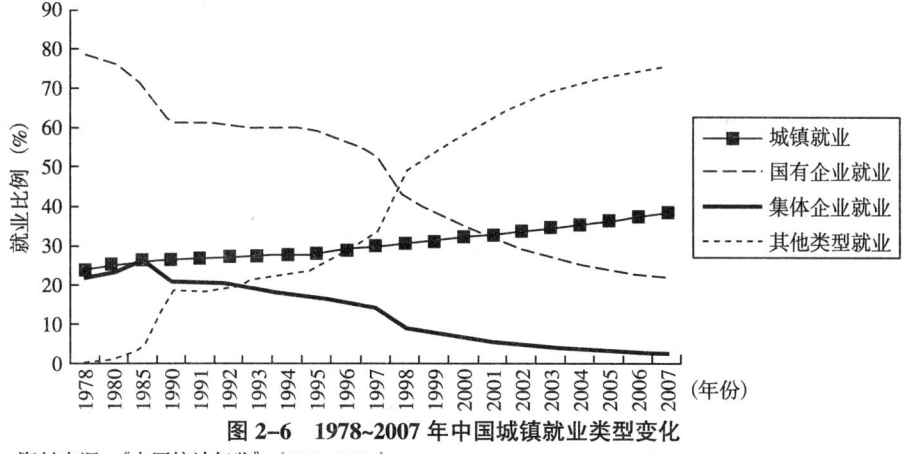

图2-6　1978~2007年中国城镇就业类型变化

资料来源：《中国统计年鉴》（1978~2007）。

会福利好，工资相对较高，就业稳定，而非正规部门的社会福利较差，工资相对较低，就业不稳定，非正规就业规模的扩大给劳动收入占比带来了不利的影响。

中国30年来的就业是从农村、农业就业逐渐向城镇、非农就业的转变过程，也是从以国有企业就业为主逐渐向以个体、私营以及其他类型企业就业为主转变的过程。这种变化大大削弱了劳动者获得劳动福利的权利。大量资本的进入虽然在某种程度上导致了劳动力需求的上升，但中国庞大的接近无限供给的劳动力资源使得资本对劳动的讨价还价优势非常强，进入非正规部门的大量私有和国际资本无须给予非正规就业者社会保障方面的补偿，导致劳动者收入下降，资本收益上升。同时，私有和国际资本的高收益率又进一步诱使正规部门（国有和集体单位）在选择新增劳动力时，宁愿雇用农村流动劳动力或临时工作者，以降低劳动力成本，增强企业竞争力。在这种情况下，正规和非正规部门的劳动收入水平都可能受到不利影响。只有当劳动力的供给不能满足厂商外延扩张的劳动力需求的时候，劳动者的谈判能力才可能有所提高。2004~2007年民工荒所导致的民工收入普遍提升便是明证。但当经济受到大的冲击，如发生金融危机，大量资本外逃的风险不仅使得地方政府放松了强化劳动保护的动力，也使得劳动者降低保留工资的预期，社会保险等劳动收入可能明显降低，劳动收入占比便难以得到提高，甚至有进一步下降的风险。中国非正规部门社会保障体系的不完善是导致大量非正规就业者劳动收入水平相对较低、居民收入差距扩大的重要原因，也是中国劳动报酬份额难以提高的重要原因。

与此同时，资本的全球化加剧了中国劳动市场中资本的强势地位和劳动的弱势地位，使得劳动者报酬增长缓慢，这也是中国劳动报酬份额长期低水平稳定的重要原因。全球化带来了资本的大规模国际流动（FDI），强化了劳动力在流动性方面的劣势，使资本拥有更强的讨价还价能力，从而有利于提高资本的回报，不利于劳动收入提高。而发展中国家的地方政府为了GDP增长而展开吸引FDI的激烈竞争，导致了竞次均衡状态的出现：当忙于GDP竞赛的地方政府意识到低廉的劳动力价格可以使得企业在全球竞争中赢得比较价格优势时，为最大限度地发挥这种优势，地方政府可能出台一些不利于劳动保护、有利于资本收益的政策，以吸引资本进入本地，导致工人工资低于其劳动生产率水平，资本获得更丰厚的利润，使得劳动报酬份额维持在低水平。事实上，虽然1978年以来中国国际贸易不断增长，但直到20世纪90年代末期，我国的出口总额一直维持在占GDP约20%的水平。从2002年开始，我国出口从26948亿元迅速增长到2007年的93455亿元，增长了2.47倍，年均增长达到24%，占GDP比重也达到37%。与此同时，我国劳动报酬份额却加速下降，从2002年的44.1%下降到2007年的39.7%，5年下降了4.4个百分点，下降幅度之大前所未有。制造业长期的低工资是中国产品具有较强国际竞争力和出口比较优势的主要源泉所在，而为了获得更大竞争力，厂商又希望持续维持现有的低工资水平，使得工资增长速度明显低于劳动生产率的增长速度。

五、结论与建议

中国目前正处于快速工业化过程中，但国民收入分配格局却出现了失衡的局面，突出表现为劳动报酬占 GDP 份额长期处于低水平。然而在过去的 100 多年中，那些成功工业化的国家劳动报酬占 GDP 份额要么长期保持高水平稳定，要么逐渐上升并最终在较高水平上趋于收敛。中国劳动报酬占 GDP 份额变化展现了和已经工业化国家不同的特征。与中国类似的状况不仅发生在那些陷入中等收入陷阱的国家如拉美的一些国家，也存在于那些尚处在工业化进程早期阶段的低收入国家如印度等国家。从这个意义上看，工业化虽然使中国的经济获得了巨大发展，并使中国迅速从低收入国家转变为中等收入国家，但从性质上来看，中国的工业化似乎仍然处在较低的层次上，这也意味着中国陷入中等收入陷阱的风险巨大。

劳动报酬份额占 GDP 份额水平低意味着劳动者的收入水平相对不足，这固然是中国劳动力成本优势的源泉，但也是造成中国消费需求不足的根本原因。而消费需求不足的后果是经济增长对投资和出口的过度依赖。因此，在中国经济面临的诸多结构性矛盾中，中国劳动报酬占 GDP 份额不足是问题的关键所在。

劳动报酬份额低是一种不利于劳动者的收入分配格局，它深深植根于中国的经济增长方式和固有的制度之中，反映了中国经济发展的阶段性特征，市场机制自身的力量从短期来看不仅不会扭转这样一种趋势，而且还将继续加剧这种不合理的趋势，这实际上代表了市场的"失败"。要改变目前初次收入分配格局不利于劳动者的局面，校正"市场失败"，就必须依靠政府的作用，要求政府改革当前的收入分配制度，建立一种更加公平的市场环境，从而让劳动者能够更加公平地分享经济增长的成果。

（一）改革初次分配制度，建立工资合理增长机制

中国劳动报酬份额长期低水平稳定并未体现市场经济和工业化进程的一般规律，也反映出中国初次收入分配格局存在扭曲，中国仍然没有建立一个与社会主义市场经济制度相匹配的初次收入分配制度。在改革开放前和改革开放初期，物质资本相当贫乏，国家通过以农补工和压低城镇工资来增加物质资本积累，因而早期劳动报酬份额较低与低消费、高积累的国家经济政策紧密相关。随着市场化进程深入，劳动力市场逐渐开放，中国开始构建以按劳分配为主、其他生产要素参与分配的多元收入分配制度，劳动报酬份额有所提升。但 20 世纪 90 年代经济

全球化加速，国际贸易和FDI导致资本对劳动的强势地位，劳动报酬份额出现下降。

从前面的分析可以看出，我国当前劳动报酬份额低的局面主要是产业内劳动报酬份额低造成的。而产业结构的升级并不会明显提高总劳动报酬份额，相反，如果经济加速向金融、房地产等部门扩张还可能进一步降低中国劳动报酬份额。这意味着中国劳动报酬份额低确实是一个收入分配问题，而不是通过经济结构转型可以改变的。要改变这种状况，就必须建立更加公平的收入分配秩序，增强劳动者在工资决定中的话语权，建立工资合理增长的机制。为此，首先需要根据经济社会发展要求动态调整最低工资标准，建立和完善国有资本预算经营制度，合理确定国有垄断行业的资本与劳动分配比例；其次，加强劳动保护，严格执行劳动合同法，进一步完善劳动合同制度和劳动保护制度，加强劳动监督力度，完善保障工资增长的三方协调机制。我国当前市场环境总体上对资本有利，各地大都采取各种吸引内外资的优惠政策，劳动者特别是非正规部门劳动者在劳动权利受到损害之后，往往得不到较好保护，迫切需要培养更加有利于劳动者，更加公平的市场环境。

（二）加快覆盖所有劳动者的社会保障制度建设

长期以来，我国社会保险将以农民工为主的非正规就业者排除在外。2008年我国城镇就业者为3亿，农村就业者为4.7亿。城镇就业者中，仅有1.66亿人参加了社会养老保险，1.5亿人参加了城镇职工医疗保险；农村就业者中仅有不到5600万人参与了农村社会养老保险。大量就业者无法参与社会保险实际上意味着生产过程中本来应该用于缴纳劳动者社会保险，属于劳动者报酬的大量收入被其他部门（雇主和国家）所占有。

城乡就业者参加社会保险制度能够直接提高劳动收入份额。2008年农民工人均收入为1400元，如果将未参加社会保险的城镇从业者都纳入社会保险体系，要求企业按照工资的30%缴纳社会保险金，则全社会以社会保险形式存在的劳动收入将增长7200亿，从而使劳动收入份额提高2.7个百分点。同时，如果考虑到2008年企业社会保险金逃费超过2000亿，扩大社会保险覆盖面、加强社会保险费征缴工作将使劳动收入份额提高3~4个百分点。而且，加强城乡社会保险制度的建设将对中低工资水平的劳动者更有利。因为，正是这部分人没有被社会保险制度所覆盖。加强社会保障制度建设应该越来越成为中国收入分配制度改革的重要工具。这就要求加快统筹城乡社会保险制度，加快将流动人口，特别是收入相对较低的农民工以及城镇个体工商户等确实有效的纳入社会保障制度体系。

因此，改革目前以正规部门就业为模式的城镇社会保险制度，适当调整社会保险的参与条件和领取资格，给就业者提供灵活的缴费标准和更有利的社会保险金领取资格，将有效提升社会保险覆盖面。同时，还要加强社会保险费的征缴工作，主要是加强非正规就业部门（中小企业）社会保险费的征缴工作，确实提高社会保险的覆盖面。

（三）加快个人收入所得税制度改革，提高个税起征点

作为调节收入分配的制度，个人所得税在发达国家收入分配中的作用非常重要，一些发达国家的个人所得税占总税收的30%。但是，中国当前经济增长阶段和国民收入初次分配格局使我们在思考个人所得税问题时必须慎之又慎。因为，在某种意义上讲，作为向劳动者所得征收的税种，征收个人所得税在一定程度上进一步恶化了我国劳动收入份额下降的收入分配格局。以2007年为例，个人所得税（3815亿元）会使我国劳动收入份额再下降1.2个百分点。且由于近几年个人所得税的增长速度明显快于国民收入的增长速度，个人所得税对劳动收入份额的影响越来越大。因此，征收个人所得税对调节收入差距、确保社会公平具有重要意义，通过向高收入人群征税，可以降低收入差距，促进社会公平。但也必须看到，在现阶段我国劳动收入份额较低的情况下，个人所得税的起征点过低实际上使劳动收入份额下降的收入分配格局进一步恶化。

我国个人所得税起征点经过两次调整（2006年从800元上调到1600元，2008年又从1600元上调到2000元），但目前调整过的个人所得税起征点［3000元（2011年）］仍然明显低于全国职工平均工资（2008年职工平均工资为2436元），也就是说大量中等以至于中等偏下收入的劳动者都必须缴纳个人所得税。对中等及中等偏下收入者征收个人所得税当然会导致劳动收入份额下降，但可能对缩小收入差距影响甚微。因此，我们认为，目前向中等收入人群征收个人所得税的条件并不成熟，个人所得税征收的主要对象应该是中等偏上收入人群，起征点应该在职工平均工资之上，且随平均工资的增长而动态调节。

除了提高个人所得税的起征点之外，还需要加强高收入和收入多样化群体的监控机制、加大对偷逃个人所得税行为的处罚力度，建立一个综合协调配合，覆盖居民收入运行全过程的税收调控体系，从而完善个人所得税制度，既充分发挥税收在个人收入分配调控中的职能作用，又避免个人所得税对劳动收入份额带来大的不良影响。

除了改革个人所得税制度，还需要改革资本所得税制度，特别是国有资本所得税制度，设立国民年金专门账户，建立国有资产收益全体国民公平分享的机制。劳动收入份额下降意味着资本收益份额上升，但资本收益份额上升对我国而言并不完全是坏事。因为我国存在大量国有企业，资本收益上升也意味着国有企业盈利增加。理论上讲，国有资产的盈利应被全体国民公平地分享。但从目前的情况来看，我国尚未建立国有资产收益被所有公民公平分享的机制。我们的建议

是利用国有资本的部分盈利设立国民年金账户,让全体国民公平地享受国有资产的收益。

2008年我国国有企业的利润超过1万亿,如果将利润的30%上缴国家,并将其中的一半(1500亿元)用于国民年金账户,则国民人均可得110元;而由于该年金账户每年能存入110元,它就可以为解决中国未来的养老问题提供极大帮助。如果将该年金用于投资,假设年收益率为5%(拉美国家和发达国家职业养老金的收益率普遍高于5%),每个国民在60岁退休时账户资金将累积达到44700元。年金账户的资金可以作为最基本的养老金,这将极大地缓解现行养老金制度的不足,我国老龄化社会的养老需求也会得到基本保障。

(四)加强对劳动者保护,提高劳动者报酬水平

提高劳动者报酬,不仅是改善民生的客观要求,也是我国经济可持续发展、顺利实现工业化的重要基础和条件,我国应该适时启动工资增长计划。但需要把握住两点:一是在我国当前经济增长阶段只能保持工资增长要与财富增长和劳动生产率增长同步,不能操之过急,不顾财富总量和劳动生产率的增长情况而随意提高工资。否则不但不能维持工资持续增长,反而将加大通货膨胀的压力。二是当前应该主要通过引导市场来提高中低收入者的工资水平,而非政府直接干预。当前我国工资增长速度慢并不是市场规律导致,反而恰好是由于市场分割、垄断等非市场因素使得市场经济的工资决定机制未能有效运转,使得工资增长速度低于劳动生产率的增长速度,因而当前应该消除市场分割、垄断因素,从而使得市场决定工资的机制有效运转,而非直接干预市场工资。

劳动者,特别是农民工缺乏谈判能力是导致农民工权利缺失、工资水平难以快速提升的一个重要原因。只有通过集体合同,才能真正加强劳动者与资方博弈的力量,建立劳动者维护劳动权利的正常渠道。同时,签订集体合同也有利于建立积极的劳资关系,在保护劳动者的同时维护企业正常生产经营秩序与社会稳定。当前一些企业的劳资关系趋于紧张,员工采取非常态手段维权的情况突出,如"富士康员工连续跳楼事件"和"广州本田员工集体罢工事件"。这种非常态的手段既无法持续、有效地保证劳动者工资水平提高和劳动条件改善,也不利于企业正常的生产经营秩序与社会和谐。这就要求政府加强《劳动合同法》等法律法规的执行和监督力度,并落实国务院关于保障农民工和普通劳动者劳动权益的相关规章制度。而且,各级政府需要转变经济发展观念,综合考虑促进经济增长与保障劳动者劳动与报酬权利的平衡,既维护企业的正常权益,也重视并保障劳动者得到其应得的劳动成果。

要提高劳动者报酬水平,从根本上说就是提高农民收入水平。如前所述,我国主要劳动者的工资是由其在农业部门就业的收入所决定的,那么,持续、稳步

提高农民的收入水平,将起到提高农民工的保留工资和工资预期,从而有效提高其工资水平的作用。因此,提高农业劳动生产率和农民收入是提升劳动报酬在国民收入中比重的重要条件。提高农民收入的途径主要包括提高农业劳动生产率和加快农村劳动力转移。提高农业劳动生产率的根本途径是实现农业的规模化、专业化、集约化生产经营,落实党中央国务院各项兴农惠农的政策措施,加大公共财政对农业的投入力度,加快农村金融体制改革,走科技兴农之路。加快劳动力转移,需要做两个方面的工作,一是继续千方百计扩大就业,二是加大农村劳动力的技能培训,提高转移农村劳动力的就业能力和工资水平。

(执笔:张车伟　张士斌)

参考文献

[1] Andrew T. Young, "One of the Things We Know that Ain't So: Is U.S. Labor's Share Relatively Stable?" *Working Paper*, April 2006, University of Mississippi.

[2] Ben S. Bernanke Refet S. Gurkaynak is growth exogenous? Taking mankiv, romer and weil seriously, *NBER Working Paper* 8365, 2001.

[3] Carmen G. Ruiz, "Are Factor Shares Constant? An Empirical Assessment from a New Perspective," *Working Paper*, November 2005, Universidad Carlos II.I

[4] D. Gale Johnson. *The Functional Distribution of Income in the United States* (1850-1952). The Review of Economics and Statistics, 1954, 36 (2): 175-182.

[5] Ferguson, C. E. & Moroney, J. R. "The Source of Change in Labor's Relative Shares: A Neoclassical Analysis." *Southern Economic Journal*, 1969, 35 (4): 308-322.

[6] Gollin, D. Getting Income Shares Right. *Journal of Political Economy*, 2002, 110 (2): 458-475.

[7] Gomme, Paul & Rupert, Peter. Measuring Labor's Share of Income. *Policy Discussion Papers, Federal Reserve Bank of Cleveland*, 2004 (11).

[8] James W. Beck. an Interindustry Analysis of Labor's share. Industrial and Labor Relations Review, 1958, 11 (2): 231-246.

[9] Kaldor, N. Capital Accumulation and Economic Growth in F. A. Lutz and D. C. Hague, eds., The Theory of Capital. New York: St. Martin Press, 1961.

[10] Keynes, John M. Relative Movements of Real Wages and Output. *Economic Journal*, 1939 (3): 34-51.

[11] Krueger, Alan B. 1999. "Measuring Labor's Share." *American Economic Review*, Vol. 89 (2) (5): 45-51.

[12] Paul Gomme. Peter Rupert Measuring Labor's Share of Income. FRB of Cleveland Policy Discussion Paper, 2004, 11 (7).

[13] Samuel Bentolila Gilles Saint-Paul. Explaining Movements in Labor Share. Contributions to Macroeconomics, 2003, 3 (1): 1-31.

[14] Simon Kuznets. Modern Econmic Growth: Rate, Structre and Spread. New Haven: Yale Univesity Press, 1966: 168–169.

[15] Solow, R. M. A Skeptical Note on the Constancy of Relative Shares. American Economic Review, 1958, 48 (4): 618–631.

[16] Zuleta, H. Why Labor Income Shares Seem to be Constant. *Working Paper*, 2007 (3).

[17] 白重恩, 钱震杰, 武康平. 中国工业部门要素分配份额决定因素研究. 经济研究, 2008 (8).

[18] 白重恩, 钱震杰. 谁在侵占居民收入——中国国民收入分配格局分析. 中国社会科学, 2009 (5).

[19] 贾康, 韩晓明, 刘薇. 我国居民收入占比并非过低. 中国证券报, 2010-05-10.

[20] 徐现祥, 王海港. 我国初次分配中的两极分化及成因. 经济研究, 2008 (2).

[21] 李稻葵, 刘霖林, 王红领. GDP 中劳动报酬份额演变的 U 型规律. 经济研究, 2009 (1).

[22] 李扬, 殷剑峰. 中国高储蓄率问题探究. 经济研究, 2007 (6).

[23] 罗长远. 卡尔多"特征事实"再思考: 对劳动收入占比的分析. 世界经济, 2008 (11).

[24] 速水佑次郎. 发展经济学——从贫困到富裕. 李周, 译. 社会科学文献出版社, 2003.

[25] 华生. 劳动者报酬占 GDP 比重低被严重误读——中国收入分配问题研究报告之二. 中国证券报, 2010-10-14.

[26] 张车伟, 张士斌. 中国初次收入分配格局的变动与问题——以劳动报酬占GDP 份额为视角. 中国人口科学, 2010 (5).

第三章 中国三次产业结构的调整和升级

工业化是人类社会经济发展的一个重要阶段,也是近现代经济发展的核心过程。一般来讲,可以从经济发展水平、产业结构、工业结构、就业结构和空间结构等方面来衡量一个国家或地区的工业化水平。[①]其中,产业结构的变化是最为核心的标志。

第一节 产业结构变化的理论及一般规律

产业结构变化的理论就是经济学家对于产业结构变化(演进)一般规律的揭示,他们认为,随着国内生产总值的量的变化,构成国内生产总值的各个产业的量也在跟着变化,即各个产业创造的国内生产总值的量增加,相互关系和各自在国内生产总值中占的比例也在变化,[②]而且这一变化是有着一般规律的。因此,我们可以用产业结构变化来判断基本国情。

产业结构的演进包括两个方面的内容:一是产业结构的平衡和协调(静态);二是产业结构的高度化(动态)。[③]此外,产业结构的演进还包括时间和空间两个方面,时间反映产业结构演进的纵向关系,空间反映产业结构演进的横向关系(主要是区域结构)。本报告中主要研究产业结构演进的时间纬度。产业结构的演进,可以根据三次产业结构的产值比例和就业比例来具体衡量。从工业结构看,通常存在两个具体衡量指标,一是制造业增加值占总商品生产增加值的比重,二是消费资料工业净产值与生产资料工业净产值之比,即霍夫曼系数;而空间结构

---

① 陈佳贵,黄群慧,钟宏武,王延中.工业化蓝皮书:中国地区工业化进程报告(1995~2005).社会科学文献出版社,2007.
② [德]柯劳斯·柯尼希,张泽荣.工业化发展规律与中国经济改革.成都科技大学出版社,1992.
③ 原毅军,董琨.产业结构的变动与优化:理论解释和定量分析.大连理工大学出版社,2008.

则一般通过城市化率指标来衡量。

在经济发展过程中，影响产业结构的因素是极为复杂的，如自然资源禀赋与人口，科学技术、市场因素（资本、投资、有效需求、国际贸易）、制度和产业政策等。因此，关于产业结构的演进就形成了各种不同的理论，每种理论都有其相应的优点和局限性。代表性的理论包括：配第—克拉克定理，库兹涅茨的人均收入影响论、钱纳里的标准产业结构理论以及霍夫曼的工业化经验法则。其中，配第—克拉克定理主要解释了劳动力在三次产业中的转移规律；库兹涅茨的人均收入影响论从国民收入和劳动力在产业部门之间的分布两个方面，对伴随着经济增长的产业结构演进规律作了进一步的说明；钱纳里的标准产业结构通过国际比较，表明了经济增长是不同产业和经济部门生产结构的变化，描述了经济发展过程中结构转换的一般过程，得出每一结构变量随人均收入增长而变化的逻辑曲线，从而得到了标准（常规）发展形式；霍夫曼的工业化经验法则描述了工业结构高级化演进趋势。[①]

上述理论对产业结构演变一般规律的探讨实际上勾画的是产业结构随着经济规模的扩大而演变的大轮廓，即随着经济的发展，人均国民收入水平的提高，第一产业的产值相对比重和劳动力相对比重会不断下降，第二、三产业的产值相对比重和劳动力相对比重是趋向上升的；社会的主导产业将由第一产业演变为第二产业，再演变为第三产业；产业结构包括产业间和产业内结构都会不断升级优化。

郭克莎、王延中把三次产业结构演变的国际标准模型进行了总结归纳，可以更清楚地看出产值结构和就业结构随人均 GDP 变动而变化的情况（见表 3-1）。

表 3-1　三次产业结构演变的国际标准模式

三种研究结果	人均 GDP（美元）	增加值比重（%）			就业比重（%）		
		第一产业	第二产业	第三产业	第一产业	第二产业	第三产业
库兹涅茨模式（1958 年）	70	45.8	21	33.2	80.3	9.2	10.5
	150	36.1	28.4	35.5	63.7	17	19.3
	300	26.5	36.9	36.6	46	26.9	27.1
	500	19.4	42.5	38.1	31.4	36.2	32.4
	1000	10.9	48.4	40.7	17.7	45.3	37
钱纳里、艾金通和西姆斯模式（1964 年）	100	46.3	13.5	40.1	68.1	9.6	22.3
	200	36	19.6	44.4	58.7	16.8	24.7
	300	30.4	23.1	46.5	49.9	20.5	29.6
	400	26.7	25.5	47.8	43.6	23.4	33
	600	21.8	29	49.2	34.8	27.6	37.6

---

① 刘志彪. 现代产业经济分析. 南京大学出版社，2001.

续表

三种研究结果	人均GDP（美元）	增加值比重（%）			就业比重（%）		
		第一产业	第二产业	第三产业	第一产业	第二产业	第三产业
钱纳里、艾金通和西姆斯模式（1964年）	1000	18.6	31.4	50	28.6	30.7	40.7
	2000	16.3	33.2	49.5	23.7	33.2	43.1
	3000	9.8	38.9	48.7	8.3	40.1	51.6
塞尔奎因和钱纳里模式（1980年）	<300	48	21	31	81	7	12
	300	39.4	28.2	32.4	74.9	9.2	15.9
	500	31.7	33.4	34.6	65.1	13.2	21.7
	1000	22.8	39.2	37.8	51.7	19.2	29.1
	2000	15.4	43.4	41.2	38.1	25.6	36.3
	4000	9.7	45.6	44.7	24.2	32.6	43.2

资料来源：郭克莎，王延中. 中国产业结构变动趋势及政策研究. 经济管理出版社，1999：6.

以上理论还揭示产业结构演变的阶段大致可分为农业化、工业化和信息化（后工业化）三个阶段。其中，工业化作为经济发展一个特定的重要阶段，参照钱纳里等人的划分方法，可大体分为初期、中期和后期。从工业化发展历程来看，作为产业结构变动最迅速的时期，其演进阶段也通过产业结构的变化过程表现出来。其不同阶段反映在产业结构的变化上主要有两个方面：一是产业间结构，存在三种产业间结构类型，即第一次产业占主导地位，第二次产业占主导地位和第三次产业占主导地位，从经济国情分类角度看分别对应农业经济国、工业经济国和服务业经济国三种经济国情，该结构主要通过三次产业产值结构和劳动力就业结构来反映。二是产业内结构，如第一产业中现代农业的比例大小，第二产业中工业高加工度和技术集约化水平，第三产业中金融、信息和现代化服务业所占比例，反映的是相应产业的现代化水平高低和国际竞争力大小。产业间结构的状况决定一国是属于农业经济国、工业经济国还是服务业经济国，产业内结构的状态决定了一国是一般农业经济国还是农业经济强国，一般工业经济国还是工业经济强国，一般服务业经济国还是服务业经济强国。其中，三次产业间结构的变化是经济发展水平由低级向高级演化的重要表现，反映了三次产业在经济结构中主导地位的依次更替，表明了从农业经济国向工业经济国进而向服务业经济国转变的国情变化。因此，经济学家们经常根据产业结构转型的典型特征来划分经济发展阶段或工业化程度。而产业内部结构水平的高级化，表明的是相应产业的现代化水平和国际竞争力提高的国情变化，如工业结构的重工业化、高加工度化和技术集约化的高级化发展趋势，表明的是从一般工业经济国向工业经济强国转变的国情变化趋势。

第二节 工业化进程中各国产业结构变化的比较分析

世界工业化进程最早始于 18 世纪 60 年代的英国工业革命,到 1870 年,英国工业产值约占世界工业产值的 1/3,铁和煤产量约占世界的 1/2,贸易总量约占世界贸易总量的 1/4。第二阶段以美国为代表,包括法国、德国、俄国等。其中,在 1884 年美国的工业生产比重已超过农业,达到 51.95%,完成了由农业国向工业国的过渡。1890 年,美国的工业总产值超过了英国,跃居世界第一。第三阶段是亚洲"四小龙"和巴西、阿根廷等南美国家,其工业化进程大致始于第二次世界大战后,到 20 世纪末,这些经济体已成功实现或基本实现工业化。而以中国、印度为代表的发展中国家,目前普遍尚未完成工业化。

一、美国

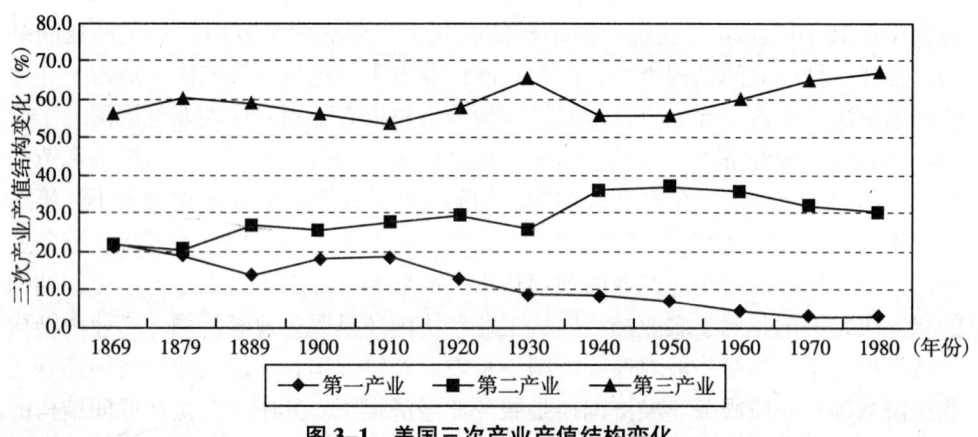

图 3-1 美国三次产业产值结构变化

资料来源:中国社会科学院世界经济与政治研究所.主要资本主义国家经济统计集(1848~1960).世界知识出版社,1962.汪斌.国际区域产业结构分析导论.人民出版社,2001.世界银行.世界发展报告,1997~2008。

从图 3-1 中可见,在 1869~1980 年的整个工业化时期,美国的第一产业比重总体是呈下降趋势;第二产业在 1950 年前,即工业化初中期都是呈现上升趋势的,直到 1950 年后,进入工业化后期,第二产业开始逐步下降;第三产业在 1910 年前一直保持平稳,1910~1930 年呈现上升趋势,1930~1950 年的工业化中期又出现过下降趋势,到 1950~1980 年的工业化后期则开始稳步上升。其中,有几个关键节点：①1879年，第二产业产值比重超过第一产业，美国进入工业化初期阶段，随后第二产业比重一直保持快速增长；②1920年，第二产业产值比重达到第一产业的两倍，美国进入工业化中期阶段，在此阶段由于有大萧条时期，美国的第二产业发展有点曲折，大萧条后，第二产业稳步上升，第一、三产业不断下降；③1950年，第二产业比重达到最大，美国进入了工业化后期阶段，随后第二产业比重开始缓慢下降，第三产业比重开始稳步上升。

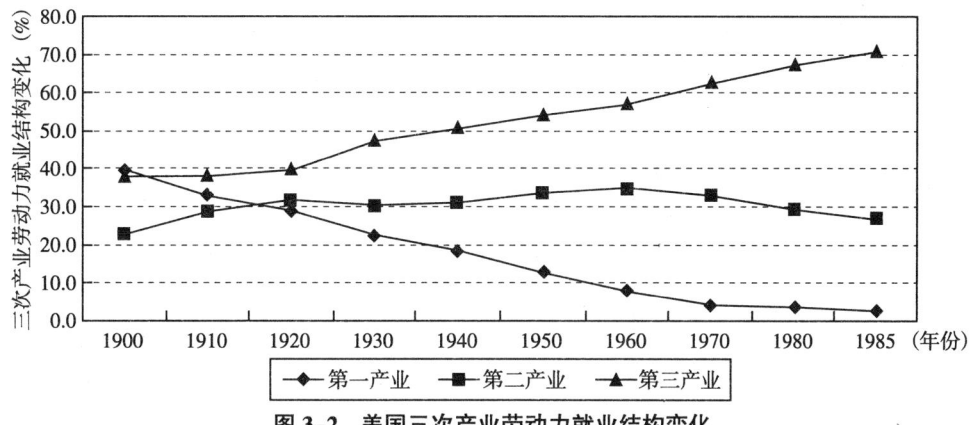

图3-2 美国三次产业劳动力就业结构变化

资料来源：中国社会科学院世界经济与政治研究所. 主要资本主义国家经济统计集（1848~1960）. 世界知识出版社，1962. 汪斌. 国际区域产业结构分析导论. 人民出版社，2001. 世界银行. 世界发展报告，1997~2008年版.

就劳动力就业结构而言，工业化初期的1879年，美国第三产业的就业比重仍低于第一产业，约占其1/3强。从1900年开始，美国工业部门的就业人数和比重一直呈上升趋势。到1920年，工业人口超过农业人口，一、二、三次产业的就业比重变为28.8∶31.7∶39.5。第二次世界大战后，美国全面实现了农业现代化，农业劳动力减少，致使就业人数和所占比重持续下降，到1950年第一产业的总人数已下降到755.1万人，比重仅为12.8%。一、二、三次产业的就业比重由1920年的28.8∶31.7∶39.5变为1950年的12.8∶33.4∶53.9，基本与产值结构的变化保持一致。即第一产业比重继续下降，第二产业比重略有下降，第三产业比重大幅上升，呈现明显的三、二、一的顺序。1950年后，在第三次技术革命的推动下，美国广泛采用新技术，致使第一产业劳动力的绝对数和相对比重下降趋势更为明显，到1980年已分别降到336.4万人和3.4%。20世纪70年代，第二产业劳动力的相对比重开始出现缓慢下降的趋势，而第三产业劳动力就业比重则一直保持上升。一、二、三次产业的就业比重由1950年的12.8∶33.4∶53.9变为1980年的3.4∶29.3∶67.3，表明了美国劳动力在一、二、三次产业间有序转移的过程。

就第二产业内部结构变化而言,美国经历了一个采矿业、制造业、建筑业、高技术新兴产业(计算机及其辅助设备、通信设备、生物制药等)依次高速成长的发展过程。从19世纪中期到20世纪初,采矿业是美国国民经济增长速度最快的部门,制造业次之,建筑业基本不变。第一次世界大战后,采矿业的增长呈下降趋势,建筑业仍没有什么变化。20世纪50年代后,建筑业开始迅速发展,采矿业继续呈下降趋势。采矿业在美国的国内生产总值中所占份额及增长速度都呈下降趋势,内部结构也开始出现较大变动。1990年以来,在制造业、采矿业和公用事业等工业产业的生产规模均扩大的同时,各产业比重增长的速度差异较大。其中,制造业呈现出较快增长的势头;采矿业和公用事业在整个国内生产总值中所占比重较小,1996年分别为1.5%和2.8%。从制造业内部看,美国制造业重心从传统制造业向高技术制造业转移态势加强。炼油、农用化学和建筑设备等传统产业产值在1988~1994年有不同程度的下降,而计算机及其辅助设备、通信设备、生物制药等高技术新兴产业的产值升幅较大,均在10%以上。

二、日本

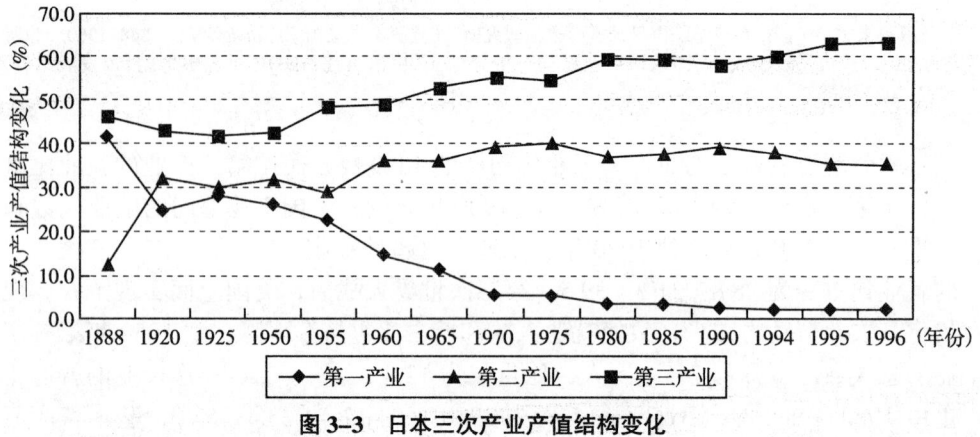

图3-3 日本三次产业产值结构变化

从19世纪80年代起至20世纪初第一次世界大战开始,是日本工业化的初期阶段。这一期间,日本的工业得到了较快发展,并奠定了一定基础。就产业产值结构而言,1888年,日本三次产业产值结构为41.5∶12.2∶46.3,到1920年该结构演变为24.7∶32.1∶43.2,第一产业比重大幅下降,而第二产业大幅上升,第三产业基本保持不变。

1920~1955年,是日本工业化中期阶段。三次产业产值结构由1920年24.7∶32.1∶43.2变为1955年的16.7∶37.0∶46.3。在该阶段,日本工业化经历了一个严重畸形的发展阶段。其中，1920~1945 年，一、二、三次产业对 GDP 增长相对贡献度分别为 7.1%、85.9% 和 7.0%，可见，第二产业的发展是超常规的，这主要是以重化学工业为主的军需工业超常发展的结果。另外，1938~1945 年，日本重化工业在工业中所占比重从 1937 年的 55.8% 迅速上升到 1944 年的 79%。虽然重化学工业的发展对日本工业化做出了一定的贡献，但这种工业化过程是一种在不正常环境下的非平衡发展过程。但在战后恢复期，日本的产业产值结构逐步恢复正常。

从 1956 年到 20 世纪 80 年代中期，是日本工业化迅速发展并最终完成阶段。1956 年，日本工业化进程加快，经济进入高速增长阶段，日本工业也同时进入高速增长阶段，1956~1973 年，年均增长率高达 13.6%。20 世纪 70 年代初，日本成为重化工业品出口比重最高的国家之一，工业批量生产技术和应用技术达到全球一流水平，基础工业水平赶上了欧美发达国家。三次产业产值结构由 20 世纪 50 年代中期的 16.7∶37.0∶46.3 转变为 20 世纪 80 年代初期的 3.6∶45.7∶51.7。第一产业产值比重进一步下降，第二、三产业稳步发展，形成了"三、二、一"的产业结构特征。

三、英国和德国

西欧作为工业化的发祥地，曾经是世界政治经济的中心，是资本主义发达国家密集的区域。因此有必要对其产业结构的变化过程进行考察，这里我们选取英、德两国为样本。

1. 英国

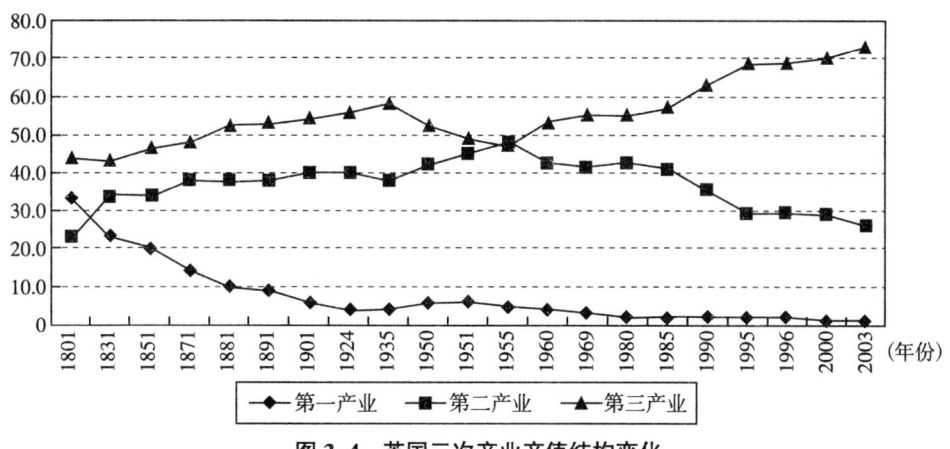

图 3-4　英国三次产业产值结构变化

从图 3-4 中可见，英国三次产业结构图与美国相似。就三次产业产值比重而言，从 1801 年到 1955 年，英国第一产业始终是呈下降趋势，而第二产业始终是呈上升趋势，第三产业产在 1831~1935 年呈现上升趋势，但在 1935~1955 年又出现过下降趋势，直到 1955 年后才出现稳步上升。1955 年后，英国第一产业产值比重急剧下降，到 1984 年下降到 2.1%。同时，在英国经济中居于重要地位的第二产业的产值比重也由 48% 下降到 41.4%，唯有第三产业产值比重不断上升，从 1950 年的 46.6%，上升到 1984 年的 56.5%。第三产业在国民经济中的重要性与日俱增。

就三次产业劳动力就业结构而言，其变化趋势基本和产值比重保持一致。例如，在 1950~1985 的 35 年中，第一产业劳动力就业比重从 17% 降至 10%，第二产业则从 40% 降至 25%，第三产业从 43% 猛增为 65%。

2. 德国

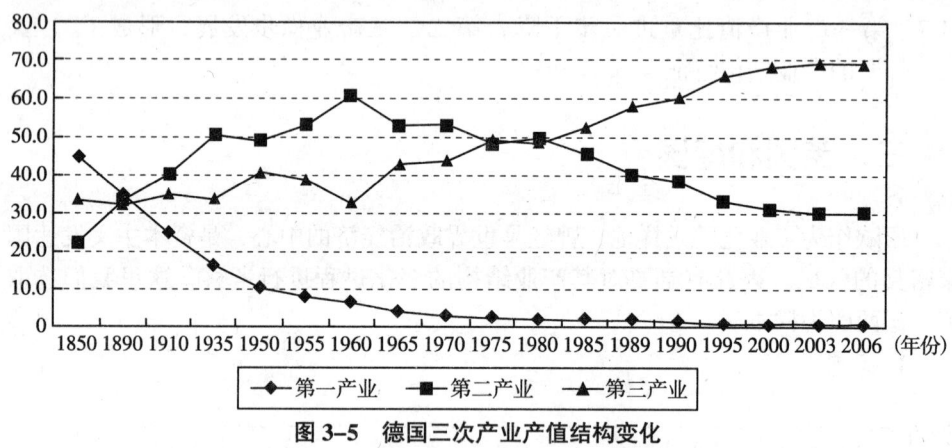

图 3-5 德国三次产业产值结构变化

从图 3-5 中可见，1850~1910 年，德国的产业结构发生了深刻变化。就三次产业产值结构而言，第一产业为 25%，第二产业为 40%，基本上形成了工业化产业结构。[①] 30 年代到第二次世界大战结束，德国工业化经历了一个畸形发展时期，重化工业超常发展，使得产业结构失调。第二次世界大战后德国从 1950~1980 年第一产业产值比重始终是呈下降趋势；第二产业产值比重一直是最大，但在 1960 年达到最大值，即所谓的拐点，然后开始下降；第三产业在 1950~1960 是下降的，1960 年后不断上升，到 1980 年超过第二产业，占据主导地位。就三次产业劳动力就业结构而言，其变化趋势基本和产值比重保持一致。例如，其三次

---

① 方甲. 产业结构问题研究. 北京：中国人民大学出版社，1997：196-223.

产业的就业结构由1950年的20∶45∶33变为1989年的4∶41∶55。

四、亚洲"四小龙"

为了更清晰地说明情况,在这里仅以产值结构和劳动力就业结构作为分析亚洲四小龙的产业结构变化的基本指标。图3-6到图3-9,反映了亚洲"四小龙"的三次产业产值结构变动状况。

图3-6中可以看出,20世纪60~90年代,韩国的农业在国民经济中的地位不断下降。但其就业结构的变动滞后于产值结构的变动。1960年,韩国第一产业的产值比重和就业比重分别为37%、66%,到1996年分别变为6.4%和7%。从20世纪60年代至80年代中期,韩国第二产业一直保持高速增长态势。20世纪70年代后,韩国以重化学工业为中心的结构调整完成得比较彻底。到20世纪80年代中前期,韩国已基本上实现了工业化的目标。在1962~1991年间,韩国把社会投资资金的60.2%（年平均数）用于第二产业,[①] 其中的相当部分被用于基础设施建设和改造。这为韩国第三产业中的电力、交通、通信等部门的发展打下了良好物质基础,使其基本呈不断上升的趋势。

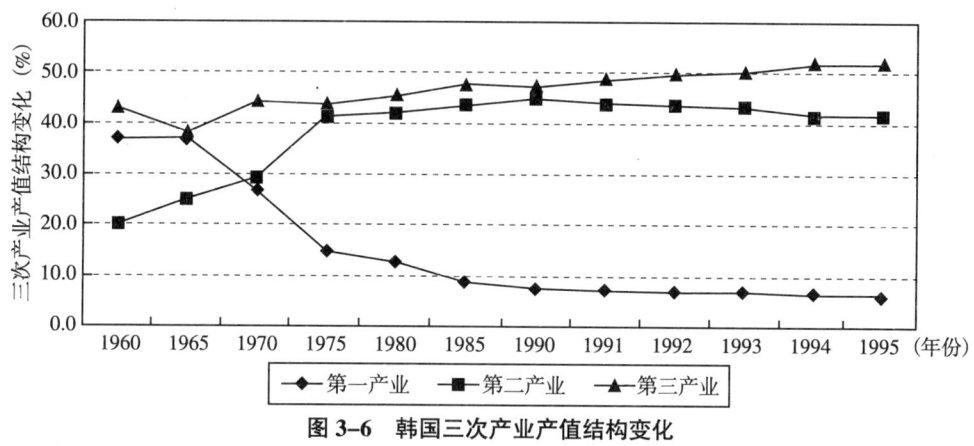

图3-6 韩国三次产业产值结构变化

在亚洲"四小龙"中,中国台湾的产业结构演变与韩国比较接近。中国台湾1960年时第一产业的产值比重和就业比重分别为28.5%和50.2%,到1996年分别变为3.5%和10.1%。第二产业迅速发展,主导了中国台湾的工业化进程。从20世纪50年代起直到80年代末,工业始终是中国台湾经济增长的主要推动力。进入20世纪90年代后,中国台湾第二产业的产值比重和就业比重均呈下降趋

---

① [日] 李海珠. 东亚时代的韩国经济发展论. 日本税务经理协会,1995.

势,这点比韩国更为明显。中国台湾的第三产业在工业化进程中发展较为稳定,进入20世纪90年代后发展速度明显加快。从产业结构中第三产业占比重和发展速度看,结构在逐步向发达国家方向靠拢。

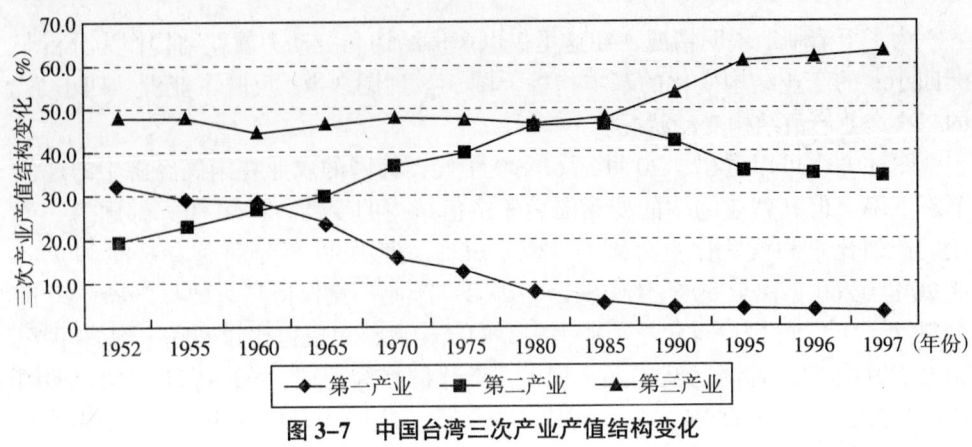

图3-7 中国台湾三次产业产值结构变化

在亚洲"四小龙"中,中国香港和新加坡都属于城市型经济,因此在产业结构的变化中,有其相似之处。第二次世界大战后,三次产业中第一产业日趋衰落,第二产业比重是先升后降,第三产业比重在不断上升,从比例结构上看,到20世纪90年代已接近发达国家水平。总体而言,第一产业无论在中国香港还是在新加坡,产值比重历来较低。中国香港第一产业产值比重只占3.4%,进入20世纪90年代以来,则仅占0.2%左右;其就业比重也由1960年的8.0%持续下降到1996年的0.4%。同期,新加坡的产值比重由4%降为0.2%,就业结构同期由7.5%降到0.2%。这说明在中国香港和新加坡第一产业地位不仅不断下降,而且

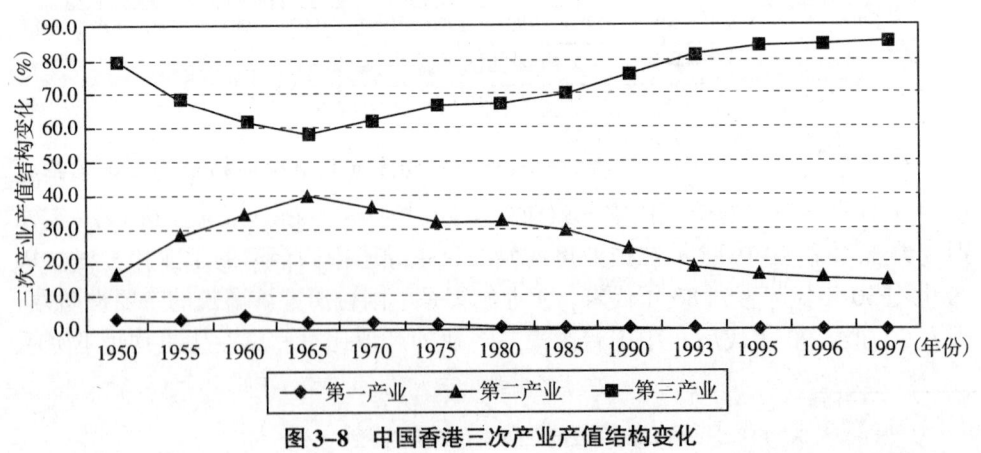

图3-8 中国香港三次产业产值结构变化

已经到了微不足道的地步。第二产业在香港是先升后降,但迄今仍是香港经济中的重要产业部门。从20世纪50年代开始至20世纪70年代,由于第三产业的迅猛发展,其产业结构发生了重大变化,经济主体从以制造业为主转向以制造业、金融业、商业、旅游业为主的多元结构。第二产业地位和比重从此开始下降,到1996年,香港第二产业的产值比重仅为15.4%。与此间时,中国香港的就业结构也呈现出与产值结构相同的趋向,由1960年的52%上升到1971年的53.4%,然后开始下降,到1996年降为25.7%。

在新加坡,第二产业产值比重,由1960年的17%先上升到1980年的37.9%,以后略有下降,到1996年占36.7%。新加坡第二产业就业比重,先由1960年的20.7%上升到1965年的47.7%,以后开始下降,到1996年为30.2%(见图3-9)。第二产业变化与香港有所不同。特别是在新加坡第二产业内部结构中,制造业占的比重始终较大,在经济中处于核心地位。从第三产业来看,中国香港和新加坡有相似之处,即地位持续上升,已成为两地经济的最大产业部门。就二者的第三产业的内部构成,中国香港以金融为支柱产业,而新加坡以贸易和交通运输业为支柱产业。

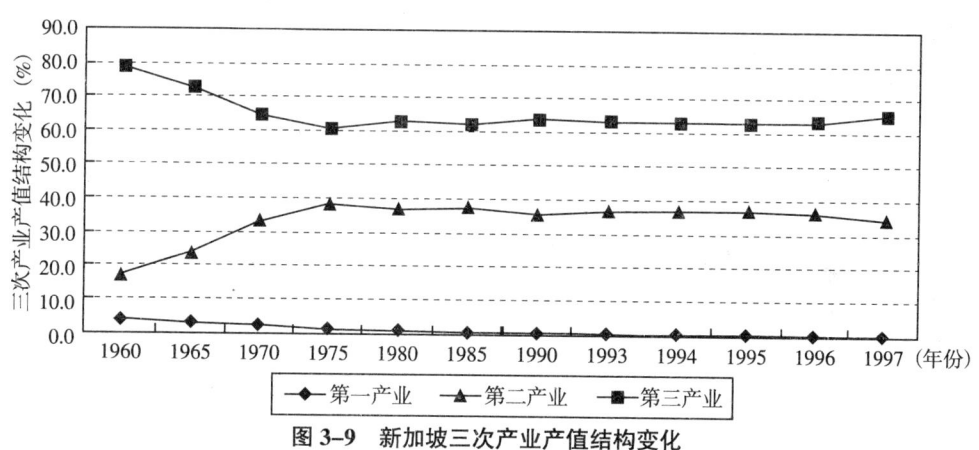

图3-9 新加坡三次产业产值结构变化

五、印度、巴西

作为金砖四国的成员,印度和巴西在近十年里工业化取得了快速发展,其产业结构也发生了重大变化。

1. 印度

印度是一个农村人口众多的国家,农业在经济总量中的比重较高,因此产业结构的演进有其自身特点,它并未遵循常规模式和一般规律。

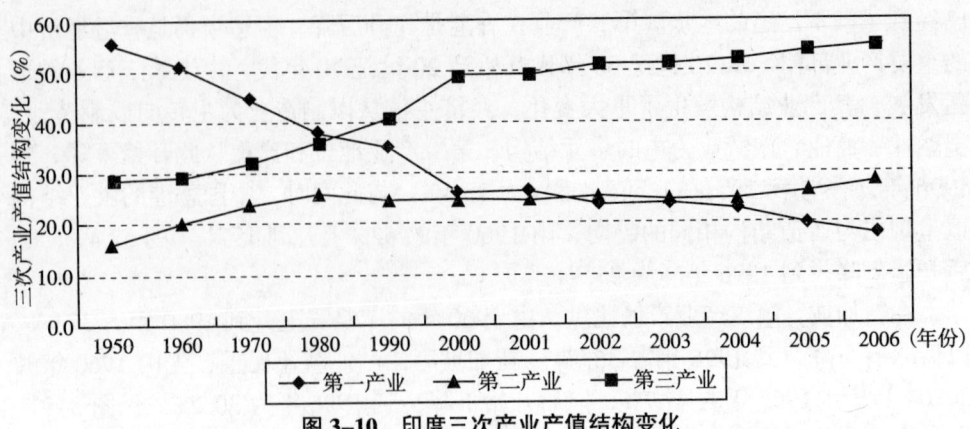

图 3-10 印度三次产业产值结构变化
资料来源：印度政府统计与项目执行部。

由图 3-10 可见，随着人均 GDP 的增长，印度第一产业的产值比重持续下降，从 1950 年的 55.40% 下降到 2006 年的 18.0%，下降了 37.4%。下降的幅度与库兹涅茨分析的国际变动幅度相比（25%~70%），属于中间水平。但同期，第二产业的产值比重从 1950 年的 16.1% 到 2006 年的 28%，上升了 11.9%，与国际变动幅度相比差距较大。与此同时，第三产业的产值比重随人均 GDP 的增长快速提高，并占据了主导地位。其产值比重从 1950 年的 28.5% 到 2006 年的 55%，上升了 26.5%，其变化与其他国家的也不同。

就劳动力就业结构而言，印度的情况与库兹涅茨分析的情况不同，由 1950 年的 79.55∶7.97∶12.48 变为 1990 年的 64.02∶16.02∶19.96，第一产业劳动力就业相对比重下降幅度远小于产值的相对比重下降幅度，说明第一产业劳动生产率的低下以及劳动力流动的刚性特征十分突出。同时也说明，农业在印度经济社会发展中的作用还比较大，这是印度产业结构演变中的一大特点。而第三产业的发展，无论从时间序列分析还是横截面分析，其就业比重都是上升的。

以上情况是印度政府制定并实施了向第三产业进行经济转型战略的直接后果，由此绕过重工业化的过程，实现产业结构的服务化。从统计数据来看，印度在 2002 年基本实现了这一经济转型过程，因为那年印度的第三产业产值占到 GDP 的一半以上。

2. 巴西

巴西过去长期是一个典型的农业大国，农业在国民生产总值中占相当高的比重，其咖啡生产和蔗糖生产闻名世界。在第二次世界大战以前，巴西的生产服务于殖民宗主国消费的需要，产业单一。第二次世界大战以后，巴西积极推进本国工业化，并通过工业化的实现推动了巴西经济的腾飞。

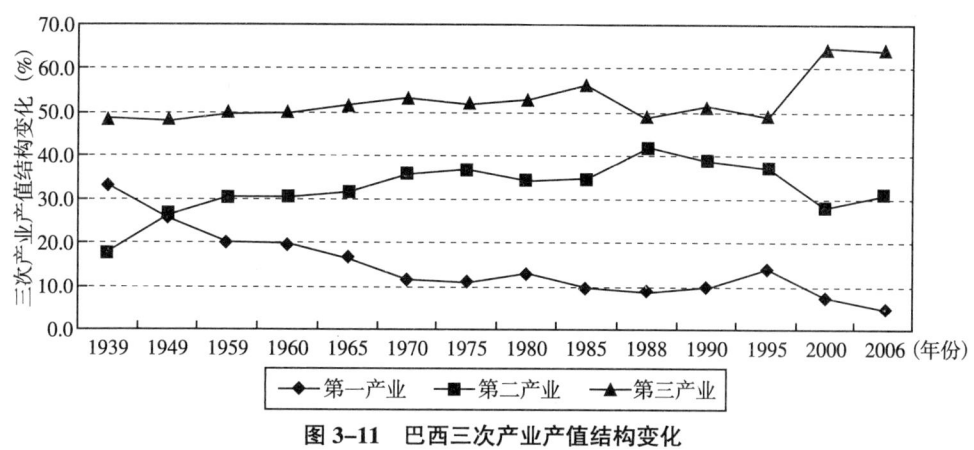

图 3-11 巴西三次产业产值结构变化

从图 3-11 中可见,从 1939 年开始,巴西第一产业的产值比重呈下降趋势。第二产业在 1939~1988 年一直呈快速上升趋势,1988 年达到峰值后呈现逐步下降趋势。巴西的第三产业在 1939~1985 年始终呈现上升趋势,但在 1985~1995 年出现下降,1999 年金融危机后快速上升,并占据绝对主导地位。应该说,这是巴西长期以来鼓励服务业发展的结果。总体来看,巴西经过从 1939 年来近 70 年的发展,三次产业产值结构由 1939 年的 33.3:18:48.7 到 2006 年的 5.0:31:64,三次产业顺序基本实现了从"一、二、三"到"三、二、一"结构转变。

六、工业化进程中各国产业结构变化的比较分析

世界各国工业化的发展实践表明,在进入工业时代以后,一个国家的工业化水平与其产业结构演进有着比较稳定的内在联系,并呈现出一定的序列性。从许多发达国家和新兴工业化国家的实践看,在工业化不同阶段,产业结构的变化基本可归纳如下。

工业化初期。随着经济发展,第一产业在生产构成中所占比重不断下降(当然绝对产出是上升的),这是产业结构演进规律的重要表现。具体地说,这一比重在日本由 1888 年的 41.5% 下降为 1920 年的 24.7%;在美国由 1879 年的 19% 下降为 1920 年的 13.2%。第一产业的产值比重逐渐缩小,主导地位慢慢丧失,这表明农业尽管基础性地位很重要,但不能靠农业来富民强国。第二产业有较大发展,工业重心从轻工业主导型逐渐转向基础工业主导型。第三产业也有一定发展,但产值比重基本保持平稳。就劳动力就业结构而言,基本随着产值结构发生相应的变化。就第二产业内部结构而言,由于受诸多条件的限制,工业化一般都是从资金投入少、技术要求不很高以及劳动力密集型的轻工业开始,它是工业化

初期的主导产业，且劳动力在工业资源结构中居于最突出位置。英国是世界上最早进入工业化的国家，它就是从纺织工业开始的。美国工业发展初期轻工业产值在工业总产值中的比重都高于重工业。

工业化中期。第一产业产值比重持续下降，第二产业和第三产业比重稳步提高，第二产业占据主导地位；并且二、三产业在相当长一段时期内保持相对稳定的比例关系，即二、三产业呈现平行发展。例如，美国在1920~1950年、英国在1831~1935年、日本在1920~1955年、巴西在1939~1988年以及韩国在1960~1981年，第二产业和第三产业的比重总体上呈同步上升态势。就劳动力就业结构的变化而言，与产值结构变化的总趋势是一致的，但在变化幅度上要小，具体幅度与各国国情相关。就第二产业内部结构而言，其基本变化趋势是从以轻工业为中心转向以重工业为中心，即工业结构的重工业化。其基本特征是随着工业结构的高加工度化，工业产业结构由劳动密集型产业为主向资金密集型和技术密集型产业为主演变；工业的增长对原材料的依赖程度到一定时期会出现相对下降的趋势，从而对能源、资源的依赖程度也将相对下降。就第二产业内部结构而言，日益以技术密集为特征，呈现"技术集约化"态势，[1] 技术已成为工业发展中最为重要的要素，整个产业结构的高度化趋势越来越明显。

工业化后期。第一产业产值比重由于已经很低，其下降趋势变缓，第二产业产值比重在开始阶段仍旧上升，达到拐点后将逐步下降，随后趋于稳定，而包括服务业、金融保险业、旅游业、信息产业等在内的第三产业则一直保持快速发展，并逐步占有支配地位。例如20世纪60年代以后，发达国家的第三产业发展更为迅速，所占比重都超过了60%。就劳动力就业结构而言，其变化趋势和产值结构基本一致。进入工业化后期的国家，其第二产业劳动力就业比重开始下降。其中，传统工业的下降趋势更为明显。同时，第三产业的就业人数及其比重的变化在各国都呈上升趋势。

从主导产业的转换过程来看，产业结构演进遵循的路线：农业→轻纺工业→基础工业→重化工业→现代服务业→信息产业。工业化三个阶段中的主导产业是不同的。在工业化初期，以轻工业为主导产业。如美国、德国等西方发达国家的工业化过程是从纺织、粮食加工等轻工业起步的。在工业化中期，以重化工业为主导产业。在这个阶段，化工、冶金、金属制品、电力等重化工业都有了很大发展，但发展最快的是化工、冶金等原材料工业。在工业化后期，重化工业发展进入后期，工业发展对原材料和初级原料的依赖程度明显下降，机电工业的增长速度明显加快。这时，制造活动对原材料的加工链条越来越长，零部件等中间产品在工业总产值中所占比重迅速增加，工业生产出现"迂回化"特点。加工度的提

---

[1] 苏东水. 产业经济学. 高等教育出版社，2001：235.

高，使产品的技术含量和附加值大大提高，而消耗的原材料并不成比例增长，所以工业发展对技术装备的依赖大大提高，深加工业、加工组装业成为工业内部最重要的产业。

根据上面的理论和实证比较分析，可得出工业化各阶段三次产业结构比例的拐点。具体情况如表3-2所示。

表3-2 工业化各阶段的产值和就业结构

单位：%

工业化阶段	第一产业		第二产业		第三产业	
	产值比重	就业比重	产值比重	就业比重	产值比重	就业比重
工业化初期	30~50	45~60	15~40	15~20	15~45	10~40
工业化中期	10~30	30~45	40~55	20~35	45~55	40~55
工业化后期	3~10	10~30	55~25	35~25	55~60	55~70
后工业化时期	1.5~3	<10	20~25	25~20	60~80	70~80

资料来源：作者整理。

第三节 我国工业化进程中的三次产业结构的变化状况

根据产业结构演进的实际情况，考虑到制度变迁和重大政策调整的影响，可将新中国成立后我国的产业结构演进划分为两个阶段。第一阶段是封闭条件下产业结构向重工业倾斜发展的时期，时间是1949~1977年；第二阶段是改革开放条件下产业结构调整优化时期，时间是1978年至今。

一、1949~1977年我国产业结构的变化

1. 三次产业产值结构变化状况

总体来看，新中国成立之初，我国是个农业国。从三次产业的结构来看，1949年第一、二、三次产业产值结构为68.4：12.7：18.9，低于库兹涅茨所描述的"标准结构"中最贫困国家的平均水平。[1] 那时，近代工业几乎没有得到发展，农业生产依靠传统的生产方式进行。1949~1977年，我国采取传统的社会主义工业化模式，借鉴前苏联的赶超型经济发展战略——优先发展重工业和国防工业来

---

[1] 伍华佳，苏东水. 开放经济条件下中国产业结构的演化研究. 上海财经大学出版社，2007：38.

推进工业化,快速地建立起了相对独立完整的国民经济体系,进入了业化初期阶段。从其产业产值结构的长期变动趋势来看,这一期间,我国三次产业间的比例关系有了明显的改善,二次产业产值比重快速增长,重工业化的趋势十分明显。其具体的变化过程如下,1949~1957年,经过恢复时期的建设,尤其是"一五"计划的完成,我国产业结构不断升级,一、二、三产业的产值结构由1949年的68.4:12.7:18.9到1957年的40.3:29.7:30.1,第一产业比重下降了23.1%,第二产业比重上升了17.2%(见图3-12)。1958年后,在大跃进政策推进下,由于重工业超前发展,使三次产业在国内生产总值中的比例出现严重失衡,第一产业比重快速下降了,第二产业比重大幅上升,一、二、三产业产值比重由1957年的40.3:29.7:30.1转变为1960年的23.4:44.5:32.1,致使国民经济陷入萧条,工业生产业受到打击。经过1961~1965年的调整时期,产业结构失衡的情况有所改善,到1965年产业产值结构为37.9:35.1:27,工业有所恢复。1966~1977年,"文化大革命"使工业与整个国民经济一起陷入长期不振状态,产业结构重又偏向重工业,第一、二、三次产业产值结构为29.4:47.1:23.5,第一、三产业比重都下降了,第二产业比重则大幅上升①(见图3-12)。

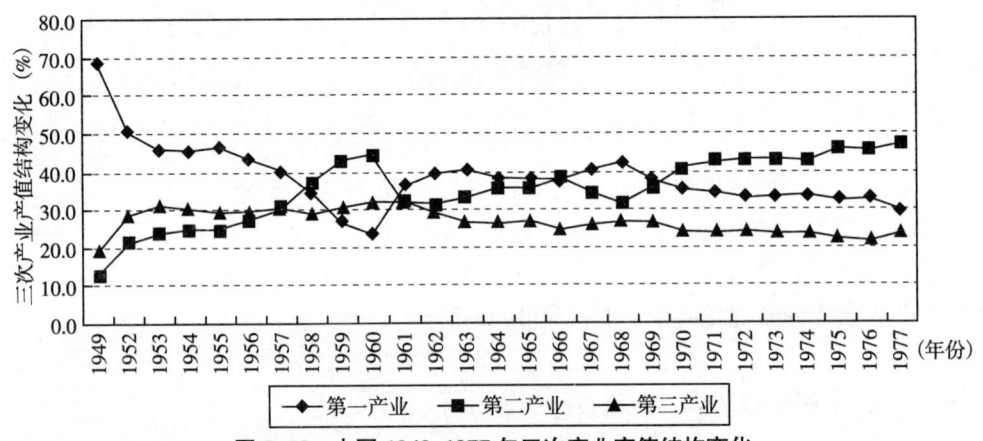

图 3-12 中国 1949~1977 年三次产业产值结构变化

资料来源:中国工业经济统计资料(1986),中国统计出版社。

2. 三次产业就业结构变化状况

同一时期内,我国就业人口整体呈上升趋势,就业结构的变动趋势和产值结构的变动趋势基本是一致的,由1949年的91.5:3.5:5.0到1978年的70.5:17.2:12.3,第一产业就业比重下降了21%,第二、三产业分别上升了12.7%和

---

① 由于中国计划经济的体制和历史特殊背景,中国1978年以前的三次产业结构变化情况有别于西方市场经济国家三次产业结构变化的一般规律,在此特作说明。

8.8%（见图 3-13）。但是变化的幅度与同时期产业产值结构的变化幅度有很大差距，以致第一产业就业比重仍占绝对支配地位，这是因为制度、政策以及我国二、三产业吸收劳动力的能力不足所致，如 1977 年我国工业吸收的劳动力仅为 5009 万人，比 1952 年增长 302%，而同期固定资产（原值）却增长了 2046%，相当于工业劳动力增长的 6.8 倍，农村人口转移不够，形成隐性失业。

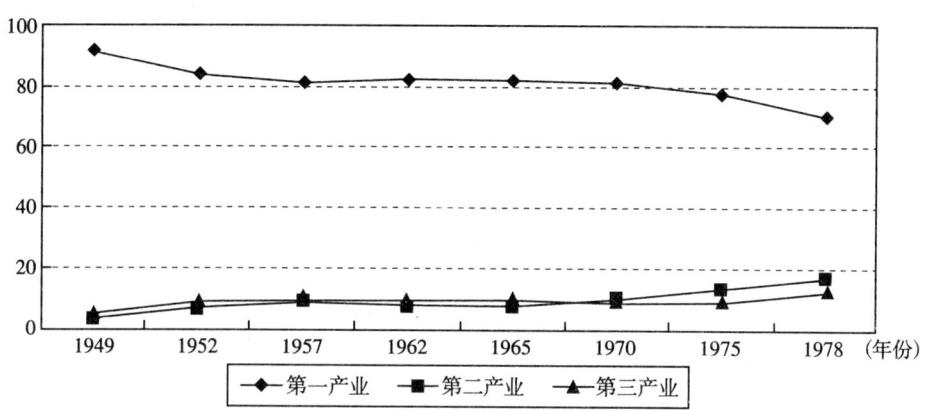

图 3-13　中国 1949~1977 年三次产业就业结构变化

资料来源：中国工业经济统计资料（1986），中国统计出版社。

3. 工业内部结构变化状况

这一时期，随着重工业快速发展，我国工业内部出现明显的结构失衡。除了"一五"期间和"调整时期"轻重工业比例比较合理，其他年份轻重工业之间、积累与消费之间的关系极不协调。重工业产值比重由 1949 年的 26.4% 上升到 1977 年的 56%，轻工业产值比重由 1949 年的 73.6% 下降到 1977 年的 44%（见图 3-14），其中从发展速度看，只有"五五"时期重工业的发展速度慢于轻工业，为 1∶0.7，其余四个五年计划，重工业的发展速度都快于轻工业，[①] 农业和轻工业没有得到应有的发展，导致了"重工业重，轻工业轻"的结构性缺陷。即这一阶段，工业内部是以制造业，尤其以制造业中的重加工业的突出发展为特征，到 20 世纪 60 年代末期，工业产值在制造业中的比重已经超过轻工业，1970 年达到 54.4%，其比重甚至接近中等收入国家的同一比重，充分体现了重工业化政策的后果。[②]

[①] 李金华，等. 中国产业：结构、增长及效益. 清华大学出版社，2007：11.
[②] 汪海波. 新中国工业经济史. 经济管理出版社，1986.

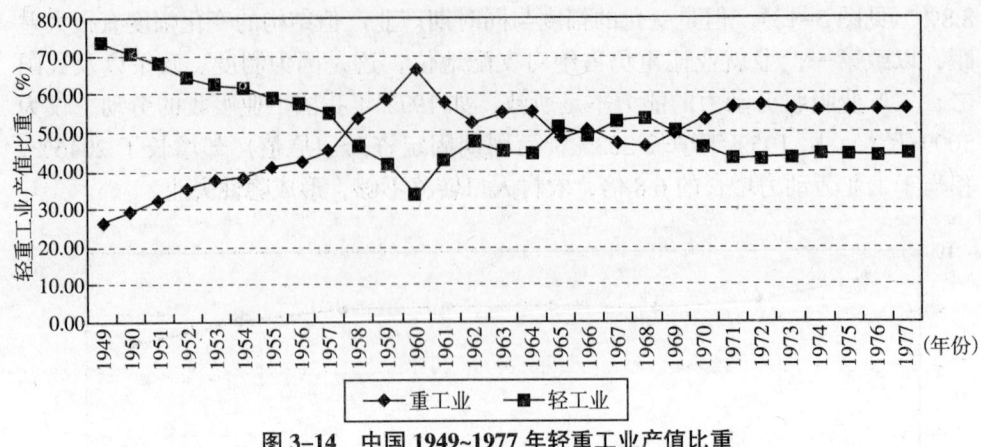

图 3-14 中国 1949~1977 年轻重工业产值比重

资料来源：根据中国统计年鉴忽然中国工业经济统计资料（1986）治理，中国统计出版社。

二、1978~2010 年我国产业结构的变化

改革开放以来，伴随制度的变迁和政策的改变，我国的国民经济持续快速增长，产业结构发生了一系列意义深远的巨大变化。

1. 三次产业产值结构变化状况

根据渐进式改革中制度变迁和产业结构变化的特点，改革开放后的工业化可划分为两个时期：一是 1978~1991 年的由计划经济体制向市场经济体制转型时期，是结构纠偏、轻重工业同步发展的时期；二是 1992~2010 年的建立和完善社会主义市场经济时期，是走中国特色社会主义工业化道路、产业结构明显高度化的时期。

在第一个时期，我国改变了"重工业优先发展"的战略，确立了"轻纺工业优先发展"的调整方针，首先解决了产业结构严重失衡的问题，第三产业发展速度明显加快，总的变化特征是产业结构的合理化以及工业发展的轻型化。随后，产业发展的任务从以数量扩张为主转向以素质提高为主的新阶段。在工业发展方面，通过发挥市场需求的导向作用，使得轻工业得到了快速发展，[①] 逐步扭转了轻重工业比例失衡的问题，促进了工业结构的升级和优化。

在第二个时期，随着社会主义市场经济的逐步建立，工业化道路和发展战略

[①] 为了促进轻工业的发展，自 1980 年曾对轻工业实行了"六个优先"的政策，即原材料、燃料、电力供应优先；挖潜、革新、改造的措施优先；基本建设投资优先；银行贷款优先；外汇和引进技术优先；交通运输优先。参阅冯飞. 新中国的工业化进程, 2003-03-20, http://www.drcnet.com.cn/DRCnet.common.web/docview.aspx?chnid=7&leafid=1&docid=166803.

开始发生转变,我国实行了以农轻重工业均衡发展、多种经济成分共同发展、积极利用外资和国内外两个市场、梯度发展的区域经济政策为四项基本内容的工业化战略,[①] 而2002年随着十六大提出新型工业化道路,使得我国的工业化发展取得了巨大进步。

这尤其表现在我国产业结构的调整和升级上,第一产业产值比重大幅降低,第二产业产值比重相对平稳,第三产业产值比重不断上升;产业结构不断得到优化,尤其是以信息产业、航空航天、生物医药、新材料为代表的高新技术产业领域得到快速发展,成长为我国经济发展新的增长点,对传统产业起到良好带动作用。

从图3-15中看出,在改革开放后,除了在农村体制改革最有成效的时期(1978~1984年)有一个短暂的上升,第一产业的产值比重持续下降。从1978年的28.2%下降到2010年的10.2%,下降了18个百分点;第二产业则呈先降后升、最后趋于稳定的趋势。在1978~1991年实行工业化战略性的转变和经济结构调整的时期,比重由1978年的47.9%下降到1990年的谷底41.3%。1992年随着市场经济的逐步确立与国有企业改革全面推进,比重开始上升,2010年达到46.8%。第三产业的比重总体上逐步上升。1978~1984年基本保持在22%~23%,1984年后持续上升,2002年达到最高的41.5%,以后稳定在40%的水平。总之经过改革开放的发展,我国产业结构已经由原来第一、二产业占主要地位的"二一三"结构改变为第二、第三产业占主要地位的"二三一"结构。

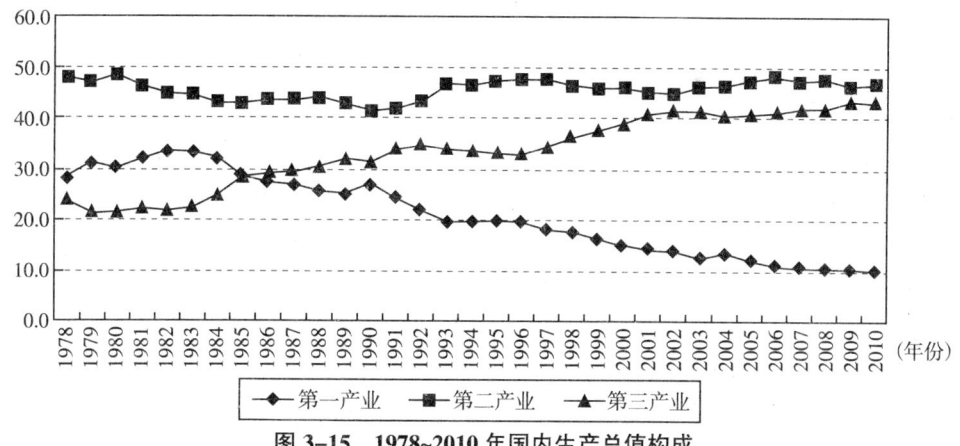

图3-15 1978~2010年国内生产总值构成

资料来源:根据《中国统计年鉴》和国家统计局官方网站数据整理。

[①] 陈佳贵,黄群慧,钟宏武,王延中,等.中国地区工业化进程报告、1995~2005年中国省城工业化水平评价与研究.社会科学文献出版社,2005.

2. 三次产业就业结构变化状况

这一期间，伴随着产业产值结构的调整，中国的就业结构也发生了相应的变化。自改革开放以来，第一产业的就业比重总体上不断下降，且幅度较大，从1978年的70.5%下降到2010年的36.7%。与之相对，第二产业的就业比重保持缓慢上升势头，从1978年的17.3%上升到2008年的28.7%；而第三产业的就业人数增长速度较快，其比重也大大提高。第三产业的总就业人数在1994年超过了第二产业，其就业比重则从1978年的12.2%转变为2008年的34.6%（见图3-16）。

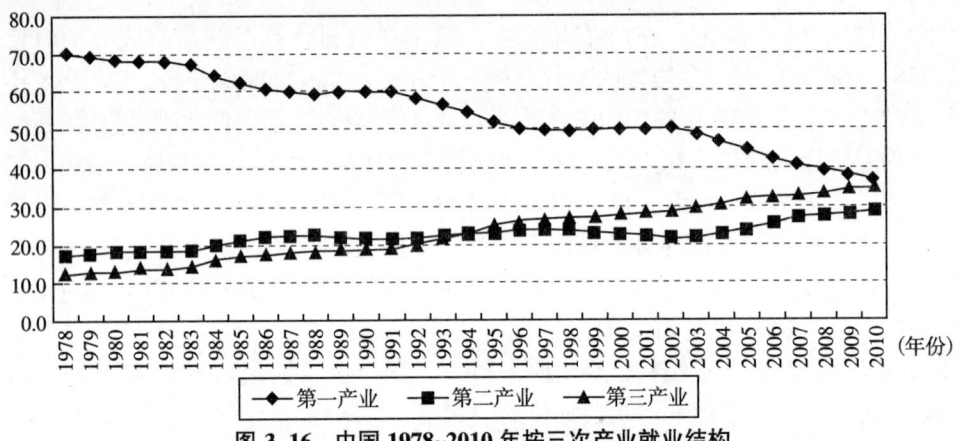

图3-16 中国1978~2010年按三次产业就业结构

资料来源：中国统计年鉴（2008年）.中国统计出版社，2009.

总体而言，这一期间内，中国三次产业的就业结构和产值结构在变动趋势上是基本一致的。但在构成比重上，两者仍然有较大的差异。第一产业在产值结构中的比重与其吸纳的劳动力数量是不成比例的，即使考虑到第一产业的劳动生产率相对较低，这种巨大的劳动力投入与很低的产出水平间的明显差异仍然是很不正常的。其主要原因是我国的城乡二元结构。另外一个特殊的情况是，我国第三产业的单位劳动力产出还远远低于第二产业，这表明我国第三产业的发展还很不充分。

3. 工业内部结构变化状况

改革开放以来，中国第二产业的产值比重长期稳定在40%~50%，在国民经济中占据重要地位。按照轻重工业比例关系的变化，可将工业结构的演变过程大致分为两个阶段。第一阶段是1978年至1998年，这一期间，中国的工业化战略由优先发展重工业转变为重视发展轻工业，使得轻工业产值比重明显上升。1978~1998年，我国轻工业产值比重由43.1%增长到49.3%，而重工业产值比重由56.9%下降到50.7%。

第二阶段从 1998 年开始至今。随着人均收入水平的提高，住房、汽车等开始取代一般日用工业品和普通家电用品，成为居民支出的新热点。与此同时，伴随着城镇化的加速，基础设施建设投资拉动了基础工业进入高速增长阶段。这导致我国工业结构呈现出新一轮重化工业化的发展趋势。1999 年，中国重工业增加值占全部工业增加值的比重接近 60%，至 2008 年这一比重进一步升至 71.34%。中国经济的这一轮重工业化与改革开放前的重工业化有性质上的不同，它是我国经济发展到一定阶段导致产业结构高级化的表现，因而符合产业结构的演变规律。计划经济时代的重工业化是不计客观条件的盲目"赶超"和"跨越"，而 20 世纪 90 年代末以来兴起的这一轮工业结构升级是我国工业化进入中期阶段以后工业产业结构自然演变的结果，它源于我国居民消费结构的升级和城镇化进程的加速，是市场需求结构的变化带动了工业结构的调整和升级。它意味着，我国的工业结构正跨入以加工组装工业为中心的高加工度化阶段，中国的工业正逐步实现从劳动密集型工业、资本密集型工业向技术密集型工业转换。在这一转换过程中，新的高增长产业交替出现。如 2001 年以来，住宅、汽车、通信、各类大型交通运输设施等相继成为新的投资热点，并由此带动了钢铁、机械、建材、化工等一系列提供中间产品的行业快速发展。总体而言，我国工业结构高加工度化趋势日益明显，其结构高级化进程基本是遵循由轻纺工业占优势向重化工业占优势、由重化工占优向技术密集型产业占优势的演进规律。

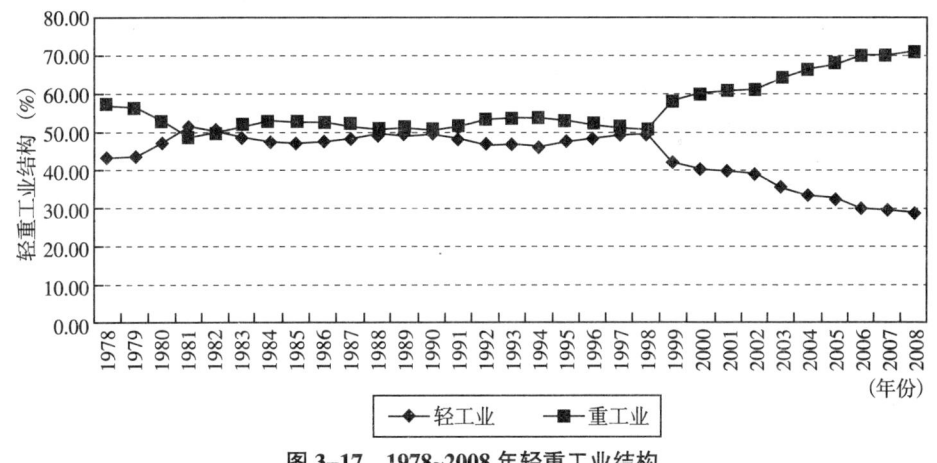

图 3-17　1978~2008 年轻重工业结构

注：1978~1998 年数据的统计范围是全部企业，1999 年后数据统计范围是国有及规模以上非国有工业企业。

资料来源：根据《中国统计年鉴》和国家统计局官方网站数据整理。

第四节 小 结

一国经济发展的成败核心取决于经济结构的转变，即从以传统农牧业为主的传统经济转变为以重化学工业为主的工业经济和以技术密集型产业为主的后工业化经济。通过以上对我国近年来三次产业的动态变化以及现阶段的产业结构情况的分析，并进行国际比较，可以看出三个特征：其一，2007年我国第一产业产值比重为11.3%，表明第一产业基本符合工业化中期阶段的数值区间；而第二产业产值比重在50%左右，也处于工业化中期区间范围内；第三产业产值比重总体上保持平稳，目前在40%左右，尽管处于区间范围，但略显偏低。也就是说，根据世界各国工业化进程的一般趋势来看，目前我国的第二产业发展较快，第三产业的发展略显不足。不过就总体而言，我国当前的产业产值结构表明，我国已经处于工业化进程的中期阶段。其二，从我国当前三次产业的劳动力就业结构情况来看，目前我国第三产业的就业人数比例明显偏低，不仅远低于发达国家在工业化中期时的水平，也大大低于新兴工业化国家的水平。我国第三产业的劳动力就业比重远低于其产值比重，说明我国第三产业吸纳就业的能力不足。其三，第一产业的就业比重仍然偏高，这说明，按国际标准来看，我国第一产业的发展水平或对GDP的贡献程度仍处于相对落后的状态。

总的来看，从产值构成角度分析我国的产业结构状况，毫无疑问，我国正处于工业化进程的中期阶段。但从就业结构的角度来看，我国的工业化离工业化中期阶段还有距离。但考虑到我国从第一产业转入第二产业（也包括一些第三产业）部分劳动者仍处于不稳定状态，一些不定期进入第二、三产业就业的农村劳动者很难在这些产业的就业统计中反映出来，可以说，目前我国的就业统计数据很难充分地反映我国的工业化进程的真实状态，很可能低估了第二产业和第三产业的就业比重。有鉴于此，根据我国工业的产值构成，可以肯定，中国已经是一个工业大国，且进入了工业化进程的中期阶段，正在从工业化中期阶段向工业化后期阶段过渡。

工业化进程本身包含相互交融的两个方面：一方面是工业部门在数量方面的扩张和增长，这个可通过三次产业的结构变动表现出来；另一方面是工业部门在质量上的不断改进，工业产业的国际竞争力和现代化水平逐步提高，这主要体现为工业部门内部的结构变化，即工业的重工业化、高加工度化和高技术化。它意味着一个经济体从一般工业国向工业强国的转变。[①]因此,判断一个国家是否为工业强国,应该一方面看三次产业结构的顺序是否为"三、二、一",另一方面看其重工业是否开始升级,并不断向信息、新技术产业转移。

以上的产业结构实证分析表明,目前我国三次产业结构的顺序是"二、三、一",距离"三、二、一"还有一段差距。同时,重工业的高级化这一趋势在我国还不明显。尤其是我国工业在新兴战略性产业领域中还没有形成国际竞争优势,并在发展上面临着国际竞争的严峻挑战。可以说,中国正在向成为世界工业强国的方向发展,还没有实现工业强国的战略目标。[②]

而对于我国这样一个人均占有资源很少的人口大国来讲,要实现由工业大国向工业强国的转变,必须要走科技含量高、资源消耗低、环境污染少的新型工业化道路。[③]从产业结构的角度来讲,这样的发展应具备六个特征:一是必须加大对传统产业的技术改造力度,推进传统产业的技术升级和产品更新换代;二是必须大力发展以信息产业为核心的高新技术产业,以此带动整个产业的结构升级;三是经济调节的基本方式由以行政和计划调节为主转为以市场机制调节为主;四是要围绕提高产业的现代化水平和国际竞争力培育自主创新能力;五是在产业发展战略方面,重新定位三次产业的使命,加快第三产业发展;六是在对外开放战略方面,要积极面对国际产业转移,制定科学合理的外资利用战略,提高我国在重大战略性产业上的控制力和竞争力。

(执笔:钟宏武)

[①] 陈佳贵,黄群慧.工业发展.国情变化与经济现代化战略——中国成为工业大国的国情分析.中国社会科学,2005(4).

[②] 李金华,等.中国产业:结构、增长及效益.清华大学出版社,2007:40;伍华佳.苏东水:开放经济条件下中国产业结构的演化研究.上海财经大学出版社,2007:206.

[③] 刘世锦,等.传统与现代之间——增长模式转型与新型工业化道路的选择.中国人民大学出版社,2006.

第四章 中国工业结构的转型升级问题分析

一、"十一五"时期中国工业结构变动的主要特征

(一) 从轻、重工业的关系看,中国的工业结构呈重型化趋势

发达国家和新兴工业化国家的发展经验表明,工业结构重型化是工业化中后期的一个基本规律。中国新一轮的重工业化趋势开始于20世纪90年代中后期,到"十五"末期,规模以上工业企业中,重工业产值占工业总产值的比重已经接近70%,工业重型化趋势显著。"十一五"以来,重工业产值占工业总产值的比重虽有所波动,但一直维持在70%以上。"十一五"时期,该比重的平均值比"十五"时期的平均值增加了7.38个百分点。2010年,规模以上工业中,轻工业增长13.6%,重工业增长16.5%,重工业增长继续领先于轻工业增长,工业结构的

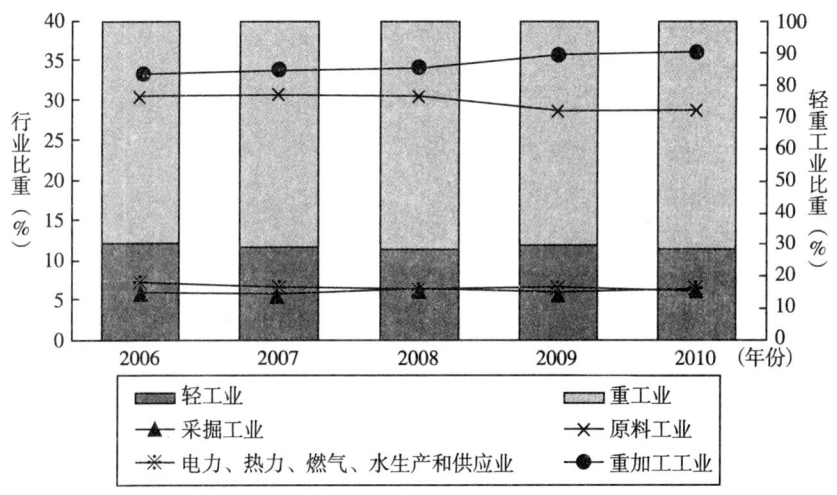

图4-1 2006~2010年中国轻、重工业产值结构

资料来源:根据中国国家统计局数据计算。

重型化趋势有所加强。

从重工业内部看，原料工业和加工工业的比重上升较大。"十一五"时期，这两类工业的平均比重比"十五"时期分别增加了 4.40 和 2.23 个百分点，而采掘工业仅提高 0.75 个百分点。在原料工业中，电力、燃气及水的生产和供应业的比重在"十一五"期间先下降后上升，"十一五"的平均值比"十五"平均值仅增加了 0.47 个百分点。可见，原料工业比重的大幅上升主要是由金属冶炼及加工、石油加工及炼焦、化学原料及化学制品等制造部门的比重上升所导致的，"十一五"时期，这些制造部门的平均比重比"十五"时期增加了 3.93 个百分点，再加上加工工业比重的变化，重工业中的重制造业占工业的比重增加了 6.16 个百分点，是"十一五"时期推动工业结构重型化的主要力量。

按照联合国工业发展组织（UNIDO）对轻、重制造业的划分口径（1980），轻制造业包括食品、饮料、烟草、纺织、服装、皮革、木材和木材制品；重制造业包括纸张和纸制品、工业化学品、其他化学产品、石油炼制品、各种石油产品和煤制品、非金属矿制成品、贱金属、金属制品、机器和设备等。按照这一标准进行分析，结果同样反映出了"十一五"以来中国工业中重制造业比重的上升趋势。受国际金融危机的影响，中国轻制造业和重制造业的产值占工业总产值的比重在"十一五"期间均有所波动。但从整体上看，重制造业的比重上升，"十一五"期间，其平均值比"十五"期间增加了 2.12 个百分点；轻制造业的比重下降，"十一五"期间，其平均值比"十五"期间减少了 2.75 个百分点。从轻、重制造业结构的变化看，"十五"期间的平均比重为 24.17∶75.83，"十一五"期间的平均比重为 20.96∶79.04，重制造业的比重增加了 3.21 个百分点。这表明，"十一五"期间，重制造业的增长速度明显快于轻制造业的增长速度。

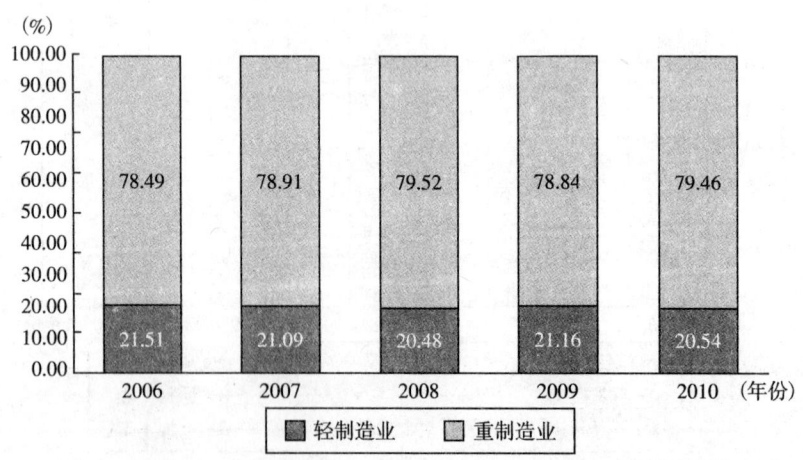

图 4-2　2006~2010 年中国轻、重制造业产值结构

资料来源：根据中国国家统计局数据计算。

（二）从行业结构看，轻纺工业比重下降，金属加工业比重上升，装备制造业比重基本稳定

从工业行业结构的变动看，"十一五"以来，中国工业的行业结构变化整体呈现轻纺工业比重下降，金属加工业比重上升。其中，纺织业和纺织服装、鞋、帽制造业产值占工业总产值的比重自"十五"以来不断下降。2010年，这两个行业占规模以上工业的比重分别下降到4.08%和1.77%，比2005年分别下降了0.96和0.21个百分点。"十一五"期间，这两个行业的平均比重比"十五"时期的平均比重分别下降了1.08和0.50个百分点。比较而言，黑色金属冶炼及压延加工业、有色金属冶炼及压延加工业的比重有较大幅度提高，"十一五"期间这两个行业的平均比重比"十五"时期的平均比重分别提高了1.03和1.43个百分点，是"十一五"时期，39个工业行业中比重提高最大的两个。

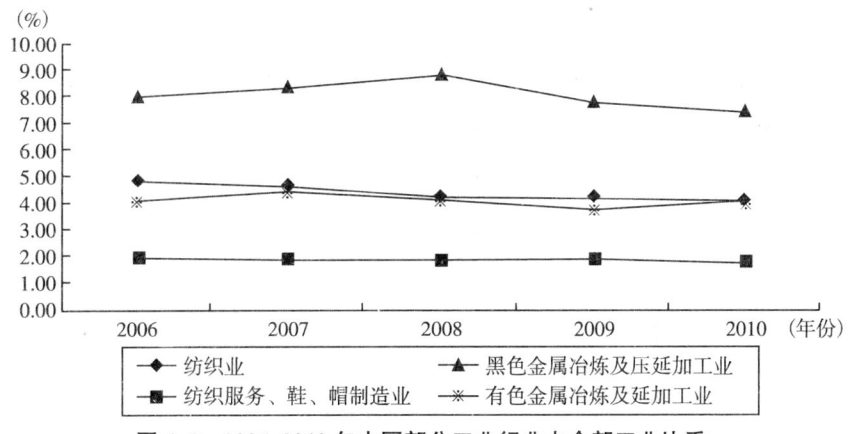

图4-3　2006~2010年中国部分工业行业占全部工业比重
资料来源：根据中国国家统计局数据计算。

在39个工业行业中，目前产值规模较大的行业有农副食品加工业、纺织业、石油加工炼焦及核燃料加工业、化学原料及化学制品制造业、非金属矿物制品业、黑色金属冶炼及压延加工业、有色金属冶炼及压延加工业、通用设备制造业、交通运输设备制造业、电气机械及器材制造业、通信设备计算机及其他电子设备制造业和电力、热力的生产和供应业。从"十一五"期间的平均值看，这12个行业合计占工业的比重达到69.37%。而比重上升较快的行业有煤炭开采和洗选业，黑色金属矿采选业，黑色金属冶炼及压延加工业，有色金属冶炼及压延加工业，通用设备制造业，电器机械及器材制造业，电力、热力的生产和供应业。与"十五"时期比较，"十一五"期间，这7个行业占工业的平均比重合计提高了4.95个百分点，对工业增长的贡献程度增大。

从制造业内部的产值结构变化看，包括食品加工、纺织、家具等在内的一般加工业和化工类产业的产值占整个制造业产值的比重呈下降趋势。与"十五"时期平均比重比较，"十一五"时期，一般加工业和化工类产业占全部规模以上工业的平均比重分别下降了2.58和0.66个百分点；包括设备制造和仪器仪表在内的机电产业产值占整个制造业产值的比重在2007年以前保持增长的势头，在2007年和2008年有小幅的下降，到2009年又开始回升。"十一五"期间，机电产业的平均比重与"十五"时期相比基本持平；金属、非金属加工业产值占全部制造业产值的比重在2006~2008年不断提高，在2009年和2010年则有所回落。整个"十一五"期间，金属、非金属加工业的产值占全部工业产值的平均比重比"十五"时期提高了3.04个百分点。

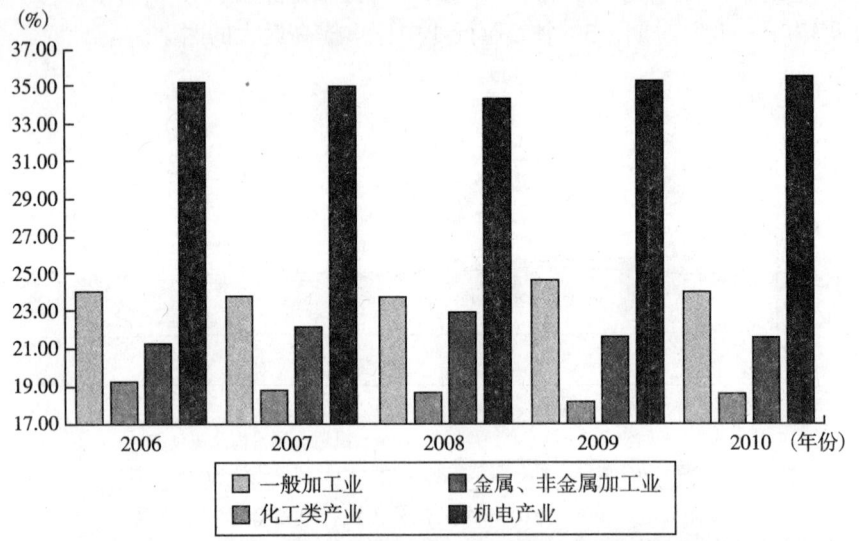

图4-4　2006~2010年中国部分制造业产值占全部工业比重
资料来源：根据中国国家统计局数据计算。

中国制造业外向度高，受国际市场价格和需求变化的影响大。"十一五"期间，金属、非金属加工业的快速增长在很大程度上得益于国际金融危机对国际矿产品价格的冲击。有色金属冶炼及压延加工业和黑色金属冶炼及压延加工业的产值占整个制造业产值的比重先后在2007年和2008年达到2000年以来的最高值，拉动了金属、非金属加工业比重的提高。相反，在国际金融危机期间，国际市场对中国机电类出口产品的需求大幅下降。其中，通信类产品受到的冲击最大，2010年，该行业占规模以上制造业的产值比重为9.02%，比金融危机以前的2006年下降了3.03个百分点，说明金融危机制约了机电产业比重的持续提高。

(三) 从所有制结构看，内资企业比重上升，国有企业比重进一步收缩

从所有制结构的变化看，"十一五"以来，中国内资企业的企业个数和产值占整个规模以上工业的比重逐年提高。2008~2010年，内资企业的企业个数占整个规模以上工业企业个数的比重均超过80%。同期，内资企业的产值比重也超过了70%。"十一五"时期，内资企业的企业个数和产值占规模以上工业的平均比重比"十五"时期的平均比重均提高了1.68个百分点。同时，与"十五"时期的平均值比较，"十一五"时期内资企业的主营业务收入和利润总额占整个规模以上工业的比重分别提高1.34和3.27个百分点。同期，内资企业的资产总计的比重则下降了2.32个百分点，内资企业效益指标的增长快于资产投入的增长。这表明，"十一五"以来，内资企业不仅在发展速度上快于外资企业，而且经济效益也有所改善。

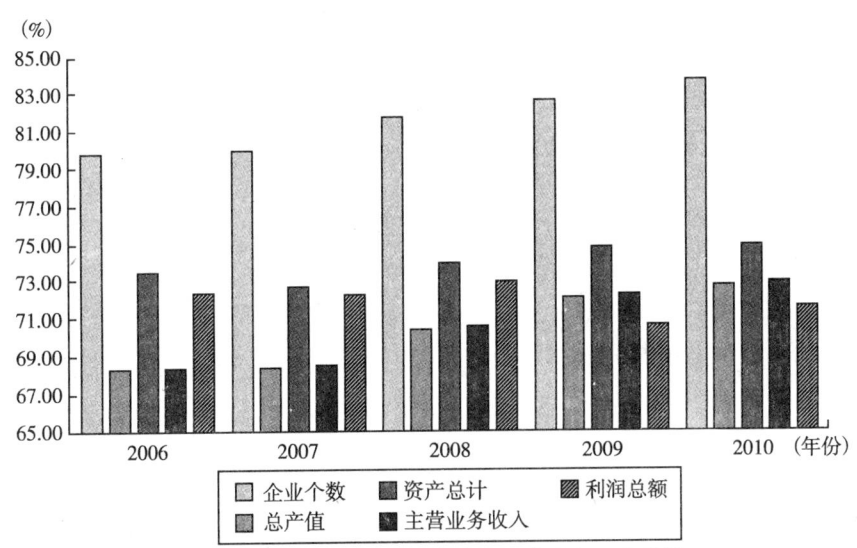

图4-5 2006~2010年中国内资企业占全部工业比重

资料来源：根据中国国家统计局数据计算。

就内资企业而言，"十一五"以来，国有及国有控股企业的比重进一步收缩，非国有内资企业的比重进一步扩张。"十一五"期间，国有及国有控股企业的各项指标占规模以上内资企业的比重均有显著的下降。除资产总计指标之外，国有及国有控股企业占内资企业的各项比重均下降到50%以下。尽管如此，在资产总计上，国有及国有控股企业仍然是最多的。"十一五"期间，国有及国有控股内资企业占内资企业和全部规模以上工业的平均比重分别为59.62%和43.52%。在产值、

主营业务收入和利润总额方面，国有及国有控股企业与外商及港澳台投资企业相比同样占优势，国有企业在中国工业经济中的主导地位并没有改变。

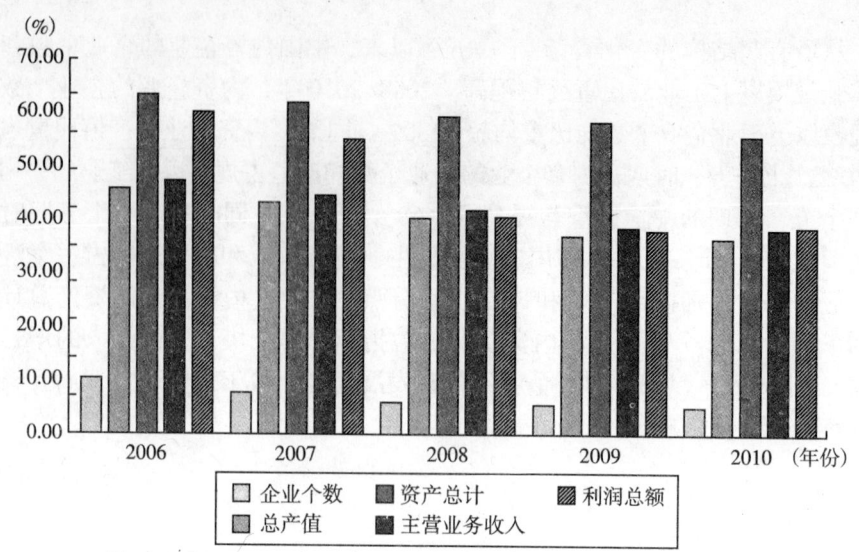

图 4-6　2006~2010 年中国国有及国有控股企业占内资企业比重
资料来源：根据中国国家统计局数据计算。

（四）从产业组织结构看，大企业比重下降，小型企业比重上升

"十一五"时期以来，中国不同规模企业中，大型企业和中型企业的大部分指标占全部规模以上工业的比重呈现下降趋势，小型企业各项指标占全部规模以上工业的比重均呈提高趋势。2010 年，大型企业的企业数量、工业总产值、主营业务收入、利润总额占全部规模以上企业的比重比 2005 年分别下降了 0.09、3.35、3.58 和 12.72 个百分点，但资产总计的比重提高了 1.01 个百分点，大型企业资本密集的程度有所提高。中型企业的企业数量、总产值、资产总计和主营业务收入占全部规模以上工业企业的比重在"十一五"时期的前四年呈下降趋势，2010 年有所回升；利润总额的比重在"十一五"前四年逐年上升，2010 年有所回落。相比较，"十一五"时期以来，小型企业的发展增速，规模以上小型企业工业总产值、主营业务收入、利润总额占全部规模以上企业的比重均在"十一五"期间超过大型企业。同时，小型企业主营业务收入比重和利润总额比重的上升速度快于企业单位数比重和产值比重的上升速度，这表明规模以上小型企业经济效益转好。

表 4-1 2006~2010 年中国大、中、小企业结构变化

单位：%

指标	企业分类	2006年	2007年	2008年	2009年	2010年
企业单位数	大型企业	0.89	0.86	0.75	0.75	0.83
	中型企业	10.02	9.98	8.73	8.76	9.47
	小型企业	89.09	89.16	90.52	90.49	89.70
工业总产值	大型企业	35.48	34.76	33.36	32.06	32.92
	中型企业	30.13	30.04	29.52	29.07	29.19
	小型企业	34.39	35.20	37.11	38.87	37.89
资产总计	大型企业	39.07	39.30	38.09	39.12	39.85
	中型企业	33.87	33.50	32.70	31.99	32.25
	小型企业	27.06	27.20	29.21	28.89	27.90
主营业务收入	大型企业	37.09	36.30	34.55	33.31	34.11
	中型企业	30.16	29.75	29.21	28.58	28.81
	小型企业	32.75	33.95	36.24	38.11	37.08
利润总额	大型企业	44.11	42.02	34.42	31.55	33.23
	中型企业	29.53	30.25	30.79	32.91	32.70
	小型企业	26.36	27.72	34.79	35.54	34.07
全部从业人员年平均收入	大型企业	23.40	23.15	22.30	23.14	24.18
	中型企业	32.54	32.76	31.56	31.57	32.29
	小型企业	44.06	44.09	46.14	45.29	43.53

资料来源：根据中国国家统计局数据计算。

（五）从要素结构看，资本密集型行业比重下降，劳动密集型行业比重上升

根据固定资产原值与从业人员数量的比值这个指标，可以考察各个工业行业的资本或劳动密集程度。这里，我们使用 2010 年规模以上工业企业的数据进行计算。同时，采用两分法，把该比值大于全部工业平均水平的石油和天然气开采业，其他采矿业，烟草制品业，造纸及纸制品业，石油加工、炼焦及核燃料加工业，化学原料及化学制品制造业，化学纤维制造业，黑色金属冶炼及压延加工业，有色金属冶炼及压延加工业，电力、热力的生产和供应业，燃气生产和供应业，水的生产和供应业 12 个行业界定为资本密集型行业，把其余的 27 个行业界定为劳动密集型行业。

2010 年，劳动密集型行业的产值和利润总额占整个规模以上工业的比重分别达到 66.74% 和 70.29%。这说明，劳动密集型行业仍是中国工业的主体。从变化情况看，与"十五"时期后半段（2003~2005 年）的上升趋势相比，"十一五"时期以来，资本密集型行业的比重呈下降趋势。2010 年，资本密集型行业的产

值比重比 2005 年下降了 3.52 个百分点，利润总额的比重则下降超过 18.56 个百分点。其中，利润总额的比重在 2008 年下降幅度达到 12.36 个百分点，2009 年再下降 2.80 个百分点，这主要是石油采掘和加工行业利润大幅度下降引起的。劳动密集型行业比重上升这一事实表明，丰富的劳动力资源仍然是中国工业在发展上最重要的比较优势。并且，国际金融危机对劳动密集型行业的影响小于对资本密集型行业的影响。

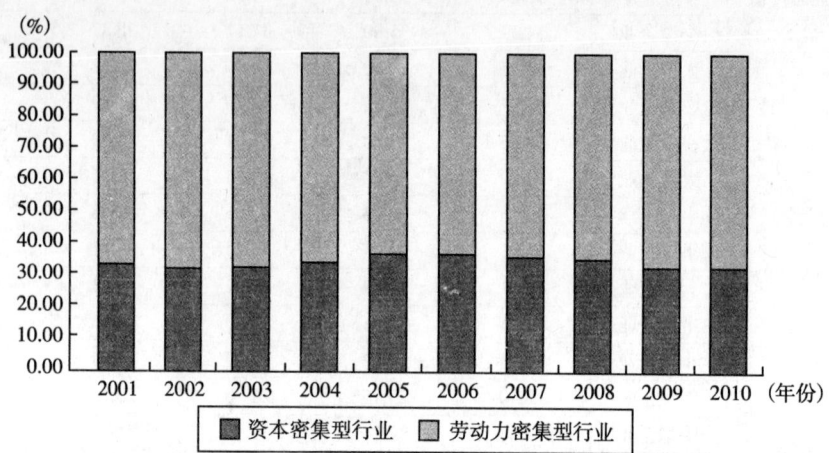

图 4-7　2001~2010 年中国劳动密集型/资本密集型行业产值结构
资料来源：根据中国国家统计局数据计算。

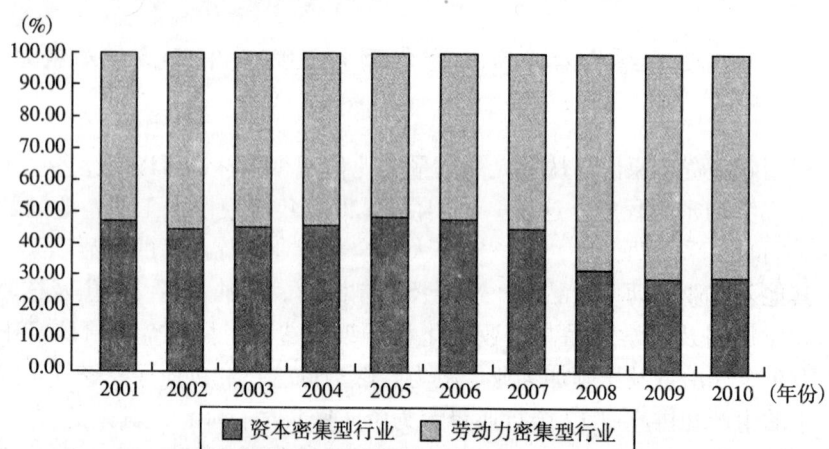

图 4-8　2001~2010 年中国劳动密集型/资本密集型行业利润结构
资料来源：根据中国国家统计局数据计算。

（六）从技术结构看，技术密集型行业受国际金融危机冲击较大，但这类行业的比重总体仍呈上升趋势

按照R&D经费占主营业务收入的比重这个指标，可以将高于工业平均水平的行业划分为技术密集型行业，反之则划分为非技术密集型行业。进一步，可以将R&D经费占主营业务收入比重处于0.6%~1.0%的行业划分为中技术密集型行业，而将该比重高于1.0%的行业划分为高技术密集型行业。

表4-2 中国工业行业按照技术密集程度分类

技术密集程度	R&D经费占主营业务收入比重	工业行业
非技术密集	<0.6%（全体工业平均）	燃气生产和供应业，其他采矿业，黑色金属矿采选业，电力热力的生产和供应业，皮革、毛皮、羽毛（绒）及其制品业，水的生产和供应业，石油加工、炼焦及核燃料加工业，非金属矿采选业，纺织、服装、鞋帽制造业，家具制造业，有色金属矿采选业，农副食品加工业，木材加工及木竹藤棕草制品业，烟草制品业，工艺品及其他制造业，印刷业和记录媒介的复制，纺织业，石油和天然气开采业，文教体育用品制造业，非金属矿物制品业，食品制造业，煤炭开采和洗选业，造纸及纸制品业，塑料制品业，金属制品业，废弃资源和废旧材料回收加工业
中技术密集	0.6%~1.0%	有色金属冶炼及压延加工业、饮料制造业、黑色金属冶炼及压延加工业、化学原料及化学制品制造业、化学纤维制造业、橡胶制品业、通用设备制造业
高技术密集	>1.0%	电气机械及器材制造业，仪器、仪表及文化、办公用机械制造业，交通运输设备制造业，通信设备计算机及其他电子设备制造业，专用设备制造业，医药制造业

资料来源：根据中国国家统计局数据进行分类。

"十一五"时期，中国技术密集型行业的产值占全部工业总产值的比重比"十五"时期提高了近2个百分点，这表明中国工业的技术集约化趋势有所增强。分年度看，"十一五"时期以来，中国技术密集型行业的比重经历了上升→下降→回升的变化。技术密集型行业在国际金融危机之后比重下降。这反映出中国研发投入大的工业行业，大多数也是外向型程度高的行业。在国际金融危机的冲击下，受出口需求下降的影响，部分技术密集型行业的增长速度大幅下降。例如，2000年以来，通信设备、计算机及其他电子设备制造业产值在2007年以前保持了20%以上的年增长速度，2003年和2004年的增幅甚至超过了40%，远高于工业增长的平均水平。但在国际金融危机爆发之后，该行业在2008年和2009年的增速分别仅为11.93%和1.50%，明显低于工业增长的平均速度。

从技术密集型行业内部看，高技术密集型行业多为生产最终产品和消费品的行业，受国际金融危机的影响较早，程度较大，但也恢复得较快。这类工业的比

重在 2007 年和 2008 年连续下降，2009 年开始回升，2010 年基本恢复到国际金融危机之前（2006 年）的水平。中技术密集型行业多为生产中间产品和资本品的行业，受国际金融危机的影响较晚，程度也相对较小，其比重到 2009 年才开始出现下降，2010 年又有所回升。"十一五"时期，这类工业的比重平均比"十五"时期增加了 2.70 个百分点。总体上看，技术密集型行业受国际金融危机的影响正在消退，其产值占工业总产值的比重呈上升趋势。

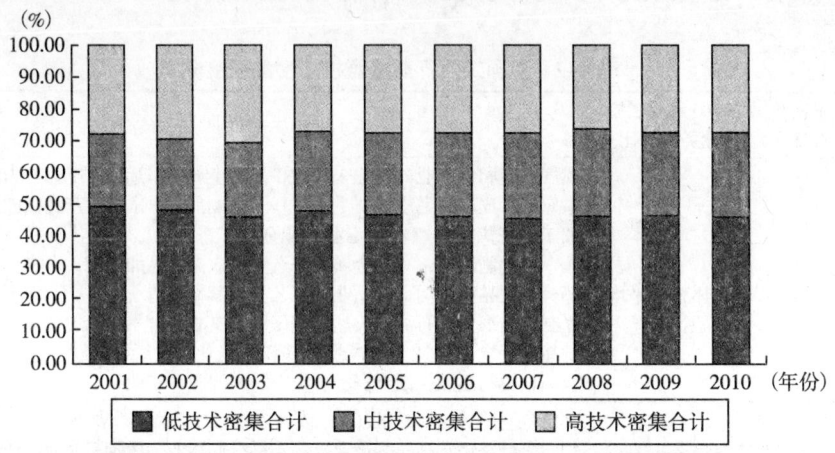

图 4-9　2001~2010 年中国不同技术密集程度行业产值结构
资料来源：根据中国国家统计局数据计算。

（七）从贸易结构看，工业制成品出口比重保持高位水平，初级产品和中间投入品进口比重上升

受国际金融危机的影响，中国工业制成品进出口额占商品进出口贸易总额的比重在 2007 年和 2008 年连续下降，2009 年虽有明显回升，2010 年又大幅下降。2010 年与 2005 年比较，中国工业制成品的进出口总额下降了 3.49 个百分点，"十一五"时期的平均比重比"十五"时期的平均比重下降了 2.27 个百分点。进一步分析可以发现，工业制成品进出口额比重的下降，主要源于进口比重的下降。"十一五"时期以来，我国工业制成品出口额比重始终保持在 94% 以上，2010 年达到 94.82%，比 2005 年提高 1.26 个百分点。但同时期，我国工业制成品的进口额比重却大幅下降，2010 年比 2005 年下降了 6.43 个百分点。"十一五"工业制成品进口额的平均比重比"十五"时期的平均比重下降了 8.69 个百分点。全部商品贸易中，初级产品进口额比重在"十一五"前三年有较大幅度的增加，2008 年达到 32%，是 2000 年以来的最高点。

表 4-3 2006~2010 年中国工业产品进出口贸易结构

单位：%

比重指标	分类	2006 年	2007 年	2008 年	2009 年	2010 年
占商品进出口贸易总额	工业制成品进出口额	86.36	85.99	82.82	84.01	82.67
	初级产品进口额	13.64	14.01	17.18	15.99	17.33
占商品出口贸易总额	工业制成品出口额	94.54	94.95	94.55	94.75	94.82
	初级产品出口额	5.46	5.05	5.45	5.25	5.18
占商品进口贸易总额	工业制成品进口额	76.36	74.57	68.00	71.19	68.93
	初级产品进口额	23.64	25.43	32.00	28.81	31.07

资料来源：根据中国国家统计局数据计算。

从工业品贸易竞争力指数的变化情况看，国际金融危机对中国出口贸易中的初级产品冲击更大，并导致了全部商品的贸易竞争力下降。而工业制成品，特别是机械及运输设备的贸易竞争力指数与国际金融危机之前相比，其实是有所提高的。

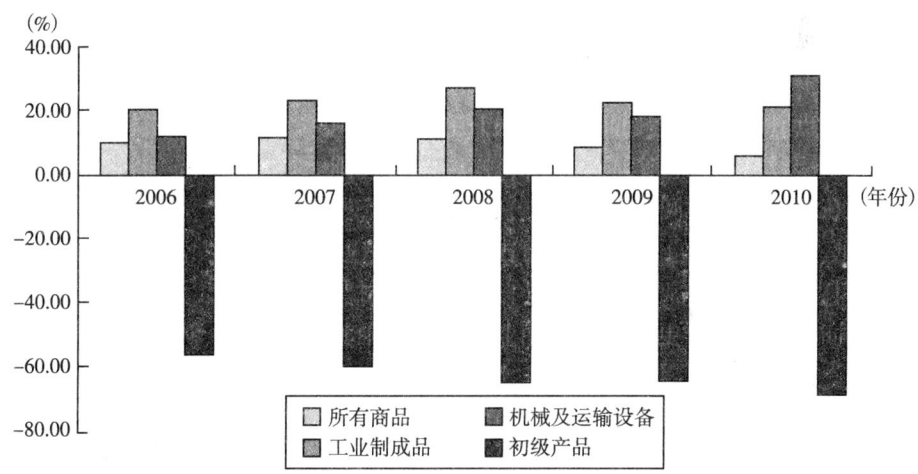

图 4-10 2006~2010 年中国工业品贸易竞争力指数变化

资料来源：根据中国国家统计局数据计算。

工业制成品出口比重与初级产品进口比重的提高，还反映在中国不同产品进出口额占全球贸易量比重的变化上。"十一五"以来，中国农产品、食品、燃料和矿产品等原料和初级产品的出口额占全球贸易总量的比重有所下降，而进口比重则明显提高。其中，2009 年燃料和矿石产品的进口额已经超过全球进口贸易量的 10%，而出口比重仅为 1.52%。工业制成品出口占全球贸易总量的比重不断增加，2009 年达到 13.46%，比 2005 年提高 3.87 个百分点，同期进口比重仅提高 1.36 个百分点。

从工业制成品内部看,"十一五"以来,中国终端产品的出口增长速度快于中间投入品,进口则呈相反趋势。例如,在办公和电信设备类产品中,电子数据处理和办公设备、通信设备等终端产品占全球出口比重显著大于进口比重,而集成电路和电子元件等中间投入品的进口比重则大于出口比重。并且,从趋势上看,在办公和电信设备类产品中,终端产品出口占全球贸易量的比重与中间投入品进口占全球贸易总量的比重,都呈显著上升趋势。2009年,全球进口电子数据处理和办公设备产品有超过1/3来自中国,而出口集成电路和电子元件产品也有近1/3进入中国。

表4-4 2005~2009年中国主要产品进出口额占全球贸易量的比重

单位:%

产品类别	出口					进口				
	2005年	2006年	2007年	2008年	2009年	2005年	2006年	2007年	2008年	2009年
农产品	3.39	3.45	3.43	3.15	3.50	5.03	5.26	5.56	6.18	6.40
食品	3.62	3.70	3.62	3.23	3.58	2.99	2.93	3.41	4.25	4.46
燃料和矿产品合计	1.74	1.67	1.61	1.57	1.52	6.41	6.67	7.62	8.31	10.68
燃料	1.22	0.99	1.03	1.11	1.13	4.31	4.86	5.03	5.74	6.66
工业制成品合计	9.59	10.84	11.92	12.72	13.46	6.46	6.75	6.84	6.76	7.82
铁和钢	6.05	8.65	10.71	12.03	7.25	7.90	5.61	4.84	4.44	7.95
化学品	3.25	3.58	4.09	4.73	4.28	6.71	6.72	6.98	6.75	7.55
医药品	1.38	1.43	1.61	1.93	2.00	0.81	0.85	1.03	1.29	1.52
机械和运输装备	9.14	10.43	11.62	12.56	14.04	7.25	7.88	8.02	7.98	9.34
办公和电信设备	17.72	19.73	22.92	24.32	26.19	11.75	12.71	13.92	13.80	15.10
电子数据处理和办公设备	23.63	25.90	30.35	32.10	33.99	7.38	7.62	8.16	8.35	9.29
通信设备	20.51	22.63	26.18	26.88	29.38	6.21	6.28	6.09	5.90	6.35
集成电路和电子元件	5.93	7.47	8.65	10.38	11.41	23.41	26.58	30.10	29.99	32.77
汽车	1.08	1.41	1.92	2.30	2.34	1.44	1.79	1.97	2.30	3.59
纺织品	20.06	22.08	23.21	25.80	28.34	7.18	7.03	6.54	6.09	6.71
服装	26.64	30.84	33.28	32.99	33.98	0.58	0.53	0.54	0.60	0.56

资料来源:根据WTO Statistical data (http://stat.wto.org/) 数据计算。

(八)从地区结构看,中、西部地区发展速度加快,地区差距有所缩小

区域发展不平衡是中国改革开放以来面临的突出结构问题之一,缩小区域差距也是近年来产业政策的主要任务。从工业总产值的区域结构看,"十一五"时期以来,中部地区和西部地区规模以上工业企业占全国的比重保持了稳定的上升势头。"十一五"时期,中部地区和西部地区规模以上工业企业的平均产值比重比

"十五"时期的平均值分别提高1.94个和1.17个百分点。这表明中西部地区工业经济发展的速度超过东部地区，东、中、西部工业经济间的差距呈缩小趋势。从工业企业区域分布的情况看，"十一五"时期以来，东部地区规模以上工业企业总数占全国的比重呈下降的趋势，这与东部地区工业外向型强、受国际金融危机冲击较大有很大的关系。但是，从企业数平均值来看，"十一五"时期，东部地区的工业企业数量占全国比重的平均值仍然比"十五"时期平均值提高了2.56个百分点。这表明，东部地区仍然是中国工业经济发展最活跃的地区。从工业企业资产的区域分布看，"十一五"时期与"十五"时期相比，东部地区规模以上工业企业的资产占全国工业资产比重的平均值提高了0.63个百分点，中部地区下降了1.00个百分点，西部地区提高了0.37个百分点。但是，从2006年到2010年的变化情况看，东部地区资产比重逐年下降，而中部和西部地区的资产比重逐年上升。这表明，"十一五"时期以来，中西部地区的资本聚集速度有所提高。从工业从业人员的区域结构看，2008年以前东部地区工业从业人员所占比重进一步上升，但上升的速度减缓，2008年之后开始下降。这说明，"十一五"以来，劳动力进一步向东部地区流动，但流动速度较"十五"时期有所放慢。

表4-5 2006~2010年中国工业地区结构的变化

单位：%

指标	地区分类	2006年	2007年	2008年	2009年	2010年
总产值	东部合计	71.89	70.42	68.81	67.84	66.47
	中部合计	16.97	18.03	19.07	19.42	20.52
	西部合计	11.13	11.55	12.12	12.75	13.01
企业总数	东部合计	72.29	72.10	71.70	70.61	69.54
	中部合计	16.95	17.36	17.83	18.76	19.59
	西部合计	10.77	10.54	10.46	10.63	10.87
资产总计	东部合计	65.09	64.47	62.82	62.21	61.80
	中部合计	19.30	19.48	20.16	20.47	20.43
	西部合计	15.60	16.04	17.02	17.32	17.77
从业人员	东部合计	67.08	67.49	67.45	65.86	65.44
	中部合计	20.26	19.88	19.98	21.09	21.14
	西部合计	12.66	12.63	12.57	13.06	13.42

数据来源：根据中国国家统计局数据计算。

二、当前制约中国工业结构转型升级的主要障碍

（一）传统要素禀赋的比较优势开始减弱

改革开放以来，中国工业的高速增长很大程度上得益于充分利用了一些传统要素的比较优势。其中，比较优势最为明显的是劳动力要素、土地要素、资源要素和政策要素。以劳动力要素为例，根据 WTO 的统计，2001 年，中国纺织品生产的劳动力成本仅为 0.62 美元/小时，相当于韩国的 17%，美国的 5%，日本和德国的 3%，低廉的劳动力成本是中国发展轻纺工业最突出的比较优势。

进入"十一五"时期后，随着中国工业化的加速推进和工业经济规模的迅速扩张，多种生产要素的供需形势已经发生变化，原先支撑工业增长的资源、土地和劳动力的低成本优势开始减弱。资源方面，中国的能源、资源消耗迅速增长，对国外资源的依存度不断攀升。"十一五"时期以来，国外垄断资源企业已多次针对中国提高了矿产品的价格，严重影响了中国制造业的健康发展。例如，自 2006 年开始，中国进口铁矿石的价格不断上涨，仅 2009 年 6 月到 2010 年 6 月的一年时间，中国进口铁矿石的期货价格就翻了一倍。土地方面，经过 30 多年的高速发展，沿海地区的工业用地已经非常紧张。同时，受国家保障耕地和基本农田政策的影响，中西部地区的土地资源也逐渐稀缺。劳动力方面，"民工荒"现象已经从东南沿海一带逐渐向其他沿海地区和内陆地区扩散。同时，人口老龄化问题已经凸显，这意味着中国劳动年龄人口增长将逐渐减慢，工资水平上升的压力将进一步增大。因此，继续停留于传统比较优势，主要依靠低要素成本参与国际竞争，依靠消耗大量不可再生资源来实现工业增长的局面将难以为继。

在资源、劳动力、土地等生产要素价格持续上涨的同时，政策对结构调整的促进作用也开始减弱。在短缺经济时代，政府通过投资等方式能够迅速有效地提高短线产业的产能。但是，随着中国许多产业的规模扩张已基本走到尽头，传统的增长方式开始显得力不从心。一些曾经有效的调控手段和措施随着发展环境的变化，反而成为影响目前结构调整的主要障碍，已有的政策措施在促进工业"做强"上的效果远低于"做大"。

（二）重化工业粗放发展与能源和环境约束的矛盾突出

自 20 世纪末以来，中国工业结构出现了显著的重化工业化趋势。这是符合大国经济体在工业化中后期阶段的工业结构演变规律的。但是，中国重化工业化的推进方式具有明显的粗放型和外延式特点，资源消耗高、环境影响大的问题随着重化工业占工业比重的不断上升被迅速地放大。重化工业中相当多的落后产能

使中国工业生产的能源效率难以提高。重化工业的一个主要特点就是其生产过程需要大量的能源资源投入，是所有产业中耗能最高的产业。"十一五"时期以来，我国的煤炭、天然气、电力和液体燃料四大类主要能源产品用于工业的比例有所提高，冶金、化工、石化是消耗能源最多的工业部门。从重化工业的生产特点看，其对非清洁能源有着较大的依赖，这使得重化工业生产过程不可避免地产生大量污染物。尽管"十一五"时期以来，国家积极推动环保技改，但重化工业增长与环境质量下降间的显著正相关性并没有改变，重化工业发展带来的环境恶化仍然是当前中国工业发展中的严重问题。

(三) 产能过剩问题呈现扩大趋势

近年来，中国以能源、化工、冶金、建筑材料、机械制造等行业为代表的重化工业呈现出高速增长的趋势，总量不断扩张，增速维持在20%左右，大大超过了同时期工业和GDP的平均增速。但是，在许多重化工业行业中存在着过剩产能。其中，往往还伴随着相当部分的落后产能。根据工信部的统计，炼铁、炼钢、电解铝、焦炭、水泥、化纤等18个行业中落后产能占总产能的比例达到15%~25%。其中，炼铁行业400立方米以下的高炉还有1亿吨，占炼铁能力的20%；水泥行业中落后的小水泥产能有5亿吨，占水泥产能20%。这些落后产能加大了重化工业发展对资源和环境的压力。

除了传统产业外，近年来大量重复建设使得新能源、新材料、电子信息等新兴产业的产能过剩问题也开始凸显，碳纤维、风电、多晶硅、锂电池等一些新兴产业领域已经先后出现了产能过剩的情况。当然，出现一定程度的产能过剩是中国摆脱短缺经济、进入物质丰富时期不可避免的阶段性现象，优胜劣汰的市场机制将自动调节资源分配，优化产业结构，进而缓解产能过剩问题。但是，目前在中国，靠市场竞争机制来治理产能过剩、淘汰落后产能的条件还不成熟。而地方政府通过不合理的优惠政策，以及对微观经济主体的过多干预和短期行为，造成了日益严重的政策性产能过剩。另外，我国政府推出的产业发展政策往往会对产能过剩产生推波助澜的作用。这是因为，受现行官员政绩考核体制推动，地方政府具有发展经济的强烈愿望，每当促进某种产业发展的产业促进政策出台，各地政府就会竞相上马发展该新兴产业，导致一个新产业在很短的时间内就面临产能过剩的局面。

(四) 制造业向全球价值链高端攀升缓慢

"十一五"时期以来，中国对外贸易持续增长，贸易结构有所改善。同时，中国工业品对外贸易中，垂直分工与贸易所占的比重越来越大，工业制成品成为对外贸易的重要形式。这表明，中国融入全球贸易体系的程度正在加深。然而，目前中国加入国际分工、参与国际竞争的比较优势仍在于较低的劳动力、土地和环境成本，以技术创新为主导的竞争优势还没有形成。因而，在贸易地位得到提升的情况下，中国的贸易利得却没有明显增加，"中国制造"向全球价值链高端攀升还面临诸多阻力。

首先，中国本土出口型企业的技术提升速度缓慢。虽然中国对外贸易超高速增长，但中国出口产品的技术含量并没有相应地大幅度提高。如果仔细衡量我国出口产品中的实际技术含量，自20世纪90年代以来，出口产品的国内技术含量其实是趋于下降的。这意味着，中国本土企业越来越依靠来自国外的技术投入以维持自身的出口竞争力。其次，中国企业大多是以代工的方式加入全球价值链，这集中反映在服装、鞋类、小家电、电子信息、小五金等制造业部门。这意味着，中国企业在国际分工中大多只承担这些行业的加工组装环节，而生产所需的技术、装备要依靠进口，研发和设计则来自国外，产品的品牌和市场营销也由跨国公司控制。结果，中国出口企业对国外订单、国外投资和进口装备、核心元器件的依附性较强。跨国公司在国际分工中赚取高额利润，而中国企业只能赚取很低的代工费。

（五）自主创新对结构转型升级的支撑不足

首先，国家创新体系的架构未完全建立。目前，以美、日、欧为代表的技术领先国家无不拥有完善的符合自身特点的国家创新体系。中国也于20世纪90年代中期起着手创建自己的国家创新体系。10多年来，中国在技术创新上获得了许多重大突破，但国家创新体系的架构却仍未完全建立起来。这主要表现在承担共性技术研发的科研机构和大学之间缺乏有效的学术交流机制。这一方面导致重复研究，浪费资源；另一方面，一些知识空白长期无法得到填补，共性技术很难形成体系，创新平台也无法搭建。大学和科研机构中的科研人员从事的研究工作大多与企业所需脱节，科技成果很难转换为经济效益。同时，知识产权保护制度的不完善也阻碍了已有技术成果的应用和扩散。另外，在需求旺盛的情况下，很少有企业愿意承担创新活动的风险。

其次，信息化对工业发展的促进作用有限。从近年来的发展看，虽然我国的信息产业取得了长足发展，工业生产自动化程度也有较大的提高，但在广泛利用信息技术、信息产品和信息设备推进生产体系的信息化和智能化方面，中国与发达国家之间仍然存在较大差距。其主要原因在于两个方面：第一，中国企业在获取信息化技术方面主要依赖国外，而传统的信息基础设施又多掌握在政府手中，信息产品的市场化程度低，这导致中国工业企业实现信息化的成本过高。第二，在自动化控制、计算机辅助生产、资源计划、电子商务等工业化和信息化融合的关键技术上没有得到有效突破，信息产业与工业化不能有效融合，致使中国一般工业企业从信息产业的发展中受益有限。

最后,高技术产业的发展与高技术的发展并不同步。20世纪90年代初,随着大规模的技术引进,中国高技术产业实现了快速增长。但是,在中国高技术产业的总量扩张背后是其产品的技术含量不高,产值和出口的增长主要依靠大量承接跨国公司的代工生产(OEM),技术的发展和进步远没有成为高技术产业高速发展的真正推动力。

(六)资本深化与增加就业之间的矛盾日趋尖锐

中国是人口大国,不断创造就业机会,持续保持较高的就业增长率是中国经济社会发展所必须面对和解决的主要问题之一。但是,自2000年以来,在国民经济保持高速增长的同时,中国的失业率反而上升并保持在一个较高的水平。2001~2010年末城镇登记失业率是改革开放以来最高的10年。这表明,中国经济增长创造就业的能力呈下降趋势。"十一五"时期以来,我国的城镇登记失业率虽有所下降,但仍维持在4%以上的高位水平。

当前我国的失业率上升与中国工业发展中资本深化程度的提高有关。在改革开放的最初10多年里,受调整计划经济条件下封闭发展模式的影响,资本积累的速度受到抑制,廉价的劳动力资源被资本的增长所利用,从而实现了经济增长和就业增加的同步推进。但从20世纪90年代中期之后,中国资本积累的速度开始加快,资本劳动比率迅速提高。"十一五"时期以来,中国工业增长主要依靠资本投入的大幅增长来推动,随之而来的整个工业的资本密集度不断上升,导致产业吸纳就业的能力不断弱化。随着资本投入的增多,一些劳动密集型行业中也出现了资本排挤就业的情况。这不符合中国的比较优势,对中国工业化的进一步推进是不利的。

三、"十二五"时期中国工业结构变动的基本趋势

(一)工业占国民经济的比重将缓慢上升或基本稳定,工业和服务业的融合程度将提高

受国际金融危机和中国经济周期性调整的影响,"十一五"时期以来,中国工业在国民经济中的份额有所下降。2010年,工业占GDP的比重为40.1%,比"十五"时期末的2005年下降了1.7个百分点,而同期第三产业的比重提高2.6个百分点。这表明,这一时期,我国工业的增速低于服务业的增速。尽管如此,中国目前仍处于工业化的中期阶段,从发达国家和新兴工业国家的发展经验看,在今后相当长的一个时期里,工业在中国经济中的主导地位不会改变。通过国际

比较也可以发现，中国人均制造业增加值尚未达到中等收入国家的平均水平，中国工业还具有很大的发展潜力，随着国际金融危机对中国经济影响的逐渐消退，工业将回归快速增长的轨道。另外由于服务业的发展在增加就业、促进消费和增强经济增长稳定性等方面具有不可替代的作用，在中国服务业发展相对滞后和未来城市化进程加快推进的背景下，在我国进一步加快服务业发展的必要性和可能性也十分突出。综合分析，"十二五"时期内，中国的工业和服务业将呈现共同快速增长且工业增速略高于服务业增速的格局。如果再考虑到服务业的价格指数通常会比工业价格指数增长得更快，那么按当年价格计算的工业增加值占GDP的比重将有可能趋于缓慢上升或基本稳定。

从发达国家的发展历程看，在工业化进行到一定阶段后，随着分工程度的加深以及工业生产所需条件的日趋复杂，二、三产业之间的界限将被打破，第二产业特别是制造业与金融服务业、技术研发业、教育培训业、咨询业、物流业之间将形成相互促进、融合发展的局面。"十一五"期间，一些发达省市已经意识到二、三产业融合对推进产业结构调整和经济发展方式转变的重要意义，在制定区域经济发展战略时已经把二、三产业作为一个整体来考虑。例如，上海市正在努力推动以二、三产业融合为基础，以"总部经济"和"研发经济"为代表的"头脑经济"；北京市也将推进信息、汽车、医药等领域制造业与相关服务业的融合作为发展现代制造业的重要支撑；中西部等服务业发展相对落后的地区近年来也加大了对物流等生产性服务业的扶持力度，以促进当地制造业的转型升级。随着中国工业化进程的推进以及各项政策措施的落实，中国二、三产业融合发展的时机已经成熟，工业和服务业融合发展程度的提高将成为"十二五"时期中国产业结构调整的一大特点。

（二）重化工业化进程仍将持续，但重工业比重提高的速度将有所放缓

工业化国家发展的历程表明，各个经济体，特别是大国经济体，在工业化的中后期阶段都会经历一个重化工业持续快速发展的过程。"十一五"时期以来的数据显示，中国工业结构的重型化趋势十分明显。可以预期，"十二五"期间，在投资、消费和出口三大需求的共同推动下，中国工业结构的重化工业化进程仍将持续。首先，投资对重工业发展的拉动作用将持续存在。"十二五"期间，中国将进一步增强对基础设施建设的投资力度，高速铁路网建设、南水北调、西气东输、中西部地区大规模改善基础设施等新建和续建的重大投资项目必将大力促进钢铁、建材、化工、设备制造等重化工业的进一步发展。当前中国的城市化正处于加速发展的阶段，"十二五"期间，城市化进程的稳步推进也将使得在住房、道路、通信、水电煤气等基础设施的投资力度增强，从而为重化工业的发展提供

充足的空间。其次，消费结构转型也是推动中国工业结构重型化的一股力量。随着收入水平的增加，中国居民消费结构正逐步由温饱型向发展型、享受型升级，以食品、服装、日用品为代表的轻工产品在居民消费结构中的比重将持续下降，而以汽车、通讯电子为代表的重工业产品的比重将不断提高。最后，从中国外贸出口结构的变化趋势看，饮料、食品、烟草等轻工类产品出口增长缓慢，而装备、机械、汽车等重工类产品的出口增长较快。可以预期，随着中国产业在国际经济分工体系中的地位不断提高，"十二五"期间，中国出口需求将继续拉动国内重工业的增长。

中国开始于20世纪末的新一轮重化工业化已经持续了10多年，在这期间，重化工业的发展并没有完全承担起环境破坏、资源的影子价格以及劳动力补偿的真实成本，地方政府的投资冲动在促进重化工业行业快速增长的同时，也造成了对环境的破坏和资源的浪费。随着国家对环保要求的提高、资源价格的改革和劳动者保护的加强，重化工业增长速度与增长质量之间的矛盾在"十一五"期间逐渐激化，重化工业化增长方式亟待改变。"十二五"期间，我国重工业的发展将很难单纯依赖规模扩张。因为，部分重化工行业已经出现严重的产能过剩，国家将限制对这些行业的投资行为，同时，资源环境约束的增强也不允许大规模向重化工业行业追加投资。未来一段时期，重化工业的发展将更多依靠高新技术对传统生产工艺的改造，以及劳动者技能水平的提高和产品质量的改善，其发展重点也将从规模扩张转向质量提高。因此，"十二五"期间，重工业比重的提升速度会有所放缓，重化工业化将进入深化发展的阶段。

(三) 新兴产业的发展将提速，但高端制造所占的比重有限

随着新兴产业战略地位的提高和未来发展环境的改善，可以预计，"十二五"期间，新兴产业的发展将进一步提速，其占工业的比重也将明显上升。

首先，经过"十一五"时期的发展积累，中国新兴产业的市场规模和技术水平都得到了显著提高，从而为"十二五"时期的发展奠定了良好基础。例如，随着中国高速铁路在建里程和营运里程相继成为世界第一，中国已经成为全球轨道交通设备产业市场最大、发展最快、技术含量最高的地区。

其次，2010年出台的《国务院关于加快培育和发展战略性新兴产业的决定》，将节能环保、新一代信息技术、生物、高端装备制造、新能源、新材料、新能源汽车作为国家重点支持的七大战略性新兴产业，各地区也不同程度地将新能源、汽车、信息产业、生物制药、装备制造等产业作为当地重点发展的战略产业。在中央和地方这些产业政策的推动下，"十二五"期间，科研人才、资金、技术等要素向新兴产业部门转移的速度必将加快。

再次，国内外发展环境和条件的变化将促使新兴产业进一步加快发展。全球

信息技术革命还在深化发展，中国也在大力实施工业化与信息化的融合，推动信息技术参与工业生产技术和组织方式的变革，这将使信息产业的市场扩大到整个工业行业。同时，全球资源供应日趋紧张，工业生产的环保约束也在加强，低碳化成为世界经济继工业化、信息化之后新的发展方向，这预示着与低碳经济相关的新能源产业和环保产业将吸引更多的投资。

最后，中国居民消费水平的提高和消费观念的改变也会在一定程度上促进电子信息、节能环保等新兴产业的发展。

但是，也应该看到，中国在新兴产业发展的技术水平、生产工艺和管理方式上与发达国家还存在很大的差距。总体上看，中国新兴产业在国际分工体系和全球价值链中，大多从事的是高技术产品中的低技术制造环节，产品附加值不高，劳动报酬率低。"十二五"期间，中国新兴产业向产业链高端环节的迈进还存在内、外两方面的障碍。

从自身实力看，中国长期实行的"市场换技术"战略导致中国高技术产业对外来技术存在较大依赖，企业缺少自主创新的积极性和主动性，一些企业长期被锁定在低水平的加工环节，新兴产业的发展缺乏自主技术的支持；从外部环境看，中国新兴产业的发展还将面临跨国公司全球战略的影响。随着经济全球化程度的提高，大型跨国公司不仅通过海外直接投资、离岸外包、战略联盟等方式在全球范围扩展业务，不断加强对全球市场的控制力度，同时还借助在技术和创新成果上的积累，牢牢控制产业价值链的高附加值环节，并采取技术转移、专利控制等手段对中国新兴产业向高端发展造成阻碍作用。同样以轨道交通产业为例，目前中国几代"和谐号"动力机车的原型车全部来自国外，动力控制等核心技术的自主程度还很低，调度系统基本上还全部依赖进口。德、日等高速铁路发达国家向中国进行技术转移的速度远低于产能转移的速度。鉴于上述原因，可以预期，"十二五"期间，中国新兴产业向高端制造迈进还面临着许多障碍，中低端制造所占比重过大的问题还将持续。

（四）产业组织结构将有所优化，但大企业进一步做大做强的难度将提高

"十二五"期间，中国产业组织结构将有所优化。首先，一批超大型企业集团将进入世界著名跨国公司行列。2010年，中国大陆地区已经有44家企业进入世界500强行列，有3家企业挤入全球前10位，而在2000年，世界500强名录中还只有8家中国企业的名字。其次，部分行业产业集中度过低的问题将得到改善。"十二五"期间，国家将进一步深入实施节能减排战略，治理产能过剩、淘汰落后产能的步伐也将加快，一大批不具备规模经济性、生产工艺落后、环境污染严重、资源能源浪费大的企业将被关停，机械、冶金、有色、炼钢、水泥等行业

"小、乱、散、差"的产业组织特点将会有所改变，行业集中度将提高，行业整体效益将有所改善。最后，中小型企业的发展环境将有所改善。"十一五"以来，针对金融危机对中国中小企业的影响，国务院先后颁发了《关于进一步促进中小企业发展的若干意见》、《关于鼓励和引导民间投资健康发展的若干意见》等政策性文件，各省市也相继颁发了有利于中小企业发展的地方性政策，着重解决当前中小企业在融资、引进技术、吸引人才等方面面临的突出问题。因此可以预期，"十二五"时期，中小工业企业的发展将获得更多的政策支持，面临更公平的竞争环境。

从"十一五"以来的情况看，大型企业利润增长的速度低于中型企业和小企业，这反映出中国工业企业难以做大的一个重要原因。从中国大型企业的特点看，国有大型企业集中于具有较强的行业垄断性或地域垄断性的行业，比如电信、石化、港口等，且形成过程大多伴随政策性的资产划拨、重组，市场机制在企业成长过程中的作用有限，企业对市场的适应能力也较弱。"十二五"期间，一方面，在世界贸易组织规则和反垄断法的限制下，通过产业政策进一步扩大这类国有企业规模的效果将减弱；另一方面，未通过市场竞争而形成的大型国有企业，特别是垄断型企业，要真正通过竞争扩大市场、增加产值、提高利润还需要转变经营观念，提高对市场的适应能力。同样，大型民营企业的经营环境也并不乐观。中国改革开放以来逐步发展起一批大型民营企业，这些企业大多依靠低成本的优势大量承接国外企业OEM或为其他大型企业进行配套生产，技术水平和管理水平并没有像其产值和规模那样得到快速的提升。在国际金融危机的冲击下，同时还面临来自外资企业的竞争压力，这类企业的利润水平在"十一五"期间已经出现明显的下滑趋势，企业进一步发展需要实现从OEM到ODM的跨越，培育自己的品牌，掌握核心技术，培养创新团队。总体上看，无论是国有企业还是民营企业，中国大型企业发展需要解决的问题还比较多，面临的压力也比较大，"十二五"期间，大企业进一步做大做强的难度将有所增加。

（五）地区差异将进一步缩小，技术进步推动东部地区工业转型升级的趋势更加明显

"十一五"以来，中国工业区域结构发生了不同于以往的变化，中、西部地区工业企业的产值、企业个数和资产总计占全国工业的比重均有所提高。2008年和2009年，国际金融危机对沿海省市外向型工业经济造成严重冲击，使得东部地区工业增长的势头减弱，加速了中西部地区比重的上升。但数据表明，东部地区工业企业个数和资产总计的比重在"十一五"时期的第一年就已经呈现下降的趋势，其工业产值占全国工业的比重也在国际金融危机尚未造成显著影响的2007年开始下降。这说明，国际金融危机对中国工业地区结构变化的影响只是

一个外部因素，各地区工业化发展阶段发生变化导致比较优势的调整才是"十一五"以来中国工业地区结构发生变化的根本原因。

目前，中国东部地区11个省市中，除海南以外全部已经进入工业化的中后期阶段，北京、上海已进入后工业化阶段，而中西部地区除山西、河北、黑龙江等少数几个省市进入工业化中期阶段外，绝大多数地区还处于工业化的初期阶段。一方面，经过30多年的高速发展，中国东部地区工业经济实力不断增强，部分沿海省市综合经济实力和人均GDP已经达到或接近中等发达国家水平。但是，高速增长也给东部地区工业经济的进一步发展带来一系列问题：土地、劳动力和能源等生产要素供给趋紧，工业生产与环境保护之间的矛盾突出，企业商务成本居高不下，各种工业产品的当地市场已经基本饱和，资本增值的空间越来越小，东部地区产业结构调整优化和升级成为必然。另一方面，在西部大开发、振兴东北老工业基地、中部崛起等一系列国家战略的推动下，中西部地区交通运输等基础设施建设步伐加快，工业加快发展以及承接东部地区产业转移的环境条件已经成熟。统计数据表明，"十一五"以来，中、西部地区工业资产总计的比重有所上升，劳动力向东部地区流动的速度也开始减慢，并且中、西部地区工业利润总额所占比重上升的速度大于其产值比重上升的速度。这说明，在市场机制和企业追求利润动机的驱使下，生产要素正在由东部地区转向中、西部地区。同时，"十二五"期间，沿海地区"腾笼换鸟"和中西部地区"居巢引凤"、"万商西进"等工程的效果将逐步显现，这将进一步促进区域间产业转移。在市场机制和政策引导的双重作用下，"十二五"期间，东、中、西部地区的工业发展差距将进一步缩小。

根据各国的工业化经验，在工业化的中后期阶段，资源、劳动力等生产要素对经济发展的推动作用将逐步减弱，技术密集型行业所占的比重将不断上升。因此，主要靠技术进步推动的工业结构升级将成为"十二五"期间东部地区工业发展的主流。目前已经出台的北京、上海、浙江、江苏等东部省市的"十二五"规划建议中，都提到了转变经济发展方式，发挥科技和智力优势，提高自主创新能力，改造传统产业，形成技术进步推动的工业发展新格局等相关内容。高端装备制造、新能源、新材料、生物技术和新医药、节能环保、新能源汽车等高新技术产业，以及文化创意、金融服务、信息服务、物流包装、教育培训、商务会展等生产性服务业将成为"十二五"时期东部地区的重点发展行业。同时，随着东部地区参与国际分工程度的提高和市场地位的改善，"十二五"期间，东部地区将出现新一轮加快承接国际先进制造业和生产性服务业转移，这将进一步促进东部地区支柱产业由劳动密集型、资本密集型向技术密集型的升级。

四、推动工业结构转型升级的对策

(一) 深化经济体制改革,构建有利于推进结构调整的制度条件

1. 转变政府管理职能,激发市场经济活力

大幅度削减行政审批项目,简化和合并审批手续,将政府职能从市场准入规则的制定者和审批者转化到为市场主体服务和创造良好发展环境上来。进一步协调宏观产业政策和地方政策之间的关系,鼓励地方探索适合自身工业化水平和产业特点的政府职能转变方式,同时加强不同宏观政策之间的协调,建立能够相互促进的财税政策、产业政策和投资政策。界定和规范政府投资的领域和范围,充分发挥政府投资对社会投资的引导和带动作用,避免政府投资对市场竞争的干预,加强事前科学评审和事后问责制度,杜绝或减少"面子工程"投资和单纯追求规模的过度投资,以及不考虑自身资源禀赋的同质化投资等政府投资行为。

2. 深化垄断行业改革,推动非公有制经济发展

抓紧制定改革方案,推动石油、铁路、电信、电力等垄断行业的投融资体制改革,积极研究鼓励民间资本进入这些领域的相关政策,引入竞争机制,降低垄断程度。根据行业实际情况,推动垄断行业业务重组改制:电力行业要总结改革试点地区的经验和教训,在全国范围内实现真正意义上的"厂网分开、输配分开、主辅分开";电信行业要进一步扩大改革成效,逐步放开对各电信运营商的市场准入范围,打破几大运营商在部分地区和业务上的垄断。抓住新能源发电兴起、高速铁路网建设、实施"三网融合"工程等行业转型发展时机,积极引入民间资本,既提高重大工程的资金保障,又促进民间资本进入垄断行业。健全垄断行业股份公司的治理结构,完善现代企业制度,继续推进国有资本结构优化和战略性调整,鼓励支持和引导民间资本和境外资本注资国有控股垄断企业。

3. 改革资源性产品定价体制,形成科学合理的价格体系

首先,进一步深化电、煤、油、汽等能源价格改革,建立能促进发电环节适度竞争的上网电价形成机制,调整销售电价分类结构,减少各类用户电价间的交叉补贴;完善煤炭成本构成,使煤炭价格反映开采、经营过程中的资源、环境和安全成本;降低成品油供应上批发环节的垄断程度,提高价格形成过程的透明度;完善天然气价格形成机制,逐步理顺与可替代能源的比价关系。其次,将资源性产品价格与节能减排、环境保护和可持续发展结合起来,形成科学价格体系。建立循环经济考核体系,构建环境法规、政策考核、社会监督共同参与的可持续发展长效机制;大力推广分段收费制度,加快推进污水处理、垃圾处理、环境税等收费制度改革,鼓励企业进行节能减排改造;落实跨省流域生态补偿机

制，完善排污权交易体制。

(二) 完善产业政策，遏制产能过剩问题

1. 健全准入法规体系，遏制低水平重复建设

根据工业发展环境的改变、市场供需情况的变化和结构调整的需要，不断修订《产业结构调整指导目录》，制定和完善相关行业准入条件和过剩产业界定标准，提高过剩产业的准入门槛。加强政府投资项目审核管理，修订《政府核准的投资项目目录》，遏制低水平重复建设，特别是不考虑地方产业特色的区域同质性政府投资。改善对土地利用的计划调控，严禁向落后产能和产能严重过剩行业的建设项目提供土地。整顿出现严重过剩产能的行业市场，支持优势企业通过兼并、收购、重组落后产能企业。推进经济工具的创新，减少治理产能过剩的政治成本，充分发挥差别电价、资源性产品价格改革等价格机制在淘汰落后产能中的作用。

2. "准入"政策与"促退"政策相结合，淘汰落后产能

明确过剩产能和落后产能之间的关系和区别，通过技术含量、制造工艺、增长速度、市场竞争等多个维度判断落后产能在行业和地区的分布情况。进一步发挥市场配置资源的基础性作用和技术标准的门槛作用，在电力、煤炭、钢铁、水泥、有色金属、焦炭、造纸、制革、印染等行业淘汰落后产能。加强财政资金的引导作用，支持企业的升级改造，做好相关企业职工安置工作。

3. 落实产业园区准入制度，提高产业聚集程度

各级各类工业产业园区要根据自身发展方向和战略要求，制定并严格执行园区项目准入目录和企业准入资格。对企业准入资格的设计除考虑投资强度、销售收入、纳税数额等一般限制之外，还要根据国家政策和地方产业发展水平，从生产工艺、环境保护和技术含量，以及对完善地方产业链的作用等多个方面对进入园区企业进行限制，严防盲目招商，引入过剩产能。东部地区工业园区要积极推动"腾笼换鸟"，优先引进低能耗、低污染、高效益的高新技术产业项目，优化产业结构，缓解资源和环境约束压力。中西部地区工业园区在承接东部地区产业转移时，要根据当地未来产业结构的调整方向设立准入制度，特别注重环保准入门槛的设置，对于不符合国家产业政策和达不到环保准入门槛要求的项目，坚决不能引入。

(三) 优化产业组织政策，形成企业梯队

1. 着力培育一批大型企业集团，提升中国企业国际竞争力

从技术改造、企业上市、鼓励投资重大项目等方面出台政策优惠，着力培育一批大型企业集团。大力支持鼓励重点企业走创新之路，增强自主开发能力，掌握核心技术，形成技术优势。鼓励企业通过资本重组、资本扩张走规模化经营道路，推进企业跨地区、跨行业、跨所有制的兼并、控股、参股，实现资源和生产要素的有效积聚。鼓励对外合资合作，实行全方位的对外开放，吸引外资参与企业改组改造、兼并重组。启动若干对培育大企业集团起支撑作用的重大项目，以大项目带动工业企业的大发展，同时推进对于大项目所能带动的配套产业和项目。

2. 完善反垄断法律和政策体系，促进市场竞争

综合使用市场手段、技术手段和法律手段，防止垄断势力削弱市场力量。在反市场垄断的同时，注重防止技术垄断，完善知识产权保护政策和技术标准政策体系，防止我国自主研发技术路线被跨国公司锁定。针对跨国公司在利益驱动下实施出口卡特尔、跨国企业兼并、滥用国际市场优势地位等反竞争的行为，不断增强限制国际垄断的力度，广泛开展多层次的反垄断双边和多边合作，创造良好国际竞争环境。

3. 鼓励中小企业发展，构建良好产业生态

针对当前中小企业经营中面临的突出问题，从促进融资、鼓励创新、培养人才、精神奖励几个方面鼓励中小企业的发展。首先，加强银企关系，特别是地方银行与中小企业之间的关系，适当放宽贷款条件，做好对中小企业的金融服务工作。其次，协助中小企业制定技术创新战略，鼓励有实力的企业申报省和国家级重点项目，并在政府技改专项经费、科技三项经费、科技创新资金上给予中小企业特别的照顾。再次，帮助企业培养管理人才、技术人才和技能工人。最后，在对中小企业进行物质方面的扶持之外，还要重视精神上的激励，例如在中小企业密集的地区，开展评比"工业百强企业"、"十大企业家"等多层次、多形式的活动，激励企业加速发展和企业家的发扬创业创新精神。

（四）改进行业管理政策，发挥行业协会作用

1. 强化行业协会服务功能

行业协会不是"二政府"，其主要职能不是规制，而是服务。行业协会要发挥其在企业与政府主管部门之间的纽带作用，一方面，协助技术监督部门、卫生管理部门、公安部门、科技部门等政府机构发放相关生产许可证，参与工商等部门的打假工作和商检部门行业商标的评审认定；另一方面，也要帮助成员企业在市场准入、生产许可、商标认定、税收评议等方面取得政府部门的认可。在某些行业协会职能与政府职能的交叉处，不仅要进行职能细分，同时还应注重职能制衡，通过行业协会与政府部门之间的优势互补，实现政府管理规制和协会服务功能的协调。

2. 加强行业协会的组织管理

转变全国行业协会与地区行业协会的关系。充分考虑行业、企业分布的不均

衡性，全国性行业协会可设在行业最发达、企业最集中的城市或地区，从而发挥发达地区对全国产业发展的促进作用。试点多级别的行业协会组织，例如，县行业协会可以代行市一级，甚至省一级行业协会的职能。

打破行业协会的垄断格局，通过市场竞争实现优胜劣汰。改变同一地区、同一行业只允许成立一个行业协会的规定，引入协会的竞争机制，改变人为垄断局面。允许在同一地区的同一行业内部同时成立多个行业协会，把入会的选择权交给企业，由企业来评价各个行业协会的业绩，由业绩决定它们的命运，在竞争中实现优胜劣汰。

打破传统行业划分的限制，鼓励新兴行业协会的发展。一方面，对一些具有发展潜力的小范畴行业，可以先在行业发达地区成立地区性的行业组织；另一方面，也要成立一批跨系统、跨部门、跨所有制的"大行业"范畴的协会组织，以加强产业融合，催生新兴产业。

3. 健全协会内生成长机制

逐步改革双重管理体制，树立行业协会的主体地位。首先，降低行业协会的进入门槛：民政部门作为登记管理机关，可尝试由现行的许可批准制管理，逐步向登记备案制管理过渡，而业务主管部门则可逐步取消。其次，要将对行业协会的管理与对一般的社会团体管理区别开来，给予行业协会规范行业市场秩序的权力。最后，放松对行业协会常规工作的限制，减少针对协会的审批程序。

完善行业协会资金来源，保障行业协会在脱离政府资助情况下实现自我发展。一方面，可以分阶段采取不同的资金筹措方法。在行业协会发展的初期，特别是以民营经济为主的行业协会组织，政府要注入启动资金，实行"民办官助"的模式；行业协会一旦发展成熟，则可开拓多种筹资渠道，逐步降低政府资助的额度和比例。另一方面，根据行业发展的实际情况，以及协会本身功能的完善，改变行业协会主要依靠收取会费的资金筹集方式，通过接受企业和社会捐赠、组办论坛讲座、出售调研报告等，拓宽行业协会资金来源。

（五）调整外资外贸政策，提高中国工业的国际竞争力

1. 放宽外资外贸管制，提升国际贸易地位

进一步放宽外商投资企业市场准入条件：放宽外商投资企业投资主体限制，扩大投资主体范围；放宽出资限制，允许以债权、高新技术成果、商标专用权等资产出资，允许部分出资困难企业延长出资期限；鼓励外资扩大投资规模，放宽集团登记条件。改革外贸经营权审批制度，减少对外贸经营者身份的限制，进一步放宽内资企业申请进出口经营权的资质条件，切实落实外贸权下放到企业的政策。将放宽管制与限制垄断结合起来，防止跨国公司垄断势力蔓延，制定相关法律防止外资恶意并购形成垄断，进而压制我国幼稚工业部门发展，控制我国市场。

2. 引导 FDI 流向，支持生产性服务业和新兴产业发展

抓住我国服务部门对外开放程度放宽的机会，充分发挥既有优势运用更加明确的产业导向使外资投向保险、银行、金融、广告、市场研究、职业教育、会计、法律、研究与开发等生产性服务部门，实现 FDI 对我国工业发展的高服务化。引导 FDI 在制造业领域合理分布，提高外资投资项目对产业链上下游连接和产业辐射功能，支持引进产业关联性强的项目，重点向支柱产业和高新技术产业倾斜，带动和影响一大批协作配套厂家，同时鼓励外资参与传统制造业的改造。

3. 改革出口退税制度，鼓励高附加值产品出口

根据工业结构调整的要求，不断调整优化出口退税产品目录和税率，一方面支持具有高附加值、高技术含量的机电、电子信息产品的出口；另一方面不断降低"两高一资"行业产品出口退税率，甚至取消这些行业的出口退税政策，严格控制高耗能、高污染和资源性产品的出口规模。鼓励工业出口企业调整产品结构，加快技术进步，提高经营管理水平，适应新的退税制度。严格退税审查制度，避免退税漏洞，浪费国家财政资源，也造成市场竞争不公。完善我国外贸代理制，提高工业生产企业通过代理制扩大出口的积极性，鼓励和规范专业外贸公司的发展。

（六）强化技术创新政策，提升工业技术水平

1. 搭建共性技术平台，增强企业创新能力

加强基础研究和共性技术研发，创造坚实的国家科技基石。制定国家层面强化基础研究和共性技术研发的发展计划，对造成瓶颈的知识和技术进行重点突破；增加资金投入，建立共性技术研发平台，吸引科研院所、大学和研究型企业的参与；同时，要注重建立共性技术的扩散机制，培养高校、政府资助的科研机构成为企业研发的扶助力量，通过政府资助等方式扩散技术；最后，要通过专利保护、知识产权市场交易加大共性技术与企业之间的利益结合度。

实施科技振兴计划，促进企业研发能力提高。支持企业建立技术中心和研发中心，培育企业自主创新能力。对于大型企业，要发挥其科研优势，鼓励其培育具有独创性的核心技术能力，完善产业内和产业间的技术渗透体系。对于中小型企业，鼓励形成技术创新的网络体系，作为核心技术的补充，积极进行应用性创新。加强企业与科研院所的合作，建立产学研经常性交流机制，拓宽企业自主创新的视野。同时，进一步做好知识产权保护工作。加强企业申请专利、保护创新成果的意识，设立相应的奖励机制。扩大知识产权保护的广度和深度，对违法事件进行处理。建立和完善知识产权交易市场，促进技术成果流通，鼓励企业参与国际专利交换工作。加大对企业自主创新的资金支持力度，财政、税收等政策要对自主创新型企业给予优惠。支持符合条件的企业进行资产重组、股票上市，进

一步拓宽企业融资渠道。积极利用风险资金等新型融资手段，探索适合传统产业的风险投资市场。

跟踪全球技术前沿，保障技术先进程度。通过系统地对全球领先国家的技术跟踪，国家定期发布前沿技术报告，调整高新技术企业的研发方向和研发重点，使研发活动一方面有明确的追赶目标，另一方面也防止与国际技术趋势出现严重脱离的情况，浪费研发资金和人力，也浪费宝贵的技术赶超时间。

2. 采用高新技术改造传统产业，扶持企业技术改造

传统产业提供的是生产和生活所必需的基本产品，在国民经济体系中有不可替代的作用。长期阻碍我国传统产业发展的原因是技术创新能力下降引起的一系列不能和新技术、新经济环境相适应的问题。要改变这种局面，传统产业的升级改造必须通过技术革新实现。

创造良好外部环境，加大技术改造力度。在传统产业密集的地区，要为传统产业的发展创造良好的生存空间，特别是在一些传统产业和新兴产业并存的地区，一定要合理分配土地资源、资金资源和政策资源，避免忽视对传统产业配套的基础设施建设；对有实力有创新精神的企业给予与高新技术产业同样的税收优惠、信贷担保等政策支持；对于需要规模实现经济效益的产业，要破除地方保护主义，促进企业间跨区域的并购、重组，形成能够发挥规模效应的企业集团。

打通技术连接通道，实现产业技术升级。加强对传统产业升级改造所需要的专业人员的培养，鼓励大学开展相关方向的科研活动和教学工作，促进高新技术产业与传统产业之间包括兼并、联盟等多种形式的合作，设立让科研院所、大学和创新型企业帮助传统产业升级改造的法规和奖励机制。在传统产业内部，培养企业创新文化，帮助企业了解和掌握产业的最新科技成果和生产工艺，深化对"科学技术是第一生产力"的理解。

3. 发挥中介机构作用，促进技术转化和转移

调整技术中介机构的经营服务方式和组织机构，发挥其在技术信息服务、技术代理服务和技术孵化服务方面的积极作用。信息服务型中介要借助现代通信技术和电子信息网络，建立覆盖国内外主要产业基地和研究机构的信息网络，帮助企业客户了解最新技术动向、新产品上市等信息。技术转移代理型中介要加强组织合作研究和重视放大能力，组织用户与技术源母体或技术依托单位进行合作研究，对理论研究和实验室技术成果进行重视和实用化开发，使用户对采用新技术感到真正放心。技术孵化型中介要提高孵化能力，协调采用新技术企业、高校、科研机构、政府部门、地方银行之间的利益关系，促进技术的产业化和商业化。

（七）健全节能减排政策，实现工业绿色转型

1. 大力发展可再生和新兴能源，推进传统能源利用绿色化

大力发展可再生和新兴能源，不断提高水能、风能、太阳能、生物能和核能等可再生能源和新兴能源在工业耗能中的比值。水能方面，强化资源和技术优势，形成超大型、大型、中小型的梯度水电体系，在进一步发展超大型和大型水电站的同时，也要鼓励农村地区中小型水电站的发展。风能方面，完善风能装备制造、设备安装、维修保养、发电、储电、输电产业链，改进储能技术，降低发电成本，促进风能产业化发展。太阳能方面，太阳能集热可作为工矿企业热水供应能源，日照充足地区建设大型光伏电站则可为工业生产提供清洁电能。生物能方面，注重能源生产、污染治理和废物利用的结合，因地制宜开发多种能源利用途径：城市水平较低的农林地区可修建生物燃料工厂和燃烧电厂，城市化水平较高的地区则大力推广垃圾燃烧发电。核能方面，进一步加强核电的战略地位，加快核电厂兴建扩建的调研规划工作，迅速提高核电装机总量，注重技术引进和自主创新的结合，坚持"以我为主、中外合作"的原则，在多边和双边核领域开展了全方位国际合作。

积极推进传统能源利用的绿色化。建立科学的储量管理体系，提高煤、石油等传统能源的整体可采性，最大限度地减少资源浪费；提高煤矿、油田开采的准入门槛，限制小规模、低水平、低能力和无序开采；延长煤化工、油化工产业链，打破行业、部门的界限，实现煤炭、石油资源价值的梯度利用。

2. 大力发展循环经济，实现产业集群绿色升级

产业集群汇集了一类生产要素，对产业规模扩大、技术进步、市场开拓有促进作用，同时也有利于集中治理污染，节约环保成本。但是，产业集群也并不意味着能够实现对资源的集约使用和对排放的控制；相反，产业集群这种"块状经济"的发展有时会带来严重的环境问题，而通过产业集群推动工业区域格局绿色化的一个必要条件是发展循环经济。第一，要注重科学规划。产业园区的布局设计要充分考虑区内不同企业之间上下游的关系，尽可能减少园区内物流成本。第二，通过产业链的延伸加强资源的综合利用，将生产所产生的各种废物降低到最低。第三，推进清洁生产，完善工业废水、废气和废渣回收处理设施。企业要实施清洁生产技术改造工程，在源头治理污染物的排放，工业聚集地区要规划建设污水集中处理设施，发展工业垃圾的回收再利用行业。

(八) 完善产业援助政策，优化产业发展环境

1. 对暂时出现困难的新兴产业的产业援助政策以提高竞争力和短期资金资助为主

一方面，新兴产业在发展初期不可避免地会遇到资金短缺、技术不成熟、生产规模小、市场开拓难等问题。针对这些问题，产业援助政策应着重提升产业核心竞争力。在技术创新方面，资助产业关键核心技术和前沿技术的研发，增强企业技术创新能力建设，培养高技能人才队伍，实施重大产业创新发展工程，带动重大科技成果产业化和产业集聚发展；市场培育方面，组织实施一批重大应用示范工程，通过政府采购带动消费市场发展。支持商业模式创新，推动行业标准和重要产品技术标准体系的建设，完善市场准入制度，保障新产品质量；投融资方面，要引导国内外资本投向战略性新兴产业，提高 FDI 投向战略性新兴产业的比重，加大财税金融等政策扶持力度，引导和鼓励社会资金投入。同时，支持有条件的企业开展境外投资，支持战略性新兴产业领域的重点产品、技术和服务开拓国际市场，支持有条件的企业开展境外投资。

另一方面，对受到国际金融危机冲击的新兴产业，要为其提供短期资金援助，帮助它们尽快走出低谷。考虑到在经济全球化的背景下，产业风险会有所增大，要尽快设立新兴产业风险抵御专项资金，建立稳定的财政投入机制，为受到全球经济波动不利影响的新兴产业和企业提供临时性的资金援助、贷款担保。同时，鼓励金融机构加大对新兴产业信贷支持，发挥多层次资本市场的融资功能，大力发展创业投资和股权投资基金，共同分担产业风险。

2. 对资源、能源和原材料等基础产业的产业援助以鼓励组织优化与完善产业链为主

实施产业组织优化，提高产业集中度。20 世纪 80 年代前后，为了解决能源和资源供不应求矛盾，国家采取了一系列类似于"有水快流"的促进中小企业发展的政策，这对我国资源能源开发和环境保护产生了长远的负面影响。"十二五"期间，针对基础产业集中度过低，企业过度竞争状况造成的污染和浪费等问题，要进一步加大一定区域内企业整合力度，通过兼并重组、关停等办法逐步淘汰布局不合理、生产不上规模、生态破坏严重、环境污染大的中小企业，走企业大型化道路。

完善基础产业产业链，提高企业利润率。对煤炭产业的援助政策要鼓励向煤电、煤化、煤运、煤港和煤货轮运输方向发展，产业援助资金要重点支持发展煤电、煤化工、煤建材、煤焦化、煤气化等相关产业，建设煤炭液化示范工程，实现煤炭就地转化。对石油产业的援助要重点支持石油装备制造业和石化产业的发展，支持石油企业开发电子化学品、农用化学品、保健医药用品、医疗诊断用

品、信息影像用品、航空航天用品、建筑新材料等精细化工领域产品。对矿业的援助政策要能够带动矿产勘探、相关制造业、能源电力、物流运输等相关产业,扶持矿产区金属冶炼、锻造、加工等产业的发展。

3. 对长期亏损的衰退产业的产业援助政策以选择性淘汰与促进转型为主

进入衰退期的产业一般消耗巨大资源能源,占用大量社会资源,产出水平却维持在较低水平,对经济的进一步发展和技术进步的贡献非常有限。对于这一类产业的援助政策不能以扩大规模为目的,而是应该对产业内落后产能进行逐步淘汰,将产业资源(包括人、财、物)逐步转移到更有希望的新兴产业。

逐步淘汰比较优势丧失、增长潜力小的传统工业部门。对矿山一类的企业要根据其储量的多少逐步减少开采数量,首先淘汰规模小、设备落后的小企业。对钢铁等传统制造业,要鼓励技术改造,降低生产成本,提高产品质量,提高其市场竞争力。其次,重视对衰退产业区的扶持政策,完善这些地区引入新兴产业的硬件基础,增强这些地区的资金凝聚力。

(执笔:钟宏武)

第五章 城乡二元结构背景下的城镇化进程及其问题

城镇化既是中国工业化的结果，又是对中国二元经济结构的一个矫正。人口流动和土地资源利用方式的变化，是城镇化进程的两个基本层面。而城镇化过程对效率、平等方面的影响以及引发的社会冲突等，也集中体现在这两个层面。本报告从这四个层面入手分析中国城镇化的基本背景和趋势。

一、中国城镇化背景：城乡二元体制的非公正性分析

决定中国城镇化特殊性的基本因素是城乡二元分割体制。当前，这套体制对效率、平等和社会稳定都具有不利影响。经济效率、社会平等和社会稳定都是政治领导层追寻的目标。在一定条件下，这些目标可概括为社会公正目标。本章主要讨论城乡二元体制的非公正性，以及城乡一体化与社会公正性目标的契合问题。

鉴于在本章使用的若干术语是非经济学标准术语，且语义广泛，与本章中对这些术语的使用不完全一致，因而需先对这些术语做一点简短的讨论。

1. 效率

经济学讲的效率一般是指生产者和消费者同时实现利益最大化，社会边际成本（投入）与社会边际效用（报酬）相等，也包含对外部成本（效益）的内部化。但本章在讨论城乡一体化时使用的效率概念，主要是指全社会生产者所利用的要素（特别是土地、劳动）得到合理利用，即边际报酬相等。本章在此项分析中将引入国际比较。

2. 平等

大部分情况下，官方文件乃至学术界都不大注重平等和公平（公正）之间的区别。符合逻辑的表述应是，公平是指效率与平等的兼顾，而平等是指基于公民政治权利诉求所产生的收入均等。但这一表述并没有成为经济学界的共识，原因是政治权利诉求受很多复杂因素的影响，难以形成稳定的、逻辑自洽的解释。本章所用的平等概念，是指经济利益在城乡居民间的合理分配。

3. 社会稳定

社会稳定是指一个社会内生的通过法治手段预防和化解对抗性冲突的制度可能性，其中包括稳定的法律秩序、稳定的政权及政权更迭的有序性。美国学者罗尔斯的《正义论》把社会稳定作为社会公正的一个要素纳入其理论分析框架，他的理由是，社会动荡是对既有财富的重新分配，但这种分配在总体上让弱势阶层付出极大代价。因而社会动荡其实是对弱势阶层的极大剥夺。

4. 公正或正义

本章接受罗尔斯及其他重要学者的意见，把公正看做在一定法治环境下对效率和平等的兼顾。符合公正性要求的制度特点主要是：在私人领域建立竞争性的按要素市场价格分配的机制，以保障经济活力；在公共领域确立竞争的合理秩序，并通过国民收入再分配渠道确立国民利益的基本平等；在这两个领域均通过民主、公开的原则确立利益冲突的调节政策。

5. 二元体制

这主要指我国社会中既有的城乡分割治理体制。这种体制有四个特点：一是市场不统一，特别是要素市场不统一；二是基本公共服务不均衡，公共财政不能覆盖全社会，农村地区的公共品供应严重不足；三是社会治理方式不统一；四是城乡之间存在明显的发展差距，乡村的发展水平显著低于城市。

6. 城乡一体化

在世界中等发达程度以上的国家中，大都不存在明显的城乡发展差异，更不存在城乡社会之间的制度差异。因此，城乡一体化是讨论中国发展问题时的一个特殊概念。本章使用这一概念的含义是指通过城乡要素市场的逐步统一，实现国家公共服务对城乡社会的全覆盖和城乡居民的权利均等。

（一）二元体制产生效率的巨大损失

1. 劳动要素使用的效率损失

在二元体制下，我国劳力资源配置状况的根本特点是城市中劳动者的年平均工资水平高于农业领域中劳动者的年均劳动报酬。国内学界对两者的差距有不同估计，但对这种差距的存在均无疑义。即使将城乡劳动力换算为"标准劳动力"，城乡间的劳动报酬也是不同的。有些研究人员估计，此项差距在2.2倍左右（按国家统计局的资料，差距还要大些）。如果这种差距是偶然发生，可认为与经济体制无关，但这种差距多年持续存在，则一定与体制有关。

目前，我国已有1亿6000多万农村劳动力从农业领域转入了非农部门。但是，据国家统计局的数据估算，我国农村的隐性失业率仍然接近50%。农村隐性失业的表现是农民的总劳动时间偏少。① 如以三种主要粮食生产为例,按我们的调查,每亩小麦、玉米和水稻的用工量大略分别是4个、6个、7个工作日(依每个工作日8小时计),平均是5.7个工作日。而按国家统计局发布的资料计算,工作日时长还要多出40%。所以,如果按我们的调查数据计算,隐性失业率还会更高。另外,此项估计的技术前提是农民目前所实际采用的技术,考虑到农业技术进步的潜力,实际的隐性失业率还会更高。

调查发现,农民群体内部,总收入的高低与农民的年实际劳动时间量成正比。在华北平原,如果一户农民种植10亩大田作物,一年两季,在现有技术条件下,该农户每年的实际总劳动时间不到两个月。若将他的种植总收入分摊到这两个月中,则其每个劳动日的报酬与城市体力劳动者的日报酬差不多,甚至还可能略高一些。但要是将他的种植收入分摊到全年,则其全年的日均收入就比城市劳动者低很多。在现有农户当中,年实际总劳动时间较长的主要是养殖农户,以及从事蔬菜、水果生产和其他经济作物生产的农户。他们的总收入自然比种粮农民的总收入高许多。因此,要让农民致富,就必须让农民增加劳动时间以接近充分就业,而城市化是实现这个目标的根本途径。

改革开放以来,农村的大量劳动力源源不断地流向城市,转入非农领域,从而显著地提高了农村劳动者的总收入水平。这是中国劳力资源配置效率得以显著改善的主要原因,也是中国支持经济持续成长的重要条件之一。没有过去的城镇化,就没有今天的经济成就。

2. 土地要素利用的效率损失

从理论上说,地块的位置相近、用途相近,若因市场不完全造成价格差异,必然产生效率损失。在土地管理和土地交易的实践中,我国土地要素的效率损失表现为以下四个方面:

第一,城市建设用地浪费严重。我国因城市化带来耕地减少的程度超过了多数发达国家城市化快速增长时期的耕地减少程度。在土地资源比较紧张的发达国家中,即使在其城镇化率提高较快的时期,耕地减少的程度也显著低于我国。如英国在1771~1850年,耕地面积基本没有减少;日本在1920~1960年,耕地面积还略有增加;法国在1851~1954年,耕地面积以每年0.324%的速率减少,但其草地和森林面积仍有显著提高。② 我国自实行耕地"占补平衡"政策以来,按官方数据计算,耕地总面积并没有减少。但城市建设用地中"占优补劣"的问题突

---

① 隐性失业率是指农业生产需要的全部工作日与农民充分就业状态下的工作日(一年按300个工作日计算)之比。其中,前项数据推算的主要依据是《全国农产品成本收益资料汇编(2008)》(中国统计出版社,2009)。计算中,对数据中的缺失部分,依据中国统计年鉴(2008)的资料做了补充。

② 资料来源:主要资本主义国家经济统计集.世界知识出版社,1962.

出,从而城市建成区面积的扩大意味着优质耕地的减少。在"九五"时期和"十五"时期,我国城市建成区面积的增长速度非常快,达到了年增长 5.34%。尽管在"十一五"计划期的前两年,城市建成区面积的增长速度开始下降,但仍然达到了年增长 3.84%。这种情形导致我国城市建成区面积的扩张速度超过了城市人口的增长速度,以致城市人口密度持续下降。这一点在东部城市甚于西部城市,而东部城市政府却是最喜欢讲建设用地短缺的。①

第二,因我国现行土地所有权制度及其对土地规划体制的负面影响,我国住房建设占地被限于城市,且多数是平原地区的优质耕地,浅山区土地的房地产开发基本被堵死,助长了住房建设用地的紧张。

第三,我国现行土地所有制中的缺陷和城乡土地市场之间的显著价格差异,还导致农民多占宅基地,造成农村土地的巨大浪费。与日本相比,1954 年,日本乡村的住宅占地面积是其耕地面积的 6.8%。而我国目前村落占地是耕地的13.3%,超过日本的 1 倍还多。②据保守估计,通过村庄整治,我国现有的村落占地(约 17 万平方公里)可以节省出约 1 亿亩土地。这些土地足够未来几十年搞经济建设之用。据相关的农村抽样调查,目前我国农村空宅数占总宅数的比重约为 10.8%。我们根据自己调查的数据和国家统计局第二次农业普查数据③所做的综合分析,结果如表 5-1 所示。

表 5-1 全国农村闲置住房和村庄闲置土地的价值估算

数据来源	闲置房地总价值（亿元）			闲置土地面积（亿亩）
	房屋	土地	合计	
以大范围村庄调查数据为基础计算（条件1）④	11627	19555	31182	2.2
以河北省典型调查数据为基础计算（条件2）	26914	7333	34247	1.1

注:1. 上表计算中,空置房屋分为 3 类,钢筋混凝土、砖混和其他。比例按全国数据来自第二次农业普查资料确定。价值按我们的调查数据确定,为 2008 年价格。房屋的交易价格包括了土地价格,但因为农村住房交易市场不开放,土地的价值可能存在低估问题。
2. 土地价值按年地租率 200 元/亩和银行一年期定期储蓄利率(3%)计算。

第四,二元体制影响我国农业竞争力的提高。随着城市化的推进,粮食生产的比较优势会出现结构性的下降,即一部分山区耕地会逐步退出耕作,从而导致

---

① 资料来源:中国统计年鉴(2009)、中国城市统计年鉴(2008),均为中国统计出版社。
② 中国科学院经济研究所. 主要资本主义国家经济统计集. 世界知识出版社,1962.
③ 计算中参考国家统计局第二次农业普查数据来自"第二次全国农业普查主要数据公报",新华社 20080221 消息。
④ 我们的调查涉及 11 个省份,得到有效农户样本 1650 个。时间为 2008~2009 年。

粮食总产量的下降。这样，我们将越来越依赖平原地区的粮食生产能力。但是，由于二元体制造成劳动力转移的不稳定性和所谓"半城市化"缺陷，以及城市建设用地价格过高等因素给农村耕地流转造成困难，使得我国农业经营中的规模经济难以提升。这种情形阻碍我国农业进一步采用劳动节约型技术，农民为了增产粮食，不得不依靠大量使用化肥和农药。在我国城市工资水平不断提高的大背景下，这种小规模农业的机会成本将持续上升，不利于我国农业在国际上保持比较优势。

3. 宏观经济的效率损失

二元体制产生的宏观经济损失至少表现在以下三个方面：

（1）劳动市场扭曲，劳资关系紧张，创造就业机会的潜能降低。因为，目前我国劳动市场对农民工权益的保护不完全到位，抑制了农民工的真实工资单价。大量外来人口居住在违章建筑之中，或群租居住。这种情形导致大城市廉价劳动力聚集，甚至使得大城市中的劳动力价格低于小城市。我国目前与劳动保护相关的法律执行力度不够，劳动者劳动强度高、劳动时间长，严重影响城市经济体吸纳农村剩余劳动力的能力。比较分析发现，我国国民经济增长对就业的拉动作用，比起发达国家要低许多（见表5–2），这种情形严重制约我国农村人口向城市转移。

表 5–2 我国与主要发达国家就业弹性系数比较

国家	时间段	E-GDP 弹性系数
美国	1919~1957 年	0.48
联邦德国	1950~1960 年	0.42
英国-1	1911~1931 年	0.27
英国-2	1948~1955 年	0.33
日本	1929~1955 年	0.23
中国	1990~2007 年	0.098

资料来源：1.《英法美德日百年统计提要》，统计出版社，1958年；《主要资本主义国家经济统计集》，世界知识出版社，1962年。
2. 除中国外，其他国家的数据分析中用国民收入指标计算，因分析增长率，不影响结论。
3. 中国的数据未按照第二次经济普查结果调整，对结论影响微小。
4. 有关数据均根据价格指数作了调整，但价格指数类别不同，这一点对结论影响微小。
5. 时间段的设定主要是因为考虑数据的可比性。

（2）结构性问题降低了宏观调控措施的作用。宏观调控有效发挥作用的前提是市场比较统一，竞争比较充分，但这两个条件在二元体制下均不完整，以致就业和物价参数对调控杠杆不敏感。

（3）住房市场的价格扭曲加剧了国民收入的不合理分配。城市住房价格畸高有多种原因，而二元体制是关键性原因之一。据测算，今后一个时期，我国城市每年新增人口需要 500 万套住房，按每套房子 40 万元价格计算，需要资金 2 万亿元。考虑到居住改善性需求，总共需要 4 万亿元资金。而 2009 年我国住房市场的总投资规模是 6 万亿元（含住宅区基础设施建设的费用）。这 6 万亿元，按照一套住房平均 40 万元的价格来计算，是 1500 万套住房。而国家第二次经济普查数据表明，我国 2008 年"总承包和专业承包建筑业企业"的住房竣工面积为 13.4 亿平方米。这意味着超量供应的高价房屋由城市居民埋单。由此，通过住房市场和税收渠道将城市居民的收入转入了房地产商和城市政府手里。同时，住房市场还将国民储蓄和养老金转化为即时总需求，扩大了国民经济总量的不平衡，促成了通货膨胀危机。

（二）二元体制的延续不利于社会平等

由于数据资料不完整，要确切地描述二元体制所导致的社会不平等，是一件困难的事情。大略来说，二元体制下的不平等主要表现在农村居民的利益受到损害。这既包括真正的农民，也包括已脱离了农业但仍属于农村户口的居民。近些年来，有十多个省份宣布取消二元户籍制度，但那些地区中，已进入城镇的农村户籍人口所享有的实际权利大多并无实质性改善。

1. 国民收入初次分配中的不平等

在政策研究界，对这方面问题的研究流于笼统。事实上，因为农产品市场的竞争程度比较高，农业生产者的工资单价并不低，其实际日工资水平超过城市服务业的平均水平。导致农民收入水平低的原因主要在城市的劳动力市场。因为，城市劳动市场中存在严重的结构性缺陷，即在城市劳动市场中，农民工与市民之间的权利是不平等的。大量关于农民工的调查表明，农民工进城后的就业主要集中在非正规领域和临时工作岗位。据国务院发展中心韩俊课题组的研究，我国农民工的工资水平是城镇职工的一半左右。且农民工当中普遍存在劳动时间过长现象。农民工平均每周工作 6.3 天，平均每天工作 8.9 小时。[①] 而我们的农户调查结果也表明，80% 的农民工在城市中每周工作 50 小时以上，超出标准工作时间 20% 以上。所以，与城市户籍劳动者相比，等量时间内，农民工的工资单价更低。导致这种收入差异的原因较为复杂，并不都能用劳动市场的结构性缺陷来解释，但劳动市场的结构性缺陷显然是导致这一收入差异的主要原因。

2. 国民收入再分配中的不平等

国民收入再分配渠道产生的不平等与公共财政体制中的不合理因素有关。国家在推动社会主义新农村建设以前，对农村的公共投入极少，特别是对农村社会保障的投入接近于零。农村"五保户"的资金主要来自农村集体。农村资金通过

---

① 韩俊，等. 中国农民工战略问题综合研究报告. 上海远东出版社，2009.

财政和金融两个渠道均为净流出。据2009年的新闻报道，①在国家的"三农"投入中，涉及对农民基本公共服务的支出不到全部支出的40%，占国家财政预算内总支出的比重也不超过5%。这对于一个"农民"人口大国来说，实在是太少了。但新农村建设工作启动以后，情况发生了变化，国家对"三农"领域的投入有了较快增长。2010年，中央和地方在这一领域的投入已经超过1万亿元。

3. 土地要素交易的不平等

农民的主要财产是土地。多年来，土地"交易"一直是国家与农民关系的核心问题。这里有必要在数量上对这一关系做一个概略考察。

新中国成立以来的非农建设占地数据一直没有精确统计，研究者使用的数据多有不同。表5-3是由笔者根据较可靠信息来源整理出来的数据。从表5-3中的数据来看，新中国成立以来，全国非农建设占用土地在1亿亩左右。

表5-3　1952~2010年我国非农建设用地占用情况

时　　期	占地数量（万亩）
1952~1978年*	2315
1979~1990年*	1220
1991~1996年**	2646
1997~2005年**	2745
2006~2010年***	1150
累计	10076

注：**依据郑振源《土地利用文集》（中国大地出版社，2007年）推算。***依据《全国土地利用规划》（国土资源部2011年发布）等有关资料计算。

农民因这一亿亩土地被占用而向社会贡献了多少资金，是一笔不易计算的账。按照市场经济的原则，即使政府征用土地，也应按照市场价格来支付土地购买费用。因而，土地的市场价格应该是估计农民在出让土地上所作利益贡献的一个基础。但市场价格的数据很难得到，因为在市场扭曲的情况下，无法确定一个合理的市场价格。我们也不能直接以各地的最终土地使用价格为计算标准。②但我们可以根据国民收入分配的一般规律，对农民因征地而蒙受的土地利益损失做大略的猜测。首先，按照一般经济理论，在比较充分的竞争态势下（假设如美国经济），国民收入一般分解为三大要素的收入，即利润、地租和工资，③而地租收入

---

① 韩洁，徐博."三农"投入再创新高——盘点2009年支农惠农新亮点. 光明日报，2009-12-27.
② 这主要有两方面的原因：一是这个价格根本无法获得，二是这个价格有很大的投机因素。
③ 经济理论分析中还会有一个"余值"，作为技术进步的报酬，但在实际的国民收入分配中，全部收入被分配为工资、利润和地租。

一般占到国民收入的 10%。其次，1949 年以后，我国农民作为土地使用权的所有者，在他们的土地被大量转为非农用途的过程当中没有获得过地租收入，只是在改革开放以后，农民才能从土地被占用上获得很少数量的"补偿费用"。①结合这两点来考虑，不难想象，中国农民在土地非农化占用方面的利益贡献总量是相当大的。

二、城镇化趋势分析②

对中国城镇化的考察，可以从以下五个判断与现象出发：第一，工业化、城镇化是人类社会发展的必然趋势，中国正处在城镇化的快速推进时期；第二，中国的城镇人口中包含了大量的农村流动人口，他们的生活水平和生活条件都较差，缺乏社会保障与公共服务，处境很不稳定；第三，从乡村流到城市的主要是劳动力，而不是农村家庭；第四，中国的城乡劳动力市场和人口结构都在发生结构性变化，刘易斯转折点与农村人口老龄化意味着源于农村的人口城镇化的动力将开始减弱，农村人口将趋于稳定，从而将有一批流动性低、就业能力弱、收入水平低的人口长期存留于农村；第五，因为发展水平与公共服务供给等方面的差异，流入大中城市的农民工没有能力实现完全的城镇化，农民（工）也不愿意按照"宅基地换住房，承包地换社保"的模式在县乡小城镇实现城镇化。

在这样一个复杂的背景下，对中国城镇化的模式与趋势难以给出一个明确判断。而在这个复杂背景下展开的新农村建设与城镇化的关系，及其对城镇化的影响也就更加复杂。现行的新农村建设政策有着多重目标，但无论如何，其必须有利于经济社会结构的转变，必须与工业化、城镇化的趋势相协调，并有助于后者的发展。此外，新农村建设政策还要能推进村庄建设，为留在农村的人口提供更好的生产、生活条件，促进城乡统筹水平的提高；能够推进农业生产方式转变，进一步促进劳动力流动和城镇化，促进大中小城市与小城镇的协调发展。

（一）中国城镇化的历程、现状与特点

1. 城镇化的总体状况

（1）近年城镇化水平快速提高。在统计上，中国的城镇人口范围自新中国成

---

① 按 1997 年的《中国统计年鉴》，1996 年支付的征地费区 63 亿元，而这一年是土地征用量比较大的一年。

② 本节所用数据如无专门说明，均来源于张晓山主持的国家社科基金重大项目（项目批准号：06&ZD001）《社会主义新农村建设政策体系研究》的调查数据。调查于 2008 年在广东、河南、宁夏三个省（区）开展，每个省（区）选 3 个县（好、中、差各一个），每个县选 3 个乡镇（好、中、差各一个），每个乡镇选 2 个行政村，每个村抽 21 户（按农户经济状况好、中、差每层抽 7 户），实际完成 1134 份农户调查问卷。数据时点（时期）为 2007 年底（全年）。此部分使用的调查数据来源相同。

立以来经历了多次变动。其中，除了正式统计所涉及的地区范围有变化外，最重要的变动是城市中居住的农业人口是否被统计为城镇人口。例如，1964年第二次人口普查中的城镇人口只包括市和镇的非农业人口，不包括农业人口，因而那次普查结果低估了当时的城镇化水平。而后来的几次人口普查中，得到的城镇人口数基本都包括了市辖区和镇的农业人口。2000年第五次人口普查则进一步将居住六个月以上的流动人口计入了城镇人口的统计范围。下面根据已发布的统计数据对中国的城镇化进程作简单分析。

新中国成立初期，中国的城镇人口比重经历了一段快速增长。但自那以后，受当时人口政策的影响，我国的城镇人口比重出现了多年的波动和下降。改革开放以来，中国的城镇人口比重转为持续增长。2010年，中国城镇人口比重已达到50.5%。

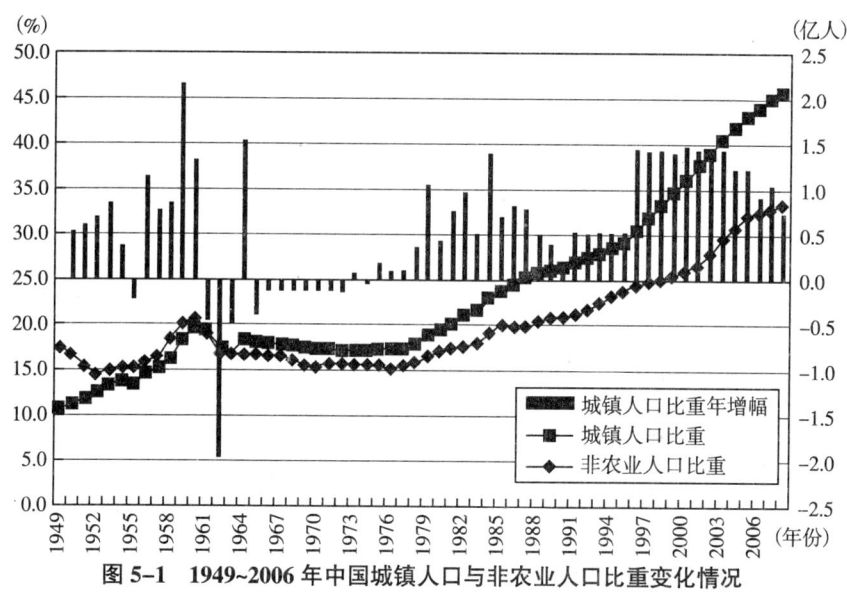

图5-1　1949~2006年中国城镇人口与非农业人口比重变化情况

（2）城镇人口比重与非农业人口比重的脱节日益严重。统计意义上的城镇化，即城镇常住人口占总人口比重的提高，在劳动力流入城市时就能实现。但完全意义上的城镇化，即先前的农村户籍人口在转变为城市户籍人口的同时也获得了城市居民所享有的福利和公共服务，则并不必然与农村人口流入城市同步实现。目前，中国统计中的城镇人口数据包含了在城镇中常住的农业人口。从图5-1中可以看出，自1961年以来，我国人口中，城镇常住人口的比重就一直高于非农业人口比重，而且，这两个比重的差距在不断扩大。2008年，这两个比重之间的差距达到12.4个百分点。1990~2008年，城镇人口数量与非农业人口数量之间的差距从6628万人增长到1.67亿人。但这并不意味着，这样的统计数据准确地反映了我国的完全城镇化水平。因为,户籍制度改革的滞后使得常住城镇的农村户籍人口虽然已在就业和生活上脱离了农村,但并未能享有与城镇户籍人口同等的公共服务和福利。据估计,全国6.2亿城镇(常住)人口中估计有1.5亿~1.7亿仍然是农民身份(陈锡文,2010)。

(3)城镇化水平低,但已进入城镇化加速发展阶段。改革开放以来,尽管我国有大量的农村人口迁入了城市,但中国目前的城镇化水平仍显著低于欧美发达国家。1990年,发达国家的平均城镇化率为73%,2007年则进一步上升到77%(见表5-4)。而且,虽然按常住人口计算的城镇化率更准确,但对于中国来说仍存在高估的可能。这主要有两方面的原因:其一,进入城镇的农村务工人员当中普遍存在着两栖式迁移;其二,已经常驻城镇的农民工仍然缺乏在城市中永久生存下去的保障,他们中的很多人在达到一定年龄后将不得不回到农村。因此,整体来看,中国的城镇化水平仍很低,与发达国家之间存在很大的差距。

表5-4　1990~2007年主要发达国家的城镇化水平

年份	法国	德国	日本	意大利	俄罗斯	英国	美国	发达国家	欧洲地区
1990	74	73	63	67	73	89	75	73	71
2007	77	74	66	68	73	90	81	77	73

资料来源:世界银行: *World Development Indicators* 2009。

诺瑟姆(Ray M. Northam,1975)把一个国家和地区的城镇化过程分为三个阶段:①初期阶段,城镇化水平较低,增长速度较慢;②中期加速阶段,人口迅速地向城镇集聚;③后期阶段,进入高度城镇化以后,城镇人口比重的增长又趋缓慢甚至停滞。一般而言,当城镇化水平超过30%时,城镇化进入了快速发展的第二阶段;在城镇人口比重超过70%后,城镇化速度将趋于停滞。也有学者(陈甫军等,2009)认为,城镇化进程分为五个阶段:①城镇化率在20%以前为起步阶段;②城镇化率在20%~50%为加速阶段;③城镇化率在50%~60%为基本实现阶段;④城镇化率在60%~80%为高度发达阶段;⑤城镇化率达到80%~100%为自我完善阶段。显然,不论按哪个标准,中国当前都处于城镇化的加速发展阶段。

2. 人口流动与城镇化的典型事实

在中国,由于社会结构和传统体制的影响,城镇化过程具有下列特点。

(1)身份转变滞后于就业转变。在长期实行城乡分割的制度背景下,中国实施的渐进式改革使得农民在城镇化过程中需要经历多次就业领域和个人身份方面的转变,即经过"纯农业→兼业→完全非农业→户籍身份转变"这样一种复杂的转换过程。在这个过程中,农村居民的就业转变往往与身份转变相错位。或者说,户籍身份的转变通常落后于就业领域的转变。大量流动人口的存在说明了这种身份转变的滞后,宏观统计上则表现为城镇户籍人口数与城镇常住人口数的脱节。

（2）劳动力流动而不是人口（家庭）流动。一方面，在当前的体制下，城乡间人口流动的主体是劳动力，而不是家庭。由此产生了农村中的留守老人、留守儿童等社会问题，也导致了农村人口素质的退化。另一方面，从农村中流出的人口往往不能在城市中完全定居下来，他们在达到一定年龄后，因体力和技能不能满足城市工作的需要，不得不返回农村养老。从表5-5中可以看出，调查样本中，年龄在20~40岁的中青年当中，一年内在村子中居住时间不足一个月的人比重最高，达30%以上；而20岁以下的少年和儿童以及50岁以上的老年人中，这个比例都很低。相反，在村中居住时间超过半年的人当中，少年儿童和老年人的比重则远远超出了青壮年。

表5-5　按年龄段分调查人口在本村居住时间的分布

单位：%

年龄段	一年内在户籍所在村居住的时间				
	1个月以内	1~2个月	2~3个月	3~6个月	半年以上
15岁以下	2.6	1.2	2.0	2.8	91.3
15~20岁	6.5	8.1	12.7	23.2	49.4
20~30岁	21.0	11.4	8.4	9.4	49.7
30~40岁	13.4	3.1	1.5	4.9	77.1
40~50岁	3.5	1.5	0.3	1.8	92.9
50~60岁	0.9	0.1	0.3	1.0	97.6
60岁及以上	0.2	0.3	0.0	0.2	99.3
全部人口	7.8	3.9	3.5	5.7	79.1

（3）流出人口的回流现象普遍。从农村流入城市的人口缺乏稳定性，不能在城市永久定居。首先，流到城市的农民没有被城市的社会福利体系所覆盖，享受不到与城市居民同等的社会保障和公共服务，支付不起在城市的定居成本，实现不了全家人口的迁移和定居。因而对农民工来说，不管一年之内在外工作、生活了多长时间，家仍在农村，逢年过节总要想方设法回到老家。这就是通常说的农民工的两栖式迁移。其次，农民工在达到一定年龄后，因体力和技能不能满足城市工作的要求，往往不得不回到农村，在居住地周边务工或重新从事农业。这是与农民工生命周期相一致的流动周期。最后，经济波动与政策变化时，农民工的就业往往是最脆弱的，一有风吹草动他们就不得不"回流"农村。农民工这种边缘化、钟摆型的流动特征表明，当前我国的城镇化是延续着原有城乡二元结构的城镇化（张晓山，2010）。

（4）兼业非常普遍。我们调查样本里的适龄劳动者中，完全从事农业的人占41%，完全从事非农业的人占23.1%，而兼业的人占25%（见表5-6）。这表明，农村劳动者的就业转变有着层次性和群组差异,农村劳动者的兼业化现象仍比较普遍。

表 5-6 农业、非农业和兼业的比例情况

地区	不在业		兼业		完全非农		完全农业	
	人数	比重(%)	人数	比重(%)	人数	比重(%)	人数	比重(%)
全部	335	10.9	769	25.0	710	23.1	1260	41.0
广东	163	14.9	208	19.0	382	34.9	340	31.1
河南	106	11.1	262	27.4	212	22.2	375	39.3
宁夏	66	6.4	299	29.1	116	11.3	545	53.1

注:样本为适龄劳动人口;农业或非农就业时间未填写的按 0 处理。

在兼业劳动者中(见图 5-2),从事非农业活动的天数占其在业总天数的比重在 80% 以上的劳动者占 36%,而该天数比重在 20% 以下的劳动者占 8%。也就是说,即使不考虑有效工作日问题,单从劳动天数上看,调查地区兼业农民主要从事的也是非农业劳动。

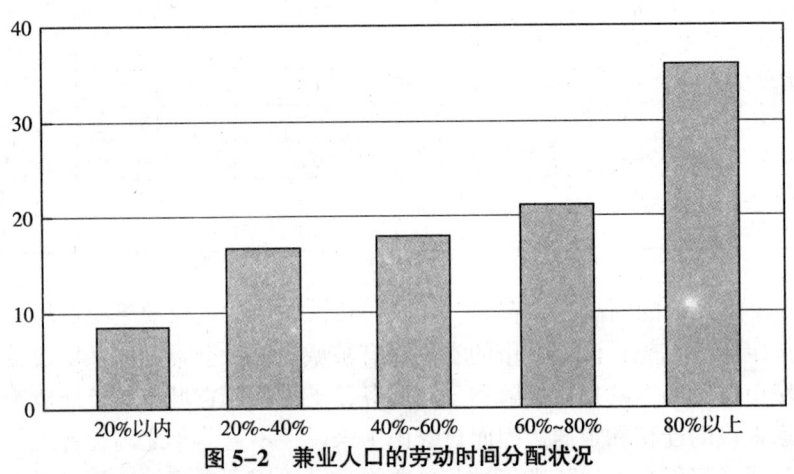

图 5-2 兼业人口的劳动时间分配状况

(二)微观层面:成本收益失衡的城镇化

1. 农民城镇化的过程与决策机制

中国目前的城镇化过程其实是传统人口迁移的一种延伸。它包括农村人口从原居住地转移出去和在迁入地定居下来这样两个阶段。可将其中的第一阶段称为"流动阶段",将第二阶段称为"迁移阶段"。与计划经济时代不同,在当前的城镇化过程中,农民不再是完全被动的,而是有一定程度的选择自由。因此,迁入城镇是农村居民对自己进城前后的成本和收益进行权衡的结果。在城镇化的第一

阶段,即以就业为目的的劳动力流出阶段,这种权衡可以在哈里斯—托达罗模型(1970)的框架下分析。

假设,V(O)是流出者流出期间的预期城—乡净收入流的现值;$Y_{u(t)}$、$Y_{r(t)}$是在城市和农村就业的平均绝对收入;n是流出者计划的流出时期;i是贴现率,反映了流出者的时间偏好;C(O)表示流动的成本;p(t)是流出者在t时期按平均工资水平获得一个城市就业岗位的几率。那么,

$$V(O) = \int_{t=0}^{n} [p(t)Y_{u(t)} - Y_{r(t)}]e^{-it}dt - C(O)$$

V(O)大于零表示流出将增加潜在流出者的净收益;而V(O)小于零,则表示流出将引起流出者净收益的下降。由此,农村劳动者是否流出农业领域进入城镇非农领域,取决于V(O),即V(O)大于零,农村劳动力转入非农领域;V(O)小于零,农村劳动者不转入非农领域。另外,遵循一定的概率假设,给定城市和农村就业的收入水平,流出者在城市居留的时间越长,获得就业的几率就越高,流出的预期净收益就越高。

但是,第二阶段的权衡就不再这么简单,收入虽然仍是核心因素,但更重要的是还涉及住房、社会保障和公共服务等在内的各种需求,农民在这个阶段所要付出的成本也远高于第一阶段。图5-3概括了农村居民在城镇化的这两个阶段中所面临的成本收益比较。从流动阶段到迁移阶段,农村居民的利益权衡所要考虑的因素增加很多。而实现城镇化的方式、政府公共服务的供给方式都对这种权衡有着显著的影响。

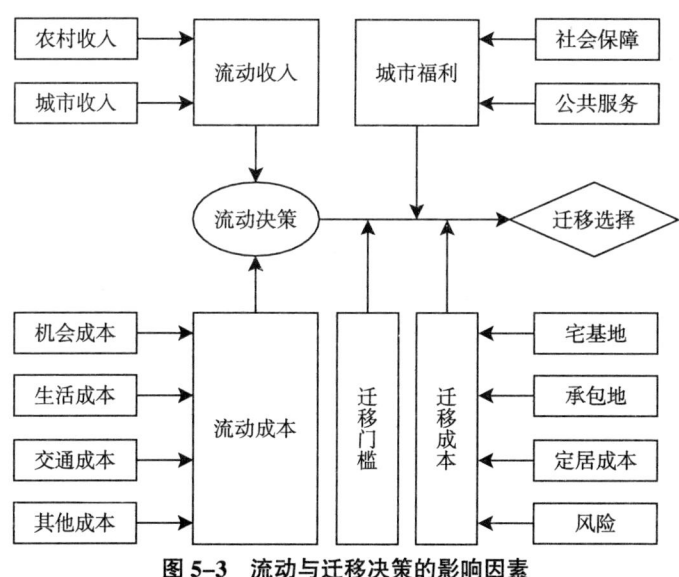

图5-3 流动与迁移决策的影响因素

正是由于这样的个人权衡，我国农村居民目前在城镇化迁移上出现了"大城市进不去，县乡小城镇又不愿进"的现象。实际上，在乡镇一级，甚至在县一级，城镇户籍已经对农民放开。但是，农村居民要想获得小城镇的户籍，必须放弃其在农村的宅基地、承包地和其他一些权益，如国家补贴等。对此，农村居民的城镇化意愿并不高。甚至在很多地方，不少农村居民在获得城镇户口后又强烈地希望将户籍重新迁回农村。而且，这种户籍返迁的难度也远大于将农村户口转为城镇户口。一般情况下，这种返迁需要由迁入村的村民（代表）大会通过，再经过户籍管理部门的审批后才能迁回农村。

2. 流动收入与兼业化的经济理性

根据各国的一般经验，流动阶段的成本收益权衡主要取决于农业与非农业之间的收入差异，当非农就业的预期收入大于农业就业时，就会发生流动。如在美国，农业相对工资增加1%，具有9年教育水平的男性非城市人口从事农业生产的概率会提高3.37%；农业相对工资提高10%，此概率就提高近25%（Perloff，1991）。但是，对于中国这样具有刘易斯二元结构的经济体来讲，农村剩余劳动力并无此类权衡的空间。因为，二元结构的存在使得多数农民选择非农就业的机会很少，他们一般只能从事农业劳动。不过，随着农村劳动力的大量外流和农业劳力的老龄化日益显现，中国农村和农业领域中的劳动力过剩现象正在趋于消除。在这种情况下，一方面转向非农就业的收益已显著高于农业劳动收益；另一方面继续将劳动时间用于传统农业生产，其劳动时间的边际价值会越来越小。因而即使仍然留在农村的劳动者，也会逐步放弃精耕细作式的传统农业经营方式，转向更多使用机械生产的农业经营方式。甚至，在农村就完全放弃自己来经营农业，而将土地闲置或流转出去。从当前的趋势来看，农村当中农民兼业化和农业副业化的现象日趋普遍，而这与我国现在的经济、制度环境相一致，符合农民对自身利益最大化的追求。

表 5-7　农业、非农业打工日均工资比较

单位：元

地区	农业打工日均工资			非农业打工日均工资		
	中位数	均值	变异系数	中位数	均值	变异系数
广东	30	33.9	0.713	32.7	44.8	1.373
河南	20	21.4	0.185	30.4	37.0	0.714
宁夏	40	39.6	0.349	33.3	38.4	0.991
全部	33.3	34.5	0.532	32.4	41.2	1.192

注：统计范围是在省内以打工的形式从事农业或非农业活动的人口。

从我们的调查来看，目前农业务工和非农务工的日均工资已很接近。在有的地区，农业劳动者日均工资的中位数甚至还高于非农业打工者。据我们对三个省的调查，这两方面的工资差异不尽相同：在广东，两者基本相当；在河南，非农业打工的工资高于农业工资；在宁夏，非农业工资低于农业工资。这里比较的农业劳动收益其实是农民为了外出从事非农业活动而将农业生产活动外包所放弃的收益（见表5-7）。但是，如果将农业的全部收益都计算进来，则农业生产的效率工资，即单位劳动时间收入，就要大大高于非农就业了。在此情况下，农民显然不会轻易将土地抛荒。再加上外出务工所得还可能低于农业工资，因而坚持家庭经营将是农民谋求自身经济利益最大化的合理选择。这为农业兼业化提供了解释。同时，这也意味着城镇化（进程落户）并不一定能给农民带来更多的经济收入，甚至会导致收入的净减少。

3. 永久迁移的成本收益

在不同就业收益基本实现平衡的情况下，农民城镇化（进程落户）的成本收益权衡主要取决于成本，后者又取决于实现城镇化的途径和方式。长期以来，农村人口进城落户首先需要放弃原有的宅基地和承包地，当前比较流行的一种做法是"宅基地换住房、承包地换社会保障"。农民在住房、养老、医疗等方面有着基本保障需求。在传统城乡分割与社会保障制度不健全的情况下，土地就发挥了这种保障功能，农业兼业化往往也是农民保持土地保障功能的权宜做法。正是在这样的背景下，"宅基地换住房、承包地换社会保障"的城镇化模式具有了其合理性。但是，让每个公民平等享有社会保障应是一个负责任的政府向公民提供公共服务的承诺（陈锡文，2010），让农民拿自己的财产去换取社会保障与公共服务，实际侵犯了农民享受平等社会保障的权利，也掩盖了农村居民在城镇化过程中的高昂成本。因此，看似合理的城镇化政策实际上具有现实的不合理性，其背后掩盖的是农民在城镇化过程中所面临的经济上严重不对称的成本收益比较。

对大多数农民工来说，城镇化过程对其人力资本的积累并无显著作用。在过去相当长一段时期内，普通非技术型农民工的工资增长非常有限，因而"终生收入"的预期也不能为农民工提供城镇化的经济动力。相反，这样的劳动者随着年龄的增长可能面临体力衰退和能力下降的问题。所以，城镇化对于农村居民来讲，长期风险很大。因而，即使城镇化可能会给农民带来收益的增加，但只要上述问题不解决，农民的城镇化动力就会受到抑制。出于防范风险的目的，很多农民可能放弃这种选择。

（三）宏观层面：消逝的劳动力剩余

迄今为止，进一步促进劳动力流动一直是城镇化进程的重要方面，这一过程首先取决于剩余劳动力的规模。当前，农业工资与非农业工资正在趋近。这表明，在我国，从整体上来看，劳动力的绝对剩余正在趋于消失，但仍会在一定时期内存有一定的相对剩余。这主要是指目前农村劳动者当中比重依然较高的纯农业就业人口，以及一部分兼业及从事非农业活动的从业人口。农村中的这部分劳动力，因为年龄大、受教育水平低、缺乏技能，大都不具有高的流动性。

1. 农村中劳动力剩余的总体状况

首先，劳动力剩余可以从就业结构上来看。从表 5-6 中可以看出，目前农村中纯农业从业人口占适龄劳动人口的 41%。但不同地区的差异较大，如在广东，纯农业从业人口占 31.1%，在宁夏则占 53.1%。纯农业从业人口在农村劳动力中仍占较高比重，与较低的农业专业化水平和生产率有关，它表明在农业领域中仍有剩余劳动力存在。另外，在整个适龄劳动人口中，还有 10.9% 的不在业人口，即非经济活动人口。这部分人也可能是相对剩余劳动力，甚至是绝对剩余劳动力。

其次，劳动人口全年赋闲时间也可以很好地反映各地的就业机会或者说劳动剩余情况。这方面，各省的情况与其经济发展水平是基本吻合的。如在广东的适龄劳动人口当中，全年平均赋闲 80 天，但中位数只有 30 天。河南与宁夏两地这方面的均值比较接近，分别是 112 天和 116 天；但中位数相差较大，分别是 65 天和 95 天。变异系数（内部差异）大小与平均赋闲时间成反比，广东的内部差异最大，两极分化明显；宁夏变异系数最小，表明在宁夏，农业劳动者当中就业机会的缺乏具有普遍性（见表 5-8）。

表 5-8 按地区分适龄劳动人口的全年赋闲时间分布

地 区	样本（人）	平均赋闲		离散程度（CV）	按赋闲程度构成（%）			
		均值（天）	中位数（天）		3 个月内	3~6 个月	6~9 个月	9 个月以上
广东	969	80	30	1.347	71.5	10.8	6.9	10.7
河南	732	112	65	0.956	56.0	16.9	10.5	16.5
宁夏	884	116	95	0.755	38.6	36.1	18.4	6.9

注：样本为非在校适龄劳动人口。

按就业类型分，赋闲比较突出的是纯农业从业人口。纯农业从业人口的年均赋闲时间最长，均值 137 天，中位数 120 天。完全非农业从业人口的年均赋闲时间最短，均值 52 天，中位数只有 30 天。但是，年均赋闲时间越短，变异系数也越大，说明组内差异随着整体水平的提高也在逐渐增大（见表 5-9）。

可以认为，兼业人口的劳动时间分配主要是其本人所作利益权衡的结果，受就业机会的制约相对较小，而纯农业从业人口的劳动时间分配则同时受利益权衡和非农就业机会双重因素的制约。这两类人群全年赋闲时间的不同在一定程度上反映了这一差异。

表 5-9 按就业类型分适龄劳动人口的全年赋闲时间分布

就业状态	样本(人)	平均赋闲		离散程度(CV)	按赋闲程度构成（%）			
		均值(天)	中位数(天)		3个月内	3~6个月	6~9个月	9个月以上
完全非农业	637	52	30	1.212	81.5	12.1	4.2	2.2
兼业	769	69	60	0.943	65.5	27.2	6.2	1.0
完全农业	1026	137	120	0.768	36.4	24.9	21.5	17.3

从适龄劳动力中纯农业从业人口的全年农业就业时间分布来看，农业劳动时间在3个月以内的人口比重不到20%，农业劳动时间达半年以上的人口占了近60%（见表5-10）。在此，可将纯农业从业人口中就业时间不足3个月的人口理解为农村中的绝对剩余劳动力，而将其余部分看做是相对剩余劳动力。因为，后者是否能够转入非农产业，主要取决于技术进步和生产方式转变。显然，在纯农业劳动力中，绝对剩余劳动力的数量已很有限了。在进一步释放绝对剩余劳动力的情况下，促进农村劳动力流动的重点只能是如何释放那部分相对剩余劳动力。

表 5-10 纯农业和农业兼业人口全年农业就业时间分布

		1个月以内	1~2个月	2~3个月	3~6个月	半年以上
兼业	人数	104	146	126	179	214
	比重（%）	13.5	19.0	16.38	23.3	27.8
纯农业	人数	42	70	127	281	740
	比重（%）	3.3	5.6	10.08	22.3	58.7

注：样本为非在校适龄劳动人口。

2. 农业剩余劳动力的人口结构

（1）农业从业人口老龄化。表5-11反映了全部农业从业人口的年龄构成。从中可以看出，农业从业人口当中，老龄化问题已经非常突出，特别是纯农业从业人口。纯农业从业人口的平均年龄是45.5岁。其中，60岁及以上人口占了17%（这些人已不是通常统计口径上的劳动力），而50~60岁人口占了27.6%。因而，目前我国纯农业就业人口中，50岁以上人口占了近一半，而30岁以下人口所占比重不足20%，40岁以下的合计也仅占1/3。农业兼业人口的平均年龄38.6岁，比纯农业从业人口低了近7岁。其中，30岁以下人口的比重占近25%，40岁以下人口占了近55%，60岁以上人口所占比重仅占6.2%，50岁以上占了不到20%。在农业兼业人口中，中青年人口的比重比纯农业从业人口中的比重高出很多，而老年人口的比重则明显更低。这也说明，老龄人口的流动就业能力明显要低很多。

表 5-11 全部农业从业人口年龄分布

年龄段	全部农业从业人口		纯农业从业人口		农业兼业人口	
	人数	比重(%)	人数	比重(%)	人数	比重(%)
15~20 岁	94	4.0	52	3.4	42	5.1
20~30 岁	366	15.4	203	13.1	163	19.8
30~40 岁	509	21.5	263	17.0	246	29.9
40~50 岁	555	23.4	339	21.9	216	26.3
50~60 岁	532	22.4	428	27.6	104	12.7
60 岁及以上	315	13.3	264	17.0	51	6.2
总人数	2371		1549		822	
平均年龄	43.1		45.5		38.6	
中位数（年龄）	43		46		38	

注：样本是从事农业活动的人口（不一定是适龄劳动人口，如老人），但不包括在校学生。

从适龄劳动人口的年龄分布情况与此类似，农业就业，特别是纯农业从业人口的老龄化问题十分突出（见表 5-12）。

表 5-12 适龄劳动人口的年龄构成（按就业状态分）

年龄段	不在业		纯农业		农业兼业		完全非农业	
	人数	比重(%)	人数	比重(%)	人数	比重(%)	人数	比重(%)
15~20 岁	41	12.2	52	4.1	42	5.5	64	9.0
20~30 岁	153	45.7	201	16.0	163	21.2	374	52.7
30~40 岁	58	17.3	257	20.4	246	32.0	182	25.6
40~50 岁	30	9.0	333	26.4	214	27.8	61	8.6
50~60 岁	53	15.8	417	33.1	104	13.5	29	4.1
均值（年龄）	32		41		37		29	
中位数（年龄）	27		43		38		27	
变异系数	0.402		0.289		0.286		0.314	

注：因为数据筛选的原因，与表中的结果不一定完全一致。

图 5-4 更直观地比较了就业人口的年龄分布特征。纯农业从业人口的老龄化非常明显，即年龄段越高，人口比重也越大。农业兼业人口的高峰出现在 40 岁前，并且过了 50 岁后，人数快速下降。完全非农业从业人口以 20~30 岁年轻人为主，40 岁以上人口所占比重很低。这主要是因为，老龄人口中外出打工者的比重本身就低，同时，外出人口中的相当一部分在达到一定年龄后会返回农村。

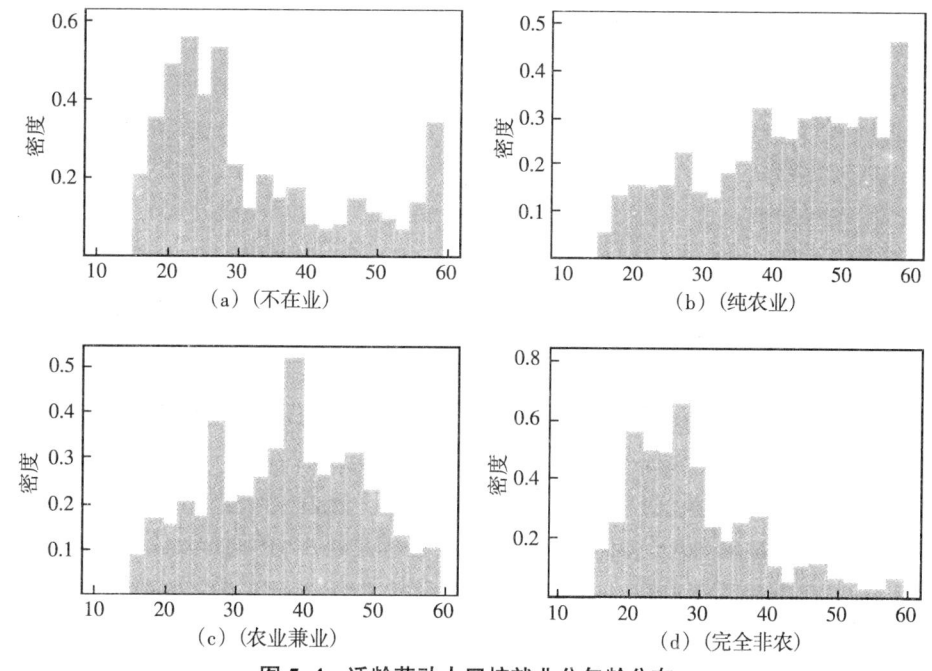

图 5-4 适龄劳动人口按就业分年龄分布

老龄化的纯农业和农业兼业从业人口即使从土地上释放出来,也不具备很高的流动能力,更不用说实现永久性的城镇化。因此,从年龄的角度看,农业从业人口即使存在剩余,其转移的潜能也已非常有限。

(2) 农业从业人口受教育水平低。按就业类型分,在全部适龄劳动力中,纯农业从业人口的受教育水平明显偏低。其中,文盲半文盲人口在纯农业从业人口中的比重高达 15.4%,而在兼业和非农业从业人口中分别只占 5.2% 和 3.2%。小

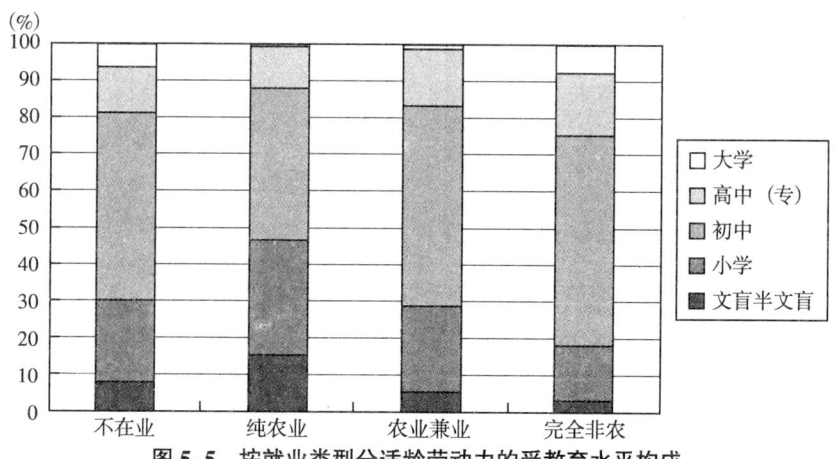

图 5-5 按就业类型分适龄劳动力的受教育水平构成

学文化人口在纯农业从业人口中占了31.3%，而在另两类就业人口中分别占23.5%和15.1%。初中及以上人口在非农业从业人口中占了81.8%，在兼业人口中也占到了71.4%，而在纯农业从业人口中仅占53.3%。

（3）赋闲程度与人口结构。从前面的分析中可以看到，农村中从业人口的赋闲程度有较大差异。在劳动力以相对剩余为主、绝对剩余很少的情况下，待转移劳动力的主体是赋闲程度较高的人群。但是，全年赋闲时间较长的劳动力往往是个人素质较低的劳动力。

表 5-13 转移劳动力的就业状态

赋闲程度	人数	年龄（岁）		变异系数
		均值	中位数	
赋闲半年以上	593	39.3	40	0.331
赋闲半年以内	1691	35.8	35	0.326
无赋闲	301	37.9	37	0.299

整体来看，赋闲程度较高的人群平均年龄更高、受教育水平更低。全年赋闲半年以上的适龄劳动者平均年龄在40岁左右，而赋闲半年以内的适龄劳动者平均年龄只有35岁左右（表5-13）。从受教育水平来看，赋闲半年以上劳动者中文盲、半文盲及小学文化人口所占比重都要高于赋闲半年以内的劳动者，而初中及以上各教育水平所占比重都要更低。这都说明，赋闲程度高的劳动者的受教育水平也偏低（见图5-6）。

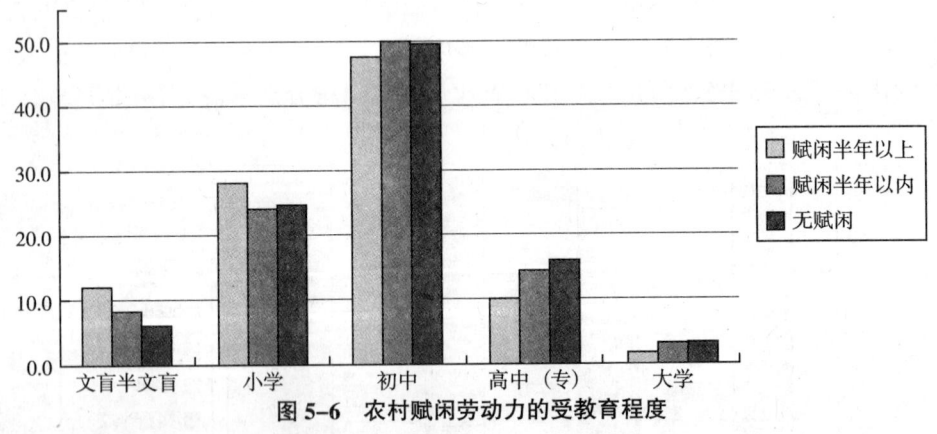

图 5-6 农村赋闲劳动力的受教育程度

3. 新农村建设在城镇化进程中的作用

以上从微观和宏观两个角度分析了当前城镇化进程中我国农村所面临的新形势，以及制约农村发展的新因素。概括来说就是三个方面。首先，按照现在"宅基地换住房、承包地换社保"的模式实现城镇化,农民的成本收益严重不对称,农民缺乏实现城镇化的动力。其次,在刘易斯转折点到来之后,依然存留于传统农业生产方式下的农村劳动力难以进一步释放,城乡人口迁移与劳动力流动有下降的趋势。最后,农村留守人口的素质退化与老龄化不利于农村的进一步发展。

总之,进一步加快城镇化所要克服的一些关键难题并不在农村。从这个角度来看,政府正在推行的新农村建设意义重大,它不是要否定进一步推进城镇化的必要性,也不是对城镇化进程的简单补充,而是与城镇化进程相辅相成的一个重要方面。新农村建设政策的落实,将有利于我国城镇化进程的顺利推进。

(1)与城镇化相协调推进新农村建设是农村人口发展的需要。在今后相当长的时间内,城镇化不能解决我国农村面临的全部发展问题,我国农村人口的规模和比重还将保持在较高的水平上,因而在大力推进城镇化过程的同时,还需要协调地推进新农村建设。根据国务院发展研究中心课题组预测,到2020年,我国的城镇化率将达到56%左右,城镇总人口将达到8亿左右;到2030年,我国城镇总人口和城镇化率将分别达到9.3亿和63.6%(韩俊,2010);即使如此,我国农村中仍将存有5.3亿人口。按照陈锡文(2010)的推算,到2030年,中国按15亿人口、70%的城镇化率计算,农村仍将有4.5亿人,超过新中国成立时我国的农村人口规模。也就是说,未来20年内,即使我国的城镇化达到了很高的水平,我国的农村人口规模依然会很庞大。

与此同时,农村人口外流的速度可能趋于减缓。城镇化的推进速度也可能趋于减速(魏后凯,2010)。在此背景下,统筹城乡发展、加强农村建设、充实农村基础设施、改善农村生活环境、健全农村公共服务都将是不容忽视的问题。而且,由于留在农村的人口中老人、妇女、儿童将占很大的比重,农村居民对公共服务的需求,尤其是对教育、医疗、养老等社会保障的需求将更加突出。因此,加快城乡间公共服务的均等化进程、提高农村人口享有的社会保障水平将成为一个突出的现实问题。这对于实现社会公平、维护社会稳定都至关重要,而新农村建设将是解决这一问题的重要措施。

(2)新农村建设有利于城镇化推进与城镇体系完善。

①新农村建设有利于城镇化的进一步推进。

第一,新农村建设将转变农民的城镇化决策过程。因为,前面的分析已经指出,农民迁移以实现城镇化面临着很高的门槛,且成本收益严重不对称。这导致农村人口向城镇的流动和迁移呈现为不完全的状态,很大一部分进程的劳动者没有真正实现城镇化。同时,流动人口的结构失衡,即以青壮年劳动力为主,而不是家庭流动;流动很不稳定,劳动力流动的长短周期并存。如果能够通过新农村建设,不断增加农村居民享有的公共服务与社会保障,让各种社会福利逐渐与户口脱钩,则城市与城镇化将归于居住属性这一根本含义,流动即迁移,传统的不公平的城镇化政策将自然消亡。届时，农民城镇化的决策过程也将随之改变，不论流动还是迁移，核心都只考虑经济收入。那样的话，不论短期和长远预期如何，农民的城镇化积极性会得到充分释放，流动人口的结构失衡也将得到有效改善。

第二，随着刘易斯拐点的到来，可转移人口的规模和城市吸纳转移人口的能力将成为制约城镇化的重要因素。增强农业发展基础、转变农业生产方式以进一步释放农村劳动力，成为推动城镇化发展的必然要求。农业产业化与规模经营有利于释放劳动力是不争的事实。根据 Cline（1973）的研究，劳动与农场经营规模的弹性只有 0.38，意味着劳动—土地比会随着农场规模的上升而快速下降。虽然中国地域辽阔，地区之间自然条件、规模经营潜力有很大差异，但农户经营规模在全国绝大部分地区都还普遍偏小，不利于充分发挥农业规模经营的潜力。另外，按表 5-2 提供的数据，如果改变劳动市场的均衡性质，促进国民经济增长的就业弹性提升 0.1 个百分点，农民进城的综合条件将发生重要改变，不仅城市化的速度会提升，城市化的品质也会显著改善。[①] 要实现这一目标尚需艰苦改革，特别是要调整劳资关系，减少职工加班时间、提高职工劳动保护水平。此外，一些具体政策的调整也需要认真探索。不同地区在自然条件、经济基础等方面存在很大差异的情况下，各自应该走什么样的农业产业化和规模经营道路，如何促进土地（向务农劳动力）稳定流转，如何合理引导产业资本进入农业，以及在此过程中如何合理保护农民的利益，都需要制定合理的指导办法。

第三，新农村建设有利于农村建设用地的集约利用。节约出来的建设地，一部分通过复垦可以缓解耕地的不足，还有一部分可通过各种途径转化为城镇化建设的新增土地。农村人口的大量外流使得农村空心化问题日益突出，造成村庄建设用地大量浪费，也制约了基础设施、公共服务等的有效供给。因此，在当前及未来相当长的一段时期，村庄整理与合并等在许多地区都是不可避免的。在此过程中，能节约出来的土地非常可观。在海南某市，2004 年农村居民点用地 5292 公顷，折合 7.94 万亩，通过新村建设可节约农村建设用地约 3639 公顷，折合 5.46 万亩（张晓山，2010）。

②新农村建设有利于促进城镇体系的进一步完善。城镇体系的形成与发展受到经济增长方式的影响，而增长方式中也包含了城乡关系的设定，如资本与劳动的分配关系、农产品与制成品的价格关系、公共资源的城乡分配关系等。如果行政资源、公共资源、金融资本等要素过度向城市，特别是向大中城市集中，必然

[①] 按这个假设，如果国民经济增长 8%，就业增长率可增加 0.8%；若非农就业增长率基数为 2%，非农在业总量为 6 亿，则就业增长率增至 2.8%，可多增就业岗位 480 万。这一变化无疑会极大改变劳动市场的供求平衡状态。

导致城镇体系的发展失衡。党中央在2000年就明确提出，要走大中小城市、小城镇协调发展的有中国特色的城镇化道路。但时至今日，我国小城镇在基础设施与公共服务等方面的发展仍很不充分。如2007年中国建制镇总人口为7.77亿人，占全国总人口的58.8%。其中，镇区人口1.93亿人，占全国城镇人口的32.5%；但建制镇的财政支出为4142.94亿元，仅占国家财政总支出的8.3%；同时，建制镇完成的固定资产投资额为34537.86亿元，仅占全社会固定资产投资额的25.2%（魏后凯、刘楷，2010）。这使得放开小城镇户籍等措施对城镇化的推进、对农民分享城镇化的成果都没能产生广泛的实质性影响。

更需要警惕的是，在利益分配格局没有得到根本扭转的情况下，农民无法充分分享城镇化的成果，城镇化也未必能带动新农村建设。甚至，还可能出现借新农村建设之名，行盘剥农村之实。这方面核心问题在于农村的土地，即农民对土地的权利并没有得到充分重视与保障。如2009年，国有土地使用权出让金支出总额为12255亿元。其中，征地和拆迁补偿支出占了38.9%，土地开发支出占10.2%，城市建设支出占27.3%，而农村基础设施建设支出和补助被征地农民支出只分别占了3.5%和1.6%（张晓山，2010）。这样的土地利益分配格局显然不利于发挥农村居民参与城镇化的积极性，使中国的经济高增长在积累了财富的同时也积累了大量的矛盾（陈锡文，2010）。

因此，要想在新农村建设过程中进一步推动村庄建设，关键在于提升和保护农民在土地利益分配中的权利地位：一要严格土地管理，按照相关法律与规划合理使用整理后节约出来的土地；二要加快建立城乡统一的建设用地市场，促进乡村集体经营性建设用地进入市场；三要进一步推动农村基层民主政治建设，改革和完善乡村治理结构，重点完善民主决策、民主管理和民主监督制度，探索建立有效的民主制衡机制，在确保广大群众对基层事务的知情权、参与权和监督权的基础上，实现对经济权利的保障（张晓山，2008）。土地利益分配格局的转变，既可以抑制不合理的城市扩张趋势，也可以为真正的新农村建设扩大资金供给。

新农村建设实际上就是对我国城乡发展关系的一种调整。只有通过新农村建设，使历史形成的各种既有分配关系得到合理调整，并适度向农村倾斜，才能加快农业和农村的发展，也才有利于县域经济和小城镇的发展。也只有这样，小城镇发展过程中吸纳农民特别是那些低流动性的农民的能力才有望得到充分发挥。

三、影响农村劳动力流动的相关因素分析

本节通过回归分析，检验目前影响我国农村劳动力向城市非农产业转移的主要因素，以验证以上就影响我国城镇化发展趋势的主要因素所作的基本分析。

学术界对城乡劳动力流动的研究主要基于刘易斯的二元结构理论和哈里斯—

托达罗的人口迁移模型。20世纪50~60年代，在解释存在过剩劳动力的发展中国家的发展过程方面，刘易斯—费景汉—拉尼斯模型得到了普遍接受。该模型的中心思想是，劳动力转移过程和现代部门就业的增长过程，都与现代部门的产出增长相关。而现代部门的产出增长速度则取决于该部门的资本积累速度。托达罗（1968）从供求角度进行研究，发展了传统的农村人口迁移理论，并以此解释城市失业增加与城乡人口迁移加速并存的矛盾。其基本假设为，农村居民的迁移决策是其对城乡间预期收入差距而不是绝对收入差距的反映。后续的理论发展也基本都是着眼于城市与非农业部门间的对比。如 Johnson（1971）、Corden 和 Findlay（1975）、Cole 与 Sanders（1985）等。而新迁移经济学（new migration economics）则进一步提出，劳动力流动决策不是由每个独立的个人做出的，而是由一组相关的人，如家族或家庭来共同决定的，决策的目的不仅仅是实现收入最大化，也是为了实现风险最小化、克服各种市场缺陷带来的制约（Stark 和 Bloom, 1985; Taylor, 1987; Stark, 1991）。

  国内学者对中国的城乡劳动力流动做了大量的理论与实证研究。杜鹰等（1997）的实证研究结果表明，农业资源缺乏是影响农村劳动力流动的一个主要因素。Zhao（1999）利用四川省农村居民调查数据的研究发现，家庭中劳动力的数量和耕种土地的数量是决定迁移行为最重要的因素，农村税收以及其他一些个人特征，例如性别、年龄、富裕程度、地理位置、未成年子女的数量都影响劳动力的迁移决策。鲜祖德（2001）的研究表明，农村劳动力的流动率与农村居民人均纯收入、劳动力文化程度呈正相关，与农村人均耕地面积、GDP 中农业所占比重、劳动力的年龄呈负相关；而农村劳动力的流动规模与城市劳动力工资率和地区非公有制企业发展水平呈正相关。蔡昉（2001）认为，农户所在社区的人均耕地资源较少和缺乏非农产业就业机会是农村劳动力外出流动的主要推动力，劳动力是否流动以及流动方式的选择取决于劳动力及其家庭对流动成本和收益的评价。Zhang 和 Song（2003）估计了决定农村人口向城市流动的主要因素，并发现，农村和城市间的工资差异是影响省内和省际人口流动的最主要因素，而地理距离增加了劳动力迁移的成本，抑制了跨省的人口流动；另外，由于城市化的成本不断增加，对劳动力的迁移产生了抑制效应。衰洪泉（2006）的研究发现，制度对劳动力流动的影响是最显著的，其次才是城乡预期收入差距。

  总的来看，在这些研究中，流动的主要决定因素是城市就业机会与农村劳动力获得非农就业机会的能力。也就是说，在劳动力流动的成本收益权衡中，农业劳动需求与回报一直是被忽略的。这种假设在农村劳动力大量过剩、农业劳动边际产出很低的情况下，是可以接受的。但当前中国面临的情况是，"刘易斯拐点"已经到来，农业就业或非农业就业都不再是没有机会成本的了。同时，农业技术的进步也改变了农业领域劳动投入的回报状况，这对农村劳动者的劳动时间分配产生着越来越突出的影响。其中，一个突出的表现是农户的兼业化。① 而农户的兼业化则对农村劳动力的流动产生了抑制作用。

本章以调查数据中适龄劳动人口，即年龄在15~59岁、不在校、具有劳动能力的人为研究对象。按以上标准筛选，调查地区的1167户5544人中共有适龄劳动人口3074人，占总人口的55.4%，户均2.63个劳动力。根据当年农业从业时间与非农业从业时间情况，可以将适龄劳动人口的就业状况分为四类：不在业、兼业（同时从事农业、非农业）、完全非农（仅从事非农业）和完全农业（仅从事农业）。在全部适龄劳动力中，完全从事农业的劳动力占41%，完全从事非农业的占23.1%，而兼业的占25%，表明农业兼业化是比较普遍的。分地区来看，完全从事非农业的人口比重在广东最高，在宁夏最低，而兼业与完全从事农业的人口的比重则相反，在宁夏最高，在广东最低。在兼业者中，劳动总天数中干农活所占比重在20%以内的占到35%，而干农活所占天数比重在80%以上的仅占了10.9%。相反，从事非农业活动占在业天数的比重在80%以上的人口占36%，而比重在20%以下的人口仅占8%。也就是说，即使不考虑有效工作日问题，单从劳动天数上看，兼业者主要从事非农业（见表5-6）。

3. 农业生产技术与兼业的相关分析

在此使用单劳动力规模经营潜力指标来衡量一个地区的农业生产技术条件，即在当地自然条件、生产技术与组织方式下，单个劳力能够经营的最大面积。技术条件越高，单位面积上所需劳动投入越少，单个劳动力的规模经营潜力也就越大。同一地区，规模经营潜力因作物而不同，如稻谷、蔬菜、水果等，劳动投入需求存在巨大差异，本章用粮食作物的规模经营能力来衡量。在数据方面，虽然每户都有一个全劳力最大耕作面积的数据，但考虑一个村庄内，甚至在更大的范围内按劳力计算的规模经营潜力，或者说农业生产的技术条件，不应该有户间差距，因此这里用按乡镇计算的均值来衡量各地的规模经营潜力。计算兼业状态与所属地农业规模经营潜力的皮尔逊相关系数，结果为0.091，在1%水平上高度显著。也就是说，农业技术水平越高的地区，兼业倾向越高。

我们通过回归分析检验了农业技术进步对农村劳动力流动的影响。主要发现：②

首先，单劳力规模经营潜力对流动决策的影响小于零，虽然不显著，但至少表明农业生产技术进步未能起到释放劳动力促进流动的直接作用。

其次，兼业，即同时从事农业与非农业的劳动力的流动性显著低于完全从事

---

① 兼业化的另一种可能：本地非农就业机会增加，外出与在本地从事非农就业的收入差距缩小，导致本地务工的增加，本地务工的人同时从事农业生产的可能性更大。

② 因篇幅所限，这里只扼要介绍这分析的结论，略去这项分析的具体过程和方法，如有需要了解此项研究的完整报告，可与作者联系索取。

非农业的人口，流出几率低了33.9%。有鉴于此，可以推断，农业生产技术导致农户兼业化，进而降低了农村劳动力的流动性。

这一结果间接表明了土地流动机制不完善是制约劳动力流动性的关键因素。在土地制度方面的问题没有得到根本扭转的情况下，农业生产条件的改善与单劳力规模经营潜力的提高只会导致兼业化，这与农村日益普遍的"农业副业化、农业兼业化"现象是一致的。

再次，部门间、地区间的收入差距对流动决策也有着显著的影响。农业经营亩均收益的上升会显著地降低农村劳动力的流动性。当然，这不能成为维持农业与非农业部门之间不对等交换关系的理由。

最后，外出务工的收入比在本地务工的收入高1倍，劳动者流动的几率会上升6.2%。但这种影响在经济上可以说是不显著的。如前所述，流动决策对收入差距如此不敏感，表明流动的经济、社会与心理成本可能是很高的。

其他控制变量的估计结果整体上与预期一致，其中有一些有意思的发现。首先，估计结果显示，农村劳动者的年龄每增长1岁，其向外流动的几率下降1.4%，且这个影响高度显著。显然，以40岁以上人口为主的农村"存量"人口，其流动性之低是可以预期的。另外，性别与婚姻的交互项对流动性的影响更加明显。在未婚阶段，男性流动性略高于女性，但两者的差异不显著。而男性婚后流动的几率要比婚前高出16.2个百分点，这个差异在10%水平上显著。女性婚后流动几率比婚前高出6.9个百分点，不过统计上不显著。这个结果说明，婚姻对男女劳动者流动性的影响不同，这与对现实的观察是一致的。

还有，估计结果表明，教育对农村劳动者流动性的影响在经济意义上和统计意义上都不显著。这与通常的预期不一致。原因可能是，这里所用的样本主要是滞留在农村、很难实现永久性迁移的人口。[①] 这部分人口主要在非正规部门就业，或从事不需要技能的体力劳动。对他们来说，影响其流动的关键障碍往往不是教育，而是社会资本、网络关系与区域文化。赵耀辉（1999）在有关劳动力流动决策的另一实证研究中发现，教育对流出没有显著影响，但会显著提高农村劳动力在本地从事非农业的概率。仍使用本调查数据，以是否从事非农就业作为被解释变量，保留流动决策模型中大部分解释变量，去除"是否兼业"、非农业就业形式等属于被解释变量子集的变量，再做回归，结果发现教育的系数显著大于零（这里不再给出详细估计结果）。因此，教育对农村劳动力来说，作用主要体现在促进永久性迁移及非农就业参与上，对短期性迁移、流动的影响不显著。

在家庭特征方面，家里有学龄前儿童会影响劳动力的流动性，但这种影响并

---

① 受调查方案的影响，客观上存在样本选择偏差问题。如果教育影响的不是是否流出，而是是否能够在城市定居下来，那么这里存在的是样本截取问题。

不显著。家里有老人不但不会降低劳动力的流动性，还会显著促进流动。这些与留守儿童、留守老人普遍存在的现象是一致的。户人均占有耕地的增长会降低劳动力的流动性，但这种影响并不显著。这可能有两方面的原因：一是在农业生产日益专业化的情况下，耕地增加带来的边际劳动需求较小，对家庭内劳动时间分配的影响有限；二是少量土地的增加不能改变农业、非农业收入的对比关系，放弃外出务工这一选择会降低总收益。与预期一致，其他家庭成员流出会显著提高劳动力流动性，流出几率会因此提高23.8个百分点。

居住地与乡镇政府所在地的距离对流动性具有负的影响。这主要是因为，本章的流动标准是在本乡镇以外从事非农就业，这个估计结果意味着离乡镇远的劳动者更倾向于在本乡镇内从事非农就业，通常也就是在乡镇政府所在地就业；而离乡镇近的人则更倾向于在乡镇以外从事非农就业。梯度迁移法则指出，在"迁移流"中，农村居民通常倾向于向邻近的城镇迁移，城镇居民倾向于向更大的城市迁移，并最终向快速成长的城市迁移。在这样一种劳动力流动与迁移模式下，在本地（乡镇范围内）创造非农就业机会，对于农业劳动力转移就非常重要。一方面，可以降低流动的门槛，使得原本流动性已经很低的现有农村劳动力有可能转移；另一方面，可以提高其对流出后就业机会的预期，增强转移的动力。

四、积极推进城镇化战略

（一）城乡一体化目标

中共十七届三中全会提出城乡社会经济一体化发展战略，是"十一五"规划执行期的最重要的决策成就。会议通过的决定概述了2020年之前必须要实现的六项具体目标。尽管会议文件没有明确勾勒城乡一体化的远景，但我们依据主要发达国家的发展历程和我国的实际情况，可以对这一远景目标做一个总的描述。

城乡一体化的远景主要有五方面的内涵。一是城乡统一市场的基本建立，特别是统一要素市场的建立；二是城乡居民收入基本一致，农民收入甚至超过全国平均水平；三是城乡居民公共服务水平基本一致，特别是社会保障制度的城乡差异完全消除；四是农业高度发达，农业GDP比重下降到5%以下，全国恩格尔系数平均降到15%左右，专业农户成为农村的主体居民；五是城市化率达到70%以上。

如果上述目标实现了，中国的城乡二元体制将不复存在。这样一些目标并非不可企及。在我国某些发达地区已经基本实现了这个目标。一些东欧中等发达国家也基本上实现了城乡一体化，而发达国家多在第二次世界大战前完成了这一任务。

我们国家很大，各地经济结构也不一样，各地实现城乡一体化的指标要求也不应"一刀切"；有的地方的城市化率可以高一些，有的则可以低一些。可以乐观地估计，如果一些重大改革措施能有序跟进，我国大约在30年的时间里完全实现城乡一体化。

(二) 实行积极的城镇化战略

总体看，我国城镇化推进过程获得了显著成绩。一是国家确立了积极稳妥推进城镇化战略。2008年，国家明确提出城镇化和新农村建设"两轮驱动"，以促进中国经济又好又快发展，而新农村建设不过是城镇化的一个方面。二是国家将一批城市群（带）的发展上升为国家战略，使中央和地方在城镇化发展方面有了更大共识和更一致行动。三是制约城镇化发展的一些体制性障碍正在被打破，户籍制度改革的方向更加明确，土地制度改革的原则已经确立，成都等地的改革试点取得了很大突破。四是城镇化的速度比较快，1992年以来我国城镇化的速度达到1.2%左右，超过了美国城镇化速度最快时期1倍以上。五是城镇化对国民经济发展作出了巨大贡献，城乡差距扩大的势头被有效遏止。目前，我国城乡居民的收入差距事实上比改革开放前有明显缩小，且按照更科学的方法测算，近年城乡之间的相对差距也比较稳定。

2008年中央经济工作会议提出的"积极稳妥推进城镇化"的方针要真正落实好，必须有正确的指导思想和"一揽子"政策措施。大略来说，要注意以下五个方面：一是加快农村人口转移，使城市化率至少每年增加一个百分点，有的地方可以更快一些。二是要改善规划管理，逐步实现规划的法制化和民主化。国家层面上要有规划，地方也要有规划。要注意合理布局各类城市，使中小城市有更大的发展空间。三是大力推进农业现代化，帮助农民富裕起来。要培养专业农民，使专业农户逐步成为农村的主体居民。四是要在城镇化过程中充分发挥市场对资源配置的基础性作用。五是要维护社会公正，不能在城镇化过程中损害人民的利益。要让市民和农民都享受到城镇化的好处。

(三) 推进以土地改革为核心的要素市场改革

土地改革要摆脱一切陈旧观念的束缚，坚持以人为本的施政理念。要把人的福祉放在制度安排的首位，以人的福利水平提高为制度设计的标准。实践中，坚持这个标准的要义是处理好平等与效率的关系，在私人领域坚持效率标准，合理安排土地权属类型；在公共领域坚持平等要求，以土地规划的法制化、民主化实现公共目标。

要加快修改有关土地方面法规，落实中共十七届三中全会提出的"明晰产权，用途管制，节约集约，严格管理"的土地管理改革原则。当前要突破的三个关键改革难题是：

第一，通过明晰产权，逐步形成多元化的土地产权结构。要通过落实土地承包权长久不变政策形成农民的土地财产权；要废除城市经营性土地使用权70年有效政策，实现使用权长久不变。即使把这两种产权看做"准私有权"，其面积占国土面积也不过1%左右。

第二，进一步严格制约平原地区城市扩张，保护我国优质耕地。要重新核定平原地区城市用地的规划指标。住宅区用地的容积率必须在5以上。新辟工业区的经济密度每亩地的GDP应在1000万元以上。除"增减挂钩"政策留下的口子外，应在3年后原则上停止平原地区城市建设用地供应。凡利用增减挂钩政策增加城市建设用地的，减一亩，只能增半亩以下；不同城市可差别对待。土地督察机构应该加强，督察分局的权限应扩大，其负责人的职级可定为副省级。

第三，开放浅山区建设用地市场，让70%的中国家庭拥有独栋房屋。本书前面提出的中国70%的家庭拥有或使用独栋房屋的政策调整建议，乍看不切合中国实际，因为大家以为中国缺地。其实，中国多的是山地、荒地、丘陵、滩涂等农业利用价值低的土地。但我们的制度把大量农业利用价值低的土地排除在住宅用地之外了。只有极少数富豪明星在市区拥有自己的世界上最昂贵的独栋房屋。中国的两极分化由土地政策显化为现实的存在。必须改政策。要让中国人在农业利用价值低的土地上建造相对昂贵的房屋，给山区、丘陵地区的城市更大的扩展空间。保守估计，仅仅利用浅山区的村庄用地，如果规划适当，就可建造5000万左右的独栋房屋。如果再利用一些不适合农业生产的其他类型土地，再建造1亿独栋房屋也不会有问题。加上原来农民的独栋房屋，全国70%左右的家庭拥有独栋房屋，不是一个梦想。

在改革推动土地制度的同时，还要以积极调整劳资关系为核心，深化劳动和人口管理体制改革。认真落实我国有关劳动保护的法律法规，解决劳动强度高、劳动时间过长的问题。以户籍制度改革为重心，全面改革城市社会管理体制。中央可以要求地方按照"保障公平、兼顾效率、维护稳定"的原则加快户籍制度的改革。鼓励城市政府学习重庆、成都户籍制度改革的经验。

（四）把乡村治理转化为城市治理，实现社会治理的一元化

我们在长三角、珠三角地区看到，那里村庄已经高度非农化，尽管在我国行政建制上把它们看做乡村，并且使用"乡村治理"这样的政治术语来指称一类工作，但在工作内容上看，已经和农业关系不大。这里当然也存在"表述的滞后"对实际工作的消极影响，甚至可以说这种影响还很大。正因为如此，我们才会认为，有必要通过理论认识的深化，及时转变政治用语，以消除似是而非的政治用语的影响。抛开长远的政治转化不说，在未来一二十年里，我们要达到这样几个

目标：

第一，在全国范围内消除社会治理的二元机制，将所谓乡村治理转化为城市治理，实现社会治理的一元化。

第二，农村大量人口一部分进入现有各类城市，还有一部分进入新兴城市，其余农村人口转变为专业农户，分散在300万个左右的小型居民点中，使农村真正成为农民的工作与生活区域，且农民仅仅有职业身份甄别的意义，其余社会身份和城市居民完全一样。小型农村居民点将不再需要设立独立的公共组织，他们的公共事务归并于小型城市或其他类型城市的郊区政府。

第三，在可预见的未来，中国仅仅需要大约5000万各类农户，这个数量的农户有一定的经营规模，其收入水平可达到全国平均水平。大部分农户可进入中产阶级行列。

以上社会景观的出现，将意味着传统乡村社会的消失。传统乡村社会将是一个"传说"。

（执笔：杜志雄　党国英　刘长全　罗万纯）

参考文献

[1] 陈甬军，景普秋，陈爱民. 中国城镇化道路新论. 商务印书馆，2009.
[2] 陈锡文. 陈锡文就2010年中央一号文件接受新华社记者专访. 新华网，2010-02-02.
[3] 蔡昉. 劳动力市场扭曲对地区差距的影响. 中国社会科学，2001（2）.
[4] 杜鹰，白南生. 走出乡村——中国农村劳动力流动的实证研究. 经济科学出版社，1997.
[5] 国土资源部. 全国土地利用规划（2011年）.
[6] 国家统计局. 全国农产品成本收益资料汇编（2008）. 中国统计出版社，2009.
[7] 国家统计局. 中国统计年鉴. 中国统计出版社，1996~2009.
[8] 国家统计局. 中国第二次全国农业普查资料汇编. 中国统计出版社，2009.
[9] 世界经济编辑委员会. 英法美德日百年统计提要. 统计出版社，1958.
[10] 世界银行. 世界发展指标（2009）. 中国财政经济出版社，2010.
[11] 魏后凯，刘楷. 镇域科学发展之路——对河北迁安及野鸡坨镇的调查. 中国社会科学出版社，2010.
[12] 鲜祖德. 小城镇建设与农村劳动力转移. 中国统计出版社，2001.
[13] 张晓山. 深化改革促进城乡统筹发展. 三农中国，2010（2）.
[14] 周一星. 城市地理学. 商务印书馆，2003.
[15] 郑振源. 土地利用文集. 中国大地出版社，2007.
[16] 中国科学院经济研究所世界经济研究所. 主要资本主义国家经济统计集. 世界知识出版社，1962.
[17] Bhgwati, J. N. and Srinivasan, T. N. (1974). On reanalyzing the Harris-Todaro model: policy rankings in the case of sector-specific sticky wages, in *American Economic Review* (Menasha,

Wis., American Economic Association), June 1974.

[18] Cole, W. E., and Sanders, R. D. Internal Migration and Urban Employment in the Third World, *American Economic Review*, 1985: 75

[19] Corden, W.M. and Findlay, R. Urban unemployment inter-sectoral capital mobility and development policy. Economica, 1975 (42): 59-78.

[20] Fields, G. (1975). Rural-urban migration, urban unemployment and underemployment, and job-search activity in LDCs, *in Journal of Development Economics* (Amsterdam, North-Holland Publishing Co.), June 1975.

[21] Harris, John R. & Todaro, Michael P. (1970), "Migration, Unemployment and Development: A Two-Sector Analysis", *American Economic Review* 60 (1): 126-142.

[22] Johnson, G.E.1971. The Structure of Rural to Urban Migration Models. Eastern. *Africa Economic Review* (Nairobi), 1971 (6): 21-28.

[23] Northam, Ray M. Urban geography. New York: John Wiley, 1975.

[24] Perloff, Jeffrey M. 1991. The Impact of Wage Differentials on Choosing to Work in Agriculture. American *Journal of Agricultural Economics*, 73 (3): 671-680.

[25] Puga, Diego. The rise and fall of regional inequalities. *European Economic Review*. 1999, 43 (2): 303-334.

[26] Stark, O. The migration of Labor, Basil Blackwell: Oxford, 1991.

[27] Stark, O. and Bloom, D. E. The New Economics of Labor Migration, *American Economic Review*, 1985: 75.

[28] Taylor, J. E. Undocumented Mexico-US Migration and the Returns to Households in Rural Mexico, American *Journal of Agricultural Economics*, 1987: 69.

[29] Todaro, M. The Urban Employment Problem in Less Developed Countries An Analysis of Demand and Supply. *Yale Economic Essays*, 1968 (2): 331-402.

[30] ZHANG, K. H. and SONG, S. Rural-urban migration and urbanization in China: Evidence from time-series and cross-section analyses, *China Economic Review*, 2003 (14).

[31] Zhao, Yaohui. Labor migration and earnings differences: the case of rural China. *Economic Development and Cultural Change*, 1999.

[32] Zhao, Yaohui. Leaving the Countryside: Rural-to-Urban Migration Decisions in China, *American Economic Review*, 1999: 89.

第六章　中国经济的区域结构演变与调整战略

人类经济活动总是要落实到特定的地理空间，而区域是经济活动依存的空间载体。经济活动的空间分布以及定位于不同地理空间的经济活动的组合形式，构成了经济的区域结构。它是各种经济活动集聚与扩散的结果。深入探讨中国经济的区域结构演变趋势及其未来调整战略，对于优化区域结构，提高资源空间配置效率，促进区域协调发展，都具有重要的战略意义。

一、中国经济区域结构变动历程

新中国成立以来，中国经济布局战略和区域结构经历了几次大的变迁。在改革开放以前，中国国家投资的地区布局和区域经济发展基本上受着平衡发展思潮的影响和支配。这种思潮片面追求平衡发展目标，过度强调生产力的平衡布局和缩小地区差别，主张国家投资布局应以落后地区为重点，有时甚至在资源分配和政策投入上采取"撒胡椒面"式的地区平均主义做法（魏后凯，1995）。在这种思潮的影响下，国家投资的地区布局先后两次大规模向西推进，第一次是"一五"计划时期，第二次是"三线建设"时期。改革开放以来，随着国家工作重点向经济建设的转移，中国经济布局和区域发展的指导方针也由过去主要强调备战和缩小地区差别，逐步转移到以提高经济效益为中心，向沿海地区倾斜。

进入20世纪90年代，中央正式确立了地区经济协调发展的指导方针，并先后制定实施了西部大开发战略、中部崛起战略和东北地区等老工业基地振兴战略，由此形成了国家区域发展总体战略格局。在这一时期，中国经济布局的地域框架曾出现过几种不同的战略思路。一是地带框架。如"六五"和"八五"计划采用二分法，将全国划分为沿海与内陆地区。"七五"和"十五"计划采用三分法，将全国划分为东部、中部和西部地区。"十一五"和"十二五"规划则采用四分法，将全国划分为东部、东北、中部和西部地区。二是点轴框架。如1985年组织编制的《全国国土总体规划纲要》采用点轴开发模式，提出把沿海和长江沿岸地区作为全国国土开发的主轴线。三是经济区框架。如在"八五"计划时期，国务院正式提出在全国范围内编制七大经济区发展规划,并将其列入"九五"计划之中,作为全国经济布局和促进区域协调发展的主要内容。四是功能区框架。如在"十一五"和"十二五"规划中,国家明确提出将全国划分为不同类型的主体功能区,以优化国土空间结构,规范空间开发秩序。

根据国家经济布局战略和区域政策的变化,并考虑到中国区域经济差距的变动趋势(见图6-1),我们认为,改革开放以来中国经济的区域结构变动大致可以划分为四个阶段。

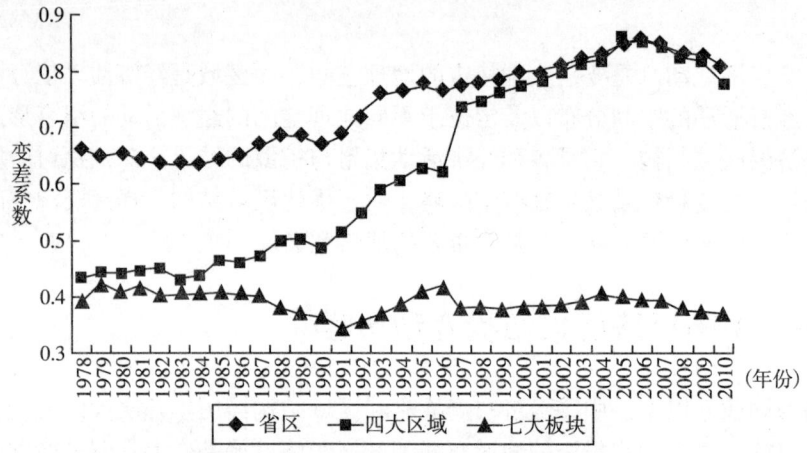

图 6-1 中国各地区生产总值变差系数的变化

注:四大区域指东部、东北、中部和西部地区。其中,东部地区包括河北、北京、天津、山东、上海、江苏、浙江、福建、广东、海南10个省(市);东北地区包括辽宁、吉林和黑龙江3省;中部地区包括山西、河南、安徽、湖北、湖南、江西6省;西部地区包括内蒙古、广西、陕西、甘肃、宁夏、青海、新疆、重庆、四川、贵州、云南、西藏12个省(市、自治区)。七大板块指北部沿海(河北、北京、天津、山东)、中部沿海(上海、江苏、浙江)、南部沿海(福建、广东、海南)、东北、中部、大西南(广西、重庆、四川、贵州、云南、西藏)和大西北(内蒙古、陕西、甘肃、宁夏、青海、新疆)。

资料来源:根据《中国统计年鉴》(各年度)整理计算。

(一)经济空间集聚的酝酿起步阶段(1978~1990年)

1978~1990年,中国区域发展战略主要受不平衡发展思潮的影响,国家投资布局和区域政策强调效率目标,向条件较好的沿海地区倾斜。这一时期,四大区域之间的地区生产总值(GRP)变差系数小幅上升,七大板块之间的变差系数则呈现下降趋势。这说明,四大区域之间经济活动开始分化,七大板块之间的经济活动总量差距逐步变小,但省区之间经济总量差距正逐步扩大。从某种意义上讲,中国经济正经历着空间结构的调整。但从宏观层面看,空间集聚趋势尚未确立。这期间全国GRP年均增长9.4%。其中,东部地区年均增长10.2%,超出全国平均水平0.8个百分点,东部地区GRP占全国的比重增加了1.5个百分点;中西部及东北地区GRP年均增长率分别为9.0%、8.9%和7.8%。东部与西部地区增长率仅相差1.3个百分点。同期,南部沿海地区GRP年均增速为12.3%,增速超出全国平均增速2.9个百分点,南部沿海GRP占全国的比重明显上升,而北部沿海年均增速低于全国平均水平。南部沿海的经济活动开始出现空间集聚趋势,该地区GRP占全国的比重增加了4.6个百分点,但绝对份额仍低于东北、中部沿海、中部和西南地区。总体来讲,在这一时期,中国的改革开放政策首先推动了经济活动向南部沿海集聚,中部沿海和北部沿海的经济空间集聚尚不明显,东部地区的空间集聚刚开始显现。

(二) 经济空间集聚的快速推进阶段 (1991~1997年)

自20世纪90年代初以来,随着改革开放的深入和中国国力的增强,面对地区发展差距特别是东西部差距的不断扩大,中国政府正式把促进地区经济协调发展提到了重要的战略高度,并确立了地区经济协调发展的指导方针。这标志着中国的区域发展战略从不平衡发展到协调发展的根本转变。这一时期,四大区域、七大板块以及省(自治区)之间的GRP变差系数都在扩大。这说明,中国的经济区域结构呈现出了快速集聚的趋势。在1991~1997年,全国GDP的年均增长速度为14.1%,东部GDP的年均增速更是高达15.5%,是改革开放期间经济增长最快的一段时期。1991年,东部地区GRP占全国的43.25%,到1997年,这一比重增加了8.5个百分点,而西部地区GRP的比重则下降了4.3个百分点。但是,这一时期经济集聚最明显的是北部沿海地区,其所占比重增加了7.4个百分点;而沿海其他地区的比重则增加都不明显,中西部和东北地区的比重则在下降。这表明,这一时期北部沿海是经济活动空间集聚最明显的地区。

(三) 经济空间集聚的巩固强化阶段 (1998~2005年)

1997年亚洲金融危机爆发,打断了亚洲经济高速增长的路径。自1999年以来,为促进区域经济协调发展,国家先后制定并实施了西部大开发战略、东北地区等老工业基地振兴战略和促进中部地区崛起战略。这表明,中国已进入全面实施区域协调发展战略的新阶段。这一时期,四大区域与省区之间的变差系数高度耦合,均呈减速上升趋势,七大板块之间的变差系数也缓慢上升。这说明,中国经济的空间集聚趋势还在继续延伸,但速度有所变缓。四大区域之间的增长速度差异在缩小,东西部之间年均增速仅相差1.5个百分点。中部沿海地区在这一时期的增速最快,为12%。从各地区GRP所占比重来看,经济活动继续向东部沿海地区集聚,但集聚趋势变缓。大西北地区GRP所占比重则出现缓慢上升。

(四）经济活动的逐步空间扩散阶段（2006~2010年）

党的十六届三中全会提出"坚持以人为本，树立全面、协调、可持续的发展观，促进经济社会和人的全面发展"；强调"按照统筹城乡发展、统筹区域发展、统筹经济社会发展、统筹人与自然和谐发展、统筹国内发展和对外开放的要求"，推进改革和发展。2006年以来，国家加强了对区域发展的统筹力度，先后出台了数十个区域规划和特定区域政策。这些区域发展规划和政策的密集出台，折射出的是国家对推动区域协调发展的高度重视，同时也是应对金融危机的重大举措。在2006~2010年，全国各地区之间的GRP变差系数均呈下降趋势，东部地区GRP比重明显下降，中西部和东北地区的GRP比重均呈不同程度的上升。这说明，在国家相关政策措施的推动下，中国经济活动开始由向东部集聚开始向中西部地区转移扩散。

二、中国经济区域结构变动格局

近年来，为促进区域协调发展，国家除了实施西部大开发战略、东北地区等老工业基地振兴战略和促进中部地区崛起战略之外，还出台了一系列相关政策措施，加大了对老少边穷地区的扶持力度。在这些政策措施的大力支持下，中西部和东北地区的投资增长加快，地区经济呈现相对均衡的增长态势。我国东西部地区之间的发展差距已由扩大转变为缩小，产业布局也逐步由过去主要向东部集中转变为向中西部转移扩散。这表明，当前中国区域经济发展已经进入到一个重要的战略转型期，中国经济的区域结构正在发生重大转变。

（一）中西部和东北地区投资增长加快

在国家财政投资的积极引导下，近年来，中西部和东北地区全社会固定资产投资增长速度明显加快，占全国的份额不断增加。在2000~2010年，东北、中部和西部地区全社会固定资产投资年均分别增长26.2%、26.0%和24.8%，远远高于东部地区的19.6%，也高于全国22.5%的平均水平。尤其是2003年之后，东部地区的固定资产投资增速放缓，并开始持续落后于其他地区。而在东北地区、中部地区和西部地区，随着固定资产投资的快速增长，全社会固定资产投资占全国固定资产投资总额的比重在不断提升，2010年分别比2000年增加2.8个、5.7个和3.6个百分点，而东部地区的投资占比则下降了12.1个百分点。这表明，随着国家区域发展总体战略的实施，东北和中西部地区投资已经呈现高速增长的态势。在这种投资高速扩张态势下，东北地区和中西部地区的固定资产投资对经济增长的贡献率明显提升。在2001~2009年，东北地区的资本形成对地区生产总值增长的贡献率高达 77.6%，中部和西部地区也分别达到 63.3% 和 70.9%，远远高于东部地区的 49.1%，也高于各地区 58.2% 的平均水平。

（二）产业布局由集中转变为扩散

在改革开放以来的相当长一段时间内，为鼓励东部地区率先发展，国家在对外开放、投资、财政、税收、金融等方面制定并实施了一系列鼓励性政策措施。在国家政策和市场力量的双重作用下，资金、人才等生产要素和各种产业活动都出现向东部地区集中的趋势。在 1985~2003 年，除烟草制造业外，钢铁、石化、电子信息、纺织等制造业生产能力都在向东部地区集中（王业强、魏后凯，2006）。然而，自改革开放以来，中国各大区人口分布却保持相对稳定。由此形成了两个不协调，即工业加工能力与能源、原材料产地严重脱节和产业、就业岗位分布与人口分布不协调，并造成了三方面的影响：一是造成全国范围的大规模民工流动；二是造成大规模的资源调动，加剧了运力紧张状况；三是造成了地区经济的过密和过疏问题。

值得注意的是，随着西部大开发、东北地区等老工业基地振兴和中部崛起战略的相继实施，东北地区和中西部地区的投资环境日益完善，加上东部地区的要素成本不断上升，以及国家政策的积极引导，近年来外商投资和沿海企业开始加快向中西部地区转移扩散。一方面，面对要素成本的上涨和产业升级的压力，珠三角、长三角等沿海地区的企业加快将生产制造环节转移扩散到能源、资源丰富和产业用地充裕的中西部地区；另一方面，外商投资也不断向中西部地区推进。从 2007~2009 年，东北地区实际利用外资金额占各地区总额的比重由 9.8% 增加到 12.2%，中部地区由 13.5% 增加到 14.4%，西部地区由 6.3% 增加到 9.6%，分别增加了 2.4 个、0.9 个和 3.3 个百分点。而这期间东部地区实际利用外资的比重则下降了 6.6 个百分点。[①] 由此可见，近年来，中国的产业布局格局正在发生重要转变，由过去的向东部地区集中逐步转变为向中西部地区转移扩散。

（三）地区经济呈现相对均衡的增长态势

长期以来，由于生产要素和产业活动向东部地区集中，中国的地区经济增长呈现为东部地区快、中西部和东北地区慢的不平衡增长格局。这种情况一直延续到 2006 年。即使是在实施西部大开发战略之后的 1999~2006 年，东部地区的经济增长速度仍然快于东北和中西部地区。这期间，东部地区生产总值年均增长 12.2%，均远远高于东北地区（10.6%）、中部地区（10.6%）和西部地区

---

① 数据来自中国统计数据应用支持系统，其中 2009 年所缺北京、陕西和新疆数据来自各省（市、自治区）统计公报。

(10.7%)。然而，2007年是一个重要的转折点，该年西部地区生产总值增长速度达到14.9%，开始超过东部和各地区14.6%的平均水平。2008年之后，东北和中西部地区的经济增长速度全面超过了东部地区，中国区域经济增长呈现出相对均衡增长的格局（见表6-1）。在2007~2010年，东部地区生产总值年均增长12.3%，而东北地区和西部地区则分别高达13.5%和13.9%，中部地区也达到13.2%，均超过了东部地区。显然，这种相对均衡的地区增长态势对促进区域协调发展具有重要的战略意义。

表6-1 中国各地区生产总值年均增长率的变化

单位：%

年份	全国	东部地区	东北地区	中部地区	西部地区
1980~1990	9.4	10.2	8.1	8.8	8.8
1991~1998	12.7	14.7	9.5	12.0	10.4
1999~2006	11.3	12.2	10.6	10.6	10.7
2007~2010	12.8	12.3	13.5	13.2	13.9
2006	13.9	14.3	13.7	13.2	13.5
2007	14.6	14.6	14.3	14.6	14.9
2008	12.0	11.2	13.5	12.4	13.1
2009	11.7	10.9	12.7	11.8	13.5
2010	13.1	12.4	13.7	13.9	14.2

注：2006~2010年增长率按照《中国统计年鉴》(2011)调整后的数据计算。
资料来源：根据《中国统计年鉴》(各年度)计算。

（四）东西差距由扩大转变为缩小

在2003年之前，除少数年份外，东部地区与中西部地区间人均GRP的相对差距均呈现出不断扩大的趋势。但自2003年起，这一差距开始显著缩小。四大区域人均GRP离差系数的变化趋势也大体如此（见图6-2）。其中，从1978年到2003年，东西部之间人均GRP相对差距系数由33.7%提高到62.3%，东中部地区之间的相对差距则由30.2%提高到56.0%，二者分别提高了28.6和25.8个百分点。但到2010年，东部地区与中部地区、西部地区之间的相对差距降至44.7%和51.5%，比2003年分别减少了11.3和10.8个百分点。另外，四大区域的离差系数从1978年的0.37提高到2003年的0.45，但在2010年，该离差系数降至0.35。

需要说明的是，自2005年以来，东部地区与中西部地区之间城乡居民收入的相对差距也开始趋于缩小。2010年，东部地区与中部地区间城镇居民人均可支配收入和农村居民人均纯收入的相对差距为31.4%和32.3%，分别比2005年减少2.7个和5.0个百分点；东部地区与西部地区间城镇居民人均可支配收入和农

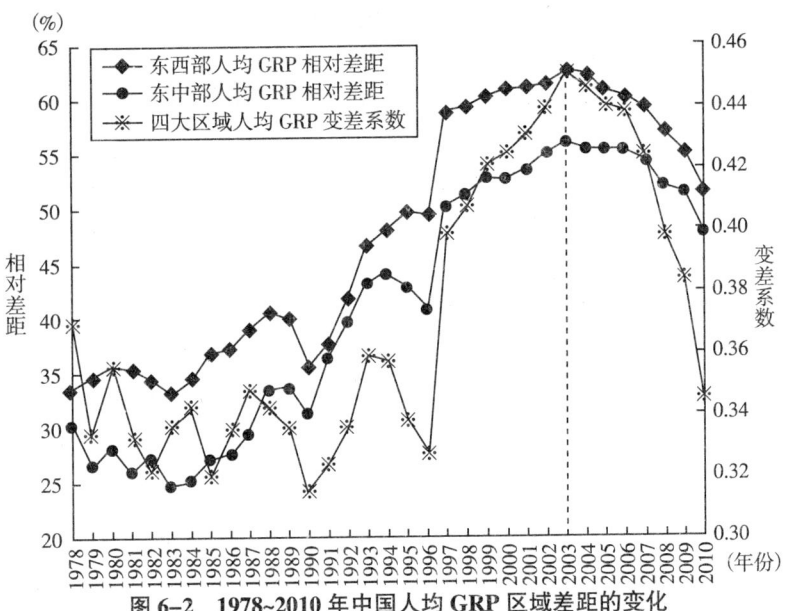

图 6-2 1978~2010 年中国人均 GRP 区域差距的变化

注：东部地区与中西部地区之间相对差距系数 =（东部指标值 - 中西部指标值）/东部指标值×100%。
资料来源：根据《中国统计年鉴》（1998~2011）、《新中国五十年统计资料汇编》、《新中国五十五年统计资料汇编》和《新中国六十年统计资料汇编》整理计算。

村居民人均纯收入的相对差距为 32.1% 和 45.7%，分别比 2006 年减少 2.9 和 4.4 个百分点。由此可见，中国东西部发展差距在经历改革开放以来较长时期的不断扩大之后，2003 年以来已经开始呈现出缩小的趋势，这表明中国促进区域经济协调发展取得了较大成效。

三、中国区域经济增长基本趋势

（一）增长态势

长期以来，中国地区经济增长呈现出东部地区快、东北和中西部地区慢的不平衡增长格局。在 1978~2010 年，中国各地区 GRP 年均增长 9.91%。其中，东部地区的 GRP 年均增长 10.92%，东北地区的 GRP 年均增长 8.02%，中部地区的 GRP 年均增长 9.37%，西部地区的 GRP 年均增长 9.31%。在空间集聚的酝酿起步阶段，各地区生产总值年均增长 9.01%，其中，东部地区为 9.33%，东北地区为 7.75%，中部地区为 9.26%，西部地区为 8.99%。相对于其他时期，这一时期的经济增速相对较低，增速最快的东部地区和最慢的东北地区相差 2.58 个百分点。而在空间集聚的加速推进阶段，地区生产总值的年均增速高达 11.9%。东部地区与东北地区之间的增速差距扩大到 7.86 个百分点。在空间集聚的巩固强化阶段，经济增速明显回落，全国年均增速仅为 9.26%，略低于第一阶段，但地区之间经济增速的差距则大幅缩小。如东部地区与东北地区之间年均增速的差距仅为 3.78 个百分点，中部地区、西部地区和东北地区的增速也出现收敛的趋势。

值得注意的是，近年来，在国家区域政策的有力推动下，中西部地区和东北地区经济增长已出现逐步加快的趋势。自 2006 年以来，西部地区生产总值年均增长速度达到 12.86%（见表 6-2），超过东部地区 3.23 个百分点，在四大区域中最高。东北地区和中部地区也分别高达 11.10% 和 12.34%，均高于东部地区 9.63% 的增速。我国各地区的经济呈现出相对均衡增长的格局。这表明，中国地区经济正在由过去的不平衡增长转变为相对均衡增长。这种相对均衡增长并不是等速增长，而是指发展水平较低的地区增长速度加快，超过了发展水平较高的地区。

表 6-2 各地区不同时期增长速度及贡献率比较

单位：%

地区	改革开放以来 (1978~2010年)		第一阶段：酝酿 起步阶段 (1978~1990年)		第二阶段：加速 推进阶段 (1991~1997年)		第三阶段：巩固 强化阶段 (1998~2005年)		第四阶段：逐步 扩散阶段 (2006~2010年)	
	增长速度	贡献率	增长速度	贡献率	增长速度	贡献率	增长速度	贡献率	增长速度	贡献率
全国	9.91	100	9.01	100	11.90	100	9.26	100	10.85	100
东部地区	10.92	53.77	9.33	41.88	15.36	59.63	10.50	60.40	9.63	48.38
#北部沿海	11.63	19.35	7.80	9.28	22.40	25.44	10.77	21.81	9.75	17.46
中部沿海	9.89	19.74	8.17	17.16	12.58	19.82	10.41	22.43	9.64	18.02
南部沿海	11.83	14.68	13.12	15.43	12.44	14.37	10.28	16.17	9.44	12.89
东北地区	8.02	8.25	7.75	11.93	7.5	7.23	6.99	7.04	11.1	8.73
中部地区	9.37	19.53	9.26	24.08	10.76	19.93	7.53	16.2	12.34	21.72
西部地区	9.31	18.44	8.99	22.12	7.87	13.22	8.68	16.36	12.86	21.17
#大西南	9.05	10.6	9.13	14.13	8.63	9.35	7.33	8.72	12.08	11.67
大西北	9.71	7.84	8.75	7.98	6.49	3.87	11.03	7.64	13.99	9.5

注：表中数据均按不变价格计算出的 GRP 测算。
资料来源：根据《中国统计年鉴》（各年度）计算。

从七大板块增长的态势来看，南部沿海地区平均增速最快，大西南地区和大西北地区也呈现出相互交错的增长态势。在 1978~2010 年，南部沿海地区年均增速高达 11.83%，远远高于全国 9.91% 的年均增速水平。北部沿海地区增速为 11.63%，也呈现出快速增长的态势。中部沿海年均增速与全国平均增速持平。分不同阶段来看，在第一阶段，南部沿海地区增速较快；北部沿海在第二阶段呈现快速增长趋势，年均增速均超过南部沿海；在空间集聚的第三阶段，沿海三个板块增速减缓并趋于收敛,西部地区开始加速增长尤其是西北地区年均增速达到了11.03%,成为这一时期引领区域经济增长的龙头;在第四阶段,东部沿海地区整体增速落后于全国平均水平,中西部地区和东北地区呈现快速增长态势。其中,中西部年均增速均达到12%以上,超过全国10.85%的平均水平。在西部地区,第一阶段,大西南地区增速略快于大西北地区,并略高于全国平均增速;到了第二阶段,西部地区增速整体落后于全国平均水平;在第三阶段,全国经济增速整体回落,但大西北地区开始快速增长,增速超过大西南地区3.7个百分点,并成为全国增速最快的地区。2006年以来,西部经济呈现高速增长态势,尤其是大西北地区,年均增速达13.99%,为历史最高水平,成为全国区域经济增长新的引擎。

(二) 增长贡献

从长期来看,中国经济的增长贡献率由东部主导的格局并没有改变,各板块之间呈交错增长态势(见图6-3)。改革开放以来,全国GRP年均增长9.91%,这一增长速度主要是依靠东部地区的快速增长拉动的。1978~2010年,东部地区对全国经济增长的贡献率高达53.77%,拉动全国GDP增长5.33个百分点。中部和西部地区对全国GRP增长贡献率为19.53%和18.44%,分别拉动GDP增长1.94个和1.83个百分点。从七大板块经济增长的贡献率来看,中部地区、中部沿海和北部沿海对中国经济增长贡献最大,贡献率均超过19%。而大西北地区和

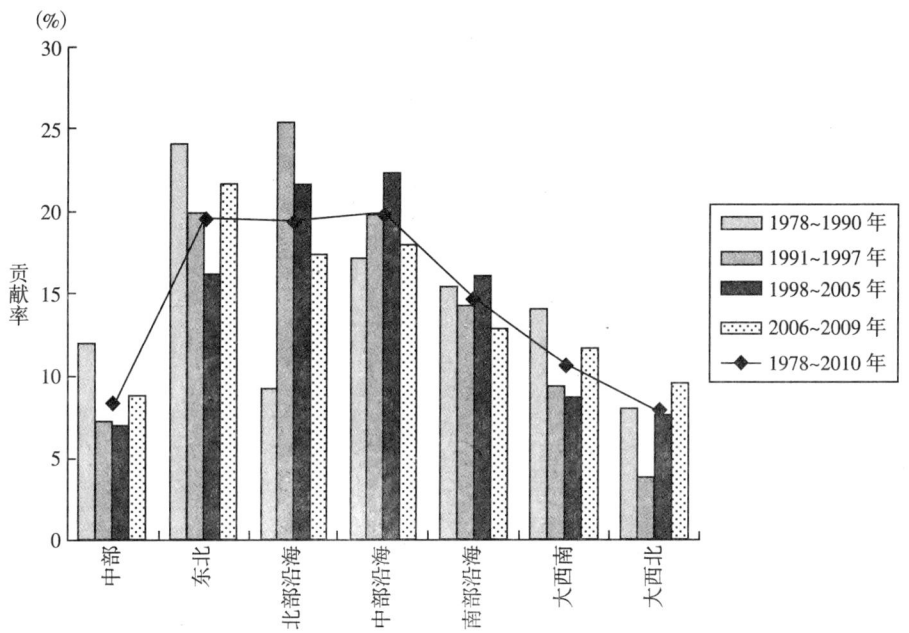

图6-3 各地区不同阶段对全国GRP增长的贡献率

资料来源:根据《中国统计年鉴》(各年度)计算。

东北地区的增长贡献率则较低,分别为7.84%和8.25%。南部沿海地区的增长速度较快,但对经济总量增长的贡献率落后于其他沿海地区。中部地区虽然增长速度较慢,但对全国经济总量增长贡献率较大。

在不同阶段,经济的空间集聚状况改变了中国经济增长贡献率的区域结构。在集聚的加速推进阶段和巩固强化阶段,北部沿海地区经济增长对全国经济增长的贡献率最大;中部沿海地区和南部沿海地区对全国经济增长的贡献率始终保持较高水平,且相对稳定。中部地区对全国经济增长的贡献率比较稳定,而东北地区在1990年以前对全国经济增长贡献率较大,但1990年以后则呈现衰退的趋势。不过近年来随着东北振兴战略的推进,其对全国经济的贡献率有所回升。

从三次产业结构来看,1978~2010年,第一产业所占比重逐步缩小,第三产业所占比重逐步扩大,第二产业所占比重的变化存在明显差异。东部地区和东北地区的第二产业所占比重缩小,中部地区和西部地区第二产业所占比重扩大。但从三次产业对经济增长的贡献率来看,各大区域中,第二产业的贡献率均在45%~50%,而第三产业的贡献率则在35%~45%,第一产业则在15%以下。

(三) 增长来源

改革开放以来,随着工业化进程的快速推进,工业对中国经济增长的贡献率逐步提升(见表6-3)。从全国来看,1978~2010年,工业对中国经济增长的贡献率达43.94%,拉动经济增长4.35个百分点。但在经济区域结构变动的不同阶段,工业对经济增长的贡献率和拉动作用均呈倒"U"型格局。工业对全国经济增长

表6-3 工业对各地区生产总值的贡献率与拉动作用

地区	改革开放以来 (1978~2010年)		第一阶段: 酝酿起步阶段 (1978~1990年)		第二阶段: 加速推进阶段 (1991~1997年)		第三阶段: 巩固强化阶段 (1998~2005年)		第四阶段: 逐步扩散阶段 (2006~2010年)	
	贡献率(%)	拉动(百分点)	贡献率(%)	拉动(百分点)	贡献率(%)	拉动(百分点)	贡献率(%)	拉动(百分点)	贡献率(%)	拉动(百分点)
全国	43.94	4.35	35.59	3.21	37.2	4.43	47.63	4.41	44.58	4.84
东部地区	43.45	4.74	43.78	4.08	38.97	5.99	49.44	5.19	37.83	3.64
#北部沿海	41.67	4.85	71.13	5.55	28.02	6.28	49.18	5.3	36	3.51
中部沿海	43.91	4.34	41.58	3.4	47.08	5.92	49.97	5.2	35.4	3.41
南部沿海	45.19	5.35	29.77	3.91	47.17	5.87	49.06	5.04	43.7	4.13
东北地区	44.85	3.6	32.4	2.51	43.87	3.29	46.35	3.24	48.75	5.41
中部地区	46.26	4.33	31.19	2.89	29.51	3.18	51.28	3.86	52.38	6.46
西部地区	42.52	3.96	26.58	2.39	37.18	2.93	37.85	3.29	50.27	6.47
#大西南	41.27	3.73	28.09	2.56	37.02	3.19	33.73	2.47	51.59	6.23
大西北	44.22	4.29	23.91	2.09	37.58	2.44	42.55	4.69	48.66	6.81

资料来源:根据《中国统计年鉴》(各年度)计算。

的贡献率在第三阶段最高,达到47.63%,而工业对经济的拉动作用在第四阶段最大,为4.84个百分点。从不同区域来看,工业对各地区经济增长的贡献率差别较大,但均在30%以上。整个东部地区工业对区域经济增长的拉动作用明显,均超过4个百分点。而中西部地区及东北地区工业对经济增长的贡献率和拉动作用则呈现出上升趋势。

在经济区域结构变动的前三个阶段,东部地区工业对经济增长的拉动作用较大。尤其在空间集聚的加速推进阶段,拉动作用最大,达到12.4个百分点。但在第四阶段,中西部地区的工业对经济增长的拉动作用迅速提升,其工业对经济增长的贡献率也大大提高。从全国来看,2006~2010年,资本形成对中国经济增长的贡献率最大,达到63.92%,拉动经济增长达9.72个百分点;最终消费的贡献率略低,为42.29%,拉动经济增长7.27个百分点;而货物和服务净出口的贡献率为负值,其对经济增长的拉动为-1.27个百分点。从表6-4中可以看出,除了东部地区外,其他地区货物和服务净出口对经济增长的贡献均为负值。其中,南部沿海地区货物和服务净出口的贡献率最高,达到10.12%,拉动经济增长1.89个百分点。

表6-4 2006~2010年消费、投资和净出口对经济增长的贡献率与拉动作用

地区	贡献率(%)			拉动作用(百分点)		
	最终消费	资本形成	货物和服务净出口	最终消费	资本形成	货物和服务净出口
全国	42.29	63.62263	-5.9101	7.27	9.72	-1.25
东北地区	42.77	80.04329	-22.8108	7.18	12.85	-5.51
东部地区	42.55	53.38018	4.066364	6.76	7.95	0.73
#北部沿海	39.59	61.94756	-1.53791	6.29	8.94	-0.29
中部沿海	46.19	48.74976	5.057645	7.37	7.93	0.82
南部沿海	41.45	48.43104	10.12395	6.53	6.64	1.89
中部地区	39.02	69.07318	-8.09286	7.36	10.11	-2.01
西部地区	44.79	76.43632	-21.2311	8.84	12.68	-5.22
#大西南	44.93	76.83021	-21.7583	8.44	11.37	-5.46
大西北	44.63	75.93546	-20.5608	9.42	14.93	-4.93

资料来源:根据《中国统计年鉴》(2007~2011)计算。

四、中国地区差距变动趋势

(一)东西部差距的变动

如前所述,自改革开放以来,中国东西部地区之间人均GRP的相对差距以2003年为拐点,经历了从扩大到缩小的转变(见图6-2)。东西部地区之间居民

消费水平差距的变化趋势也大体如此，只是拐点推迟到 2006 年。从总体上来看，东部地区与中西部地区间居民消费水平的相对差距经历了先扩大（1978~2006年）、再缩小（2007~2010 年）的变化；四大区域的变差系数则经历先缩小（1978~1982 年）、后呈阶段性波动但整体不断扩大（1983~2006 年）、再显著缩小（2007~2010 年）的演变态势（见图 6-4）。其中，2006 年东西部地区之间居民消费水平的相对差距达到峰值 52.1%，此后呈缩小趋势，2010 年降至 47.8%，平均每年下降 1.1 个百分点；四大区域的变差系数在 2006 年达峰值 0.35，此后呈缩小趋势，到 2010 年降至 0.31。

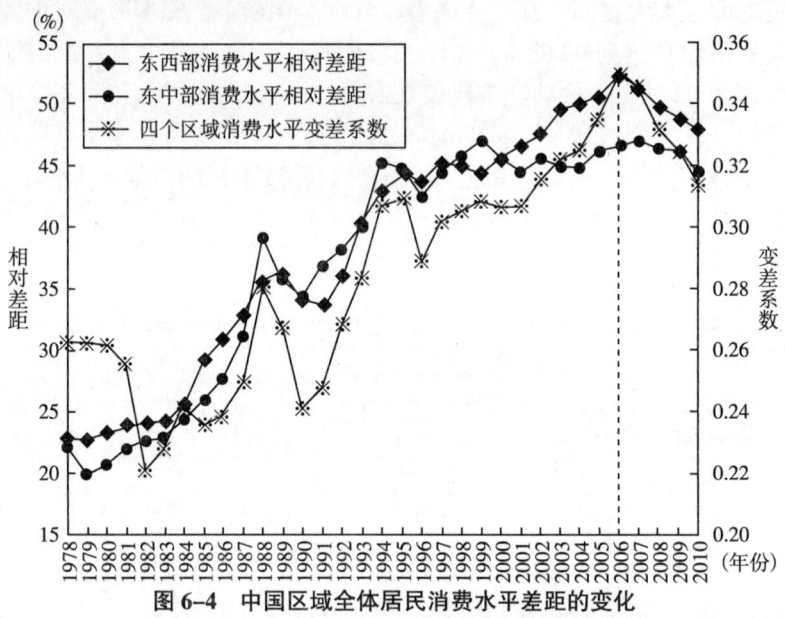

图 6-4　中国区域全体居民消费水平差距的变化

注：区域全体居民消费水平=各省（市、自治区）全体居民消费水平与各省（市、自治区）人口占该区域总人口比重的乘积的加总。

资料来源：根据《中国统计年鉴》（2008~2011）以及国家统计数据库中有关数据计算。

区域城镇居民人均可支配收入及农村居民人均纯收入差距也经历了这种倒"U"型变化。从总体趋势来看，东西部地区之间、东中部地区之间和四大区域之间的城镇居民收入水平差距均经历了先扩大、再缩小的变化。但是，从扩大到缩小的拐点有所不同，中西部地区之间差距的拐点为 2006 年，而东中部地区之间和四大区域之间差距的拐点为 2000 年，不过 2006 年之后缩小态势均较为明显；东部地区与中西部地区之间、四大区域之间的农村居民收入水平差距也经历了不断扩大（1981~1995 年）到趋于缩小（1996~2010 年）的演变（见图 6-5 和图 6-6），其中 2006 年之后下降趋势显著。具体来看，2006 年，东西部地区之间城镇居民收入的相对差距扩大到 35.0%，在 1981 年 14.8% 的水平上年均扩大 0.8 个百

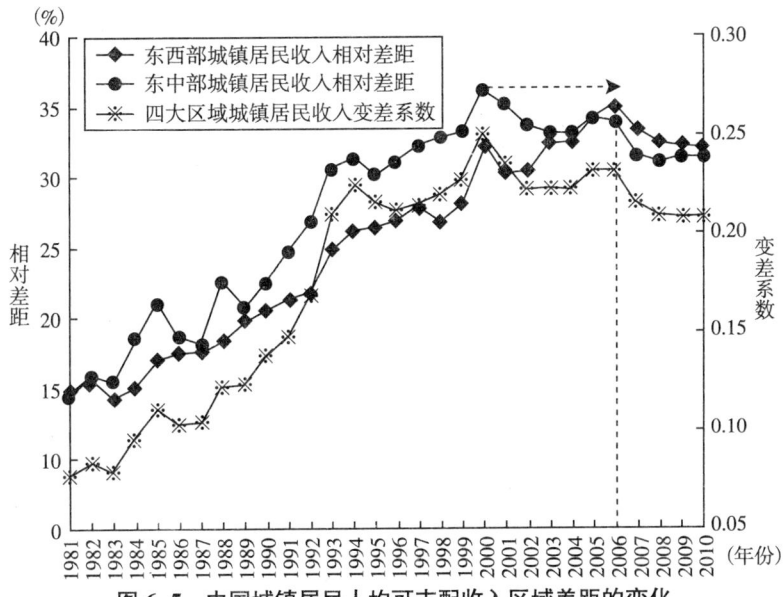

图6-5 中国城镇居民人均可支配收入区域差距的变化

注：区域城镇居民人均可支配收入=各省（市、自治区）城镇居民人均可支配收入与各省（市、自治区）城镇人口占该区域城镇总人口比重的乘积的加总。其中，1981~2004年按照此方法计算，2005~2010年数据直接来源于《中国统计年鉴》（2006~2011）；在西部地区，1981~1986年未包括海南省数据；1981~1995年未包括重庆市数据。

资料来源：根据《中国统计年鉴》（各年度）整理计算。

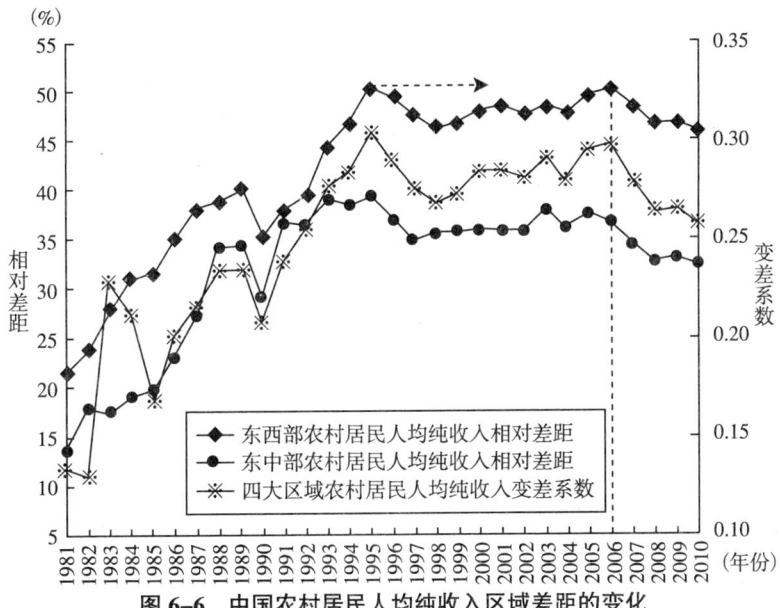

图6-6 中国农村居民人均纯收入区域差距的变化

资料来源：根据《中国统计年鉴》（各年度）整理计算。

分点；2010年则降至32.1%，在2006年水平上年均减少0.7个百分点；东西部地区之间农村居民收入的相对差距从1981年的21.5%扩大到1995年的50.3%，2010年降低至45.7%。如果比较系数值，可以发现，农村居民收入的区域差距要远远大于城镇居民收入的区域差距，1981~2010年，东西部地区之间和东中部地区之间的农村居民收入相对差距分别为41.9%、31.8%，高于同期各自城镇居民收入水平差距16.6和4.3个百分点。不过，从变差系数值上来看，四大区域城镇及农村居民收入水平的相对差距均比其他指标值要小。

再从人均财政收入与支出水平的区域差距变化来看，自2003年以来，中国四大区域人均财政收入和支出的变差系数、东中部地区之间人均财政收入和支出的相对差距、东西部地区之间人均财政收入的相对差距均呈显著缩小趋势。同时，东西部地之区间人均财政支出的相对差距自2004年以来也趋于显著缩小。其中，东西部地之区间人均财政收入的相对差距经历先缩小（1985~1993年）、后扩大（1994~2003年）、再缩小（2004~2010年）的反"N"型变化，东西部地区之间人均财政支出的相对差距则经历先扩大（1985~1999年）、后"V"型波动（1999~2004年）、再趋于缩小（2005~2010年）的演变（见图6-7和图6-8）。2004年东西部地区之间人均财政收入和支出水平的相对差距分别达到65.9%和

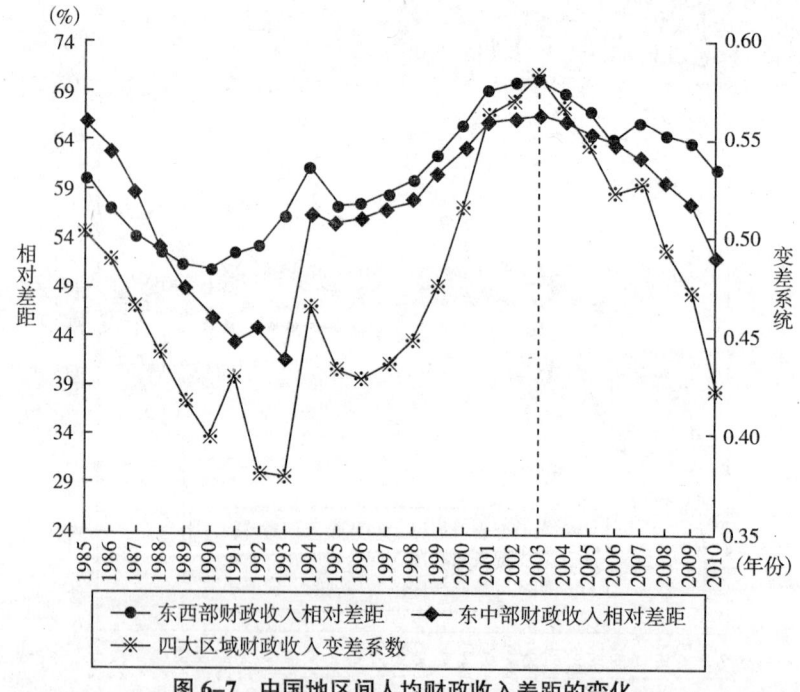

图6-7 中国地区间人均财政收入差距的变化

资料来源：根据《新中国五十年统计资料汇编》、《新中国六十年统计资料汇编》和《中国统计年鉴》(2011)整理计算。

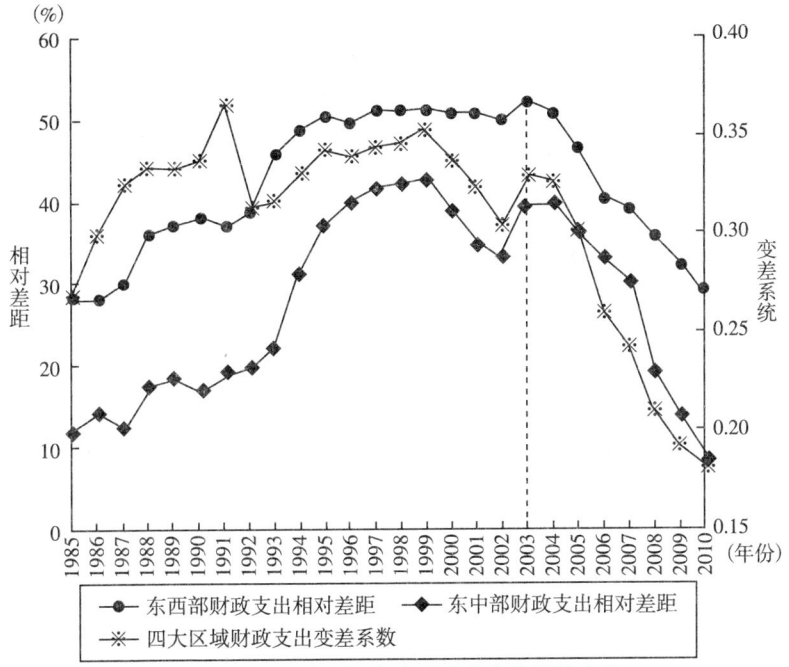

图 6-8 中国地区间人均财政支出差距的变化

资料来源：根据《新中国五十年统计资料汇编》、《新中国六十年统计资料汇编》和《中国统计年鉴》(2011) 整理计算。

39.8%，到 2010 年降至 51.9% 和 8.3%，分别年均降低 2.3 和 5.3 个百分点，差距缩小的势头较为强劲。2003 年，四大区域财政收入和支出的变差系数为 0.58 和 0.33；到 2010 年降至 0.42 和 0.18，分别减少了 0.16 和 0.15。

综上所述，近年来中国各大区域之间的相对差距开始呈现从扩大到缩小的变化。特别是东西部地区之间的相对差距变化有几个重要的转折点：一是 2003 年以来人均 GRP、人均财政收入的相对差距趋于缩小；二是 2004 年以来人均财政支出水平的相对差距显著缩小；三是 2006 年以来全体居民消费水平、城乡居民收入水平的相对差距均呈显著缩小趋势。然而，比较 2010 年不同指标的东西部地区之间差距以及四大区域的变差系数值可以发现，人均 GRP、人均财政收入、全体居民消费水平等指标的相对差距值仍然较高（见表 6-5），今后进一步缩小

表 6-5　2010 年中国不同指标区域差距比较

	人均 GRP	人均财政收入	人均财政支出	全体居民消费水平	城镇居民人均可支配收入	农村居民人均纯收入
东西部地区之间的相对差距（%）	51.5	51.9	8.3	47.8	32.1	45.7
四大区域的变差系数	0.35	0.42	0.18	0.31	0.21	0.26

数据来源：根据《中国统计年鉴》(2011) 整理计算。

区域差距的压力依然很大。

(二) 省际差距的变迁

改革开放以来,中国省际发展水平差异总体上呈现"缩小→扩大→缩小"的反"N"型变化趋势。其中,1978年,中国省际人均 GRP 变差系数为 0.97,到 1990 年降低至 0.60,此后保持平稳的微弱扩大态势,到 2005 年又提高到 0.68。2005 年之后,省际差距缩小趋势明显,到 2010 年降到 0.50。也就是说,中国省际差距在 20 世纪 80 年代趋于缩小,但 20 世纪 90 年代以来持续扩大,进入"十一五"时期差距再次开始趋向缩小。这一变化趋势同时反映在财政收支水平上。其中,省际人均财政收入差距最大,1985 年变差系数达到 1.78,到 1993 年降到 0.96。此后再次持续增大,至 2004 年达到 1.20。2004 年之后开始持续降低,到 2010 年降低至 0.83。人均财政支出差距同样表现先缩小(1985~1993 年)、再扩大(1994~2003 年)、后缩小(2004~2010 年)的总体趋势(见图 6-9)。

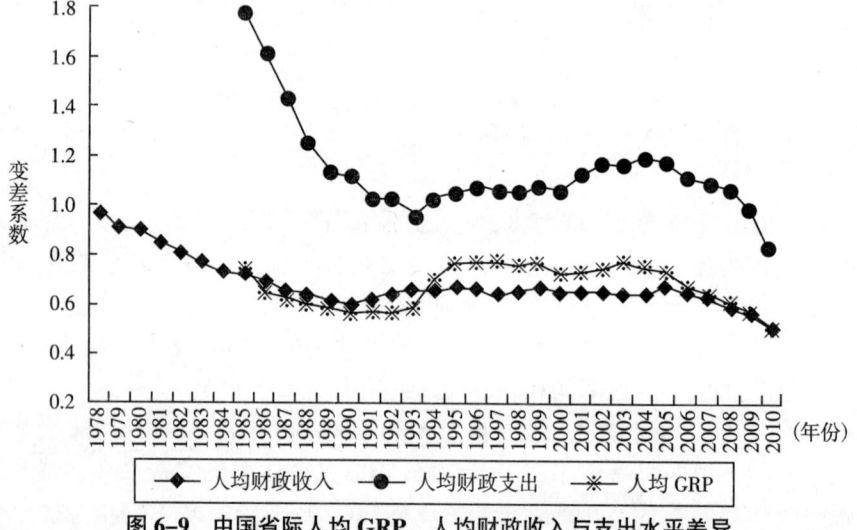

图 6-9 中国省际人均 GRP、人均财政收入与支出水平差异

资料来源:根据《中国统计年》(1998~2011)、《新中国五十年统计资料汇编》、《新中国五十五年统计资料汇编》和《新中国六十年统计资料汇编》整理计算。

从居民生活水平指标上来看,中国省际差距在经历 20 世纪 80 年代初期短暂的缩小之后,在较长时期内的持续扩大。这种趋势直到 2006 年才开始转变,居民消费水平、城乡居民收入的省际差距均趋于降低(见图 6-10)。其中,2006~2010 年,中国省际居民消费水平、城镇居民人均可支配收入、农村居民人均纯收入变差系数分别减少 0.06、0.03 和 0.06。

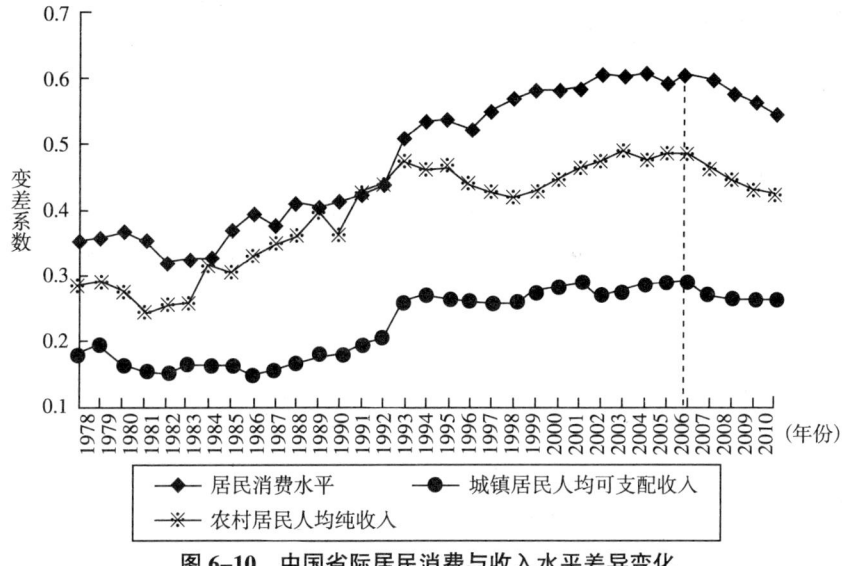

图 6-10 中国省际居民消费与收入水平差异变化

资料来源：根据《中国统计年》(1998~2011)、《新中国五十年统计资料汇编》、《新中国五十五年统计资料汇编》和《新中国六十年统计资料汇编》整理计算。

综上可以看出，改革开放以来，中国的省际差距和四大区域之间差距的变化趋势基本一致。这说明区际和省际差距具有较强的相关性。

(三) 区域差距从扩大到缩小的原因

一般地，区域差距的动态变化可归结为四个方面的原因。一是地区发展的路径依赖，包括解释地区差距的"地理区位论"、"资源禀赋论"、"基础条件制约论"等。二是地区生产要素投入的差异性，即解释地区差距的"要素投入分配论"，主要包括人力资本、资金、技术等生产要素投入的地区差异。三是地区发展制度化水平的差异，也即区域差距的"制度驱动论"，这里的"制度"是指广义上的制度，包括城市化水平、经济市场化程度及其他各种非正式制度如区域文化等。四是政府宏观调控及政策导向，即"政策导向论"，主要指不同时期差异化的区域战略及其发展政策等影响区域发展。近年来，中国区域相对差距缩小趋势不难从"要素投入分配论"、"政策导向论"等角度找到原因。

首先，近年来国际、国内产业向中西部地区转移速度不断加快，2008 年爆发的金融危机更是加速了这一趋势。自 1999 年以来，为促进区域协调发展，国家先后制定实施了一系列政策措施，加大对中西部和东北地区的支持力度，其基础设施和投资环境日益完善，投入产出效益不断提高，加上东部要素成本的上涨、环保标准的严格和产业升级的加快，由此导致资金、技术等生产要素和产业活动逐渐从东部沿海向中西部地区转移扩散。对此,至少可以从以下三个方面考察。

一是东部地区企业开始向中西部地区转移生产加工环节。根据国务院西部开发办综合组提供的数据,从 2000 年到 2007 年上半年,东部地区到西部地区投资经营的企业累计近 20 万家,投资总额达 15000 多亿元(魏后凯,2008)。而 2008 年金融危机引致东部沿海地区企业生产经营环境发生变化,要素成本不断上涨,产业发展面临前所未有的转型升级压力,使该地区的传统产业向区外转移进一步加速。

二是新增的外商投资不断涌向中西部地区。2001~2003 年,东部地区、东北地区、中部地区、西部地区外商投资企业年底登记数的年均增长率分别为 5.2%、1.3%、-2.9%、-0.2%,而 2004~2010 年年均增长率变化为 9.5%、6.1%、15.7% 和 15.2%。这说明,2003 年以后,中西部地区外商投资企业入驻增速加快,并远远高于东部地区。外商投资企业投资总额的增长格局也是如此。2001~2003 年,东部地区、东北地区、中部地区和西部地区外商投资企业投资总额的年均增长率分别为 11.0%、7.0%、8.6% 和 8.3%,2004~2010 年,年均增长率变化为 13.1%、9.6%、16.6%、17.6%。2004~2010 年,中西部地区外商投资企业投资总额比上年的增长率均高于东部地区,其中,2010 年中部地区、西部地区的增速分别比东部地区高 6.6 个和 6.1 个百分点(见图 6-11)。

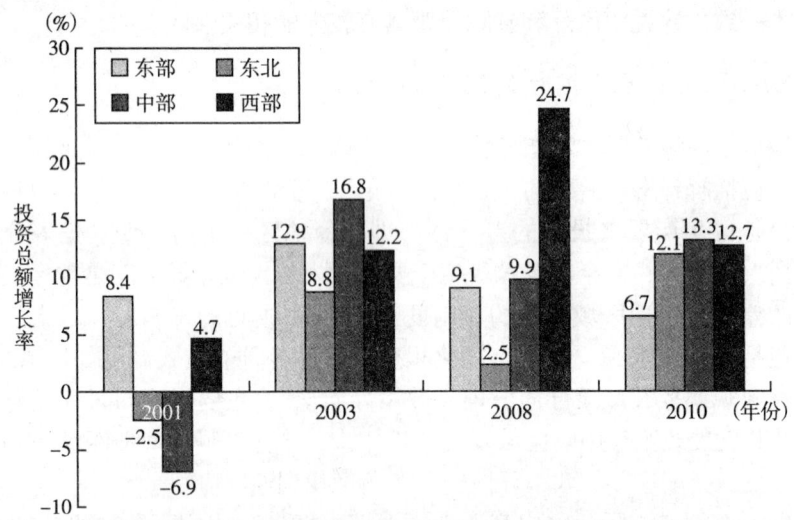

图 6-11　中国各地区外商投资企业投资总额增速的变化
资料来源：根据《中国统计年鉴》(2001~2011) 整理计算。

三是中西部地区及东北地区全社会固定资产投资在全国的份额不断增加。2003 年之后,东部地区固定资产投资增速放缓并开始持续落后于其他地区。

2000~2010年，东部地区全社会固定资产投资的年均增速为19.6%，不仅低于全国平均水平，更远远低于中西部地区和东北地区的水平。从地区全社会固定资产投资占全国比重来看，2003年之后，东部地区的占比不断下降，而其他地区的占比则持续增加（见表6-6）。

表6-6 中国各地区全社会固定资产投资增速及占比变化

单位：%

年份	增长速度					占地区加总比重			
	全国	东部	东北	中部	西部	东部	东北	中部	西部
2000	10.3	7.9	14.0	12.7	12.7	54.8	8.5	17.5	19.2
2001	13.0	11.3	14.2	14.2	17.2	53.9	8.6	17.7	19.8
2002	16.9	16.1	12.9	16.6	19.0	53.7	8.3	17.7	20.3
2003	27.7	33.2	20.8	27.2	27.3	55.1	7.7	17.4	19.9
2004	26.6	24.5	32.5	32.1	26.8	54.0	8.1	18.1	19.8
2005	26.0	21.9	37.6	28.9	28.3	52.4	8.8	18.5	20.3
2006	23.9	19.7	37.0	29.4	24.7	50.6	9.7	19.3	20.4
2007	24.8	18.7	32.3	32.8	28.4	48.1	10.3	20.6	21.0
2008	25.9	19.8	34.4	32.3	27.2	46.0	11.1	21.7	21.3
2009	30.0	22.9	26.8	35.9	38.2	43.7	10.8	22.8	22.7
2010	23.8	21.3	29.5	26.2	24.6	42.7	11.3	23.2	22.8
2000~2010	22.5	19.6	26.2	26.0	24.8	—			

资料来源：根据《中国统计年鉴》（2001~2011）整理计算。

其次，中央政府对中西部地区财政转移的支付力度不断加大。1997年东部地区和西部地区的人均中央财政补助收入分别为260元和224元，东部比西部高16.1%。自2000年开始，随着西部大开发战略的实施，中央对西部地区转移支付的力度开始超过东部地区。2000年，东部和西部地区人均中央补助收入分别为355元和435元，到2009年分别为1332元和3122元，西部地区比东部地区高134.4%。比较东中部地区财政转移支付差距，可以看出，1997年中部地区人均中央补助收入为143元，比东部地区低45%。但2004年实施中部崛起战略之后，自2005年开始，中央对中部地区转移支付的力度也开始超过东部地区。2005年，东部地区和中部地区人均中央补助收入分别为671元和746元。到2009年，中部地区人均中央补助收入达到2073元，高于东部地区55.6%。由此可见，东部地区与中西部地区间人均中央财政补助收入的相对差距自1997年以来不断缩小，尤其是2003年以来中西部地区人均中央财政补助收入与东部地区持续拉开差距（见图6-12和图6-13），表明中央财政在平衡地方财力方面的作用日益显现。

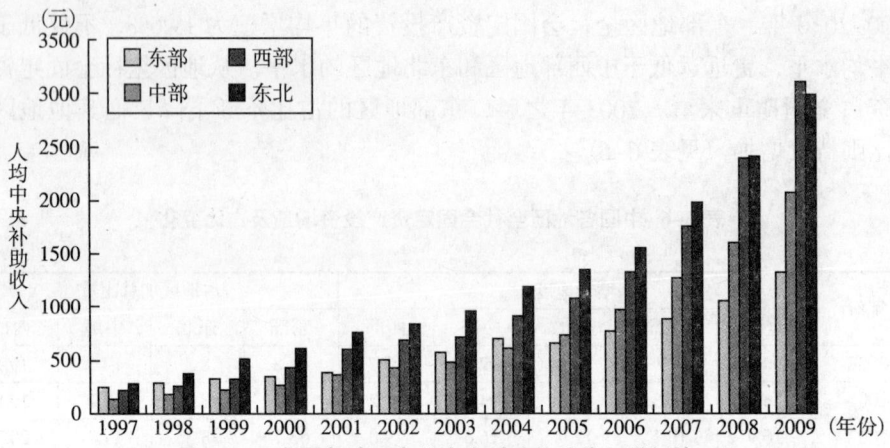

图 6-12　中国各地区人均中央财政补助收入增长情况

注：1997~2003年地方来自中央的补助收入含税收返还。
资料来源：根据《中国财政年鉴》(1998~2010) 整理计算。

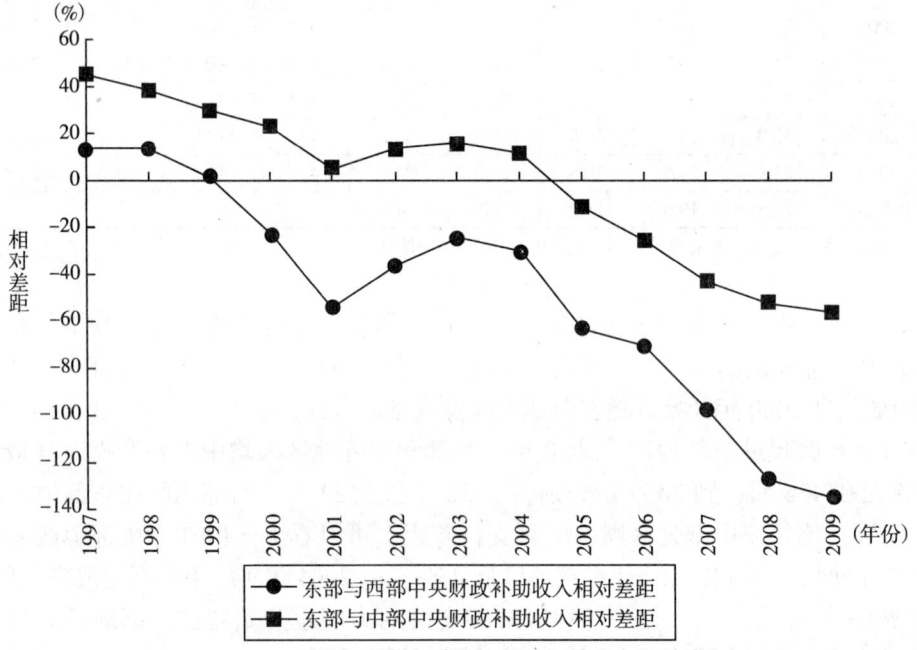

图 6-13　中国人均中央财政补助收入地区差距的变化

资料来源：根据图6-12中的数据计算。

最后，从统计核算的角度来看，不排除人口迁移（人口从中西部向东部地区流动）及统计口径变化（从户籍人口改为常住人口）对区域差距缩小趋势的判定有一定的影响。2005年以来，中国部分地区人口数是在1%人口抽样调查的基础上，充分考虑了流动人口后，按照常住人口计算的数据。从2005~2010年各地区的人口增长率看，全国出现人口负增长的 9 个省（自治区）均在中西部地区，分别是贵州、安徽、四川、重庆、广西、湖北、河南、甘肃、湖南；而东部 10 省（自治区）人口增长均较快，增速达到 12.5%。其中，上海、广东、北京、天津、浙江五省（市）的人口增长率分别达到 32.3%、31.4%、26.9%、25.7% 和 15.4%（见图 6-14）。各地区人口增长率的这种悬殊差异在很大程度上是人口跨省流动和迁移引起的。事实上，据国家人口和计划生育委员会流动人口服务管理司提供的数据显示，截至 2010 年 10 月 1 日零时，跨省流入人口中，广东占 30.62%，浙江占 23.61%，江苏占 9.72%，上海占 9.51%，北京占 9.07%，福建占 4.27%，六省（市）跨省流入人口占全国总数的 86.80%；跨省流出人口中，安徽占 15.85%，四川占 14.79%，湖南占 10.08%，河南占 8.82%，湖北占 7.73%，贵州占 7.64%，六省（市）跨省流出人口占全国总数的 64.91%。由此可见，近年来中国的人口迁移主要是从中西部地区迁移到东部地区。

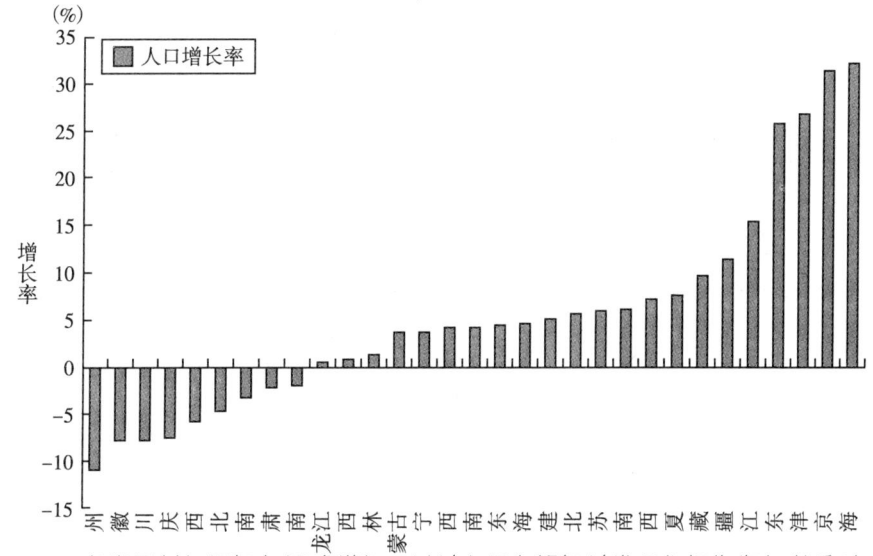

图 6-14　2004~2010 年中国各地区人口增长率

资料来源：根据《中国统计年鉴》（2005~2011）整理计算。

五、中国城镇化与城乡差距变动趋势

（一）中国城镇化进程与所处阶段

自新中国成立以来，中国城镇化的推进大体可分为三个阶段：1950~1977 年为波浪起伏时期，这一阶段的城镇化率平均每年提高 0.25 个百分点；1978~1995

年为稳步推进时期,这一阶段的城镇化率平均每年提高 0.64 个百分点;1996~2010 年为加速推进时期,这一阶段的城镇化率平均每年提高 1.38 个百分点。相比较而言,自改革开放以来,中国城镇化推进的速度呈现出逐步加速的趋势,从 1978 年的 17.92%提高到 2010 年的 49.68%,32 年间城镇化率提高了 31.76 个百分点,平均每年提高 0.99 个百分点(见图 6-15)。

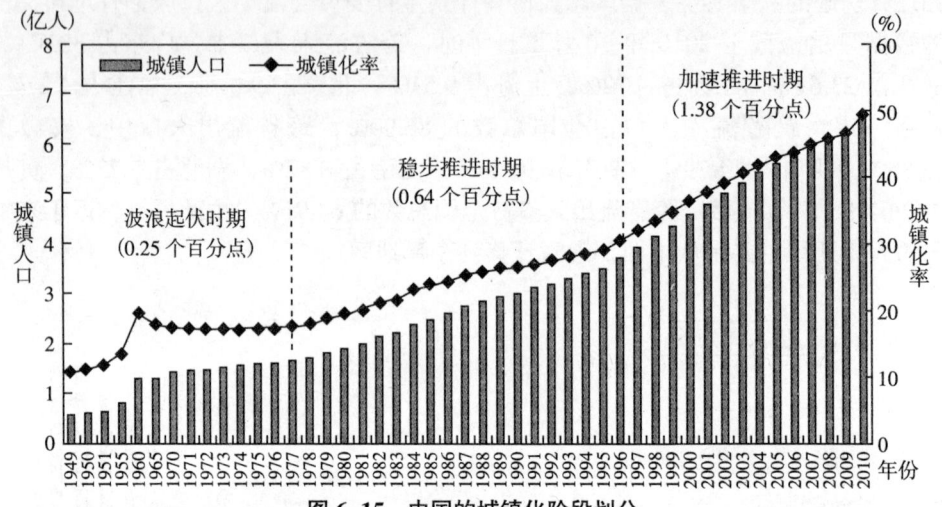

图 6-15 中国的城镇化阶段划分

注:2001~2009 年数据未根据第六次人口普查数据进行调整,与 2010 年数据不完全可比。
资料来源:1949~2009 年数据来源《中国统计年鉴》(2010);2010 年数据来自《2010 年第六次全国人口普查主要数据公报(第 1 号)》。

其中,在"十一五"时期,全国城镇人口由 2005 年的 56212 万人增加到 2010 年的 66558 万人,5 年内共新增城镇人口 10346 万人,平均每年增加 2069 万人;城镇化率由 42.99%提高到 49.68%,平均每年提高 1.34 个百分点。相比较而言,"十五"和"十一五"时期,全国平均每年新增城镇人口数和城镇化率的年均增幅均低于"九五"时期的水平,但远远高于"七五"和"八五"时期(见表 6-7)。

表 6-7 各时期中国城镇化速度比较

时 期	年 份	平均每年新增城镇人口(万人)	城镇化年均提高幅度(百分点)
"六五"时期	1981~1985	1191	0.86
"七五"时期	1986~1990	1020	0.54
"八五"时期	1991~1995	996	0.53
"九五"时期	1996~2000	2146	1.44
"十五"时期	2001~2005	2061	1.35
"十一五"时期	2006~2010	2069	1.34

资料来源:同图 6-15。

这表明，中国的城镇化在经历"九五"时期的高速推进后，"十五"和"十一五"时期推进速度已有所减缓。

一般地，基于城镇化S型曲线三个阶段的划分思想，将城镇化率30%和70%视为两个临界值，将城镇化率30%以下称为城镇化的初期阶段、将城镇化率30%~70%称为城镇化的加速阶段，将城镇化率70%以上称为城镇化的后期阶段。实际上，从发达国家的经验看，当城镇化率超过50%以后，城镇化进程将逐渐减速。例如，美国1880年城镇化率为28.2%，1920年为51.2%，1960年达到69.9%。在加速期（1880~1920年），美国的城镇化率年均增加0.58个百分点，而在减速期（1920~1960年），美国城镇化率的年均增长下降到0.47个百分点。日本1947年的城镇化率为33.1%，1967年为49.7%，2009年达到66.6%。日本在城镇化的加速期（1947~1967年），其城镇化率年均增加0.83个百分点，而在城镇化减速期（1967~2009年），其城镇化率年均增长下降到0.40个百分点，不到加速期的一半。因此，城镇化率30%~70%的区间属于城镇化的快速时期，不完全是加速时期。其中，以50%为拐点，城镇化率30%~50%阶段为城镇化进程的加速期，城镇化率50%~70%为城镇化进程的减速期（见图6-16）。就中国城镇化进程速度的变化看，可以说，目前中国已基本走完了城镇化的加速期，即将越过城镇化率50%的临界点。可以预见，在今后一段时期内，中国仍处于城镇化的快速推进时期，但相比较而言，中国城镇化率每年提高的幅度将会有所减慢，中国的城镇化将进入减速时期。

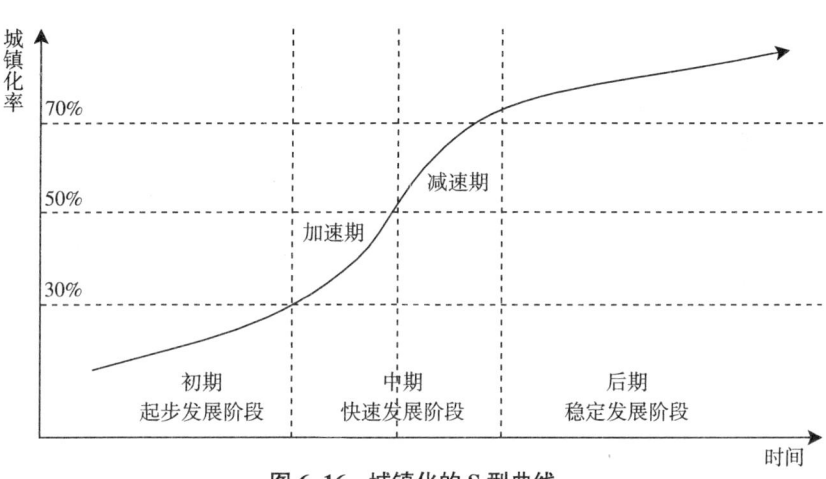

图6-16 城镇化的S型曲线

（二）中国城镇化的基本特征

1. 不完全城镇化

当前中国的城镇化还是一种典型的不完全城镇化。中国现行统计的城镇人口包括大量在城镇常住的农民工。2010年,中国的农民工总量达2.4亿人。其中,相当部分人常住在城镇。这些常住在城镇的农民工虽然被算成是城镇人口,但他们在劳动就业、工资福利、子女教育、社会保障、保障性住房购买等方面仍很难享受城镇居民同等待遇。同时,在全国地级及以上城市市辖区总人口中,农业人口的比重高达40%。如果考虑到市辖区中大量的农业人口和还没有完全融入城市的大量农民工等因素,完全的人口城镇化率至少要降低10个百分点以上。因此,目前中国的城镇化率只是统计上的不完全城镇化率。尽管从统计上看城镇人口比重在快速提升,但城镇居民素质、生活质量、消费行为、思想观念和管理方法却难以跟上,城镇化的质量还较低,与人口城镇化速度远不相适应。

2. 粗放型城镇化

随着城镇化的快速推进,城镇经济已经成为支撑中国经济持续高速增长的重要引擎。2010年,仅全国地级及以上城市(不包括市辖县)地区生产总值达24.6万亿元,相当于全国GDP的61.3%。然而,应该看到,长期以来中国经济的高速增长是建立在以高消耗、高排放、高扩张为基本特征的粗放型城镇化发展模式之上的。

中国的能源和原材料消费一直占世界较大比重。2010年,中国水泥消费量增长到2004年的近两倍,为18.51亿吨,占全球总消费量的56.2%(ICR,2011);中国钢铁表观消费量则占全球的44.9%(WSA,2011)。能源消费方面,2010年中国一次能源消费占全球的20.3%,成为世界最大的能源消费国。其中,煤炭消费占48.2%,石油消费占10.6%(BP,2011)。这些资源和能源消费主要集中在城镇地区。在2009年,中国终端能源消费中,工交行业和城镇生活消费占85.2%;在生活能源消费中,城镇占61.0%;城镇人均生活用能量是农村地区的1.83倍。另据国际能源署提供的数据,2005年,中国41%的城镇人口却产生了75%的一次能源需求,这与世界发达国家形成鲜明的对照。在美国、欧盟、澳大利亚和新西兰,城镇人口的比重一般都高于城市一次能源需求的比重(见表6-8)。这一方面反映了目前中国巨大的城乡差距,另一方面说明了中国城市高消耗的粗放型外延扩张特征。

表6-8 2005年世界主要国家和地区城市能源使用状况

单位:%

	城市一次能源需求比重	城市人均一次能源需求相比地区或国家平均水平	城市化水平
美国	80	0.99	81
欧盟	69	0.94	73
澳大利亚和新西兰	78	0.88	88
中国	75	1.82	41

资料来源:IEA, Word Energy Outlook 2008,第182页。

中国城镇经济高速增长带来的高消耗与高排放是并驾齐驱的。根据国际能源署发布的报告（IEA，2009）显示，2007年中国CO_2排放量已占世界总量的21.0%，单位GDP二氧化碳排放量是世界平均水平的3.16倍，是OECD国家的5.37倍。2008年底，仅全国113个环保重点城市的废水排放量占到全国的59.3%，化学需氧量排放量占47.5%，二氧化硫排放量占49.4%，氮氧化物排放量占55.0%，烟尘排放量占44.8%（中国环保部，2009）。"垃圾围城"和城市污染向农村蔓延现象也十分严重。目前，全国有2/3的城市处于垃圾包围之中，城市生活垃圾累计堆存量已达70亿吨，侵占土地超过5亿平方米，每年的经济损失高达300亿元（吴小康，2011）。

与此相对应的是近年来中国城市空间的高速扩张。一是中国城市土地扩张与人口增长严重不匹配，土地的城镇化远快于人口的城镇化。2001~2009年，全国城市建成区面积年均增长6.1%，城市建设用地面积年均增长6.4%，而城镇人口年均增长仅有3.4%。二是城市用地平均规模快速扩张。1996~2009年，全国平均每个城市建成区面积扩张了92%，建设用地面积扩张了108%。"十一五"前四年，全国平均每个城市建设用地面积年均扩张幅度是"十五"时期的4.7倍。三是近年来中国各地区在加快旧城改造的同时，掀起了一股新城建设与扩张的浪潮。不少大城市新区的规划面积动辄数百平方公里，有的甚至达上千平方公里。如上海浦东新区为1210.41km^2，天津滨海新区2270km^2，重庆两江新区1200km^2。与此同时，在加速赶超和跨越发展的思潮下，中国各级城市（镇）大兴新产业园区建设或老工业园区扩建工程，园区规划面积不断扩张，有的甚至高达数百平方公里。从某种程度上讲，近年来中国城镇经济的高速增长主要是依靠土地的快速扩张来支撑的。随着城镇建设用地的快速扩张，导致耕地数量不断减少，耕地总体质量趋于下降。2008年，全国因建设占用减少耕地287.4万亩，占年内减少耕地总面积的68.9%。特别是，因城镇建设占用的耕地大多属于质量较好的耕地，导致耕地质量呈下降趋势。

（三）中国城镇化的地区差异

由于经济发展水平的差异，中国各地区城镇化进程严重不平衡。从绝对值上看，东部与东北地区城镇化水平较高，中西部地区城镇化率较低；东部和中部地区城镇化的推进速度较快，而东北地区的城镇化推进速度较慢。2009年，东部地区和东北地区的城镇化率已经分别达到56.7%和56.9%，而中西部地区的城镇化率分别只有46.6%和39.4%，西部地区比东部地区和东北地区分别低17.3和17.5个百分点（见图6-17）。从2000年到2009年，全国城镇化率平均每年提高1.16个百分点。其中，东部地区和中部地区分别年均提高1.27个和1.40个百分点，西部地区年均提高1.19个百分点，而东北地区仅年均提高0.53个百分点。

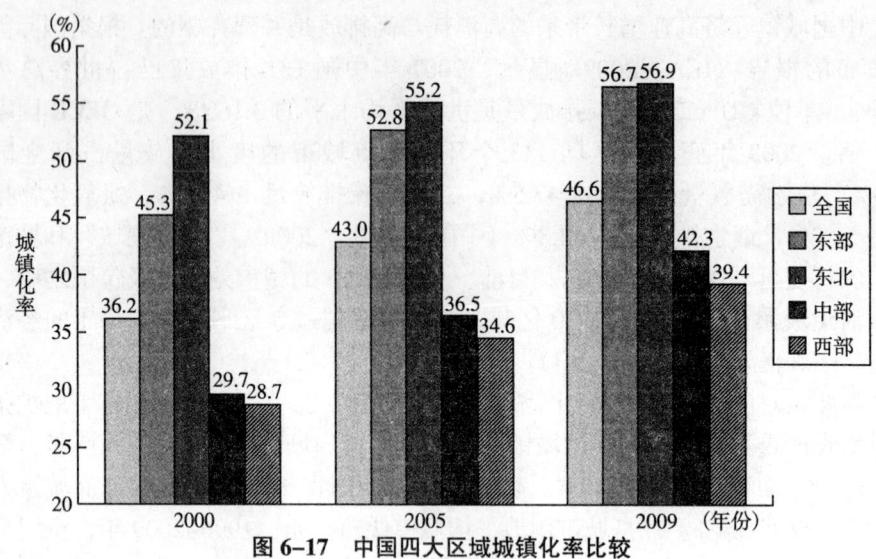

图 6-17　中国四大区域城镇化率比较

资料来源：根据《中国统计年鉴》（2001、2006、2010）整理计算。

从各省、市、自治区的情况来看，2009 年中国城镇化水平最高的是上海，达到 88.6%，北京和天津紧跟其后，城镇化率分别达到 85.0% 和 78.01%。另外，广东的城镇化率为 63.4%，辽宁达到 60.35%。同时，浙江、黑龙江、江苏、内蒙古、吉林、重庆、福建等地城镇化率超过 50%，共同位于城镇化率在 50%~70% 的第二梯队。而新疆、广西、四川、河南、云南、甘肃、贵州、西藏则不到 40%，为全国城镇化水平最低的地区。

同时，可以看到，各地区城镇化水平的高低与其经济发展水平高度相关。以全国城镇化水平和人均生产总值大小作为参照，大体可以把各省（市、自治区）划分为五类：一是高城镇化率与经济发达地区，包括上海、北京、天津 3 个直辖市；二是较高城镇化率及经济较发达地区，包括浙江、广东、江苏、辽宁、内蒙古、山东、福建、吉林 8 个省（自治区）；三是城镇化率高于全国水平但经济发展低于全国水平的地区，包括重庆、黑龙江和海南 3 个省（市）；四是城镇化及经济发展水平均较低的地区，包括中部六省，西部的陕西、宁夏、四川、青海、广西、新疆以及东部的河北，一共 13 个省（自治区）；五是城镇化及经济发展均处于全国最低水平的地区，有西藏、贵州、甘肃、云南 4 个省（自治区）（见图 6-18）。

（四）中国城乡收入差距的变迁

2010 年，中国城镇居民人均可支配收入 19109 元，增长 11.3%，扣除价格因素，实际增长 7.8%；农村居民人均纯收入 5919 元，增长 14.9%，扣除价格因素，实际增长 10.9%；城乡居民收入之比由上年的 3.33 下降到 3.23，改变了自 1997 年以来城乡收入差距迅速扩大或者徘徊不前的局面（见图 6-19）。但是，当前中国城乡差距依然较大。

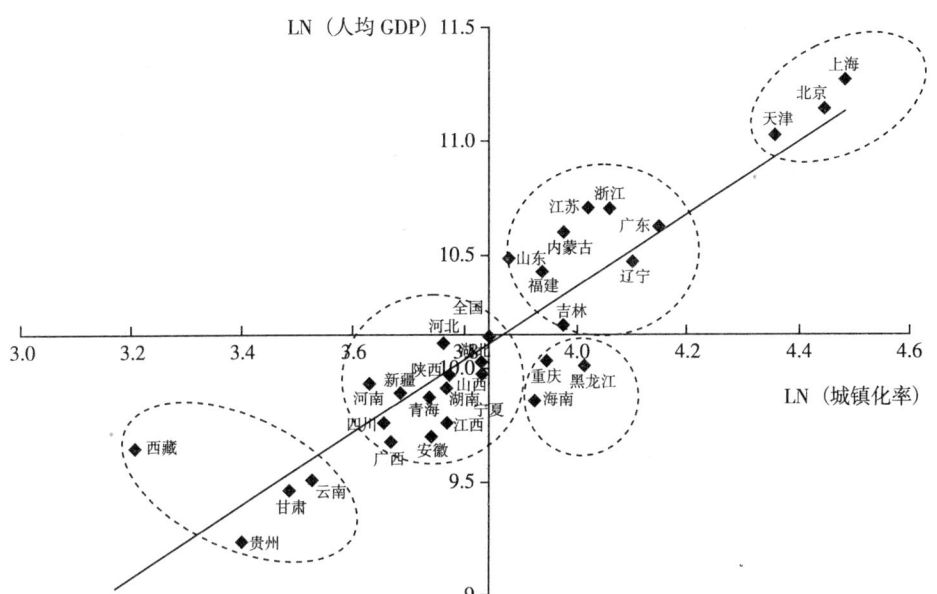

图 6-18　中国各省、市、自治区城镇化率与人均 GDP 关系分布（2009）
资料来源：根据中国统计年鉴（2010）绘制。

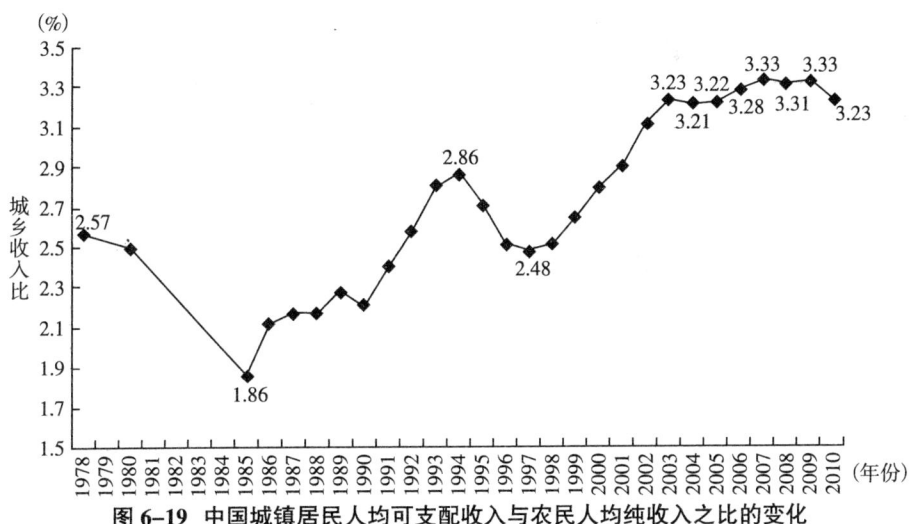

图 6-19　中国城镇居民人均可支配收入与农民人均纯收入之比的变化
资料来源：根据《中国统计年鉴》（各年度）绘制。

从 2010 年各地区城乡居民收入差距来看，差距最大的是西部地区，城乡收入比高达 3.58，最小的是东北地区，为 2.48（见图 6-20）。东北和中西部地区城镇居民人均可支配收入差距不大，分别为 15941 元、15962 元和 15806 元，远远低于东部地区的 23273 元；但是中西部地区农村居民人均纯收入较低，分别只有 5510 元和 4418 元，均低于全国平均水平。

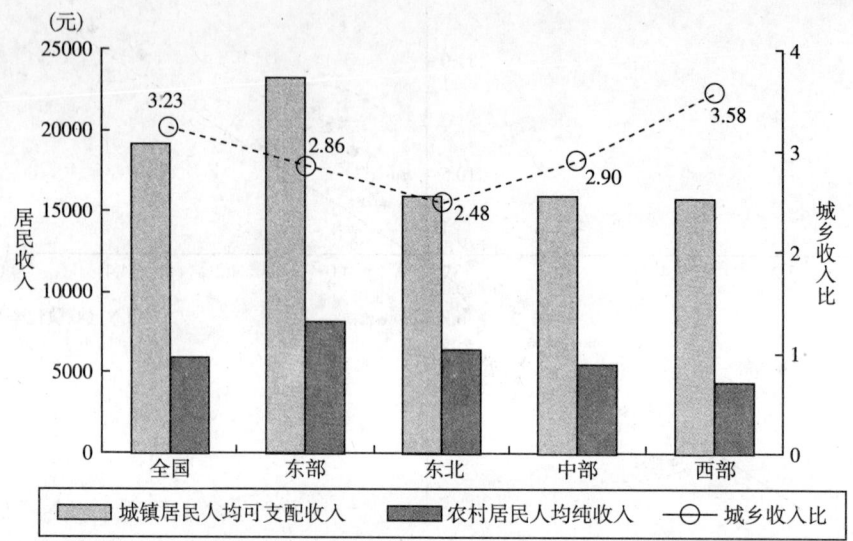

图 6-20　2010 年中国各地区城乡收入差距比较
资料来源：根据《中国区域经济统计年鉴》(2011) 计算。

从各省（市、自治区）的情况来看，2010 年城乡收入比在 2.5 以下的有北京、黑龙江、上海、天津、浙江、吉林 6 省（市），其比值分别为 2.19、2.23、2.28、2.41、2.42、2.47；城乡收入比超过全国城乡收入比值（3.23）的有宁夏、山西、重庆、青海、西藏、广西、陕西、甘肃、云南、贵州 10 省（市、自治区），其中云南和贵州省该比值达到 4.06、4.07。总体上看，经济较发达的东部地区和东北老工业基地城乡居民收入差距较小；相反，中西部落后地区的城乡居民收入差距较大。从图 6-21 中可以看出，城乡收入差距与经济发展水平之间具有较好的相关性。

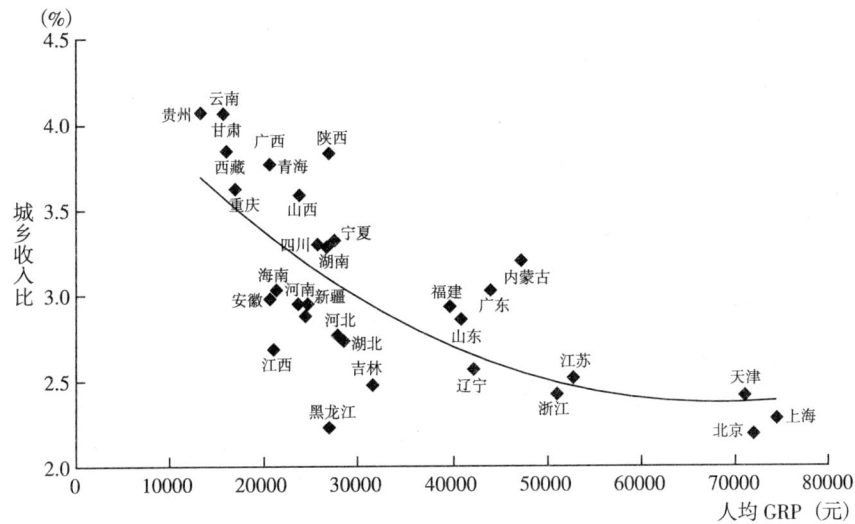

图 6-21　2010 年各地区城乡收入差距与人均 GRP 的关系
资料来源：根据《中国统计年鉴》（2011）计算。

六、中国区域协调发展趋势及其预测

改革开放以来，中国区域发展战略经历了从不平衡发展到协调发展的重大转变。近年来，在国家有关政策的积极引导下，中西部和东北地区取得了长足的发展，区域发展差距实现了从扩大到缩小的转变。但是，应该看到，目前中国的地区差距仍然很大，区域协调发展水平和层次还很低。尤其是，要保持 2003 年以来中国区域协调发展水平不断推高的良好态势，真正实现各地区基本公共服务均等化，以及居民等值化的生活质量等发展目标，依然面临着很大的压力，推进区域协调发展仍然任重道远。为此，在"十二五"乃至今后较长一段时期内，应继续坚持统筹区域协调发展的总方针，不断优化经济的区域结构，在促进各地区共同发展、共同繁荣的基础上，更加注重人的全面发展。

（一）区域协调发展的度量与判别

1. 区域协调发展的界定

一般地讲，区域协调发展可以从两个层面来进行界定：一是特定区域内部各个要素（经济、社会、资源、环境、人口等）之间的匹配程度；二是各区域主体[①]

---

① 区域主体具有不同的类型：一是行政区域，如省、市、县等；二是各种类型的经济区域，如长三角、珠三角、京津冀都市圈、中原经济区、长株潭城市群等；三是规划区域，如东部、东北、中部、西部四大区域等；四是从城乡角度划分的区域。

之间经济社会发展的协调程度，包括区域之间的经济协调发展、社会均衡化和公共服务均等化等。前者是目前大多数学者的研究路径，也是区域经济和社会健康发展的一个重要判断标准。当前，从国家区域发展总体战略层面，以东部、中部、西部和东北四大区域为地域框架来判定中国区域协调发展水平，对今后进一步深化完善国家区域政策更具有现实意义。显然，在科学发展观的指导下，四大区域协调发展的战略目标就是要在各区域经济、社会、资源、环境、人口等要素实现匹配化发展的过程中，逐步促进四大区域形成经济协调发展、社会共同进步、居民生活同步改善、环境一致友好的发展格局（见图6-22）。这样，要客观、全面地评价中国区域协调发展水平，就是要综合考察区域协调发展目标的实现程度，也就是要回答四个问题：一是各区域是否都走上了可持续发展的道路；二是各区域经济是否实现了共同繁荣；三是各区域的社会发展是否取得了共同的进步；四是各区域的居民生活质量是否实现了等值化。

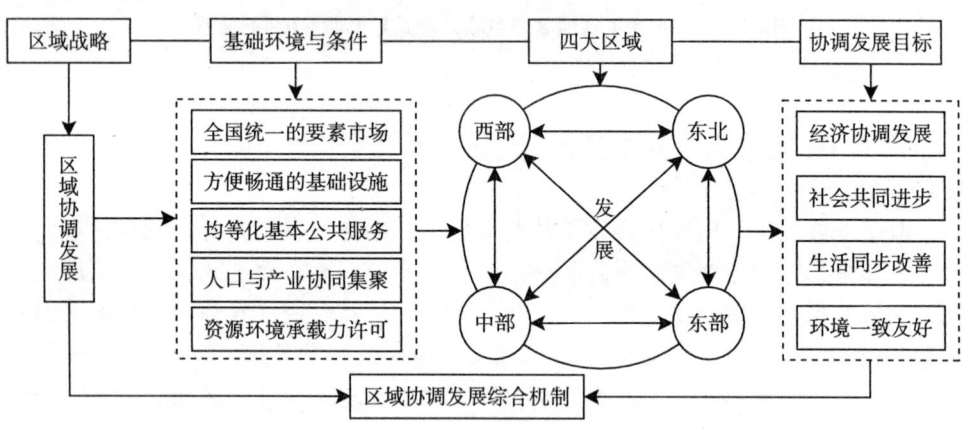

图6-22 中国区域协调发展的基本框架（以四大区域为地域单元）
资料来源：作者绘制。

2. 区域协调发展指数构建

根据上述对区域协调发展的理论认识，遵循科学性、系统性、稳定性、可比性、前瞻导向性及易操作性的基本原则，并排除指标异向性，通过征求专家组意见，最终构建了中国区域协调发展综合指数（见表6-9）。综合指数分四个层次：第一层为目标层，即区域协调发展综合指数；第二层为准则层，包含经济发展协调指数、生活水平协调指数、社会进步协调指数、环境友好协调指数4项二级指标。其中，经济发展协调指数由地区产出水平、地区收入水平2个三级指标构成；生活水平协调指数由地区居民消费水平、居民收入水平2个三级指标构成；社会进步协调指数由地区医疗设施水平、交通承载水平、其他公共服务支出水平3个三级指标构成；环境友好协调指数由污染排放强度及资源利用效率2个三级指标构成,共 9 个指标构成了综合指数的第三层——子准则层。综合指数的第四层为具体的指标层,共 12 个指标。

表 6-9 中国区域协调发展综合指标体系

目标层	准则层		子准则层		指标层	
名称 IC	名称 C_k	权重 ω_k	名称 C_{ki}	权重 ω_{ki}	名称 C_{kij}	权重 ω_{kij}
区域协调发展综合指数	经济发展协调指数	0.2	地区产出水平	0.5	人均地区生产总值	1
			地区收入水平	0.5	人均地方财政收入	1
	生活水平协调指数	0.3	居民消费水平	0.5	地区居民消费水平	1
			居民收入水平	0.5	城镇居民人均可支配收入	0.5
					农村居民人均纯收入	0.5
	社会进步协调指数	0.3	医疗设施水平	0.25	每万人卫生机构床位数	1
			交通承载水平	0.25	每万人民用汽车拥有数量	1
			公共服务支出	0.5	人均财政支出数额	1
	环境友好协调指数	0.2	污染排放强度	0.5	万元工业产值工业废气排放量	1/3
					万元工业产值工业废水排放量	1/3
					万元工业产值工业固体废弃物产生量	1/3
			资源利用效率	0.5	万元 GRP 能耗(万吨标准煤)	1

根据表 6-9,区域协调发展综合指数由指标体系层层加权计算得到,即计算公式如下:

$$IC = \sum_{k=1}^{l} \left\{ \sum_{i=1}^{m} \left[\sum_{j=1}^{n} C_{kij}\omega_{kij} \right] \omega_{ki} \right\} \omega_k \tag{6-1}$$

其中 $C_{ki} = \sum_{j=1}^{n} C_{kij}\omega_{kij}$,$C_k = \sum_{i=1}^{m} \left[\sum_{j=1}^{n} C_{kij}\omega_{kij} \right] \omega_{ki}$,$k$,$i$,$j$ 分别为准则层、子准则层及指标层变量个数。

3. 数据来源及说明

所用数据主要来源于《中国统计年鉴》(历年)、《中国能源统计年鉴》(历年)、《新中国五十年统计资料汇编》、《新中国五十五年统计资料汇编》、《新中国六十年统计资料汇编》。鉴于 1978~1984 年部分指标数据缺失,本文选择 1985~2009 年各省级行政区的数据,根据指标可比性,通过加总或加权等方法计算出四大区域的相应指标值。其中,海南数据从 1988 年开始,重庆市数据从 1997 年开始,由于缺失西藏能耗数据,能源效率计算过程中,西部地区未包含西藏。另外,对于个别缺失数据,根据数据特征并通过样本检验,采取回归法或期望值最大法进行估计值插补。

4. 测度模型

首先，设立两地区模型。假设有 A、B 两个地区，反映它们发展水平的同类或单一指标值分别为 I_A、I_B，并将 I_A、I_B 值控制在相同符号（同正或同负），则 AB 两地区的协调度为：

$$C_{AB(2)} = \frac{Min(I_A, I_B)}{Max(I_A, I_B)} \tag{6-2}$$

根据实际意义，$C_{AB} \in [0, 1]$。此时，C_{AB} 值越大，表示 A、B 两区域发展越协调，C_{AB} 取值为 0 时，绝对不协调，C_{AB} 取值为 1，即 $I_A=I_B$ 时，表示绝对协调。

其次，推到多个地区模型。假设现有 A、B、C 三个地区，则需要两两地区比较协调水平，即需要判定地区 AB、AC 及 BC 之间的协调水平。根据（6-2）式方法，此时 ABC 三地区的协调度为：

$$C_{ABC(3)} = \frac{1}{3}\left[\frac{Min(I_A, I_B)}{Max(I_A, I_B)} + \frac{Min(I_A, I_C)}{Max(I_A, I_C)} + \frac{Min(I_B, I_C)}{Max(I_B, I_C)}\right] \tag{6-3}$$

C_{ABC} 值大小意义同 C_{AB}，当且仅当 $I_A=I_B=I_C$ 时，A、B、C 地区发展绝对协调。

由此，令第 i 地区发展水平指标为 I_i，根据数学归纳法可以推导出 N 个地区之间的协调发展水平的测度模型，即：

$$C_{(N)} = \frac{1}{C_N^2}\left\{\left[\frac{Min(I_1, I_2)}{Max(I_1, I_2)} + \frac{Min(I_1, I_3)}{Max(I_1, I_3)} + \cdots + \frac{Min(I_1, I_N)}{Max(I_1, I_N)}\right] + \right.$$
$$\left[\frac{Min(I_2, I_3)}{Max(I_2, I_3)} + \frac{Min(I_2, I_4)}{Max(I_2, I_4)} + \cdots + \frac{Min(I_2, I_N)}{Max(I_2, I_N)}\right] + \cdots +$$
$$\left.\left[\frac{Min(I_{N-2}, I_{N-1})}{Max(I_{N-2}, I_{N-1})} + \frac{Min(I_{N-2}, I_N)}{Max(I_{N-2}, I_N)}\right] + \frac{Min(I_{N-1}, I_N)}{Max(I_{N-1}, I_N)}\right\} \tag{6-4}$$

$C_{(N)}$ 值大小意义同 C_{AB}，当且仅当 $I_1=I_1=,\cdots,I_N$ 时，N 个地区发展绝对协调。

最后，构造中国东部、东北、中部和西部四区域模型。根据式（6-4）不难推导出四区域协调的测度模型，如下：

$$C_{东—东北—中—西(4)} = \frac{1}{C_4^2}\left\{\left[\frac{Min(I_东, I_{东北})}{Max(I_东, I_{东北})} + \frac{Min(I_东, I_中)}{Max(I_东, I_中)} + \frac{Min(I_东, I_西)}{Max(I_东, I_西)}\right] + \right.$$
$$\left.\left[\frac{Min(I_{东北}, I_中)}{Max(I_{东北}, I_中)} + \frac{Min(I_{东北}, I_西)}{Max(I_{东北}, I_西)}\right] + \frac{Min(I_中, I_西)}{Max(I_中, I_西)}\right\}$$

$$\tag{6-5}$$

这样，联立式（6-1），式（6-5）测度模型，即可计算得到中国区域协调发展综合指数 $IC_{东—东北—中—西(4)}$。

5. 区域协调判定方法

为了便于考察，根据多种方法的数据检验与分析结果并综合课题组专家论证意见，将中国区域协调发展综合指数值的大小分设两个临界值：0.6 和 0.8，指数值的大小与区域协调发展的程度正相关。通过区域协调发展综合指数值的大小及变化，即可判定一定时期内区域协调发展的程度及国家区域协调政策的实施成效。具体分为三种情况，小于 0.6 表示区域发展不协调，用红灯报警；0.6~0.8 表示区域发展较为协调，用黄灯表示警示；大于 0.8 则表示区域发展协调，用绿灯来表示（见表 6-10）。

表 6-10　区域发展综合协调度的评定标准

区域协调发展综合指数	小于 0.6	0.6~0.8	大于 0.8
协调发展认同度	不协调	较为协调	协调
预警信号灯	红灯	黄灯	绿灯

（1）绿灯。表示区域发展处于协调状态，区域协调发展的战略目标基本实现。各地区资源配置合理，发展差距保持在合理的范围内或收敛程度较高，区域间居民消费水平与生活质量不断趋同，基本公共服务均等化倾向显著。此时，应在坚持区域协调发展战略及各项有利政策延续性的基础上，着眼于更长远的可持续发展。

（2）黄灯。表示区域发展趋向良性的方向变化，区域协调政策取得一定的成效，但是区域差距进一步缩小及区域协调发展的压力依然很大；不过，区域发展的不协调风险在政策措施的承受力或可控范围内。此时，应采取更加强有力的有效对策与措施，逐步解决区域发展过程中比较突出的问题，积极发挥政府在引导相对落后地区快速发展、扶持问题区域转型、保障区域公平、保护区域环境等方面的作用，并不断优化区域竞合关系。

（3）红灯。表示区域发展不协调，区域协调发展政策趋于失效，地区差距的持续扩大影响到社会的和谐稳定与人口的全面发展，国民经济和社会可持续发展受阻。此时，政府应注意分析、检讨相关的宏观战略及政策决策，积极寻找区域协调发展问题的症结，并采取果断的解决措施，努力把区域经济、社会发展调控到良性运行的状态。

不过，在生产力发展的不同阶段，区域经济与社会发展水平具有较大的差异性，因此可把社会划分贫困型、温饱型、小康型及富裕型四种类别，并将区域协调发展分为不协调与协调化两个阶段，根据上述测度模型的实际意义，区域协调发展对应就有贫困型协调、温饱型协调、小康型协调、富裕型协调四种类型（见图 6-23）。

（二）中国区域协调发展的评价及其趋势分析

改革开放以来，伴随着区域发展战略从不平衡发展到协调发展的转变，中国区域发展综合协调水平也经历了先持续下降（1985~2003 年）、后逐年提高（2004~2009 年）的演变。特别是，2003 年以后区域发展协调水平实现了从不断

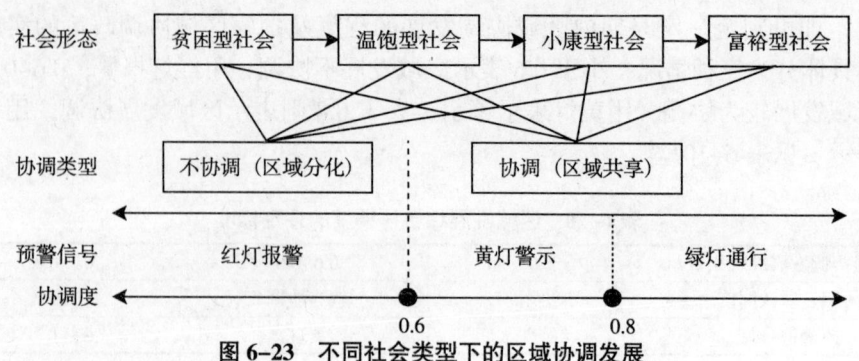

图 6-23 不同社会类型下的区域协调发展

资料来源：作者绘制。

降低到逐年提高的转变，表明中国实施的区域协调发展战略及相关政策取得了阶段性成效，区域经济正朝着良性方向发展。

1. 区域协调发展水平的变化与评价

运用上述指标体系及判定模型，计算得到1985~2009年中国区域发展综合协调度以及生活水平协调度、社会进步协调度、环境友好协调度与经济发展协调度四个分类指标的区域协调度值（见表6-11）。主要表现为以下五个基本特征。

表 6-11 1985~2009 年中国四大区域协调发展水平

年份	区域发展综合协调度	生活水平协调度	社会进步协调度	环境友好协调度	经济发展协调度
1985	0.7335	0.8026	0.7538	0.7156	0.6173
1986	0.7292	0.7987	0.7161	0.7499	0.6237
1987	0.7226	0.7924	0.7033	0.7429	0.6267
1988	0.7118	0.7700	0.6849	0.7357	0.6410
1989	0.7162	0.7809	0.6817	0.7389	0.6481
1990	0.7205	0.7956	0.6780	0.7304	0.6614
1991	0.7155	0.7830	0.6790	0.7416	0.6429
1992	0.7138	0.7644	0.6843	0.7328	0.6629
1993	0.7002	0.7439	0.6755	0.7242	0.6478
1994	0.6829	0.7221	0.6733	0.6933	0.6284
1995	0.6882	0.7221	0.6752	0.6992	0.6457
1996	0.6917	0.7319	0.6876	0.6831	0.6463
1997	0.6742	0.7327	0.6809	0.6377	0.6130
1998	0.6751	0.7295	0.6832	0.6507	0.6060
1999	0.6681	0.7265	0.6719	0.6477	0.5951
2000	0.6705	0.7297	0.6927	0.6365	0.5824
2001	0.6770	0.7279	0.6933	0.6874	0.5657
2002	0.6724	0.7311	0.6938	0.6620	0.5629

续表

年份	区域发展综合协调度	生活水平协调度	社会进步协调度	环境友好协调度	经济发展协调度
2003	0.6631	0.7285	0.6845	0.6376	0.5583
2004	0.6645	0.7314	0.6845	0.6304	0.5685
2005	0.6793	0.7300	0.7052	0.6557	0.5879
2006	0.6894	0.7251	0.7309	0.6585	0.6044
2007	0.6956	0.7342	0.7430	0.6604	0.6020
2008	0.7079	0.7417	0.7617	0.6731	0.6114
2009	0.7153	0.7437	0.7769	0.6779	0.6177

资料来源：根据《中国统计年鉴》（历年）、《中国能源统计年鉴》（历年）、《新中国五十年统计资料汇编》、《新中国五十五年统计资料汇编》、《新中国六十年统计资料汇编》整理计算。

一是中国区域发展综合协调水平呈"U"型变化（见图6-24），区域发展趋于良性，但一直处于黄灯警示状态。具体地，2003年是区域综合协调度从下降到提高的重要转折点；1985~2009年中国区域发展综合协调度一直在0.6~0.8，平均水平约为0.70，其中2003年为0.66，2009年为0.72，在2003~2009年，年均增加0.01。可以判定，中国区域发展正在逐步趋向协调。如果把区域协调发展指数的黄色信号灯阶段再分为两个阶段，即（0.6~0.7]区间的调整发展阶段与（0.7，0.8]区间的转型发展阶段，那么1985~2007年，中国的区域发展一直处于战略调整阶段，2008年以后基本实现了向转型发展的过渡。另外，从滞后回归看，未来中国的区域发展将进一步趋于协调化的趋势较为明显。

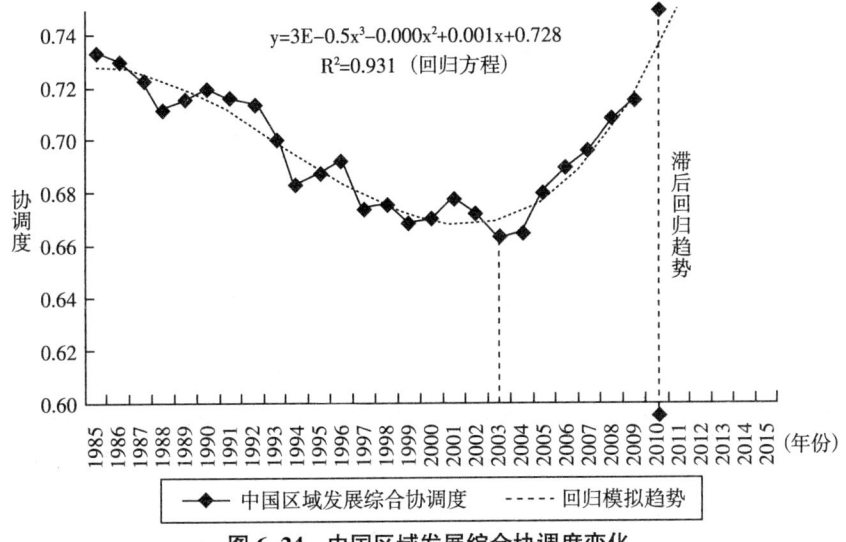

图6-24 中国区域发展综合协调度变化

资料来源：根据表6-11中数据绘制。

二是中国区域居民生活质量的协调水平整体上趋于下降，2006年以后出现上升势头。其中，1985~1990年生活水平的协调度均值为0.79，表现为国民经济发展相对低水平下的公平性却较强，2006年以来略有上升但势头不够强劲（见图6-25）。

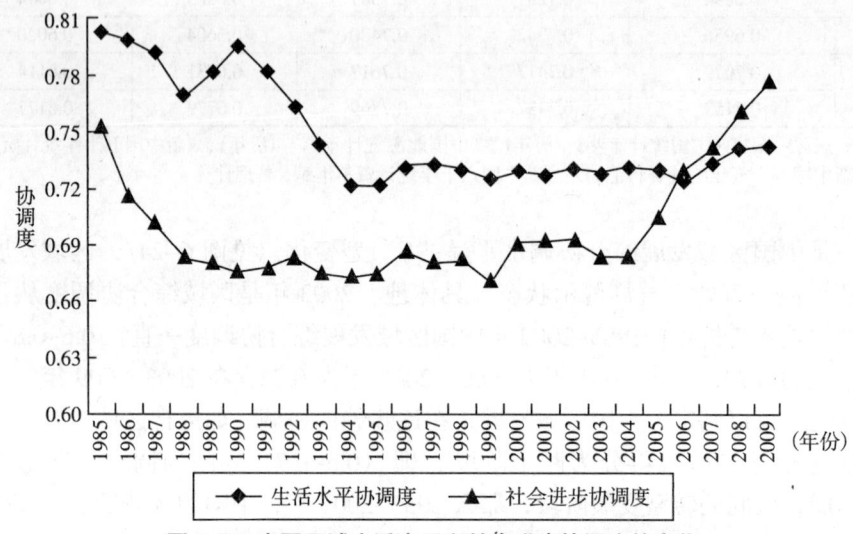

图6-25 中国区域生活水平和社会进步协调度的变化

资料来源：根据表6-11中数据绘制。

三是中国区域社会进步的协调水平经历先降低（1985~1990年）、后低水平稳定（1991~2004年）、再显著提高（2005~2009年）三个阶段的浅"U"型变化（见图6-25）。其中，2009年社会进步的区域协调度达到0.78，这说明近年来中国区域基本公共服务均等化水平不断提高，相对落后地区社会事业发展取得了明显进步。

四是中国区域环境友好的协调水平整体上趋于下降，但近年有所提高（见图6-26）。其中，1986年的协调度值为0.74，是1985~2009年的最高水平，这一期间的平均水平为0.69。虽然2004年以后，中国区域环境友好的协调水平开始不断提高，但2009年协调度值为0.68，依然低于均值。可见，区域环境友好的协调水平不高，这反映了中国地区发展模式的差异化特征。

五是中国区域经济发展的协调水平整体不高，经历先提高（1985~1990年）、后降低（1991~2003年）、再提高的基本演变（2004~2009年）（见图6-26）。其中，1985~2009年，中国经济发展的区域协调度均值为0.61，显著低于其他三类协调度指数，这反映了中国经济发展的地区差异较大。

根据中国区域发展综合协调水平变化的"U"型特征，取1985年、2003年、

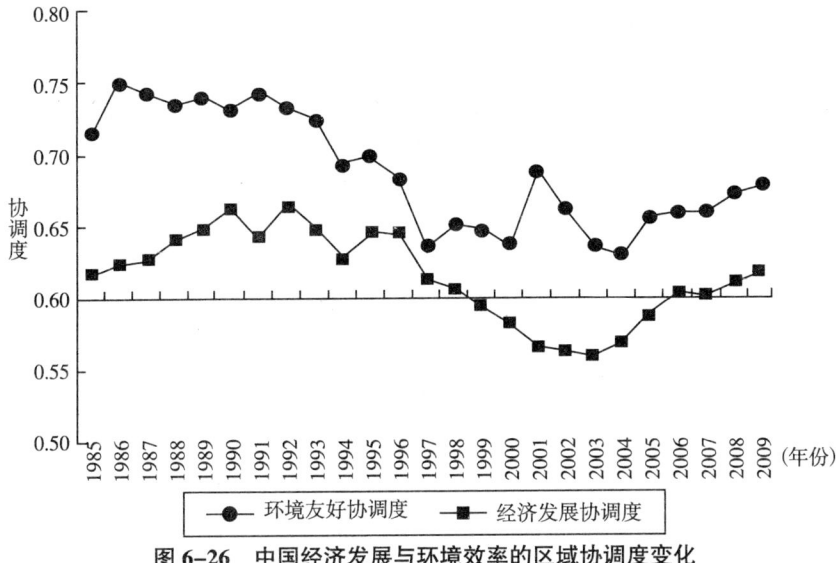

图 6-26 中国经济发展与环境效率的区域协调度变化

2009 年区域分类指标的协调度指数值作截面状况分析（见图 6-27、图 6-28 和图 6-29）。可以看到，这 3 年区域协调发展的截面图均为 0.6~0.8 水平下的不规则棱形；2003 年棱形截面图面积最小，即中国区域综合协调水平最低；从截面图面积上看，经济发展与环境友好的区域协调度指数值较小，在很大程度上就制约着综合协调度的提高。

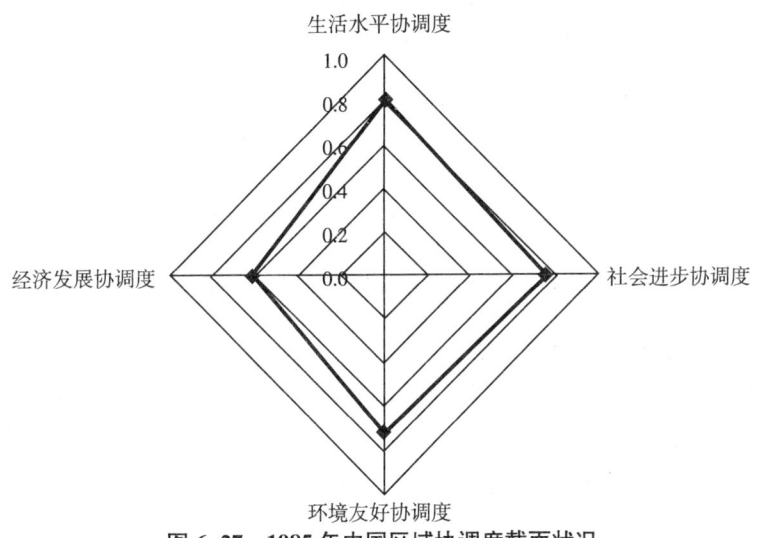

图 6-27 1985 年中国区域协调度截面状况

注：截面图 1.0 水平下的正棱形表示区域发展绝对协调，即四类指标的区域协调度均为 1.0，截面图的面积与中国区域发展综合协调水平呈正比例关系。

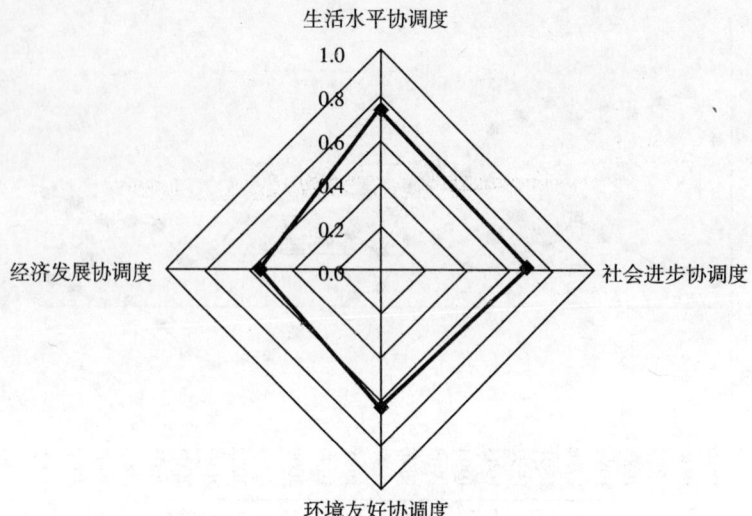

图 6-28　2003 年中国区域协调发展截面状况

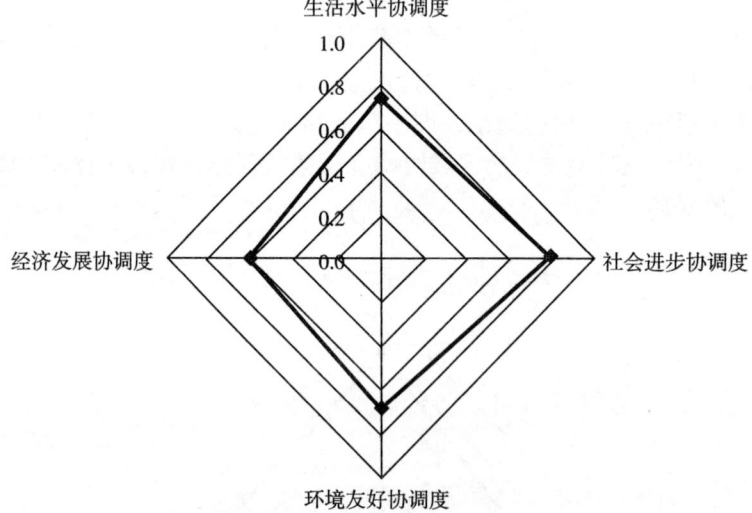

图 6-29　2009 年中国区域协调发展截面状况

2. 区域协调发展的 ARMA 模型预测

选用自回归移动平均模型（Auto-Regressive Moving Average models，ARMA）对中国区域发展综合协调度指数（IC）的序列值进行后 6 年（2010~2015 年）模拟预测。首先对 1985~2009 年的 IC 值进行单位根平稳性检验，这里均采用带常数项的 0 滞后期形式的扩展狄克—富勒检验（Augmented Dickey-Full Test，ADF）。IC 序列值单位根检验结果显示，ADF 统计值为-1.655807，不小于显著水平 1%、5%、10%的 ADF 临界值且 p 值较大（见表 6-12），因此不能否认零假设，IC 时间序列具有非平稳性。

表 6-12 IC 序列单位根检验结果

		t 统计量	p 值
扩展的狄克—富勒检验统计量		-1.655807	0.4393
检验临界值	1% 水平	-3.752946	
	5% 水平	-2.998064	
	10% 水平	-2.638752	

为此，对 IC 的对数 LN（IC）进行一阶差分得到 DLN（IC），该一阶差分序列平稳性检验结果显示，ADF 值为-3.303239，在 5%的显著水平上可以拒绝原零假设（见表 6-13），且 DLN（IC）相关图也较好地通过检验（见图 6-30），即经过一阶差分过后的时间序列 DLN（IC）具有平稳性，可进行滞后期预测。

表 6-13 DLN（IC）序列单位根检验结果

		t 统计量	p 值
扩展的狄克—富勒检验统计量		-3.303239	0.0266
检验临界值	1% 水平	-3.752946	
	5% 水平	-2.998064	
	10% 水平	-2.638752	

自相关	偏相关		自相关系数	偏相关系数	Q 统计量	p 值
		1	0.290	0.290	2.2817	0.131
		2	-0.039	-0.134	2.3240	0.313
		3	0.173	0.249	3.2114	0.360
		4	0.057	-0.102	3.3141	0.507
		5	0.147	0.247	4.0245	0.546
		6	0.231	0.062	5.8699	0.438
		7	-0.113	-0.203	6.3389	0.501
		8	-0.186	-0.108	7.6813	0.465
		9	0.067	0.073	7.8678	0.548
		10	0.049	0.012	7.9731	0.631
		11	-0.116	-0.150	8.6164	0.657
		12	-0.200	-0.178	10.702	0.555

图 6-30 DLN（IC）序列相关图及其检验统计量

通过对 DLN（IC）的自相关系数和偏相关系数观察，比较定阶，使用 ARMA（1，1）进行预测，即自回归（AR）与移动平均（MA）模型均采用一阶，得到检验结果（见表 6-14）。最终得到 DLN（IC）预测值序列的估计方程：

$[DLN(IC)]f_t = 0.031107 + 0.968602\{[DLN(IC)]f_{t-1} - 0.031107\} + \varepsilon_t - 0.99739\varepsilon_{t-1} = 0.968602DLn(IC)f_t + 0.000977 + \varepsilon$ (6-6)

表 6-14 D（LNIC）序列使用 ARMA（1，1）预测输出结果

变量	系数值	标准差	t 统计量	p 值
常数项	0.031107	0.115110	0.270234	0.7897
一阶自回归	0.968602	0.116683	8.301173	0.0000
一阶移动平均	−0.997319	0.135010	−7.387001	0.0000

根据表 6-14，自回归与移动平均模型预测的 p 值均接近 0，另外做卡方（$\bar{X}_2$）检验也显示总体分布与样本的理论分布无显著差异，可见（6-6）式模型较好地通过检验，根据 ARMA 模型的可逆性进行反推，对 2010~2015 年中国区域发展的综合协调度指数进行预测，并得到预测结果（见表 6-15）。

表 6-15 中国区域发展综合协调指数预测值

年份	2010	2011	2012	2013	2014	2015
预测值	0.7233	0.7318	0.7408	0.7504	0.7606	0.7713

注：根据历史经验数据计算得到的预测值，仅是数理统计上的趋势值外推，其隐含条件是基于当前的外部发展环境和基本趋势。

根据 2010~2015 年的预测值结果，我国的区域综合协调度将逐年递增，从而中国的区域发展将进一步协调化，预计到 2012 年，区域综合协调度就会超过 1985 年的水平（见图 6-31）。并且，随着中国从温饱型社会逐步向小康型社会过

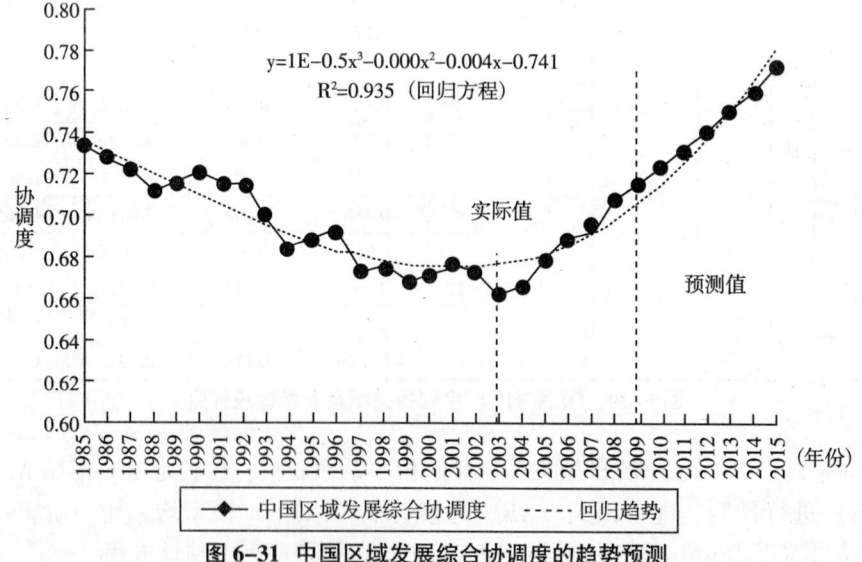

图 6-31 中国区域发展综合协调度的趋势预测

渡，可以肯定，2003年以后区域综合协调发展度的逐年提高是建立在生产力较高水平基础之上的。但是，应该看到我国的区域协调水平在短时间内仍将处于黄色警示阶段（综合协调度小于0.8），要实现我国经济发展的区域协调化仍然是一个艰巨的任务。

综上所示，基于科学发展观的基本思想，本文通过构建区域协调发展综合指数来描述中国区域发展的协调水平。可以看到，中国区域发展综合协调水平经历了先整体下降（1985~2003年）、后逐年提高（2004~2009年）的"U"型演变，但是总体水平不高，尤其是区域经济与环境发展的协调程度较低。不过，近年来中国区域协调水平逐年上升的态势说明国家实施的区域发展总体战略及其相关政策措施总体上取得了阶段性的成效。从数据模拟预测看，今后中国区域发展的综合协调度将继续趋于上升。实际上，在后金融危机时代，中国的区域发展态势已开始进入全面转型阶段。从中长期来看，随着区域发展总体战略和主体功能区战略的深入实施，中西部地区将迎来新的发展机遇，由此将进一步促进区域协调发展，区域差距的缩小态势将逐步趋于稳定。可以肯定，虽然未来中国区域协调发展任重道远，但只要继续坚持科学发展观的指导，不断深化完善区域发展总体战略，调整优化国家区域政策，中国区域发展将无疑会朝着更协调、更科学的方向迈进。

七、未来中国经济的区域结构调整战略

综上所述，在国家区域发展总体战略和有关政策的支持下，近年来中国经济的区域结构正在发生重要转变，区域经济协调发展取得了较大成效。但是，应该看到，目前中国的城乡区域差距仍然很大。2009年，东部人均GRP达5943美元。其中，上海、北京均超过1万美元。而西部地区只有2669美元，贵州仅为1508美元。2010年，中国城镇居民人均可支配收入与农民人均纯收入之比高达3.23，而1985年该比例只有1.86，1997年只有2.48，缩小城乡区域差距仍是一项长期的艰巨任务。同时，近年来中国区域经济发展基本上走的是一条以高增长、高消耗、高排放、高扩张为基本特征的粗放外延式发展道路，特别是东北地区和中西部地区经济的高速增长主要是依靠资源和投资拉动，资源性产业比重大，产业链条短，加工深度和综合利用程度低。显然，这种依靠资源和投资拉动的区域增长模式是不可持续的。为此，国家"十二五"规划纲要明确指出："实施区域发展总体战略和主体功能区战略，构筑区域经济优势互补、主体功能定位清晰、国土空间高效利用、人与自然和谐相处的区域发展格局，逐步实现不同区域基本公共服务均等化。"因此，进一步优化区域结构，构建区域协调发展的新格局，将是当前中国经济转型升级的一项重要任务。

(一) 深入实施区域发展总体战略

自1999年以来,为促进区域经济协调发展,国家先后制定实施了西部大开发战略、振兴东北地区等老工业基地战略和促进中部地区崛起战略,由此形成了区域发展总体战略框架,为促进中西部地区快速发展和东北地区振兴注入了新的活力。在"十二五"乃至今后一段时期内,国家在战略规划层面仍应以四大区域为地域框架,深入推进西部大开发,全面振兴东北地区,促进中部地区崛起,支持东部地区转型升级,进一步深化完善国家区域发展总体战略。

一是深入推进西部大开发。坚定不移地全面深入推进实施西部大开发战略,坚持"民富为先、稳定为重"的方针,更加注重维护社会稳定、扩大就业机会和让百姓得到实惠,切实提高西部自我发展能力和综合竞争力,使西部尽快走上持续稳定快速健康发展的轨道。在发展重点选择上,要继续加强基础设施和生态环境建设;加快发展特色优势产业、新兴战略产业和现代服务业,构建生态型的特色优势产业体系;大力推进成渝、关中—天水、北部湾、兰西格、呼包鄂榆、天山北麓、宁夏沿黄、滇中、黔中等重点地区规划建设,积极培育形成一批新的增长极,推进空间布局优化;实行全方位对外开放,强化区域合作,打造内陆型开放经济高地,推动形成以开放促开发、促发展、促稳定的新型开放格局。

二是全面振兴东北地区。要更加注重结构优化和机制体制创新,突出产业振兴和重点区域,强化国家战略产业基地和创新能力建设,加快实施全面开放战略,促进东北地区的全面振兴。在发展重点选择上,要加快推进国家先进装备制造业基地、国家新型原材料和能源保障基地、国家重要商品粮和农牧业生产基地建设,积极培育发展高新技术产业、新兴战略产业和现代服务业,抓好产业振兴工作;搞好"两带四圈"(辽宁沿海经济带和哈大经济带以及大连都市圈、沈阳都市圈、长吉都市圈和哈尔滨都市圈)的规划建设,积极培育一批具有全国意义的新增长极;强化科技和机制体制创新,为东北地区全面振兴和发展转型提供强力支撑;实行东北沿海、沿边和沿线"三沿"开放战略,推进绥满经济带建设,加强东北亚经济合作,完善区域协作网络,构筑一体化的公共平台,推进东北区域一体化进程。

三是促进中部地区崛起。继续抓好"三个基地、一个枢纽"建设,同时加强以城市群为核心的重点区域开发,加快推进工业化和城镇化进程,促进重点区域率先崛起,进而带动整个中部地区的崛起。在发展重点选择上,要重点加强国家粮食生产基地、能源原材料基地、现代装备制造及高新技术产业基地和综合交通运输枢纽建设;加快推进中原、武汉、长株潭、环鄱阳湖、江淮、太原等城市群和沿长江、沿陇海、沿京广和沿京九经济带的建设,实行多中心网络开发;以武汉、长株潭、环鄱阳湖城市群为依托,推进区域一体化进程,构建中部地区的

"金三角"，形成支撑未来中国经济发展的增长极；加快推进工业化和城镇化进程，建立一批国家承接产业转移示范区，把中部地区建设成为承接沿海产业转移的重要基地。

四是支持东部地区转型升级。当前东部地区经济已经到了全面转型升级的新阶段。在新时期，必须加快东部经济转型和产业升级步伐，提升东部地区参与全球化和国际分工的层次，提高国际竞争力、综合创新力和可持续发展能力，在科学发展方面走在全国前列。在发展重点选择上，要大力发展高端制造业和高端服务业，逐步向高端化方向发展；高度重视金融服务、现代物流、商务会展、信息咨询、文化创意等现代服务业发展，积极推进经济的服务化；加强工业设计，积极鼓励技术创新和新产品开发，推动产业创意化，逐步实现由东部制造向东部创造的转变；实施品牌建设工程，推动东部加工贸易由 OEM 逐步向 ODM、OBM 转变，实现东部经济的品牌化；进一步提高产业准入标准，大力推进节能降耗减排，积极优化空间结构，促进大都市区和城市群的可持续发展。

（二）全面推进城镇化的战略转型

当前，中国城镇化面临的主要矛盾并非是速度不快、水平较低的问题，而是质量不高的问题。在中国城镇化越过 50% 的临界点进入减速期后，必须从根本上改变过去那种重速度、轻质量的做法，坚持速度与质量并重，全面提高城镇化质量，把城镇化快速推进与质量提升有机结合起来，促使城镇化从单纯追求速度型向着力提升质量型转变。这是今后一段时期内中国推进城镇化的核心任务。

一是强化城市民生建设，加快完全城镇化的进程。要更加注重保障和改善城市民生，积极推进城市各项民生工程建设，进一步完善城镇安全和社会保障体系，努力完善社区服务体系，改善居民生活质量，着力解决贫困和低收入群体面临的"生活难、看病难、住房难、就业难、入学难"问题。尤其是要按照"多层统筹、区域协调、分类指导、农民主体"的原则，分阶段积极推进进城农民工的市民化进程，逐步让农民工在社会保障、就业和转岗培训、公共服务、保障性住房、子女教育等方面享受与市民同等的待遇，实现农民工"有信用、有保障、有岗位、有资产、有组织"的市民化目标，使广大进城农民工能够和谐地融入城市、共享城镇化的利益和成果。

二是全面推进城镇化的绿色转型。促进我国的城镇化进程由粗放型的高速城镇化向集约型的可持续城镇化转变，根本改变高消耗、高排放、高扩张、低效率、不协调的粗放型城市发展模式，促使城市向低消耗、低排放、高效率、可持续、和谐有序的新型科学发展模式转变，坚定不移地走具有"资源节约、低碳减排、环境友好、经济高效"的绿色城镇化道路。要坚持以科学发展观为指导，全面推行绿色新政，强化政策引导，加快推进机制完善、综合创新、绿色环保以及生态文明体系等系统工程建设。具体地，就是要发展两型产业，促进城镇经济绿色增长；创新建设模式，推动城镇集约发展；推广绿色生活，倡导全社会节能节约；加强污染防治与生态修复，不断提高环境质量。

三是加快城乡一体化进程，促进城乡发展由分割型向融合共享型转变。坚持城乡统筹，全面推进城乡规划、基础设施、公共服务、产业发展、生态环境和管理体制一体化。积极引导工业向园区集中、人口向城镇集中、土地向规模经营集中，进一步完善城乡一体化的体制机制和政策体系，努力构建新型的城乡关系、工农关系和镇村关系，推动形成以城带乡、以工促农、城乡互动、协调发展的一体化格局，促进城乡关系从二元分割向融合共享转型。特别是要加快推进中西部地区城乡一体化进程，提高农村居民生活水平，缩小城乡差距。

四是在提高城市群综合承载能力的同时，加快推进中西部城镇化进程。一方面，要加快郊区化和一体化进程，优化空间结构，促进产业转型和功能提升，不断提高城市群的综合承载能力，积极吸纳新增城镇人口。另一方面，基于东部和东北地区城镇化速度将会逐步放缓，而中西部地区仍处于城镇化加速阶段，今后吸纳和承载新增进城人口的潜力还很大，要加快推进中西部地区的城镇化进程。进一步促进工业化与城镇化互动，大力发展特色优势产业，特别是具有竞争力的劳动密集型产业，为城镇化提供强有力的产业支撑。

（三）积极推进主体功能区建设

国家"十二五"规划纲要明确提出实施主体功能区战略，并把其放在与区域发展总体战略同等重要的位置上。在新时期，推进实施主体功能区战略，是规范空间开发秩序、优化国土空间开发格局、促进区域协调发展的重要战略举措。按照国家规划，对城市化地区实行优化开发和重点开发，对农产品主产区着力保障农产品供给安全，对重点生态功能区实行限制开发和禁止开发。

推进主体功能区建设是一项巨大的系统工程，它是区划、规划、政策和考核的"四位一体"。对限制和禁止开发区域而言，我们可以限制或者禁止其开发，但不能限制或禁止其发展，更不能限制或禁止其富裕和繁荣。也就是说，我们可以依法剥夺其开发权，但不能剥夺其发展权。这样就需要探索在不开发的条件下，如何实现发展、富裕和繁荣，即"不开发的发展"、"不开发的富裕"、"不开发的繁荣"的新模式。为此，需要在深化实施分类管理的区域政策和差别化的绩效考核制度之基础上，建立健全多元化的利益补偿机制，对限制和禁止开发区域实行补偿政策，推动形成各地区共同发展、共同富裕的新格局。在当前新的形势下，建立健全区域补偿机制应着重从以下四个方面展开：

一是加大中央财政的转移支付力度。目前，中国按因素法确定的一般性财政转移支付总量规模偏小，所占比重较低，而且采取"撒胡椒面"的做法，远不能适应平衡地方财力的需要。为此，要进一步降低税收返还的比重和规模，提高一般性转移支付的比重和规模，并逐年加大对限制和禁止开发区域的转移支付力度，增强其基本公共服务和生态环境保护能力。在确定转移支付系数时，要考虑粮食生产、耕地和生态环境保护等因素，提高限制和禁止开发区域的转移支付系数。

二是对政策形成的增支减收给予补偿。限制和禁止开发区域承担国家赋予的生态环境保护功能，意味着要部分或者完全放弃开发权，必然会做出重大牺牲，造成财政上的增支减收。为此，当前亟须组织有关力量，对这种因放弃开发权而造成的增支减收因素进行科学测算。以此为依据，采取灵活的方式，如提高转移支付系数、实行定额补助等，对限制和禁止开发区域给予相应补偿。

三是探索建立多元化横向补偿机制。要实现限制和禁止开发区域的"不开发的发展"，单纯依靠中央财政是远远不够的。还必须按照"谁受益、谁补偿，谁保护、谁获利"的原则，探索建立多元化的横向补偿机制。在国家层面，可以考虑按照社会公平的原则，赋予不同地区同样的开发权，这样通过开发权从限制和禁止开发区域向优化和重点开发区域的有偿转让，形成全国性的开发权交易市场，从而构建一个由优化和重点开发区域向限制和禁止开发区域转移的横向利益补偿机制。在水资源和水源地保护方面，也可以通过价格改革和水权交易等方式，建立横向的利益补偿机制。

四是建立生态环境补偿的长效机制。中央财政要进一步增加用于生态修复和环境保护的专项支付，并重点向限制和禁止开发区域倾斜。同时，要完善森林生态效益补偿基金制度，尽快建立草原生态补偿基金，重点对国家级草原生态功能区给予补偿；全面推行矿山环境治理恢复保证金制度，尤其在限制开发区域，要提取更高标准的保证金；设立生态移民专项支付，进一步完善生态移民补偿制度，积极引导限制和禁止开发区域的超载人口逐步实现自愿平稳有序转移。此外，还可以采取发行生态彩票等方式，扩大生态环境建设的资金来源。

（四）构筑多中心网络开发新格局

一个国家或地区的经济开发大体要经历极点开发、点轴开发和网络开发三个阶段。改革开放以来，中国的国土开发和经济布局基本上是按照点轴开发的模式逐步展开的。在1985年国家计委组织编制的《全国国土总体规划纲要》中，最初提出按沿海和沿长江"T"形主轴线进行重点开发与布局的国土开发战略。后来，又提出将沿海、沿长江和陇海—兰新沿线地区结合的"π"形轴线，作为全国国土开发和经济布局的一级轴线。这种点轴开发战略是符合当时中国的经济发展阶段和国情特点的，它有力地促进了全国经济的高速增长和国家整体竞争力的提升。但是，应该看到，随着国际国内经济环境的变化，特别是国家经济实力的增强和发展水平的提高,沿海地区要素成本的攀升,全国综合交通运输网络体系的形成,以及西部大开发、东北地区等老工业基地振兴和中部崛起战略的实施,这种点轴开发战略越来越不适应全国一体化发展的需要,日益成为阻碍全国经济一体化和区域协调发展的重要制约因素。特别是在当前沿海地区要素成本不断攀升的情况下,单纯依靠沿海或沿长江主轴线已难以支撑中国经济的持续稳定高速增长。在新的形势下,中国的国土开发和经济布局应摒弃过去的点轴开发模式,实行多中心网络开发战略。

所谓多中心,就是要在抓好珠三角、长三角地区经济转型升级的基础上,依托大都市圈和城市群的建设,在环渤海、中西部和东北地区培育一批新的增长极和增长区,形成多中心的多元化区域竞争格局。自20世纪80年代以来,中国经济的高速增长主要是依靠珠三角和长三角等少数地区来支撑的。从未来的发展趋势看,这种依靠少数地区来支撑中国经济高速增长的格局将一去不复返。除了珠三角和长三角地区外,京津冀都市圈、山东半岛城市群、沈大都市圈、海西城市群、中原城市群、武汉都市圈、长株潭城市群、成渝都市圈、关中—天水经济区、北部湾经济区等,都有条件建设成为支撑未来中国经济高速增长的新的主导地区和增长极,由此将形成"群雄并起"、多中心的多元化区域竞争格局。

所谓网络开发,从全国角度来看,就是要在继续完善沿海轴线的基础上,进一步加强沿长江轴线尤其是中上游地区的开发,并依托主要交通干道和综合交通运输网络,以大都市圈和城市群为载体,以主要中心城市为节点,加快推进建设一批新的国家级重点开发轴线,逐步形成网络开发的总体格局。在国家"十二五"规划纲要中,已经明确提出了"两横三纵"的城市化战略格局(见图6-32)。从长远发展来看,未来中国的国土开发和经济布局应采取"四横五纵"的网络开发总体格局。其中,四条横向的国家级重点开发轴线是沿长江轴线、陇海—兰新轴线、沪昆轴线(上海—杭州—株洲—贵阳—昆明)、青西轴线(青岛—济南—石家庄—太原—银川—兰州—西宁);五条纵向的国家级重点开发轴线是沿海轴线、京广轴线、京深轴线(北京—济南—合肥—南昌—深圳)、齐哈大轴线(齐齐哈尔—哈尔滨—大连)、包南轴线(包头—西安—重庆—贵阳—南宁)。

这样,通过实行多中心网络开发战略,逐步在包括东部、中部、西部和东北地区在内的全国国土范围内,培育一批支撑全国经济高速增长的新增长极、增长区、增长带和增长轴,由此推动形成全国经济一体化和区域协调发展的新格局。

(五)实施差别化的国家援助政策

长期以来,中国区域政策的实施是按照两条路径同时展开的。一方面,在实施沿海发展战略、西部大开发战略、东北地区等老工业基地振兴战略和中部崛起

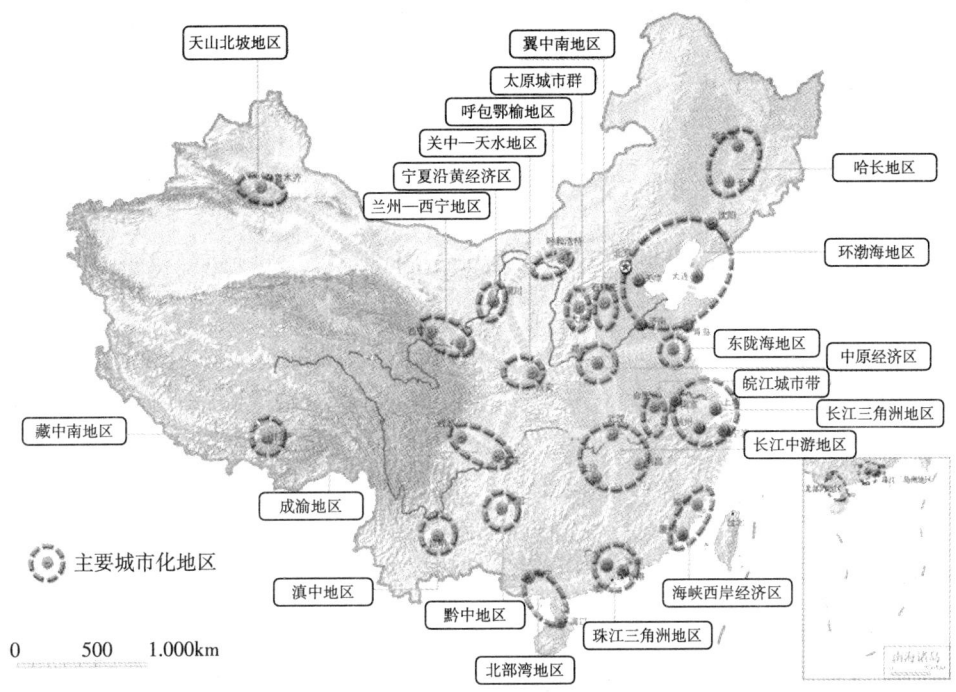

图 6-32 "十二五"规划时期"两横三纵"城市化战略格局

战略的过程中,也制定实施了一些针对四大区域的支持或扶持政策。另一方面,又针对革命老区、少数民族地区、边境地区、贫困地区、受灾地区等,制定实施了诸多扶持政策。其中,作为战略和政策的混合体,前者把四大区域既作为战略规划的地域单元,又作为援助政策实施的地域单元,带有"普惠"的性质。显然,四大区域是战略规划的重要地域单元,但把它延伸到政策操作层面上会带来诸多问题。

一是缺乏区别对待,难以取得较好的实施效果。无论是中西部地区还是东北地区,其内部差异都非常大,如果忽视这种地域差异性,任何针对整个西部地区、东北地区和中部地区的"普惠性"政策措施,都将难以取得较好的实施效果。二是存在不公平问题。如享受国家政策支持的东北地区并非都是老工业基地,而其他地区的老工业基地,却不能享受国家老工业基地政策。虽然后来国家明确了中部26个老工业基地城市比照实施东北老工业基地政策,但至今仍缺乏具体操作方案。

自2006年以来,国家又出台了一系列区域发展规划和各种特殊的区域政策,其中有许多是以国务院意见的名义发布的,这种"一对一"的政策虽然调动了地方的积极性,刺激了地区经济发展,但也带来了一系列问题。一是对区域政策体系造成冲击。国家对某个地区实行优惠和支持政策，并没有统一的标准和依据，实践中往往取决于领导的意图和来自地方的压力，这样无疑会对形成合理的国家区域政策体系造成冲击。二是容易诱发"跑部钱进"。由于政策制定的随意性和自由度较大，且与各地的谈判和公关能力密切相关，自然会诱发地方通过各种渠道和方式，进行公关和游说活动，甚至采取"跑部钱进"的做法。三是导致区域政策的"泛化"。在市场经济条件下，为促进区域协调发展，国家应更加注重公平目标，对面临各种困难的问题区域尤其是贫困落后地区给予重点支持和帮助，但现行的做法却是"遍地开花"，重点不突出，政策支持的地域范围几乎遍及全国各个省区市。四是将会产生新的不公平问题。由于政策是"一对一"的，所以国家对某特定地区给予政策优惠和支持，必然会对其他同类地区形成不公平，由此将造成不公平的区域竞争环境。

从国际经验来看，对问题区域实行援助政策是中央政府协调区域发展的关键举措。因此，要促进区域协调发展，中央政府必须加大对关键问题区域的支持力度，并按照"区别对待、分类指导"的原则，建立全国统一的国家区域援助政策体系。实行统一的国家区域援助政策，首先需要科学划分关键问题区域。按照区域问题的性质和严重性，大体可以将中国的关键问题区域划分为七种类型，包括经济发展落后的贫困地区、处于相对衰退中的老工业基地、结构单一的资源枯竭城市、财政包袱沉重的粮食主产区、各种矛盾交融的边境地区、自然灾害突发区和过度膨胀的大都市区。对于不同类型的关键问题区域，应根据其区情特点和面临的困难，实行差别化的国家援助政策，包括援助对象识别、目标、政策工具和制度保障等方面的差异（邬晓霞、魏后凯，2011）。考虑到各区域的发展阶段和经济条件，国家实施的各项区域援助政策应向中西部和东北地区倾斜。东部地区由于经济实力较强，其关键问题区域面临的问题，除特殊情况外，主要依靠省级政府解决。至于民族地区和革命老区，由于并非属于问题区域，应按照"同等优先"的原则，在列入各类关键问题区域时给予优先和照顾。同时，考虑到民族地区和革命老区的特殊性，国家还应该制定实施相应的特殊政策。

（执笔：魏后凯　王业强　张　燕）

参考文献

[1] 陈栋生. 论区域协调发展. 北京社会科学，2005（2）.

[2] 高铁梅. 计量经济分析方法与建模. 清华大学出版社，2009.

[3] 国家发展改革委宏观经济研究院国土开发与地区经济研究所课题组. 区域经济发展的几个理论问题. 宏观经济研究，2003（12）.

[4] 国家计委经济研究所课题组. 中国区域经济发展战略研究. 管理世界，1996（4）.

[5] 国家统计局. 2010 年第六次全国人口普查主要数据公报（第 1 号）. 2011（4）.

［6］国务院发展研究中心发展战略和区域经济研究部课题组. 中国区域科学发展研究. 中国发展出版社，2007（4）.

［7］国务院发展研究中心课题组. 中国区域协调发展战略. 中国经济出版社，1994.

［8］胡鞍钢. 中国走向区域协调发展. 决策与信息，2004（12）.

［9］李娟. 经济增长的区域空间结构趋势和我们的现实选择. 税务与经济，2002（1）.

［10］史丹，吴利学. 中国能源效率地区差异及其成因研究. 管理世界，2008（2）.

［11］王业强，魏后凯. 产业地理集中的时空特征分析——以中国28个两位数制造业为例. 统计研究，2006（6）.

［12］魏后凯. 区域经济发展的新格局. 云南人民出版社，1995.

［13］魏后凯. 中国地区间居民收入差异及其分解. 经济研究，1996（11）.

［14］魏后凯. 中国地区经济增长及其收敛性. 中国工业经济，1997（3）.

［15］魏后凯. 现代区域经济学. 北京：经济管理出版社，2006.

［16］魏后凯. 改革开放30年中国区域经济的变迁——从不平衡发展到相对均衡发展. 经济学动态，2008（5）.

［17］魏后凯. 新中国60年区域发展思潮的变革与展望. 河南社会科学，2009（4）.

［18］魏后凯. 中国国家区域政策的调整与展望. 发展研究，2009（5）.

［19］潘家华，魏后凯. 中国城市发展报告. 社会科学文献出版社，2010.

［20］魏后凯. 中国区域经济发展态势与政策走向. 中国发展观察，2010（5）.

［21］魏后凯，叶裕民. 城市与区域发展转型. 商务印书馆，2011.

［22］魏后凯，等. 中国区域政策：评价与展望. 北京：经济管理出版社，2010.

［23］吴殿廷. 区域经济学. 科学出版社，2003.

［24］吴小康. 垃圾围城. 突围，刻不容缓. 半月谈，2011（7）.

［25］邬晓霞，魏后凯. 实施差别化国家区域援助政策的科学基础与基本思路. 江海学刊，2011（3）.

［26］曾坤生. 论区域经济动态协调发展. 中国软科学，2000（4）.

［27］张军扩，侯永志. 协调区域发展——30年区域政策与发展回顾. 中国发展出版社，2008（11）.

［28］赵改栋，赵花兰. 产业—空间结构：区域经济增长的结构因素. 财经科学，2002（2）.

［29］中国环境保护部. 中国环境统计年报，2009-10.

［30］BP. Statistical Review of World Energy, 2011.

［31］International Cement Review (ICR). Global Cement Report, 2011 (9).

［32］International Energy Agency (IEA). World Energy Outlook, 2008.

［33］International Energy Agency (IEA). Key World Energy Statistics, 2009.

［34］Jian Chen, Belton M.Fleishe. Regional Income Inequality and Economic Growth in China. Journal of Comparative Economics, 1996 (22): 141-164.

［35］Long Gen Ying. China's Changing Regional Disparities during the Reform Period. Economic Geography, 1999 (75): 59-60.

［36］Northam, R M., Urban Geography. New York: John Wiley & Sons, 1979.

［37］World Steel Association (WSA). World steel Short Range Outlook, 2011.

第三部分
营造转变发展方式的良好环境

第七章 投资宏观调控的效应分析与结构调整

一、中国经济增长的投资依赖

对于有着丰富劳动力资源和劳动力供给相对充足的发展中国家来说，作为新增资本存量的投资是决定经济增长的最重要因素。投资增长不仅能够创造需求，而且也是使企业竞争能力和国民经济结构得到提升的主要手段。改革开放30多年来，我国经济增长的一个显著特点就是快速地集中并利用土地和劳动力资源，有效地形成和积累交通、城市基础设施、厂房、设备等社会和产业资本，推动经济高速增长，从而形成了以投资为主导的经济增长模式。

从三大需求的构成来看，我国的投资率（按照支出法计算的资本形成占GDP的份额）呈现逐年提高的态势。根据国家统计局公布的数据，2003年以来，我国投资率连续6年超过40%的水平，远远高于世界主要发达国家和发展中国家的平均投资率。

中国经济增长的投资依赖还表现在，我国经济增长中出现过的大波动基本上都可以归结为投资规模的扩张或收缩。这是因为，投资需求在我国总需求中占的比重较高，投资波动与经济波动的关联性很强，因而投资需求的过快增长和急速下降往往成为经济过热或过冷的主要原因，致使我国的投资运行周期在相当程度上决定了宏观经济的运行周期。根据计算，1981~2010年，我国名义固定资产投资增速与同年名义GDP增速以及次年名义GDP增速的相关系数分别为63.2%和70.2%。图7-1给出了名义固定资产投资与GDP名义增长率的变化趋势图。从图7-1中可以看到，我国GDP增长率与固定资产投资增长率在变动趋势上是基本同步的。

中国经济增长的投资依赖还表现为投资与增长之间的单向传导关系。我们利用1981~2009年名义GDP增长率和全社会固定资产投资增长率的时间序列做了Granger因果检验，结果表明，投资是经济增长的Granger原因，而增长不是投资的Granger的原因。这一结论的重要政策含义在于，投资是宏观调控的一个重要控制变量，当经济出现过热的时候，抑制投资过快增长是宏观调控政策体系最核

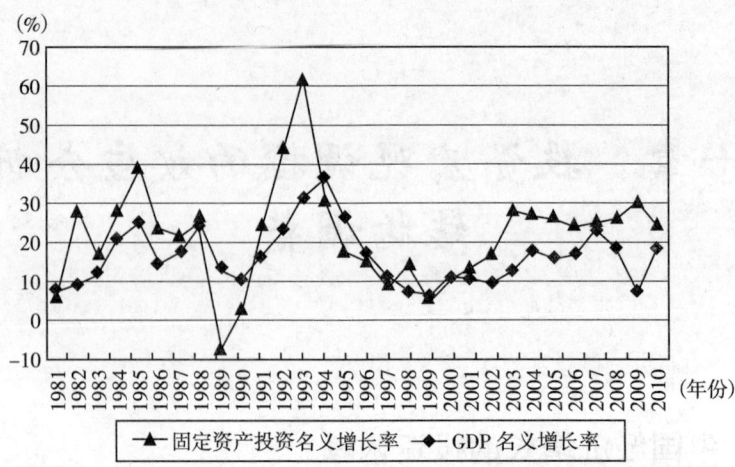

图 7-1 我国固定资产投资与 GDP 名义增长率的变化（1981~2010 年）

心的手段；而在经济低迷时期，刺激投资则是经济复苏最有效、最直接的措施。

自改革开放以来，我国经济出现过数次大的波动。其中，五次经济过热的物价波峰分别为 1980 年、1985 年、1988 年、1994 年、2007 年，经济增长波峰分别为 1978 年、1984 年、1987 年、1992 年、2007 年；一次经济过冷的物价和经济增长的波谷都出现在 1999 年。与此相对应，我国的宏观调控周期可以划分为五个，即 1979~1981 年、1985~1986 年、1988~1989 年、1993~1996 年、2003~2007 年，这是五次旨在治理经济过热的紧缩性调控；还有一次旨在拉动经济增长的扩张性调控，即 1998~2002 年的调控（见表 7-1）。

表 7-1　改革开放以来我国历经的宏观调控

经济周期[①]	宏观调控类型	峰位（或波谷）经济增长率	峰位（或波谷）物价（CPI）
1977~1981 年	1979~1981 年（紧缩性）	1978 年 11.7%	1980 年 7.5%
1982~1986 年	1985~1986 年（紧缩性）	1984 年 15.2%	1985 年 9.3%
1987~1990 年	1988~1989 年（紧缩性）	1987 年 11.6%	1988 年 18.8%
1991~1999 年	1993~1996 年（紧缩性）	1992 年 14.2%	1994 年 24.1%
—	1998~2002 年（扩张性）	1999 年 7.6%	1999 年 1.4%
2000~2007 年	2003~2007 年（紧缩性）	2007 年 11.9%	2007 年 4.8%

在出现的五次经济过热中，虽然原因各不相同，但表现在经济总量上基本都可以归结为投资规模的膨胀，调控投资运行成为宏观调控的核心内容。[②]

[①] 刘树成，等. 中国经济增长与经济周期（2007）. 中国经济出版社, 2008.
[②] 邹东涛. 中国改革开放 30 年. 社会科学文献出版社, 2008；吴亚平. 投资宏观调控的经验与启示. 中国投资 30 年，经济管理出版社, 2009.

二、"四万亿投资计划"的效应分析

1. 四万亿投资方案出台背景

2008年,随着国际金融危机的发展和蔓延,我国经济受到的影响日益严重。2008年10月,我国的出口和进口增速虽然有所放缓,但仍然是增长的。到了11月和12月,全国进出口总值开始转为负增长。11月,全国进出口总值同比下降9%。其中,出口下降2.2%,进口下降17.9%。12月,全国进出口总值同比下降11.1%。其中,出口下降2.8%,进口下降21.3%。可以看出,9月发生的金融风暴,到11月开始对我国的外贸产生了实质性影响。2008年第三季度,我国经济增长率出现了加速下滑的局面,2008全年GDP年降幅高达32.3%的,是前10年内GDP增速波动最大的一次(见图7-2)。为抑制经济快速下滑的势头,2008年11月,我国政府迅速调整宏观调控思路,实施积极的财政政策和适度宽松的货币政策。在消费、出口短期内难有起色的情况下,果断决定加大投资力度,启动了总额为4万亿元的政府主导性投资计划,以扩大内需。这是自改革开放以来我国政府采取的第二次扩张性投资调控。

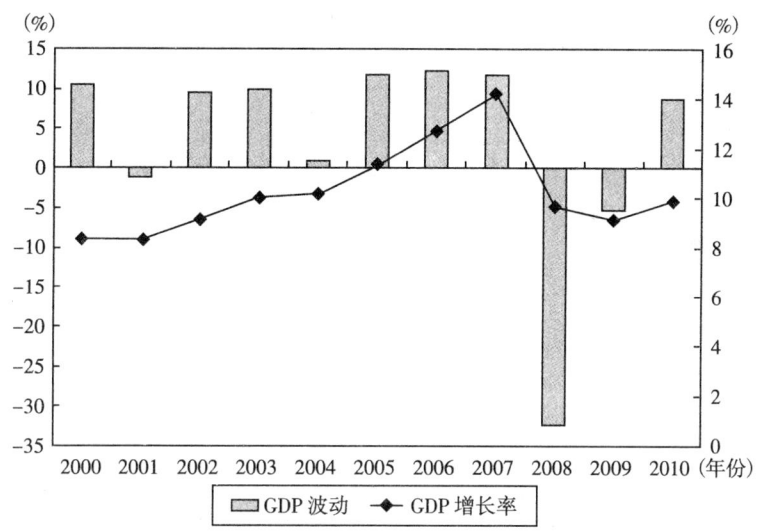

图7-2 经济增速幅度变化趋势(1992~2010年)

注:GDP波动=(本年GDP增长-上年GDP增长)/上年GDP增长。

2008年11月27日,国家发改委公布了"四万亿"投资方案的构成:①保障性安居工程2800亿元,占总投资的7%;②农村民生工程和农村基础设施3700亿元,占总投资的9.25%;③铁路、公路、机场和城乡电网建设18000亿元,占总投资的45%;④医疗卫生和文化教育事业400亿元,占总投资的1%;⑤生态环境3500亿元,占总投资的8.75%;⑥自主创新结构调整1600亿元,占总投资的4%;⑦用于地震重灾区的恢复重建投资10000亿元,占总投资的25%。

2009年5月22日,国家发改委进一步公布了"四万亿"投资清单,对投资方向的表述作了微调,而对相应的投资金额作出较大的调整:①民生工程,包括廉租住房、棚户区改造、保障性住房投资4000亿,占总投资的10%;②农村水、电、气、路民生工程和基础设施投资3700亿元,占总投资的9.25%;③铁路、公路、机场、水利等重大基础设施和城市电网改造投资15000亿元,占总投资的37.5%;④卫生、教育等社会事业发展,投资1500亿元,占投资的3.75%;⑤节能减排和生态建设工程投资2100亿元,占总投资的5.25%;⑥自主创新和产业结构调整总投资3700亿元,占总投资的9.25%;⑦汶川地震灾后重建投资10000亿元,占总投资的25%。那次调整的要点是对基础设施方面的投资削减得最多,对节能减排和生态工程方面的投资额也明显降低,大幅度增加了有关结构调整和技术改造的投资规模,在社会事业方面的投资也有很明显的增加。

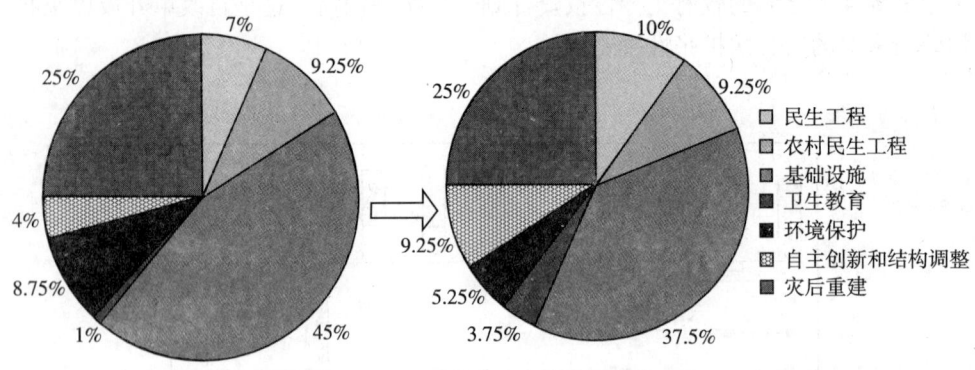

图7-3 调整前后的4万亿元投资结构对比

在4万亿元投资中,新增中央投资共11800亿元,占总投资规模的29.5%,主要来自中央预算内投资、中央政府性基金、中央财政其他公共投资,以及中央财政灾后恢复重建基金。其余的投资共28200亿元(占总投资规模的70.5%)主要来自地方财政预算、中央财政代发地方政府债券、政策性贷款、企业(公司)债券和中期票据、银行贷款以及吸引民间投资等。

以增加投资为核心的宏观调控对于"保增长"的作用毋庸置疑。但是,这样的投资分配效率如何?我们下面通过投入产出方法来定量分析这一轮宏观调控措施的实际效应。与相关研究不同的是,我们在分析中使用了非竞争型投入产出表,从而区分了国内产品和进口产品对最终需求的不同影响。

2. "四万亿元投资计划"对经济拉动效应的测算

测算投资对经济拉动效应的方法有多种。郭庆旺等（2006）利用 VAR 模型分析考察了我国基础设施投资对经济增长的影响；武普照等（2007）在内生增长理论的框架下分析了公共投资对经济增长的效应；付雪、陈锡康（2005）应用投入产出局部闭模型测算了上海磁悬浮铁路对我国 GDP 及就业的影响，并给出了投资对 GDP 及总产出影响的测算方法。郭菊娥等（2009）利用投入产出闭模型定量测算了 4 万亿元投资对我国 GDP 的拉动总效应，但是该模型没有考虑进口产品与国内产品对拉动国内经济的显著差异。本书在前人研究的基础上，利用 2007 年投入产出表，明确区分进口产品和国内产品的差异，构建非竞争型投入产出模型测算了 4 万亿元投资对我国经济的拉动效应。

（1）投资对行业增加值拉动效应分析。拉动力系数[①]能反映出国民经济中某一部门增加一单位最终需求时对国民经济其他诸部门的增加值增长所具有的波及效应。根据 2007 年投入产出表[②]计算国民经济各行业的拉动力系数结果如表 7-2 所示。

表 7-2 部门拉动力系数排行表

排名	所属行业	行业名称	拉动力系数
1	第三产业	房地产业	1.1541
2	第三产业	金融业	1.1356
3	第二产业	废品废料	1.1340
4	第一产业	农林牧渔业	1.1104
5	第三产业	批发和零售业	1.1062
6	第三产业	公共管理和社会组织	1.0954
7	第三产业	住宿和餐饮业	1.0883
8	第二产业	水的生产和供应业	1.0877
9	第三产业	教育	1.0877
10	第三产业	信息传输、计算机服务和软件业	1.0806
……	……	……	……
33	第二产业	金属制品业	0.9498
34	第二产业	化学工业	0.9337
35	第二产业	通用、专用设备制造业	0.9272
36	第二产业	交通运输设备制造业	0.9184
37	第二产业	金属冶炼及压延加工业	0.9013

---

① 拉动力系数的定义见附录的计算说明。
② 在 2007 年最新中国投入产出表（42 部门）基础上，我们编制了 2007 年中国非竞争性投入产出表（42 部门），然后计算各行业的拉动系数。

续表

排　名	所属行业	行业名称	拉动力系数
38	第二产业	电气机械及器材制造业	0.8972
39	第二产业	燃气生产和供应业	0.8591
40	第二产业	石油加工、炼焦及核燃料加工业	0.8297
41	第二产业	仪器仪表及文化办公用机械制造业	0.8245
42	第二产业	通信设备、计算机及其他电子设备制造业	0.7695

表7-2给出了拉动力系数排名前10位和后10位的行业。从中可以看出：①对国民经济拉动力系数最大的部门是房地产业，其拉动力系数为1.1541，意味着当房地产业每增加一个单位的最终需求时，可以拉动1.1541个单位的国民经济增加值；②排名前10位的行业大部分属于第三产业，且其拉动力系数均大于1，这说明第三产业对国民经济的拉动力较大，增加第三产业的最终需求，可以实现国民经济的更快发展；③排名后10位的行业全部属于第二产业，且其拉动力系数均小于1，这说明第二产业的增加值率较低，对国民经济增长的拉动力效率较弱。

根据国家发改委最新调整的"4万亿元"投资清单，对比投入产出表中行业划分，4万亿元投资可以大概划分到行业：4000亿元的民生工程对应投入产出表中的房地产业；1500亿元的卫生、教育等社会事业对应投入产出表中的卫生、社会保障和社会福利事业以及教育业；3700亿元的自主创新结构调整主要是投向高新科技，对应为科学研究事业；2100亿元的生态环境和节能减排对应投入产出表中的水利、环境和公共设施管理业；此外，3700亿元的农村水、电、气、路民生工程和基础设施，1.5万亿元的铁路、公路、机场、城乡电网属于基础设施建设项目；1万亿元的灾后恢复重建项目投资主要是基础设施建设项目，从而涉及的部门相对较多。总体说来，基础设施建设项目的花费主要包括建筑工程费、设备采购及安装工程费和其他费用。其中，建筑工程费对应投入产出表中的建筑业；其他费用一般包括咨询费、设计费和管理费等，对应投入产出表中的综合技术服务业；设备采购及安装工程费中，电网建设的设备采购及安装工程费对应为电气、机械及器材制造业和通用、专用设备制造业。

为了提高分配的精确度，本文在（郭菊娥等，2009）调查的华电国际新建电厂、某大型水利工程、洛阳市某公路工程等4个基础设施项目中的具体投资构成比重基础上，结合工程建筑年鉴相关资料，对各类基础设施建设项目相关投资分配到纯部门的比重取值见表7-3。

表 7-3 不同基础设施项目投资与部门的对应关系

单位：%

项目	建筑业	电气、机械及器材制造业	通用、专用设备制造业	综合技术服务业
公路、机场类	70	5	10	15
铁路类	50	5	35	10
电网类	15	65	5	15
其他基础设施类	70	10	10	10

在表 7-3 投资项目于纯部门对应关系的基础上，为简便起见，本文假定 3700 亿元的农村民生工程和农村基础设施投资项目中，公路、电网和其他基础设施各占 1/3 的比重；1.5 万亿元的铁路、公路、机场、城乡电网基础设施建设项目中，铁路、公路、机场、城乡电网四种投资分别占 1/4；1 万亿元的灾后恢复重建项目中，铁路、公路、机场、城乡电网和其他基础设施各占 1/5 的份额。这样，4 万亿元新增投资在各行业的大致分配如下：通用、专用设备制造业 3958.33 亿元，电气、机械及器材制造业 5786.67 亿元，建筑业 15099.17 亿元，房地产业 4000 亿元，研究与试验发展业 3700 亿元，综合技术服务业 3855.83 亿元，水利、环境和公共设施管理业 2100 亿元，教育 750 亿元，卫生、社会保障和社会福利事业 750 亿元。

国家新增 4 万亿元投资对国民经济各行业的拉动效果可以分为直接拉动效应和间接拉动效应。

①直接拉动效应分析。在竞争型投入产出表中，在中间使用和最终使用中不区分国内产品和进口产品，一个流量中同时包含有两种产品而出现了"竞争"。这种竞争型表的投入产出模型不能直接用于测算最终产品拉动的增加值。因为，在最终产品（使用）中包括了直接进口产品，而进口产品不是在国内生产的，故不会消耗国内的中间产品，由此创造的增加值不是在国内创造的，故不会拉动国内经济。在这种情况下，可以通过编制非竞争型投入产出表来解决，其计算结果见表 7-4。

表 7-4 4 万亿元投资对国民经济各部门直接拉动

单位：亿元

部门	增加值	部门	增加值	部门	增加值
农林牧渔业	899.00	金属制品业	475.98	信息传输、计算机服务和软件业	405.49
煤炭开采和洗选业	595.10	通用、专用设备制造业	1682.48	批发和零售业	1086.97
石油和天然气开采业	703.06	交通运输设备制造业	251.67	住宿和餐饮业	405.98
金属矿采选业	375.01	电气机械及器材制造业	1499.90	金融业	1207.71

续表

部门	增加值	部门	增加值	部门	增加值
非金属矿及其他矿采选业	259.45	通信设备、计算机及其他电子设备制造业	289.61	房地产业	3652.37
食品制造及烟草加工业	288.70	仪器仪表及文化办公用机械制造业	98.26	租赁和商务服务业	269.18
纺织业	125.97	工艺品及其他制造业	79.85	研究与试验发展业	1681.46
纺织服装鞋帽皮革羽绒及其制品业	97.38	废品废料	540.06	综合技术服务业	2433.54
木材加工及家具制造业	182.29	电力、热力的生产和供应业	1110.86	水利、环境和公共设施管理业	1128.44
造纸印刷及文教体育用品制造业	262.26	燃气生产和供应业	17.52	居民服务和其他服务业	223.81
石油加工、炼焦及核燃料加工业	483.02	水的生产和供应业	51.59	教育	492.29
化学工业	1193.33	建筑业	3572.55	卫生、社会保障和社会福利业	308.56
非金属矿物制品业	1264.32	交通运输及仓储业	1530.83	文化、体育和娱乐业	88.68
金属冶炼及压延加工业	2111.41	邮政业	28.00	公共管理和社会组织	9.22
总计：33463.15 亿元					

从表 7-4 可以看出，新增 4 万亿元投资对房地产业和建筑业的初次拉动作用最大，4 万亿元投资将直接使得房地产业和建筑业增加值分别增加 3652.37 亿元和 3572.55 亿元，两者占初次拉动总量的 21.59%；其次为综合技术服务业、金属冶炼及压延加工业、通用专用设备制造业和研究与试验发展业，其增加值分别为 2433.54 亿元、2111.41 亿元、1682.48 亿元和 1681.46 亿元，分别占初次拉动总量的 7.27%、6.31%、5.03% 和 5.02%；4 万亿元投资对纺织服装鞋帽皮革羽绒及其制品业、文化、体育和娱乐业、工艺品及其他制造业、水的生产和供应业、邮政业、燃气生产和供应业的增加值影响较弱，这些行业增加值占初次拉动总量的比重均小于 0.3%。总体来看，4 万亿元投资可以直接拉动国民经济各部门的增加值增加 33463.15 亿元。

②间接拉动效应分析。运用宏观经济学的乘数效应原理计算新增投资对各行业的间接拉动作用。① 根据非竞争型投入产出模型，假定新增消费与投入产出表中

---

① 理论上说，还有一种反方向效应存在：当投资或政府公共支出增加时，由于刺激了物品与劳务的总需求，这样会使得利率上升，而较高的利率往往会减少投资支出，抑制总需求增加。但由于我国实行宽松的货币政策，货币供给充足，因此这种反方向作用不明显。

的消费结构保持一致，计算得到 4 万亿元投资对各行业的间接拉动作用①（见表 7-5）。

表 7-5　4 万亿元投资对国民经济各部门间接拉动

单位：亿元

部门	增加值	部门	增加值	部门	增加值
农林牧渔业	7522.24	金属制品业	237.64	信息传输、计算机服务和软件业	1158.77
煤炭开采和洗选业	520.57	通用、专用设备制造业	356.62	批发和零售业	3210.33
石油和天然气开采业	681.45	交通运输设备制造业	530.90	住宿和餐饮业	1353.01
金属矿采选业	108.67	电气机械及器材制造业	357.75	金融业	2657.55
非金属矿及其他矿采选业	86.97	通信设备、计算机及其他电子设备制造业	320.26	房地产业	3476.36
食品制造及烟草加工业	3101.99	仪器仪表及文化办公用机械制造业	65.58	租赁和商务服务业	541.24
纺织业	504.40	工艺品及其他制造业	219.82	研究与试验发展业	40.31
纺织服装鞋帽皮革羽绒及其制品业	780.04	废品废料	231.55	综合技术服务业	183.69
木材加工及家具制造业	195.36	电力、热力的生产和供应业	1324.45	水利、环境和公共设施管理业	124.49
造纸印刷及文教体育用品制造业	451.26	燃气生产和供应业	48.08	居民服务和其他服务业	1135.84
石油加工、炼焦及核燃料加工业	439.34	水的生产和供应业	125.47	教育	1203.12
化学工业	1572.49	建筑业	153.61	卫生、社会保障和社会福利业	789.16
非金属矿物制品业	238.79	交通运输及仓储业	1655.80	文化、体育和娱乐业	236.75
金属冶炼及压延加工业	591.82	邮政业	49.14	公共管理和社会组织	10.97

总计：38593.67 亿元

从表 7-5 可以看出，国家新增 4 万亿元投资，对农业的间接拉动作用最大，增加值增加 7522.24 亿元，占间接拉动总量的 19.5%；其次为房地产业和批发零售业，增加值分别 3476.36 亿元和 3210.33 亿元，分别占间接拉动总量的 9.01% 和 8.32%；4 万亿元投资对公共管理和社会组织的间接拉动作用最小，仅为 10.97 亿元，占间接拉动总量的 0.028%。这是因为从投入产出表的消费结构中可以看

---

① 利用 1978~2007 年的统计数据，通过回归模型测算得到我国的边际消费倾向为 0.5213，由此得到收入乘数为 2.0890，表明当投资增加一个单位，收入将增加 2.0890 个单位。根据收入乘数模型计算，4 万亿元投资将间接拉动消费需求增加 43560 亿元。

出,无论是城镇居民消费,还是农村居民消费或政府消费,对公共管理和社会组织的消费都为零,所以最终消费需求对公共管理和社会组织拉动只能通过其他行业的消费需求间接拉动。总体来看,4万亿元投资可以间接拉动国民经济各部门的增加值增加 38593.67 亿元。

(2) 总拉动效应分析。将 4 万亿元新增投资对各行业的直接和间接拉动作用加总,计算出投资增加对各行业的总拉动作用,计算结果如表 7-6 所示。

表 7-6 4 万亿元投资对国民经济各部门增加值的总拉动

单位:亿元

部门	增加值	部门	增加值	部门	增加值
农林牧渔业	8421.24	金属制品业	713.62	信息传输、计算机服务和软件业	1564.26
煤炭开采和洗选业	1115.67	通用、专用设备制造业	2039.10	批发和零售业	4297.30
石油和天然气开采业	1384.51	交通运输设备制造业	782.57	住宿和餐饮业	1758.99
金属矿采选业	483.68	电气机械及器材制造业	1857.65	金融业	3865.26
非金属矿及其他矿采选业	346.42	通信设备、计算机及其他电子设备制造业	609.87	房地产业	7128.73
食品制造及烟草加工业	3390.69	仪器仪表及文化办公用机械制造业	163.84	租赁和商务服务业	810.42
纺织业	630.37	工艺品及其他制造业	299.67	研究与试验发展业	1721.77
纺织服装鞋帽皮革羽绒及其制品业	877.42	废品废料	771.61	综合技术服务业	2617.23
木材加工及家具制造业	377.65	电力、热力的生产和供应业	2435.31	水利、环境和公共设施管理业	1252.93
造纸印刷及文教体育用品制造业	713.52	燃气生产和供应业	65.60	居民服务和其他服务业	1359.65
石油加工、炼焦及核燃料加工业	922.36	水的生产和供应业	177.06	教育	1695.41
化学工业	2765.82	建筑业	3726.16	卫生、社会保障和社会福利业	1097.72
非金属矿物制品业	1503.11	交通运输及仓储业	3186.63	文化、体育和娱乐业	325.43
金属冶炼及压延加工业	2703.23	邮政业	77.14	公共管理和社会组织	20.19
总计: 72056.83 亿元					

从表 7-6 可以看出,首先,新增 4 万亿元投资对农业的总拉动作用最大,4 万亿元投资可以使得农业的增加值增加 8421.24 亿元,占拉动总量的 11.69%;其次是房地产业,使房地产的增加值增加 7128.73 亿元,占拉动总量的 9.89%;4 万亿元投资对公共管理和社会组织业的增加值拉动最小,仅使得该行业增加值增

加 20.19 亿元，仅占拉动总量的 0.028%。

3. "四万亿元投资计划"对经济平稳运行带来的风险

（1）产能过剩可能重新抬头。在 2003~2007 年的经济高增长周期中，我国经济整体呈现产销两旺的态势，企业赚钱很容易，只要产品生产出来了，就不愁没有市场。生产资料特别是原材料价格上涨很快，产能过剩问题不那么突出。例如，虽然我国钢铁产量在 1998 年、2003 年、2004 年和 2006 年分别超过 1 亿吨、2 亿吨、3 亿吨和 4 亿吨，但是销售形势良好，黑色金属冶炼及压延加工业的产销率一直保持在较高的水平。

在这一轮经济上升周期，我国 GDP 的增长速度均保持在 10% 以上，然而全社会固定资产投资的增长速度却保持在 20% 以上（23.9%~27.7%），是 GDP 增幅的两倍多。而同期最终消费支出即使按照当年价格计算，其增长速度仅在 10% 上下，最高的 2007 年也不过 16%。固定资产投资的增长意味着新的产能不断投放到市场中去，而固定资产投资增速与 GDP 增速以及最终消费之间 10% 以上的缺口，意味着释放的产能大量被出口消化掉了。随着出口需求增长的急剧下降，很多产业的产能过剩将重新出现。为了扩大内需，国家提出 4 万亿元的投资计划，其中有一些过去不能批或者缓批的项目匆忙上马，这 4 万亿元投资如果不能合理引导，很有可能进一步加剧某些行业的产能过剩。

（2）地方融资平台带来的风险可能上升。地方政府融资平台在一定程度上缓解了地方政府融资难题，对于拉动内需、应对全球金融危机、刺激地方经济发展发挥了重要作用。据银监会 2009 年年底统计，全国地方 13 个省融资平台贷款余额是当地财政总收入的 1 倍以上，更有甚者达到 3.2 倍，其中 90% 的项目融资依赖银行贷款。根据央行发布的《2010 中国区域金融运行报告》，2009 年末全国地方融资平台贷款余额 7.38 万亿元，比国债余额规模还要多。实际上，2009 年地方政府的投融资平台的负债总规模已经超过了地方政府全年的总财政收入。另外，根据银监会统计数据，2010 年一季度的银行新增贷款中，约有 40% 流向了地方融资平台，规模在 1.35 万亿元左右。可见，地方政府融资平台存在的举债融资规模仍在迅速膨胀，地方政府偿债风险日益加剧。

三、金融危机前后我国投资结构变动特点

1. 投资消费比例失衡的状况有所加剧

如图 7-4 所示，自 2000 年以来，我国的消费率快速下滑，而投资率则呈现明显上升趋势，其原因在于近十年来我国的固定资产投资增速远远大于最终消费增速。在金融危机爆发前的 2007 年，我国城镇固定资产投资的名义增长速度为 25.6%，投资贡献率和消费贡献率分别为 42.7% 和 39.2%。2008 年，为了应对国

际金融危机的冲击,我国实施了一系列经济刺激计划,新上了许多大型投资工程。因此,2009年我国城镇固定资产投资名义增长速度增加到了31.0%,投资贡献率也急剧上升到了95.2%,而同期的消费贡献率仅为45.4%,前者是后者的两倍多,投资成为"保增长"的主要引擎。2009年,我国经济运行的一个重要特点是经济增长过程中的内外需不平衡矛盾在一定程度上得到了缓解,内需驱动增长的模式有所强化,但是投资的高速增长导致投资消费比例失衡的状况有所加剧。

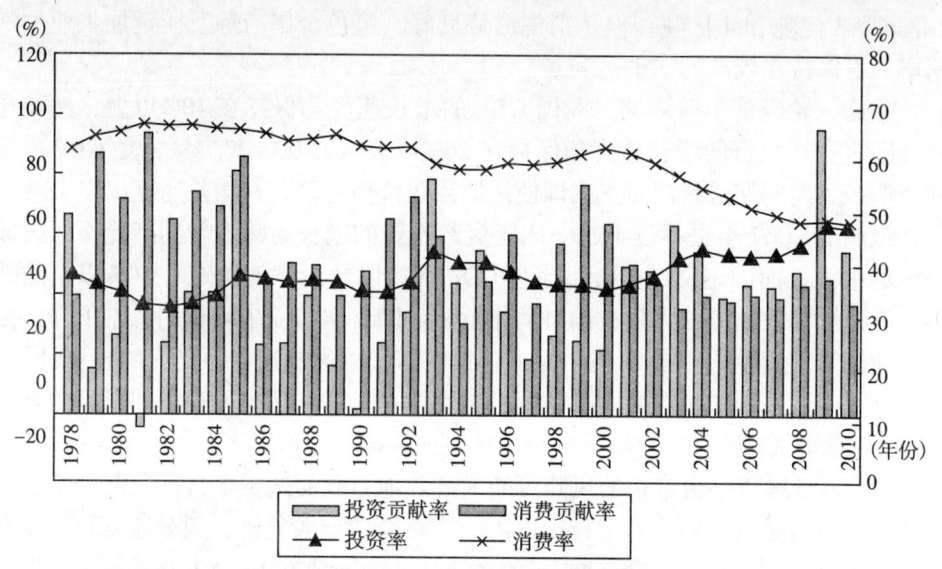

图7-4 投资和消费对经济增长的贡献

资料来源:CEIC亚洲经济数据库。

2010年,我国政府适度收紧了货币政策,并且加大了对新建项目的监管力度。同时,随着我国消费的稳步上升,2010年,我国投资和消费比例失衡状况有所好转。2010年,我国城镇固定资产投资名义增长速度为24.35%,比2009年下降6.65个百分点。投资贡献率为54.8%,比上年减少40.4个百分点。投资率为46.65%,比上年下降0.85个百分点。而消费率为48.65%,比上年增加0.05个百分点,消费贡献率为37.3%,虽然比上年下降了8.1个百分点,但是下降幅度远远小于投资贡献率的下降幅度。同时,随着外需的逐渐恢复,货物和服务净出口贡献率也从2009年的-40.6%上升到2010年的7.9%。相比2009年,2010年我国经济运行的一个重要特点是,经济增长过程中的投资消费比例失衡的状况有所改善,外需逐渐恢复,货物和服务净出口对经济的贡献率已经由负转正。

2. 第一产业投资波动幅度较大,投资资金在三大产业之间分配比例有所改善

从季度数据来看,如图7-5所示,在2006年第一季度至2007年第四季度期间,第一产业投资的平均增长率仅为34.7%。在2008年第一季度至2009年第二季度期间，第一产业投资快速上升，同比增长率平均为65.0%，几乎增加了一倍。然而，第一产业投资的高速增长没能持续，自2009年第三季度以来，第一产业投资增速快速回落，到2010年第四季度，第一产业投资增速仅为17.3%。金融危机发生后，第三产业投资增速也明显上升，并在2009年第三季度达到高峰，为40.3%，然后开始持续缓慢下降。第二产业投资增速在金融危机前后总体趋势为微幅缓慢下降。

从年度数据来看，在本轮应对金融危机的过程中，明显加大了对第一产业和第三产业的投资力度。2009年，在全社会固定资产投资中，第一产业和第三产业投资增长分别达到49.5%和34.1%，不仅快于第二产业26.5%的增长速度，而且也远高于金融危机之前的投资水平。然而，2010年各产业的投资增速均出现不同程度的下滑。其中，第一产业投资速度出现较大幅度下滑，增长仅为17.6%，第二、三产业投资增速平稳回落，分别达到22.8%和25.7%。

总体说来，金融危机后，投资资金在三大产业之间分配比例有所改善，第三产业投资份额延续了逐步增加的态势。2009年三次产业分配比例为1.7：42.4：55.9；2010年三次产业分配比例为1.6：41.9：56.5。而在2007年，这一比例关系是1.2：43.5：55.3。这说明金融危机后，第三产业投资资金份额逐年上升；第

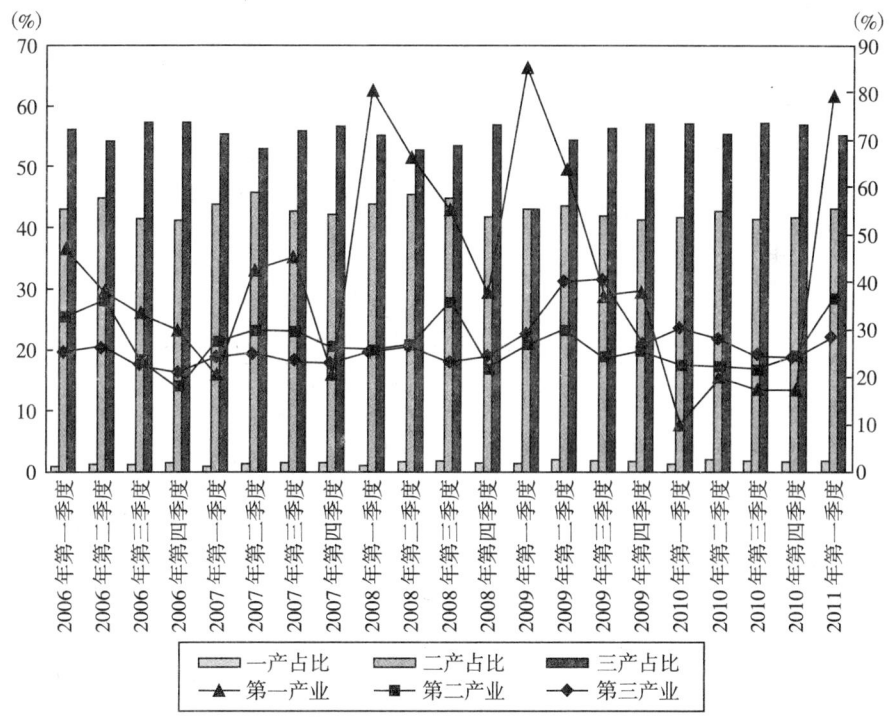

图7-5　三次产业投资同比增长速度和份额的变化

资料来源：CEIC亚洲经济数据库。

一产业的投资资金份额在 2009 年快速上升，2010 年略有下降。

3. 多数"两高"行业投资增速有所放缓

金融危机后，国家加大了节能减排和淘汰落后产能力度，严格控制高耗能行业新上项目，取消了对这些行业的优惠电价。这些政策对高耗能行业的过快增长起到了明显抑制作用。如图 7-6 所示，我国六大高耗能行业，石油加工、炼焦及核燃料加工业，化学原料及化学制品制造业，非金属矿物制品业，黑色金属冶炼及压延加工业，有色金属冶炼及压延加工业，电力、燃气及水的生产和供应业，在金融危机后的投资增幅都呈现明显的下降趋势。其中，石油加工、炼焦及核燃料加工业的投资增幅下降最为明显。2008 年第一季度，该行业投资同比增长率高达 75.05%，然后快速减少。2009 年第三季度，该行业投资的同比增长率为 -14.88%。

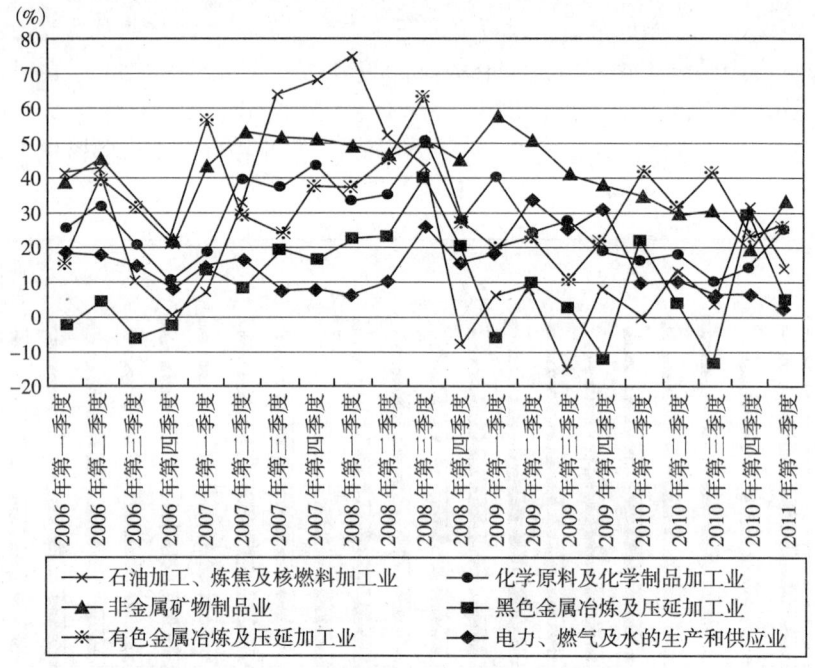

图 7-6 我国六大高耗能产业的投资同比增速变化
资料来源：CEIC 亚洲经济数据库。

值得注意的是，虽然这六大高耗能行业在金融危机后的总体趋势是下降的，但是自 2010 年第一季度以来，石油加工炼焦及核燃料加工业、黑色金属冶炼及压延加工业，以及有色金属冶炼及压延加工业的投资增速又出现了逐渐上升的势头。

4. 内资主导作用进一步加强，民间投资渐趋活跃

亚洲金融危机之后，我国固定资产投资总额中的内资份额占比逐年增加，从

1997年的88.4%增加到2007年的96.0%，内资发挥了绝对主导作用。2008年国际金融危机以来，在扩大内需的政策背景下，国内投资增速快速提高。2009年第二季度，在固定资产投资中内资增速攀升到37.5%，比2007年提高了近10个百分点。2010年，随着世界经济回暖态势逐渐明朗，固定资产投资中外资部分的同比增长率开始持续上升，而内资部分的同比增长率则明显下降（见图7-7）。但由于内资的同比增速依然大于外资增速，使得在2010年的固定资产投资中，内资的份额继续升至98.16%。但是，与2009年相比，内资的份额仅提高了0.28个百分点，增幅明显下降。

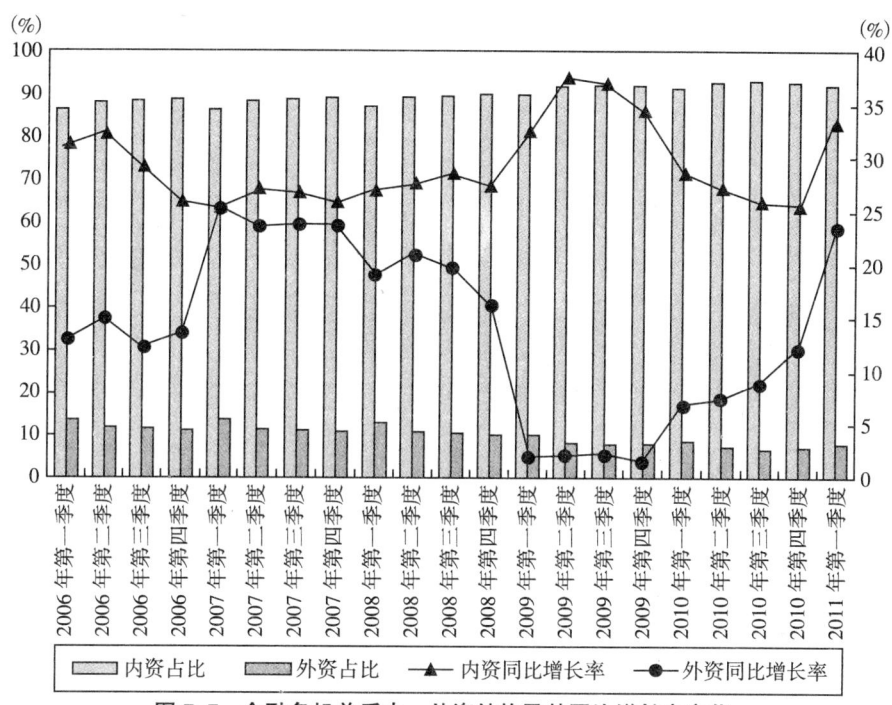

图7-7 金融危机前后内、外资结构及其同比增长率变化

资料来源：CEIC亚洲经济数据库。

国际金融危机发生前，我国民间投资踊跃，其占全国固定资产投资总额的比重也逐年上升。如2005年，民间投资在固定资产总投资中的比重为46.67%，2006年为51.63%，2007年为55.46%，2008年达到最高点56.72%。2009年，受金融危机影响，部分民营资金选择了"蛰伏观望"，致使2009年民间投资在固定资产投资中的份额降为55.43%，比2008年降低1.29个百分点。2010年，由于我国宏观经济形势逐渐转好，同时，国家颁布和实施《国务院关于鼓励和引导民间投资健康发展的若干意见》（2010年5月13日），民间投资有了更多的发展空间。因此，很多民间投资又重回实体经济领域，投资活跃度明显增强。如图7-8

所示，自2010年第一季度以来，民间投资增速明显超过国有及国有控股投资增速。2010年，国有及国有控股投资增长了18.02%，而民间投资增长了29.44%，民间投资增速比国有及国有控股投资高出11.42个百分点，并且从图形上看，增速两者之间差距呈现出进一步扩大之趋势。从份额上看，2010年民间投资在固定资产投资总额中的比重也上升到57.70%，比2009年增加了2.7个百分点，这是自2004年民间投资占比统计数据以来的最高点。

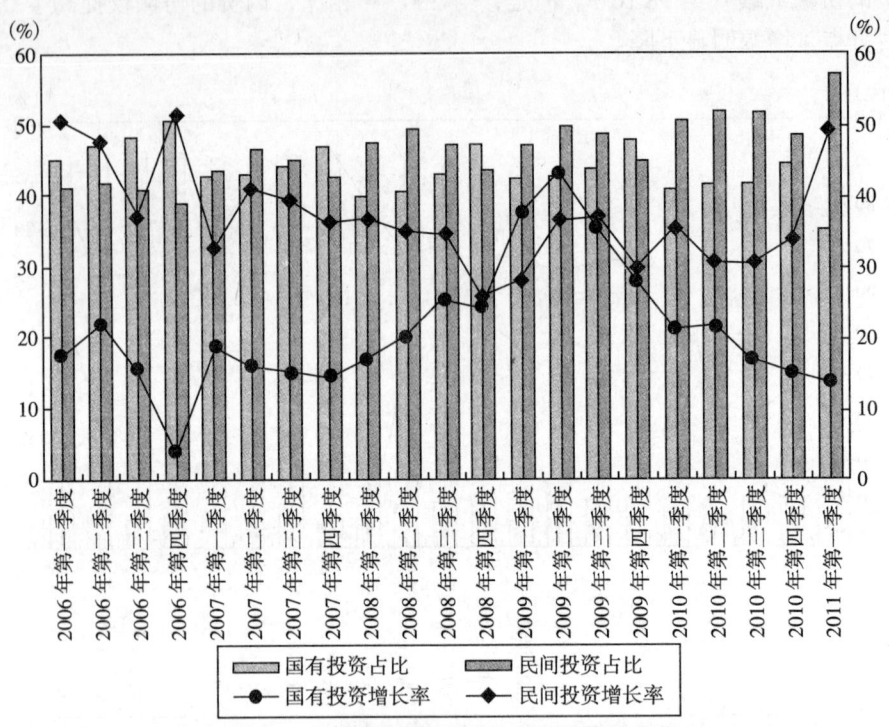

图7-8 金融危机前后国有和民间投资的变化

注：民间投资的主体包括集体、股份合作、联营企业，有限责任公司、股份有限公司、私营企业和其他企业；国有投资的主体包括国有及国有控股企业；民间投资、国有投资和外资投资构成总投资。

资料来源：CEIC亚洲经济数据库。

5. 中央带动地方的拉动效应显现

自金融危机爆发以来，我国积极利用投资拉动经济增长，尤其是通过中央投资带动地方投资。近几年来，地方投资项目占比逐年上升，中央项目构成逐年下降。在应对金融危机的过程中，这一趋势出现了反转。2009年，中央投资占比比2008年提高了1.1个百分点，通过中央拉动地方投资项目进而撬动经济增长的效应日益明显。从投资同比增长率看，如图7-9所示，在金融危机爆发前，地方投资的同比增长率明显大于中央投资的同比增长率，但是在2008年第三季度至2009年第一季度，中央投资的同比增长率高于地方投资的增长率，说明这期间中央投资发挥着积极的引导作用。自 2009 年第二季度以来，在中央投资带动和相关政策的积极引导下，地方投资积极性高涨，投资增速迅速增加，同时中央投资在完成引导和带动作用下开始逐渐减少。因此，中央投资增速和地方投资增速差距呈现不断扩大的剪刀形。2010 年，地方项目投资的增速达到 25.84%，比中央项目投资高出近 15 个百分点，总金额高出 19.8 万亿元。

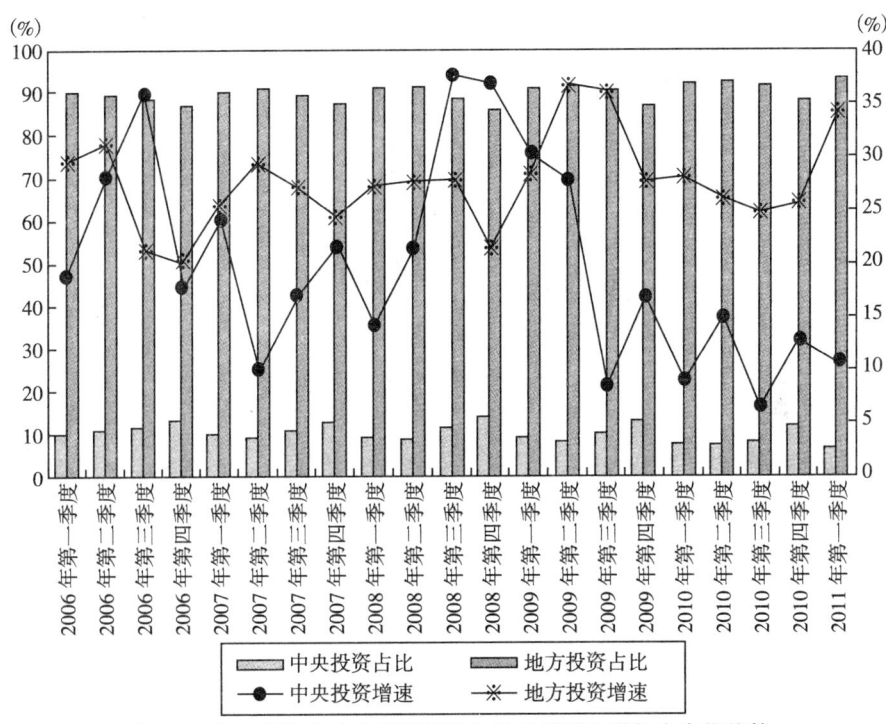

图 7-9 中央项目和地方项目投资占比及其同比增长率变化趋势
资料来源：CEIC 亚洲经济数据库。

6. 东部地区仍然是最具吸引力的区域，地区投资不平衡问题改善缓慢

分地区来看，近年来，我国中、西部地区的固定资产投资增速明显快于东部地区。2009 年这种态势仍强势延续，中、西部地区城镇固定资产投资增速分别高达 36.0% 和 35.6%，远高于东部 24.5% 的增长速度。这凸显出政府在金融危机期间对于中、西部的投资倾斜。但从 2010 年第一季度开始，中、西部地区的投资增速均开始放缓。不同的是，西部地区的投资增速基本恢复到金融危机爆发之前的水平，2010 年西部地区的投资增长速度为 26.31%，基本与 2008 年的 26.76% 持平；但中部地区的投资增速则明显低于金融危机爆发之前，2010 年中部地区的投资增长速度为 26.87%，与 2008 年 33.30% 的投资增速相比下降近 7 个百分点（图 7-10）。

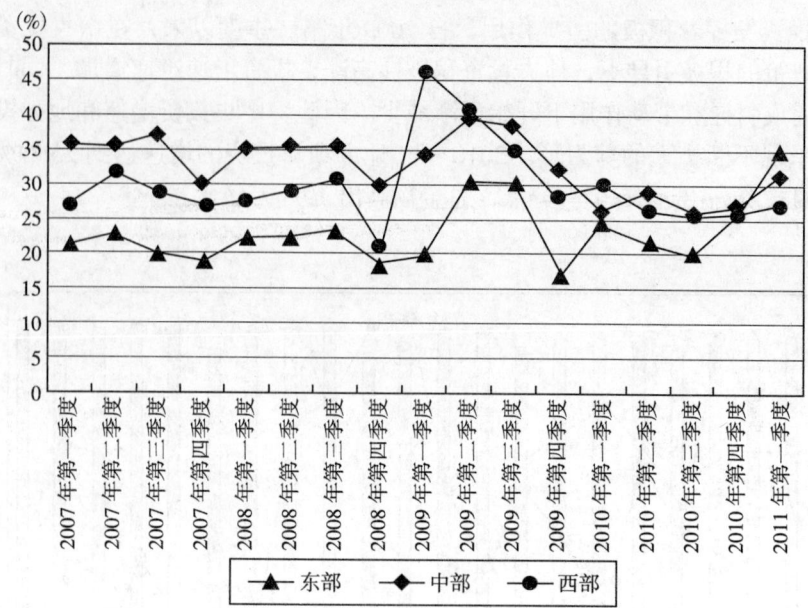

图 7-10 东、中、西部地区城镇固定资产投资同比增速变化
资料来源：CEIC 亚洲经济数据库。

从投资份额来看（如图 7-11 所示）有这样几个特点：①金融危机爆发前后，东部地区始终是投资份额占比最大的地区，其投资份额一直保持在 45% 以上，说明东部地区仍然是最具投资吸引力的区域；西部地区始终是投资份额占比最小的地区，其份额在 21%~25% 之间小幅波动，其投资吸引力相对最弱；中部地区的投资份额居中。②2010 年，东部地区的投资份额呈现下降趋势，中部地区的投资份额呈现增长态势，而西部地区的投资份额在金融危机爆发前后变化不明显，基本维持以前状态。③2010 年，东部地区的投资份额为 46.65%，比 2008 年下降 2.96 个百分点；中部地区 2010 年的投资份额为 29.53%，比 2008 年增加 1.74 个百分点；西部地区 2010 年的投资份额为 23.82%，比 2008 年上升 1.22 个百分点。

7. 资金供给保持总体宽松的局面

自金融危机爆发以来，为配合积极的财政政策，我国金融部门加大货币供应量和银行信贷的投放，投资资金到位情况良好，资金来源充裕。尽管 2009 年下半年以来，在适度宽松的货币政策下，中国人民银行加强了贷款限额控制，但资金供给总体宽松的局面没有发生根本性变化。数据显示，2010 年 1~12 月，我国城镇固定资产投资资金来源总计达 272452.2 亿元，较 2009 年新增资金总额达 54173.6 亿元，增长 24.82%。虽然 2010 年新增资金增长率较 2009 年回落了 14.28 个百分点，但资金供给仍然保持总体宽松的局面。

从资金来源上看，固定资产投资资金主要来源于以下五个渠道：国家预算内资金、国内贷款、利用外资、自筹资金和其他资金。如图 7-12 所示，在金融危

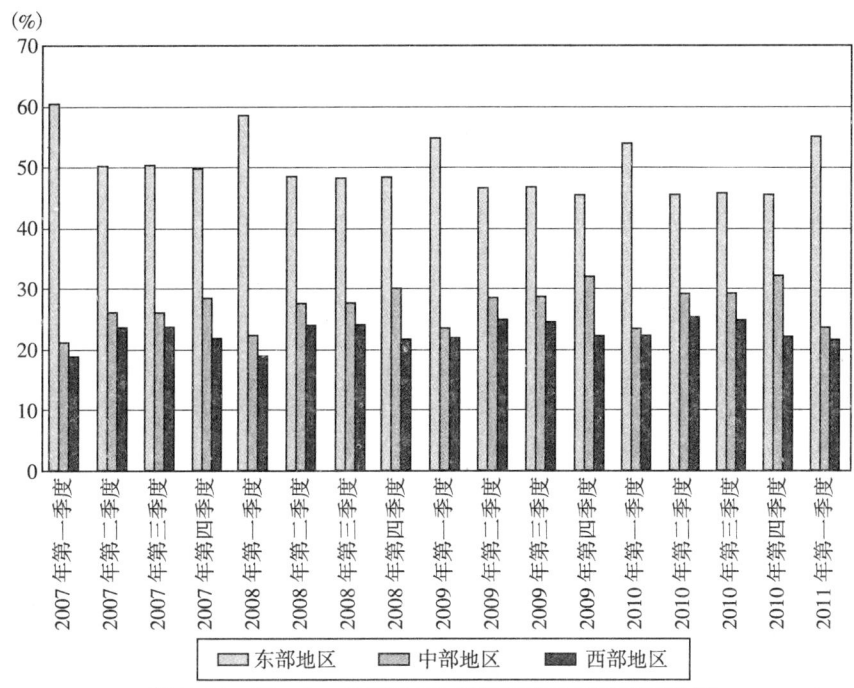

图 7-11 东、中、西部地区城镇固定资产投资份额比较

资料来源：CEIC 亚洲经济数据库。

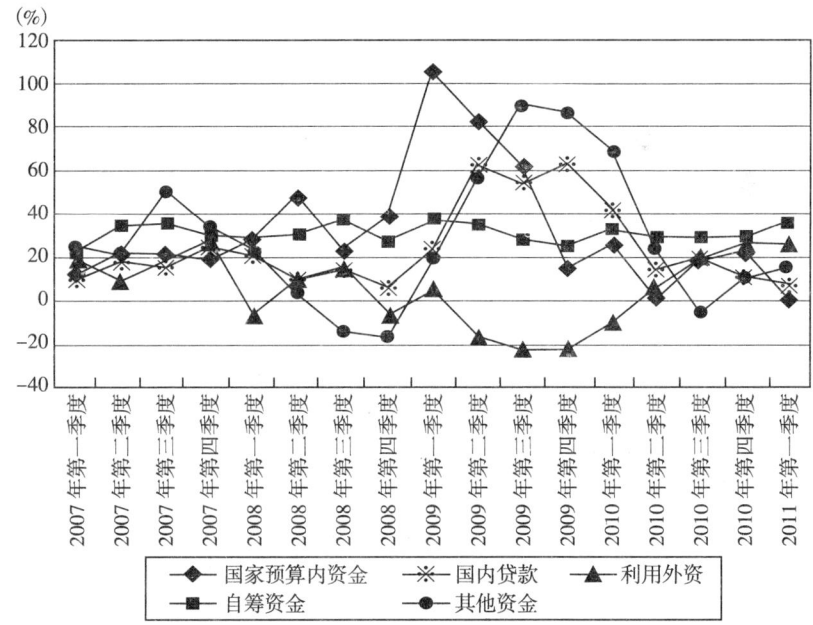

图 7-12 投资资金来源的同比增长率变化

资料来源：CEIC 亚洲经济数据库。

机爆发前后，这五个投资资金来源渠道的变化各有不同：①金融危机期间，国家预算内资金增长最为明显，2009年第一季度的增长率为104.65%，比上年同期增加一倍多，也远远高于2008年的35.72%总体水平；②金融危机期间，国家预算内资金、国内贷款、其他资金的同比增长率明显上升，而利用外资的增长率明显下降，2009年利用外资增长率为-15.65%；③2010年，随着国际和国内经济形势的逐渐恢复和好转，来源于外资的固定资产投资资金增长率开始逐渐增加，而在金融危机期间发挥支柱和引导作用的国家预算内资金、国内贷款、其他资金的增长率均出现不同程度的下降；④自筹资金的增长率在金融危机前后变化不明显，在28%~31%微幅波动。

8. 金融危机前后房地产投资在固定资产投资中所占比例结构没有发生明显变化

从房地产投资增速与固定资产投资季度同比增速上看（见图7-13），大致可以划分为四个阶段：①2005年第一季度至2006年第二季度，房地产开发投资增速总体低于固定资产投资增速；②2006年第三季度至2008年第二季度，由于房地产市场景气高涨，融资渠道不断拓宽、外资加速进入等因素，房地产开发投资增速总体高于城镇固定资产投资增速；③2008年第三季度至2009年第四季度，受国际金融危机和价格过高等因素影响，房地产开发投资增速总体快速下滑，明

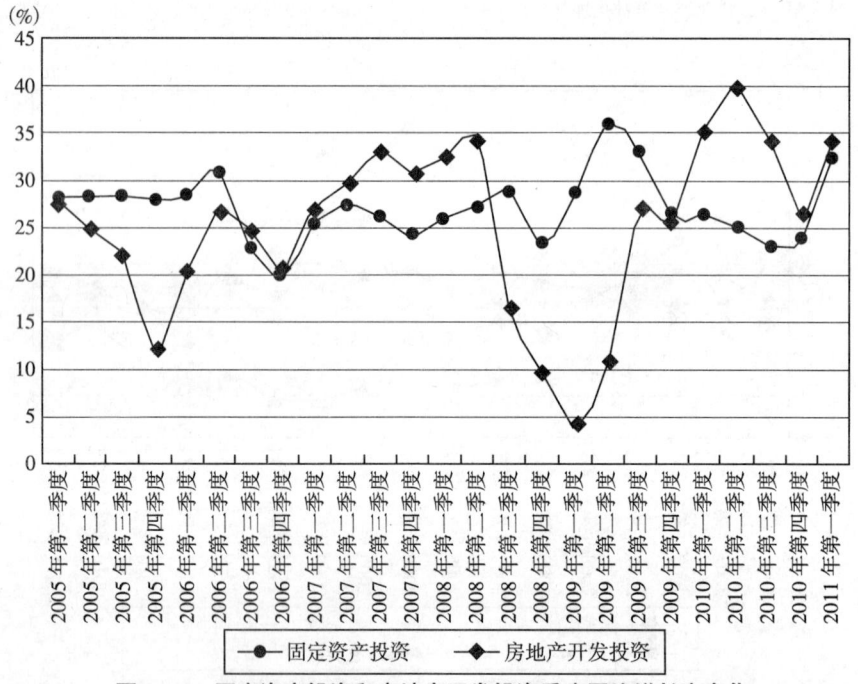

图7-13　固定资产投资和房地产开发投资季度同比增长率变化

资料来源：CEIC亚洲经济数据库。

显低于城镇固定资产投资增速；④进入 2010 年以来，一方面，由于 2009 年下半年商品住房市场由回暖转向火爆，房地产企业收获大增，资金充裕；另一方面，由于国家在 2010 年初加大整顿房地产市场，对一些开发商或者企业拿地不及时开工建设、故意囤地等行为进行严厉整顿和处罚，收到了明显的效果，导致 2010 年的房地产开发投资增速明显加快。

金融危机爆发前后，尽管房地产投资的增长速度出现了较大幅度的波动，但房地产业作为国民经济中支柱性产业的地位没有改变。我们根据 1986~2009 年数据，利用误差修正模型和格兰杰因果检验对房地产开发投资和经济增长之间关系进行了实证分析。模型结果表明，房地产开发投资与经济增长存在单向因果关系，房地产开发投资是引致我国经济增长的重要原因，房地产投资每增长 1%，将引起国内生产总值增长 0.4 个百分点。

此外，我们还利用事件分析法①实证分析了金融危机前后房地产投资在固定资产投资所占比例的结构是否发生了明显变化。以 2008 年 9 月（2008 年 9 月 15 日雷曼兄弟申请破产保护）前后 6 个月界定为事件发生作用的时间段，选择 2005 年 1 月~2008 年 3 月和 2009 年 4 月~2010 年 12 月这两个事件时间段，通过计算事件窗口超额变化率的大小来衡量事件的影响，来确定房地产投资在固定资产投资所占比例结构是否发生明显变化。实证结果表明，房地产投资在固定资产投资总额中所占比例在这次国际金融危机前后没有发生明显变化。

四、"十二五"时期我国投资形势展望

"十二五"时期是我国应对国际金融危机冲击、深化改革开放的关键时期，也是加快转变经济发展方式的攻坚时期。未来五年，虽然我国固定资产投资增速总体将较"十一五"有所放缓，但随着经济增长的内生动力不断增强，投资结构将有所改善，我国的固定资产投资将具有以下六大特征。

1."十二五"期间，我国固定资产投资继续保持平稳快速增长，但增速有所减缓

（1）我国高储蓄率形成的客观性是投资长期保持快速增长的资金基础。改革开放以来，我国国民储蓄率总体呈现上升趋势。2010 年，我国城乡居民的人民币储蓄存款余额为 30.33 万亿元，人均储蓄超过 2 万元，国民储蓄率高达 50.8%。1978~2010 年，我国的国民储蓄率年均增长 4.03%。由于高额储蓄不能通过增加存货投资和净出口得以吸收和消化，唯一的出路是用于固定资本投资。因此，储

---

① 事件分析法的最早提出可以追溯到 20 世纪 30 年代，主要是分析某事件对于社会经济生活是否确实有冲击作用。近年来，事件分析法在经济学科与社会科学研究中得到了广泛的应用。

蓄率长期高位运行，使得固定资产投资有了充足的资金支持，从而导致了高投资率。

而目前的居民高储蓄率与中国传统文化、社会结构、家庭观念等诸多因素有关，也与社会保障体系的不健全、收入分配制度还有待改善等因素有关。而这些因素又很难在短期内解决，相关制度和政策改革需要一个过程，因而当前我国的国民高储蓄率现象在短期内不会发生很快的改变，高储蓄率在"十二五"期间还会保持下去，继续为我国的固定资产投资提供比较充足的资金支持。但是，随着我国老龄化问题的不断突出，人口抚养比系数的逐渐上升，我国国民储蓄率将有所下降，从而使得固定资产投资增速有所减缓。

（2）我国所处发展阶段和城镇化的快速发展是投资需求增长的动力基础。当前我国正处于工业化中期阶段，在这个阶段，重工业发展较快，所占比重也较大，而重工业是资金密集型工业，其发展依赖于较多投资。由于目前我国区域经济发展不平衡，在公共部门各领域，无论是教育、公共卫生、基础设施，还是生态环境建设等方面，投资都还有很大的缺口，需求旺盛。另外，虽然我国的投资率比发达国家高得多，但我国人均资本形成较低。因此，从需求角度来看，我国固定资产投资远远没有饱和，还有很大的发展空间。

另外，城镇化是经济社会发展的客观趋势。近年来，我国城镇化稳步发展，但与我国工业化水平相比，城镇化明显滞后。这在相当大程度上制约着我国国内需求的扩大，影响着产业结构的升级。未来五年，城镇化将处于加速发展时期，城镇化的快速发展可以带来城镇基础设施、公共服务设施建设和房地产开发等多方面投资需求，能有效地带动城镇固定资产投资增长。因此，"十二五"期间，我国固定资产投资需求依然旺盛，发展空间旷阔。

2. 产业投资结构进一步优化，第一、第三产业比例有所增加

近年来，虽然第一产业的固定资产投资增速起伏较大，但由于其所占比重较小，我国第一、第二和第三产业的固定资产投资比例大体相对稳定，2006~2010年的三次产业投资平均结构为 1.40：42.94：55.66。

但这一比值结构将在"十二五"期间有所变化。2011年初，国务院下发《中共中央国务院关于加快水利改革发展的决定》（2011年"中央一号文件"）首次全面部署了水利建设工作。根据测算，"十二五"全国水利建设投资规模将超过2万亿元，相比"十一五"增长近两倍，年复合增速20%。从2011年第一季度数据来看，第一产业的投资增长率为79.06%，远远高于第二产业和第三产业投资增长率，这说明我国的水利建设投资已经开始快速启动。另外，中央在关于"十二五"规划的建议中也提出"加快发展服务业，促进经济增长向依靠第一、第二、第三产业协同带动转变"。因此，"十二五"时期，在一系列"三农"优惠政策和加快服务业发展的一系列规划和政策的支持下，第一产业和第三产业投资将迎来一个快速发展时期。这将使得"十二五"期间,我国的三次产业的投资结构有所优化。

3. 区域投资结构失衡状况有所改善

自2004年以来,我国中西部地区的投资增长率一直持续高于东部地区。2004年我国东、中、西部投资结构比例为56.43∶22.39∶21.18。到了2010年,这一结构比例为46.65∶29.53∶23.82,中西部投资占比分别提高7.14个和2.64个百分点,而东部地区则降低9.78个百分点。可见,随着国家区域协调发展战略的深入实施,我国经济发展格局正逐渐发生着变化,东部沿海地区投资下降、中西部地区投资上升的"西快东慢"趋势已经显现。

"十二五"期间,中西部地区的投资增长速度仍将快于东部地区,区域投资结构进一步优化。原因在于:①东部沿海地区资本相对饱和,土地、劳动力、能源等要素供给趋紧,资源环境约束矛盾日益突出,而中西部地区正处于工业化前期,拥有丰富的能源和矿产资源、低廉的土地和劳动力要素,发展潜力较大,成为产业转移的理想承接地。②2010年9月国家出台了《国务院关于中西部地区承接产业转移的指导意见》,提出了东部产业向中西部转移的总体布局,涉及行业包括劳动密集型产业、能源矿产开发和加工业、农产品加工业、装备制造业、现代服务业、高技术产业、加工贸易七个方面,这将大大带动中西部地区的基础设施、民生工程建设等投资。③2010年,国务院办公厅印发了《贯彻落实国务院关于进一步做好利用外资工作若干意见部门分工方案》,明确提出引导外资向中西部地区转移和增加投资,对符合条件的西部地区外资企业继续实行企业所得税优惠、加大政策开放和技术资金配套支持力度等政策。这些政策对于推动区域产业合理分工和区域良性互动,促进产业结构调整和优化升级,保持国民经济平稳较快发展,具有十分重要的意义。

4. 房地产开发投资继续保持平稳快速增长

近20年来,随着我国经济的快速发展和居民收入的稳步增长,以及城镇化进程的不断推进,使得我国房地产市场一直处于供不应求的状态。城乡居民对住房的旺盛需求推动了房地产市场的快速发展。房地产开发投资额从1992年的484.75亿元增加到2010年的48267.07亿元,年均增长率达到29.1%,远远高于同期固定资产投资增速、GDP增速以及国民收入水平增速。同时,房地产开发投资占固定资产形成的比重从1992年的10.5%上升到2010年的20%。

近两年来,我国商品房价格上涨幅度过大,住房供应结构性矛盾突出,为遏制房价过快上涨,中央果断出台了限购、增加土地供应、加大保障房建设规模等宏观调控措施,不合理投机需求初步得到抑制。"十二五"期间,考虑到我国正处于城镇化加速发展阶段,经济将继续保持平稳快速发展。由于保障性住房的供给规模远远满足不了居民持续高涨的住房需求,未来五年,我国房地产开发投资增速仍将保持快速增长。

5. 民间投资进一步活跃

当前,我国私营企业已达 750 多万家,民营经济吸纳的就业已占全国城镇新增就业人数 80% 以上,成为社会就业的主渠道。民营企业提供了大约 70% 的技术创新、65% 的发明专利和 80% 以上的新产品,成为自主创新的重要力量。可以说,民营经济为国民经济发展和社会进步作出了巨大的贡献。

在投资方面,近年来民间投资发展迅速。2003 年,在固定资产投资总额中,民间投资份额仅为 21.95%,约为国有及国有控股投资份额的 1/3,但民间投资增长速度远高于国有及国有控股投资。自 2007 年 6 月以来,民间投资份额开始超越国有及国有控股投资份额。2010 年,民间投资份额为 50.64%,而同期国有及国有控股投资份额仅为 42.30%,民间投资与国有及国有控股投资比例的差距进一步拉大。相对国有投资来说,民间投资具有机制活、效率高、潜力大、可持续性强、创新性和就业效应好等特点,是增强经济内生增长动力、实现可持续发展的关键,后危机时代也亟须民间投资接力政府公共投资。

但是,民间投资在发展过程中也遇到诸如负担重、成本高、融资难等一系列问题。为了转变经济发展方式,更好地鼓励和引导民间投资,2010 年 5 月,国务院正式颁布《关于鼓励和引导民间投资健康发展的若干意见》。作为改革开放以来第一部专门针对民间投资发展、管理和调控方面的综合性政策文件,对于创造公平竞争、平等准入的市场环境,进一步拓宽民间投资的领域和范围,充分发挥国有经济和民营经济各自的积极性,保持我国经济平稳较快发展意义重大,民营经济作为中国经济持续发展的内生动力和最大源泉,将面临更广阔的发展空间,民间投资在未来五年也将继续保持快速增长。

6. 战略性新兴产业投资是"十二五"期间我国固定资产投资的亮点

2010 年 9 月国务院通过了《关于加快培育和发展战略性新兴产业的决定》,把新一代信息技术、节能环保、新能源、生物、高端装备制造业、新材料和新能源汽车七个方面作为战略性新兴产业,并明确提出了到 2015 年,战略性新兴产业形成健康发展、协调推进的基本格局,其增加值占 GDP 的比重力争达到 8% 左右。培育战略性新兴产业既是增强中国社会可持续发展的能力、转变经济发展方式的战略举措,也是我国产业结构调整和优化升级、掌握未来发展主动权、提高国家科技实力和综合国力的战略选择。因此,随着战略性新兴产业体制的不断完善和国家各项优惠政策的落实,发展战略性新兴产业将成为"十二五"时期投资增长的亮点。

五、政策建议

1. 积极为民间投资拓宽融资渠道，推动民间投资发展

大力发展适应民间投资需要的多层次金融体系。比如，加快金融业对内开放步伐，适度放宽金融管制，鼓励民营资本涉足地方金融市场，引导民间非正规金融发展中小民营金融机构，支持有实力的民营资本组建一批地方性中小民营金融机构，以解决民营中小企业的资金需求；扩大民营企业上市规模，积极推动企业在中小企业板和创业板上市融资，探索中小企业债券和短期融券的发行，提高民间资本的融资能力；加快建立民营企业信用担保和再担保体系，通过多种渠道充实信用担保机构的资本金，增加社会对民营企业的资金供给；探索以有限合伙为主要组织形式的创投机构发展，及时、有效地将民间储蓄转化为民间投资。

2. 加大第三产业投资力度，促进第三产业快速发展

第三产业以其各种服务功能，把社会的生产、分配、交换、消费等各个环节有机地联结起来。它不仅能够多方面地满足人民生活的需要，提供广阔的就业门路，而且能够进一步发挥第一产业、第二产业的潜力和效益，改善经济结构。长期以来，我们片面地强调投资本身对经济增长的拉动作用，而忽视了它与增加就业、改善民生和创造最终需求的关系。未来应更加重视消费性投资的发展，特别是要把投资的重点向第三产业倾斜。第三产业很多服务项目都和居民日常生活密切相关，增加第三产业投资既可以增加就业，提高居民收入水平，还能使居民的消费需求得到更加全面的满足。

国际经验表明，在中低收入水平向中上等收入水平转化的发展阶段，往往是第三产业的加速发展期。如今我国正处于这一黄金发展期间，因此，"十二五"期间，政府应适时制定和出台一些实质性的、有效的新措施、新政策，逐步降低一些行业，如金融、通信、医疗、教育等的进入门槛，合理引导资源和要素向有利于第三产业发展的方向流动，加大第三产业投资，促进第三产业快速发展。

3. 规范政府投资行为，防范地方政府投融资风险

政府投资主要用于关系国家安全和市场不能有效配置资源的经济和社会领域，包括加强公益性和公共基础设施建设，保护和改善生态环境，促进欠发达地区的经济和社会发展，推进科技进步和高新技术产业化等。因此应规范政府投资行为，提高政府投资效益，严格限制政府楼堂馆所、广场之类的奢侈项目，切实转向公共基础设施和改善民生为重点。同时，加强和规范地方政府融资平台管理，防范投资风险，地方政府投资应加强监测预警，特别是规范地方投融资平台管理，避免投资风险向金融风险和财政风险转化。

4. 加大政府支持力度，加快发展完善战略性新兴产业的融资体系

由于对战略性新兴产业的投资具有一定的风险性，产业发展面临着各种各样的不确定性，前期高昂的研发投入、漫长的研发和市场开发周期等都制约了很多企业在战略性新兴产业发展的步伐。因此，在新兴产业发展中，政府首先应该加大财政对战略性新兴产业发展的投入力度，设立支持战略性新兴产业发展的专项资金，政府还应该建立和完善多元化、多渠道的科技投入体系，综合运用财政拨款、基金、贴息、担保等多种方式积极引导和推动资金、项目、人才、创新资源等向新兴产业集聚，不断加大对战略性新兴产业的投入力度，同时对纳入新兴产业发展规划的项目给予贴息或税收减免。另外，应加快发展完善战略性新兴产业的风险投资体系，促进多层次资本市场建设，政府引导金融机构加大对新兴产业的投入力度，从而解决战略性新兴产业在商品化、产业化发展过程中遇到的资金困难。

(执笔：李雪松　张　涛　娄　峰)

参考文献

[1] 刘树成，等. 中国经济增长与经济周期（2007）. 中国经济出版社，2008.

[2] 邹东涛. 中国改革开放30年. 社会科学文献出版社，2008.

[3] 吴亚平. 投资宏观调控的经验与启示. 中国投资30年. 经济管理出版社，2009.

[4] 郭菊娥，郭广涛，孟磊. 4万亿投资对中国经济的拉动效应测算分析. 管理评论，2009(2).

[5] 徐策. "十二五"时期我国固定资产投资分析. 中国金融，2011(5).

[6] 罗云毅. "十二五"投资规模展望. 中国投资，2011(5).

[7] 程选，岳国强. "十二五"政府投资调控政策若干建议. 中国投资，2010(3).

[8] 苗圩. 培育发展战略性新兴产业加快推进产业结构调整. 中国发展观察，2011(4).

[9] 朱瑞博，刘芸. 我国战略性新兴产业发展的总体特征、制度障碍与机制创. 社会科学，2011(5).

[10] 申涉才. 优化投资结构是"十二五"经济工作的重要任务. 中国审计报，2011-2-16.

第八章　中国金融体系结构调整与改革

一、引言

大力推进经济结构调整是加快转变我国经济发展方式战略进程的关键，将为"十二五"期间乃至更长时期的经济可持续增长建立基础。在我国经济总量迅速扩大的同时，经济结构不合理的深层次矛盾和问题始终存在，外部发生国际金融危机后，经济结构调整的压力与紧迫性更加凸显出来，这不仅表现在实体经济层面，同样也表现在为实体经济服务的金融层面。尽管我国金融体制改革取得了显著成就，金融市场化程度逐步加深，金融体系也在一定程度上经历了国际金融危机的冲击，而且为实体经济快速复苏提供了较为强劲的支撑，但是金融体系长期存在的结构性矛盾未有明显缓解，随着国际金融危机导致不确定性增加而在有些方面进一步加剧。

从总体上来看，目前我国的直接市场融资比例仍然偏低。我国的证券市场近年来发展较快，证券化率（证券资产/GDP）有所提高，但证券市场的总体规模仍然较为有限，传统国有金融资本控制的银行间接融资模式依然占据绝对主导地位，社会投资来源主要依赖银行信贷融资，资本性资金相对不足，这种结构导致金融风险过多地集中于银行体系。

同时，正规金融体系仍然主要服务于国有经济（包括地方政府主导的项目）的改革与发展，适合于中小企业、"三农"等领域的金融服务不仅非常有限，而且很容易受到宏观政策调整的冲击。目前，在市场准入上，我国仍然严格限制发起新设地方性的中小银行金融机构，尤其是限制由民间资本控制下新设或改制的金融机构，并且通过打击"非法集资"对未经有关部门批准的民间资金借贷活动形成威慑，从而大大增加了中小企业通过民间渠道融资的难度。而且，我国直接融资市场的层次结构也不完善，尤其是尚未形成适合于中小企业的直接融资市场，如不同于现有的中小板或创业板的场外交易市场尚未形成。

显然，在经济体制还在转轨发展的现阶段，既有的金融体系结构缺乏市场经济内生性的制度安排，导致金融资源过多地向各级政府主导的项目和大中型国有企业客户倾斜,对数量众多、主要承载社会就业功能的中小企业的金融需求,特别是基层社会和农村地区大量存在的各种微型、个体性金融需求,尚且缺乏系统、有效的供给机制。这种状况不利于促进经济结构的调整优化和非公有制经济的健康发展,也不利于拓宽居民个人收入增长渠道,不利于分散金融风险和我国金融体系整体效率的提高。为此,应该按照加快转变经济发展方式的根本要求,针对金融需求的不同层次结构,深入研究金融服务供给的结构优化问题。

本书通过回顾有关金融结构的研究文献,从总体上描述我国金融体系结构的发展状况及其变化态势,剖析其中存在的问题和影响因素,立足于我国未来经济社会长期健康发展的金融需求,探讨我国金融体系的结构优化和体制创新的思路,并就"十二五"期间我国在这方面的改革任务和政策措施提出建议。

二、金融结构与发展的研究回顾

(一) 金融结构研究的理论演进

1. 早期研究

Raymond W. Goldsmith 1969 年出版的《金融结构与金融发展》一书是金融结构理论的奠基之作。该书将金融结构定义成金融工具(包括债权和股权凭证)和金融机构形式、性质与相对规模和构成,而且将金融发展界定为金融结构的变化。该研究通过对 1860~1963 年 35 个国家的金融结构进行比较研究,来追踪伴随各国和各地区的经济增长,以及它们的金融系统的结构演变轨迹,以评估总体金融发展对经济增长以及增长速度的影响。该研究发现,发达的金融结构对经济增长与经济发展具有积极的促进作用,并认为,金融工具供给和金融机制的正常运行是金融自我发展及促进经济增长的关键所在。这也成为后来的金融发展理论的核心观点之一。Goldsmith 认为,应尽可能地用数量关系来描述一国的金融结构,该研究创造性地提出了衡量一国金融结构与金融发展水平的指标体系,如金融相关比率(Financial Interrelations Ratio,FIR)等 8 项重要指标。Goldsmith 认为:"在某一既定时期内,一国金融结构的特点就反映为金融总流量在各种金融工具、各个经济部门之间的分布,金融机构的金融交易额在金融工具总流量和每种金融工具流量中所占的比重,以及各种金融工具在每个部门和子部门金融交易总额中所占的份额等方面。"

通过对金融结构与金融发展进行横向的国际比较与纵向的历史比较,Goldsmith 的研究揭示出,金融发展过程就是金融结构演变的过程,金融发展的路径取决于金融结构类型的多样性。该研究发现了一些金融结构的变化规律并描绘了金融结构变动的总趋势。

2. 金融自由化理论

受战后兴起的发展经济学的影响，学术界研究的重点开始关注发展中国家的金融发展问题。第二次世界大战后，许多发展中国家企图通过压低存贷款利率来支持具有政府目标的投资以实现高速增长。但这种金融抑制的方法却造成了对贷款的过度需求和信贷配额控制，使这些国家的金融系统处于受压制的状态之下。结果，金融市场的价格信号失灵，不能发挥有效配置资本资源的作用。Ronald Mekinnon（1973）和 Edward Shaw（1973）先后发表了《经济发展中的货币与资本》与《经济发展中的金融深化》。这两部著作从金融发展的角度明确提出了消除"金融抑制"（financial repression）和实现"金融深化"（financial deepening）的金融自由化理论。

在金融抑制情况下，政府通过设置利率上限对利率实行管制。同时，政府通过对金融机构业务范围的设定和审批来引导资本流向特定领域。由于政府通过金融机构控制了外源融资体系，投资者只能通过内源融资实现自我发展。另外，高通货膨胀率导致实际利率为负，削弱了金融体系集聚资源的能力，使得商业银行储蓄处于较低水平，导致国内的资本积累缓慢和信贷配给问题严重。这损害了金融体系自主配置资源的基本功能，也阻碍了技术进步与经济增长。在金融抑制论的基础上，麦金农和肖主张实行以金融深化为目标的金融自由化，取消金融抑制政策，改善货币供应条件，提高货币的实际收益率；减少政府干预，放松利率管制和金融准入限制，取消外汇管制；通过发行货币和发展资本市场，提高储蓄意愿，使金融资产得以积累，从而提高金融体系集聚和配置金融资源的能力，实现利率、储蓄、投资与经济增长的协调发展。金融深化过程是金融结构的动态化调整和优化过程，该理论的提出标志着金融发展理论开始正式形成。

金融抑制经常与金融结构的扭曲相伴存在。在发展中国家的金融系统中，金融抑制导致了金融结构的"二元性"，即有组织的或官方的金融机构（如中央银行、商业银行等）与无组织的或非官方的金融机构（如高利贷者、钱庄、典当业等）共同存在。Mekinnon 和 Shaw 认为，金融体系的这种"二元性"是发展中国家金融结构的特性，它不仅限制了金融体系配置资金的作用，而且也影响了政府货币金融政策的有效性，甚至造成了与政策目标背道而驰的后果。因此，对发展中国家而言，金融抑制是产生这种金融结构扭曲的根源所在，而金融深化则是金融结构的动态调整和优化过程。

3. 金融约束理论

针对金融抑制和金融深化理论，Joseph E. Stiglitz 等人（1996，2001）提出了金融约束理论（Financial Restriction）。该理论认为，发展中国家之所以存在金融抑制，是由其实际经济因素的内生特征决定的，而金融深化所主张的金融自由化是在不改变产生这些金融抑制基础因素的情况下改变金融政策，难以有效减少金融抑制。在金融体系比较落后的经济中，逆向选择或道德风险普遍存在，利率上升会导致低风险项目退出市场，最终使得投资人选择更高风险项目。信贷供求双方之间的信息不对称最终导致信贷市场无法出清，出现信贷配给均衡。所以，随着信息经济学的发展和它在金融领域的广泛运用，金融市场天生的信息不完全，某种程度的金融管制和政府干预实际上是必要的。政府应在宏观经济稳定、通货膨胀率较低而且可控的前提下，通过贷款利率管制、金融准入限制等金融约束政策，为金融部门获得租金创造机会，以此激励金融机构提供服务。这样能缓解金融部门和企业部门因为信息不对称所导致的问题，提高金融市场效率，推动经济增长和金融发展。政府的选择性干预应是动态调整的，金融约束应随着金融深化程度的加深而逐步放松，从而不断提高经济和金融的自由化程度。

4. "二分法"金融结构理论

20世纪90年代，西方不少经济学家在内生增长理论（Endogenous Growth Theory）的基础上，将金融体系划分为"中介主导"（主要指银行）与"市场主导"两种类型进行比较研究，以评判不同的金融结构对金融发展乃至经济增长的作用。"二分法"金融结构理论是继 Goldsmith 理论之后最具影响的金融结构理论。"二分法"金融结构理论的研究者主要以德国和日本作为中介主导型金融结构的典型代表，而英国和美国则作为市场主导型的典型代表。这两类金融结构在金融资产和负债的规模与结构、金融机构的规模与结构、居民资产组合与市场信息敏感度、企业的融资结构、股权结构和公司治理，乃至整个社会经济制度等诸多方面都存在显著的差异。1999年，美国经济学家 Asli Demirguc–Kunt 和 Ross Levine 发表了"银行主导型与市场主导型金融体系：跨国比较"一文，将"二分法"金融结构的研究推向高潮。其他有影响力的著作还包括 Franklin Allen 和 Douglas Gale 在2000年出版的《比较金融系统》。该书以美、英、德、日、法五国金融体系为代表，探讨了不同金融结构的金融功能效率差异以及金融结构变迁的影响因素。按照不同研究者的具体观点，可以将"二分法"金融结构理论分为以下三个分支：银行主导型的金融结构优越论、市场主导型的金融结构优越论和金融结构优劣次要论。

银行主导型优越论认为，银行可以通过与企业长期合作中形成的稳定关系获得企业的有关信息，从而使管理成本下降，而且资本配置和公司治理也得到改进（Diamond，1984；Boyd 和 Prescott，1986）。而资本市场则由于信息膨胀、迅速公开和更新频率快，而弱化了个体投资者获取和分析信息的激励机制，导致严重的信息获取"搭便车"问题（Boot 和 Thakor，2000）。在风险管理的有效性方面，由于金融市场的不完全性，其不能对加总风险进行完全分散，而银行则能降低投资者资产分散化的交易成本，并提供比市场主导的金融体系更有效的措施来防范跨期错配和流动性风险，以促进金融稳定和经济增长（Bencivenga，1993）。另外，在资金动员的有效性方面，银行能够有效地动员达到规模经济的资金量，实施重要战略，稳定经济增长。再有，Sirrier（1995）、Rajan（1999）和Stulz等（2002）认为，垄断性的银行结构可以减少银行间的过度竞争，从而防止由于银行过度竞争造成的金融不稳定问题。

市场主导型的金融结构优越论则对银行主导的金融结构在信息获取、风险管理和公司治理上的优势提出了质疑。在信息获取的有效性方面，Holmstrom和Tirole（1993）认为，在功能完备的市场里，人们因可以从信息中获得回报而更有获取信息的动力，所以市场能在更大程度上鼓励调研和分析企业。而相比之下，银行在面临那些情况多变、充满不确定性和创新的环境时，在信息获取和决策效率上并不占优势，而竞争性的资本市场在向投资者传递信息方面更为有效（Allen和Gale，1999）。在风险管理和治理结构的有效性方面，市场主导型金融结构在风险管理工具上具有优势，市场可以根据不同的情况设计不同的金融风险产品，而银行主导型的金融结构只能提供最简单、最基本的风险管理服务。Rajan（1992）认为，势力过于庞大的银行对企业的创新产生不利影响。因为，一方面，银行强势，迫使企业投资过于保守，而且其大量租金的抽取也挤压了企业的利润，这使得企业没有动力去从事创新活动。另一方面，同银行关系密切的企业受到保护而免受竞争压力，最终致使企业创新活动动力不足。Smith和Boyd（1998）认为，银行主导型金融结构在公司治理方面并不一定具有优势，银行可能贿赂企业管理层，损害外部人利益，从而导致低效竞争，阻碍公司控制和创立新企业，从而不利于资金的有效动员和经济的长期增长。Black和Moersch（1998）认为，银行有可能为了自身利益最大化而与企业共谋，进而采取对其他债权人不利的行动。

金融结构优劣次要论则认为，不应将银行主导型结构和市场主导型结构对立起来，金融结构本身并不重要，转而强调整个金融体系的发展水平和其功能的发挥（金融服务观），以及相关法律在金融领域中的作用（金融法律制度观）。金融体系的功能在于能够及时、充分地提供各种金融服务，并保证这些金融服务的总体质量和可得性，至于金融体系究竟是银行主导型金融结构或市场主导型金融结构这种特征，对于经济增长来说是一个次要的问题。Allen和Gale（2000）认为，金融体系本身是复杂的，以金融市场和银行为代表的金融中介各有特点，偏好哪一种金融结构体系，不仅要取决于实体经济自身特质的内在要求，而且要与金融市场参与者的共同行为特征相匹配。

法金融学派的金融法律制度观学者（Shleifer和Vishny，1997；La-Porta等，1997，1998，1999，2000）否定了关于金融结构优劣问题争论的意义。他们认为，法律的性质及其实施机制决定着金融契约的有效性，运行良好的法律体系有利于金融中介和金融市场功能的发挥。

5. 最优金融结构理论

林毅夫等国内学者认为,实体经济与金融体系之间是互动关系,西方经济学家之所以在何种金融结构最有利于经济增长方面未达成共识,是因为这些研究仅仅从金融体系单方面来讨论金融体系与实体经济发展二者之间的关系,忽视了对实体经济本身的考虑。因此,必须同时考察金融体系和实体经济两方面的特征,建立起一个统一的分析框架,才能得到对于金融体系结构与经济发展关系的清晰解释。因此,林毅夫等(2009)提出了最优金融结构理论。该理论认为:"处于一定发展阶段的经济体中的最优金融结构应当是金融体系中的各种金融制度安排的构成和相互关系与要素禀赋结构所内生的实体经济的产业、产品、技术结构和企业的特性相互匹配;随着要素禀赋结构的提升、实体经济产业和技术的变迁,该经济体的最优金融结构也会内生地相应演变。"

从实体经济与金融体系的互动关系来看,在经济发展各个阶段,经济活动参与者的经营能力、信用状况和发生道德风险的可能性存在差异,但一个经济体的要素禀赋结构的特性决定其实体经济结构中企业的资金规模、生产技术和产品市场风险等特性。金融结构取决于不同金融制度安排下各种机构和金融工具参与经济金融活动的相对规模,其优劣反映着金融结构中各种金融制度安排的特性与实体经济中的结构特性的匹配程度。当二者的特性相互匹配时,能够使金融体系所动员起来的资金实现最优的配置,从而使金融体系能够最有效地配置资金。这样的金融结构就是最有利于经济发展的、最优的金融结构。

(二) 金融结构的指标测度

Goldsmith的金融结构理论认为,各种金融工具和金融机构的形式、性质及其相对规模共同构成一国金融结构的特征。该理论侧重从以下几方面研究一国的金融结构:金融资产与实物资产在总量上的关系、金融资产和负债总额在各种金融工具中的分布、以金融机构持有或发行的金融资产所占的比例来表示的金融资产和负债总额在金融机构和非金融机构中的分布,以及金融资产和负债在各个经济部门的地位等。这些方面对金融结构计量的指标定义可以分为以下三个层次:

第一层次:金融与经济基础结构之间的关系。即金融资产总额和实体经济资产总额的关系,这是决定一国金融结构的基础,也表征一国经济体系的金融化程度。这方面的衡量指标包括金融相关度(FIR)。

第二层次:金融体系结构的组成。主要包括金融资产和负债总额在各种金融工具中的分布,以及不同金融工具在主要经济产业部门的分布状况。它主要反映不同经济单位和产业部门在金融化程度上的差异。

第三层次:金融结构的机构化程度。这方面的指标包括金融资产总额或金融工具总价值额在金融部门和非金融部门间的分布状况,各种类型金融机构对金融资产或金融工具的占有或运用份额。

可见，衡量金融结构的尺度不仅与金融资产、金融工具、金融机构以及经济基础结构有关，而且还要通过金融资产和金融工具的存量、流量，金融体系的规模、结构以及国民财富等之间的比例关系来计量。我们重点采取以下指标来分析我国金融结构的调整与优化问题。

金融相关比率（FIR）。金融相关比率反映金融上层结构与经济基础结构之间的关系，以某一时点现存金融资产总量与国民财富之比（国民财富可简化为GNP代替）表示。该指标既是衡量一国金融结构与经济发展水平的最重要指标之一，也是估算一国金融深化的关键尺度之一。一般说来，可以根据金融相关比率来衡量金融发展水平，随着经济的发展，金融相关比率必然会逐步提高，而且经济越发达，金融相关比率也就越高。如果金融相关比率数值太低，则说明一国的金融交易范围较小，经济体的内部融资比重较大，资金的流动性较差，金融深化和发展的程度比较低。

货币化比率（M2/GDP）。经济货币化是指货币经济向非货币经济领域的扩展，即一国生产、流通和消费中通过货币来进行交易部分所占比重不断提高的趋势。货币深化必然影响金融交易的规模和深度的发展，经济货币化程度能够从深度和广度上决定金融制度的结构和功能。一般我们采用广义货币存量与一国名义收入的比率来表示一个国家的经济货币化程度（M2/GDP）。

融资结构比率。从各种金融工具的组成与分布结构看，融资结构比率可以采取多种基准进行计量，如间接融资与直接融资的比例、债务融资与股权融资的比例、内部融资与外部融资的比例等。融资结构比率可以反映出金融发展的程度，包括金融机构与资本市场的发展水平。

三、我国金融体系结构的总体发展变化

总体上看，伴随着我国市场化改革的推进，经济货币化程度在不断加深，反映金融深化的指标明显改善。

（一）金融深化程度分析

金融相关比率是衡量一国金融深化和金融改革程度的主要指标，它的定义是全部金融资产价值与实物资产（同期GNP）之比。影响金融相关比率的因素很多，诸如经济货币比率、资本形成率、企业外部融资率、金融机构新发行工具比率等与金融相关比率呈正向关系；而通货膨胀率、资本内部积累率等与金融相关比率则呈反向关系。一般说来，金融相关比率数值越大，经济中储蓄与投资的分流程度越大，外源融资和间接融资的比重越大，金融活动的规模与能力相应越

强。广义的金融相关比率（FIR）中的金融资产既包括金融机构拥有的各类贷款（非金融机构的负债），也包括各项金融负债（企业、居民拥有的各项存款和流通中现金），以及有价证券（政府债券、企业债券、金融债券、保险费以及股票市值等）。因此，金融相关比率 FIR 不仅包含了广义货币 M2，也包含了各类贷款（L）和有价证券（S）。中国 2001~2010 年的金融相关比率及其构成分别如表 8-1 和表 8-2 所示。

表 8-1　2002~2010 年中国金融相关比率（FIR）

年份	金融资产		国民总收入（GNP）		金融相关比率（FIR）
	总额（亿元）	增长率（%）	总额（亿元）	增长率（%）	
2002	393037.2	34.39	119095.7	10.20	330.02
2003	471073.2	19.85	135174.0	13.50	348.49
2004	523963.5	11.23	159578.3	18.06	328.33
2005	591514.2	12.89	183217.4	15.35	321.32
2006	736196.3	24.46	211923.5	15.78	345.42
2007	1098559.8	49.22	257305.6	21.64	424.73
2008	1022891.0	−6.89	302853.4	16.82	338.75
2009	1410231.8	37.87	337313.4	11.38	418.08
2010	1742714.5	17.14	395483.4	17.25	440.65

资料来源：《中国金融年鉴》各卷和 Wind 资讯。

表 8-2　2001~2010 年中国金融相关比率（FIR）的构成

单位：%

年份	广义货币 M2/GNP	各类贷款 L/GNP	有价证券 S/GNP	金融相关率（FIR）
2001	146.48（53.93）	104.93（38.63）	21.21（7.44）	271.61
2002	155.34（47.07）	117.39（35.57）	58.29（17.36）	330.02
2003	164.66（47.25）	126.59（36.33）	58.24（16.42）	348.49
2004	159.23（48.47）	118.16（35.99）	51.94（15.54）	328.33
2005	162.29（50.51）	112.36（34.97）	47.67（14.52）	321.32
2006	162.15（46.94）	112.80（32.66）	71.46（20.40）	345.42
2007	156.61（36.73）	107.13（25.22）	161.99（38.05）	424.73
2008	157.90（46.61）	106.68（31.49）	75.18（21.90）	338.75
2009	180.91（43.27）	126.17（30.18）	111.00（26.55）	418.08
2010	183.54（41.65）	128.99（29.27）	128.13（29.08）	440.65
平均	162.69（45.57）	115.82（32.54）	84.43（21.88）	362.94

注：各类贷款包括非金融机构的负债（金融机构的贷款）和金融负债（企业、居民拥有的各项存款和流通中现金）；有价证券包括政府债券、企业债券、金融债券、保险费以及股票等；括号中表示各部分在金融相关率中的比重。

资料来源：《中国金融年鉴》各卷。

以上数据说明我国金融深化具有以下基本特征：

第一，我国金融资产总量近年来迅速增长。2002~2009年，除了2004年、2005年和2008年外，我国金融资产的增长速度都明显地超过了国民总收入的增长速度。在国际金融危机影响下，2008年金融资产规模萎缩了6.89个百分点。8年间，我国金融资产总量的年平均增长率为22%，比国民总收入的年平均增长率（15.2%）高6.8个百分点。金融资产总量的大幅增长从某种程度上说明，当经济发展到一定阶段，金融资产的增长从趋势上势必会超过实物形式的国民财富的增长，同时也体现了全社会金融意识的增强和金融在经济生活中地位的深刻变化。

第二，金融相关比率值逐渐上升。金融相关比率从2001年的271.61%提高到2007年的424.73%，增长超过了50%。由金融资产快速增长带来的金融相关比率的提高，反映出我国经济货币化和金融深化的程度不断增长。

第三，从金融相关比率FIR的构成变化看，金融市场（直接融资）对于中国经济的货币化和金融深化的贡献度在增加。表8-2括号中的数值表示FIR各构成部分的比重，即各部分对于FIR的贡献份额。我们发现，整体上M2和L在最近的10年间贡献了主要份额，平均占FIR的比重为45.23%和32.02%。这主要是因为近10年间出口快速增长，央行通过强制结售汇制度购汇等因素导致货币总量增加。但从动态变化的角度看，M2和L的份额从2001年到2009年分别减少了10.66个百分点和8.45个百分点，这说明我国金融增长主要依靠银行金融资产单方面扩张的情况正在逐渐改变。另外，虽然S在10年间对FIR的平均贡献达到22.75%，但其基本处于升高的趋势（2008年除外），尤其是在2005年股权分置改革之后的增长更为明显，从2001年的7.44%的贡献度增长到2009年的20.40%的贡献度。S相对份额的提高反映出我国有价证券市场的规模扩大，这意味着金融市场在我国金融体系中发挥越来越重要的作用。值得注意的是，2008年金融危机对于资本市场冲击较大，使得其对FIR的贡献率陡降了16.15%。

（二）经济货币化程度分析

货币化比率反映一国经济的货币化水平，也被广泛应用于测量发展中国家的金融结构水平。货币交易的产出量（包括商品和劳动力）与全部的社会产出量之比值即为经济货币化程度的衡量指标。该比值越大，说明经济货币化的程度越高。由于在技术上难以准确统计，在实际分析中，经济货币化比率大都用货币存量与名义国民收入（或GDP）之间的比值。我们采用M2/GDP来反映和衡量中国金融结构的变化和经济货币化的进展状况。表8-3给出了2001~2010年中国货币结构及与GDP比重的货币化进程。

表 8-3　2001~2010 年中国货币结构及与 GDP 比重

年份	流通现金(M0)(亿元)	货币(M1)(亿元)	准货币(亿元)	货币和准货币(M2)(亿元)	GDP(亿元)	M1/M2(%)	准货币/M2(%)	货币化比率(M2/GDP)(%)
2001	15688.8	59871.6	98430.3	158301.9	109655.2	37.82	62.18	144.36
2002	17278.0	70881.8	114125.2	185007.0	120332.7	38.31	61.69	153.75
2003	19745.9	84118.6	137104.2	221222.8	135822.8	38.02	61.98	162.88
2004	21467.3	95969.7	158137.3	254107.0	159578.3	37.77	62.23	159.24
2005	24031.7	107278.8	191476.9	298755.7	183217.4	35.91	64.09	163.06
2006	27072.6	126035.1	219568.5	345603.6	211923.5	36.47	63.53	163.08
2007	30375.2	152560.1	250882.1	403442.2	257305.6	37.81	62.19	156.80
2008	34219.0	166217.1	308949.5	475166.6	314045.4	34.98	65.02	158.04
2009	38247.0	221445.8	388778.7	610224.5	340506.9	36.29	63.71	179.21
2010	44628.2	266621.5	459230.3	725851.8	397983.0	36.73	63.27	182.38

资料来源：《中国金融年鉴》各卷和 Wind 资讯。

以上数据表明，我国金融结构在经济货币化过程中具有以下基本特征：第一，经济货币化比率（M2/GDP）处于波动中的上升状态。经过两次微幅波动后，M2/GDP 从 2001 年的 144.36%提高到 2008 年的 158.04%，但在 2009 年宽松宏观政策下，该比率快速增加到了 179.21%，2010 年又增加了将近 3 个百分点。从整体变化趋势看，货币化指数基本呈增长态势。这一方面说明我国货币性金融资产的增加，经济货币化日益扩大和深化；另一方面也反映出我国存在短期内货币超发导致流动性过剩的现实。第二，从货币结构看，货币化进程快速。从 2001 年到 2010 年，M0、M1 和 M2 分别增长了 1.84 倍、3.45 倍和 3.59 倍，年平均增长率分别达 12.34%、18.23%和 18.49%。而准货币（M2-M1）则增长了 4.67 倍，年平均增长率高达 18.73%。这说明准货币（除活期存款以外的各种存款）增加速度可能偏快。第三，从货币化指数的构成看，各种货币对货币化指数的贡献未发生较大变化。从 2001 年到 2010 年，M1 和准货币对 M2/GDP 的贡献率均值分别为 37.01%和 62.99%。变化范围分别是 M1 从 37.82%降至 36.73%，而准货币则从 62.18%提高到 63.27%。M1 中的现金 M0 占广义货币 M2 的比例从 9.91%下降到 6.15%，说明我国货币交换范围的扩大和货币功能的增强。

（三）融资结构分析

从融资渠道分为金融中介与金融市场二者来看，融资结构可以大致表示为间接融资与直接融资之间的比例关系。表 8-4 显示了我国 2001~2010 年的银行贷款与证券融资的结构比率变化情况，需要说明的是，该比率中包括了金融部门的融资。

表 8-4　2001~2010 年融资结构比率

年　份	各类贷款（L）（亿元）	有价证券（S）（亿元）	融资结构比率（L/S）（%）
2001	112314.7	38326.3	293.05
2002	139802.7	45259.5	308.89
2003	169772.9	58137.5	292.02
2004	188570.3	70313.7	268.18
2005	207018.9	94719.4	218.56
2006	238550.4	185969.0	128.27
2007	278223.1	477705.2	148.49
2008	320325.1	294048.2	108.94
2009	425635.8	451825.8	94.20
2010	510147.8	506714.9	100.68

注：金融机构金融资产包括金融机构各类贷款；非金融机构的金融资产包括企业、居民拥有的各项存款和流通中现金；有价证券包括政府债券、企业债券、金融债券、基金、期货、股票及保险费等。

资料来源：《中国金融年鉴》各卷和 Wind 资讯。

表 8-4 反映出我国金融体系融资结构比率（贷款与有价证券的规模之比）在过去 10 年间基本朝向市场化趋势发展。贷款融资与有价证券融资之比由 2001 年的 293.05% 下降到 2010 年的 100.68%。

从国内非金融机构部门（包括住户、非金融企业和政府部门）融资的角度来看，表 8-5 和图 8-1 表明了各融资工具的融资额在 2007~2010 年融资总额中的比重。通过图 8-1 我们可以直观地发现贷款融资仍然占据绝对优势，其在各年中平均融资额比重达到 79.45%，而股票、国债和企业债券的融资额在各年总融资额

表 8-5　2007~2010 年国内非金融机构融资情况

单位：亿元

年份	贷款	股票	国债	企业债券	年融资总量
2007	39205	6532	1790	2290	49817
	(78.70%)	(13.11%)	(3.59%)	(4.60%)	
2008	49854	3527	1027	6078	60486
	(82.42%)	(5.83%)	(1.70%)	(10.05%)	
2009	105225	5020	8182	12320	130747
	(80.48%)	(3.84%)	(6.26%)	(9.42%)	
2010	83572	6116	9735	11713	111136
	(75.20%)	(5.50%)	(8.74%)	(10.56%)	
总计	277856	21195	20734	32401	352186

注：贷款融资为本外币贷款融资；股票融资包括可转债融资，不包括资产型定向增发融资、金融机构融资；国债包含财政部代理发行的地方政府债；企业债券包括企业债、公司债券、可分离债、集合票据、短期融资券和中期票据。括号中是各融资工具融资额在各年融资总额中的比重。

资料来源：中国人民银行。

中的比重平均值分别为 6.90%、5.01% 和 8.64%。

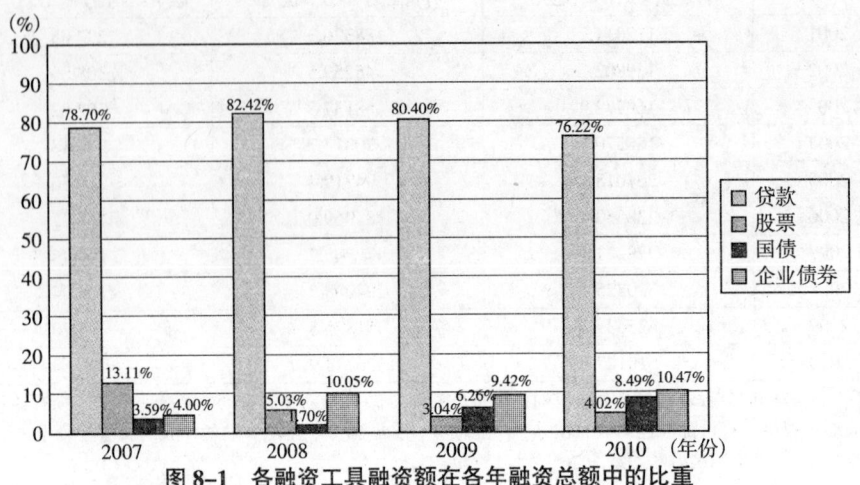

图 8-1 各融资工具融资额在各年融资总额中的比重

资料来源：中国人民银行。

从不同融资工具所占份额的变化来看，贷款融资的比重从 2007 年的 78.7% 下降到 2010 年的 75.2%，这表明虽然危机救助措施使其在 2008 年和 2009 年比重明显提升，但在通货膨胀压力下，较为容易通过银行信贷渠道实施紧缩性货币政策，这必然导致间接融资主导地位相对有所下降。股票融资比重在 2007 年达到峰值（13.11%）后，也显著下降至 6% 以下的稳定水平。相比之下，国债和企业债券融资的占比有明显上升，企业债券融资增加较快，国债融资的力度也不减，这说明直接融资渠道在配置资金方面的作用得到进一步提高，总体上也有利于我国非金融机构融资结构的优化。

近年来，我国总体上融资结构正趋向市场化的发展态势。在金融总量快速扩张的同时，金融结构呈现多元化发展，金融产品和融资工具不断创新，证券、保险类机构对实体经济的资金支持力度加大，商业银行创新表外业务对贷款表现出明显的替代效应。据人民银行统计，2010 年新增人民币贷款以外的融资达 6.33 万亿元，为同期新增人民币贷款的 79.7%，这一比例数值较 2002 年的 8.7% 有显著增加。人民币贷款以外融资快速增长主要有三方面原因：一是直接融资快速发展。2010 年企业债和非金融企业股票筹资分别达 1.2 万亿元和 5787 亿元，分别是 2002 年的 36.8 倍和 9.5 倍。二是非银行金融机构作用明显增强。2010 年证券、保险类金融机构对实体经济的资金运用合计约 1.68 万亿元，是 2002 年的 8 倍。2010 年小额贷款公司新增贷款 1022 亿元，比 2009 年增长 33.4%，相当于一家中小型股份制商业银行一年的新增贷款规模。三是银行金融机构表外业务大量增加。2010 年实体经济通过银行承兑汇票、委托贷款、信托贷款从金融体系融资分别达 2.33 万亿元、1.13 万亿元和 3865 亿元，而在 2002 年这些金融工具的融资量还非常小。我国 2002~2010 年的社会融资总量结构如表 8-6 所示。

表 8-6　我国 2002~2010 年社会融资总量结构情况

单位：%

年份 项目	2002	2003	2004	2005	2006	2007	2008	2009	2010
社会融资总量	100	100	100	100	100	100	100	100	100
人民币贷款	92.0	81.0	78.8	82.1	79.3	61.3	71.5	68.1	55.6
外币贷款	3.7	6.7	4.8	3.7	2.5	4.9	0.9	6.6	2.9
委托贷款	0.9	1.8	11.1	3.4	4.7	5.7	6.2	4.8	7.9
信托贷款	—	—	—	—	2.1	2.9	4.6	3.1	2.7
银行承兑汇票	-3.5	5.9	-1.0	0.1	3.8	11.3	1.6	3.3	16.3
企业债券	1.6	1.6	1.8	7.0	2.1	3.9	8.1	9.2	8.4
非金融企业股票	3.0	1.6	2.3	1.2	3.4	8.1	4.9	3.2	4.1
保险公司赔偿	2.1	1.5	2.1	2.5	2.1	1.8	2.2	1.2	1.3
保险公司投资性房地产	—	—	—	—	—	0.1	0.1	0.1	0.1
其他	—	—	—	—	—	—	—	0.5	0.7

资料来源：中国人民银行。

如图 8-2 所示，我国社会融资总量快速扩张，金融对实体经济的支持力度明显加大。2002~2010 年，我国社会融资总量从 2 万亿元扩大到 14.27 万亿元，年均增长 27.8%，比同期人民币各项贷款年均增速高 9.4 个百分点。2010 年，社会融资总量与 GDP 之比为 35.9%，比 2002 年提高 19.2 个百分点。未来，随着我国金融市场发展和金融创新深化，实体经济还会增加新的融资渠道，如私募股权基金、对冲基金等。根据条件和融资规模，这些不断创新的融资渠道也应计入社会

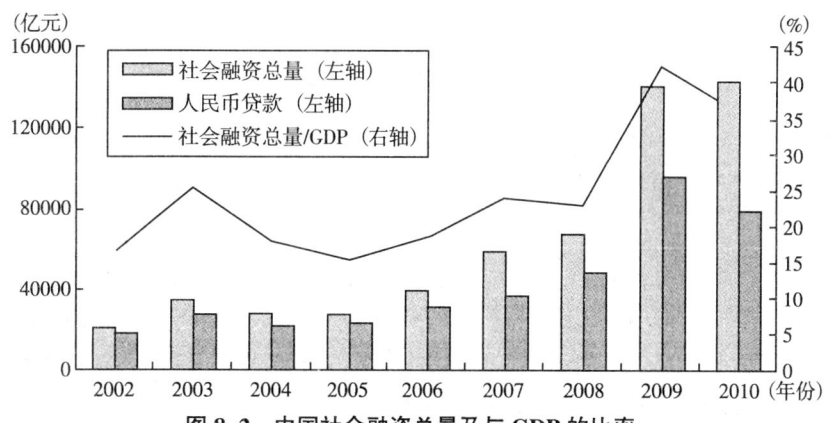

图 8-2　中国社会融资总量及与 GDP 的比率

资料来源：中国人民银行。

融资总量。

(四) 金融结构的国际比较

1. 货币化国际比较

2000~2010 年，我国的 M2 平均增速约为 18%，截至 2010 年 12 月末，我国的 M2 达到 72.59 万亿元。美国 2010 年 9 月末的 M2 为 8.6 万亿美元，折合人民币约 58 万亿元。但从中美两国 M2 相对于各自 GDP 的规模来看，则差异较大。在过去的 10 年中，美国 M2 的增长（5.79%）基本与其 GDP 增长（6%）相一致。由于经济增长的放缓，M2 以个位数增长在发达国家是普遍现象。韩国、新加坡和我国台湾等新兴工业国家和地区的 M2 也都是个位数增长，这些国家和地区也都曾经度过了经济高速增长阶段。值得注意的是，日本、韩国在经济高速增长阶段 M2 年均增速曾分别为 20%（1967~1973 年）和 34%（1966~1988 年），高于我国目前的平均增速水平。同为经济快速增长的印度和巴西，与我国目前所处的经济发展阶段较为相近，两者 M2 增长率均低于我国，分别为 14.51% 和 12.69%。

表 8-7 2000~2010 年 M2 增长率国际比较

单位：%

年份	中国	美国	俄罗斯	巴西	印度	韩国	新加坡	中国台湾
2000	15.40	6.13	58.94	-18.54	10.53	3.77	-2.05	6.50
2001	14.42	10.51	37.77	13.33	10.12	8.33	5.86	4.44
2002	19.86	6.30	34.17	23.60	12.49	14.13	-0.33	2.58
2003	19.63	4.93	45.88	3.87	15.91	3.02	8.05	5.82
2004	14.40	5.63	38.51	19.52	15.48	5.87	6.24	7.35
2005	18.04	4.05	38.02	18.03	21.08	7.00	6.19	6.55
2006	16.73	5.96	47.42	13.57	17.25	11.42	19.37	5.27
2007	16.73	6.04	51.77	18.11	18.08	11.53	13.41	0.93
2008	17.79	9.85	8.74	37.34	10.02	13.14	12.05	7.00
2009	28.42	3.42	7.54	8.80	17.98	9.31	11.34	5.74
2010	14.68	0.86	18.21	1.93	10.67	4.97	3.04	1.44
平均	17.83	5.79	35.18	12.69	14.51	8.41	7.56	4.87

注：同期数据截至 2010 年 9 月。
资料来源：Wind 资讯。

我国 M2 约 18% 的年均增长速度明显超出了近 10 年来 GDP 的增长速度。图 8-3 显示了我国与美国货币化指数（M2/GDP）的比较情况。2001~2008 年，中国的货币化指数平均达到 157.65%，而美国的平均值则为 53.49%。为应对经济危机"一揽子"刺激计划出台后，2009 年和 2010 年前 9 个月，我国的 M2 与 GDP 比值则骤增至 179.21% 和 260.47%。而同样出台经济刺激计划的美国，该比值较其危机前（2007年以前）水平只增长了近7个百分点。当然，比值悬殊与两国的经济总量不同以及金融结构差异可能有很大关系，鉴于美国受危机冲击的程度更为严重，我国实施经济刺激的"相对剂量"（占 GDP 的 13%）显然偏大。

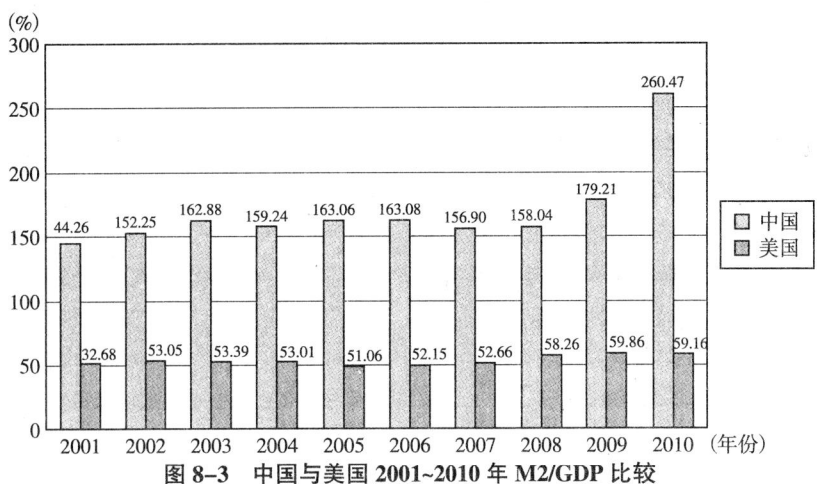

图 8-3 中国与美国 2001~2010 年 M2/GDP 比较

注：数据截至 2010 年 9 月。
资料来源：Wind 资讯。

就我国 M2 迅速增长的来源来看，主要来自信贷增长和外汇占款压力。图 8-4 反映的是我国 2002~2010 年的信贷变化情况。据测算，2010 年 M2 增长了将近 20%，超过了年初设定的 17% 的目标。

图 8-4 2002~2010 年货币信贷变化

资料来源：CEIC，瑞银估算。

信贷增加也体现在近几年我国"影子银行"体系（主要指银信产品融资等）的发展上。表 8-8 给出了银行整体信贷的年度数据，其中包括银信合作产品的融资估算数据。2007 年底由于信贷紧缩政策的出台，银信合作产品开始快速发展，并且在 2010 年由于银行试图规避严格的信贷额度限制而得到更快速的发展，年增量达到 2 万亿元。银监会在 2010 年 8 月对银信合作产品实施了更为严格的规定，要求银行在 2011 年底将其纳入到资产负债表中。这可能意味着银信合作产品的发展势头会有所收敛，但未来实际发展情况仍有待观察。

表 8-8 2002~2010 年银行整体信贷情况

单位：十亿元

年 份	整体银行信贷	本外币贷款	人民币贷款	中期票据	银信合作产品
2002	1923	1923	1800	0	0
2003	2994	2994	2770	0	0
2004	2407	2407	2260	0	0
2005	2462	2462	2350	0	0
2006	3269	3269	3180	0	0
2007	4121	3921	3630	0	200
2008	5559	4985	4911	174	400
2009	11614	10523	9590	691	400
2010	10914	8360	7950	494	2060

注：此处银信合作产品包括融资类银信理财合作产品和融资类信托产品。
资料来源：CEIC，惠誉，Wind，瑞银估算。

这期间，我国的另外两种类型的融资工具，即中期票据和外币贷款也出现了快速增长。中期票据是银行为其企业在银行间市场上发行的 3~5 年期的企业票据，对银行的中期贷款起到替代作用。其市场规模从 2008 年的 1670 亿元增加到 2009 年的 8650 亿元和 2010 年的 1.4 万亿元。2009 年外币贷款同比增长了 56%（达到 2.6 万亿元左右），2010 年上半年增幅超过了 38%。其快速增长背后的原因是信贷额度控制、此类贷款利率较低以及预期人民币升值。2010 年下半年，监管部门出台了更加严格的规定，从而使外币贷款增长明显放缓。

表 8-9 我国 2001~2010 年外汇占款情况

年 份	外汇储备（亿美元）	外储增加（亿美元）	平均汇率（美元/人民币）	外汇占款增加（亿元）	M2（亿元）	外汇占款/M2（%）
2001	2121.65	465.91	8.2770	3856.34	158301.90	2.44
2002	2864.07	742.42	8.2770	6145.01	185007.00	3.32
2003	4032.51	1168.44	8.2770	9671.18	221222.80	4.37
2004	6099.32	2066.81	8.2768	17106.57	254107.00	6.73

续表

年 份	外汇储备（亿美元）	外储增加（亿美元）	平均汇率（美元/人民币）	外汇占款增加（亿元）	M2（亿元）	外汇占款/M2（%）
2005	8188.72	2089.40	8.1917	17115.74	298755.70	5.73
2006	10663.44	2474.72	7.9718	19727.97	345603.60	5.71
2007	15282.49	4619.05	7.5215	34742.18	403442.20	8.61
2008	19460.30	4177.81	6.9444	29012.38	475166.60	6.11
2009	23991.52	4531.22	6.8310	30952.76	610224.50	5.07
2010	28473.38	4481.86	6.8267	30596.31	725851.80	4.22

资料来源：国家外汇管理局，《中国金融年鉴》各卷。

造成M2过快增长的另一因素是外汇占款累积规模越来越大。我国的银行结售汇市场上存在管制刚性。中央银行在银行间外汇市场购汇，形成基础货币投放，而银行柜台结售汇则形成社会资金投放。表8—9反映了各年的外汇占款的情况，尽管2007年以后金融危机对外汇占款对M2的比例有明显下降（汇率升值对此也有影响），但外汇的累积规模仍然在继续增大，从而导致了M2的增长。

2. 金融资产结构的国际比较

世界各国往往根据自身的国情或资本市场的发展水平，选择不同的金融发展模式，从而形成了不同的金融体系结构。从融资工具的角度看，在不同的金融体系结构中，金融工具或资产的结构会有差别。

表8—10　2007年金融资产结构国际对照表

单位：亿元

	美国	日本	英国	韩国	中国
总资产	3879623	1644996	749992	192750	803815
银行资产	698332	625098	217498	48187	506403
	(18%)	(38%)	(29%)	(25%)	(63%)
股票	1319072	361899	296397	61680	249183
	(34%)	(22%)	(38%)	(32%)	(31%)
政府债	465555	509949	59999	34695	40191
	(12%)	(31%)	(8%)	(18%)	(5%)
公司债券	1396664	148050	194998	48187	8038
	(36%)	(9%)	(25%)	(25%)	(1%)

资料来源：吴晓求，等．全球金融变革中的中国金融与资本市场．中国人民大学出版社，2010.

从表8—10中2007年各国金融资产构成来看，美国和英国是市场主导金融体系的典型代表，其金融市场发达，金融机构种类繁多，资本市场的直接融资资产在金融总资产的比重较大（82%和71%）。在这类金融体系，企业更多地依赖金融市场而不是银行金融中介进行融资。日本是较为典型的银行主导型金融体系，其间接融资在金融总资产中的比重达到38%。相比之下，股票市场和公司债券市场的融资比例要低一些，金融机构的种类也相对较少，储蓄主要通过银行类金融中介机构贷款给资金使用者。

与美英等国家相比，我国金融资产结构表现出银行融资占比过高的特征。银行等金融中介的资产规模庞大，尽管2007年股票市场出现大膨胀，但这一占比仍高达63%。相对而言，资本市场的整体规模偏小，直接融资比例较低。2001~2008年，我国境内直接融资（股票）筹资额与同期银行贷款增加额之比仍一直处于低位，分别为9.50%、4.11%、2.97%、4.49%、2.05%、8.38%、21.95%和8.48%。我国债券市场尤其是公司债券市场发展也相对滞后。2007年末，我国债券市场资产总量为6.02万亿元，仅相当于当年GDP的28.7%，远低于成熟市场水平。就资本市场结构而言，债券市场规模仅相当于股票市场规模的26.7%，亦远低于美英等成熟市场，也低于韩国、印度等新兴市场国家。这些数据清楚地表明，我国金融资产结构可能存在一定的失衡问题。值得注意的是，2007年我国流动性充裕，股票市场发展异常迅猛，在危机影响下2008年我国股票市值缩水2/3。虽然近两年股市趋于正常，但经济刺激计划使得信贷猛增，这些巨大波动对于资本市场结构和整个金融资产结构产生了明显影响。

下面进一步分析我国金融中介结构和金融市场体系中各市场的结构情况。

四、我国金融中介与金融市场的结构分析

我国的金融体系的特征属于银行主导型或称中介主导型，商业银行等金融中介居于金融体系主导地位，是金融体系中推动经济增长的主要动力。市场型融资机制发展相对滞后，但作用必不可少，而且其重要性在继续增长。

按照我国金融监管部门的划分，金融中介可以分为银行金融机构和非银行金融机构两大类。银行金融机构主要是指国有的和股份制的商业银行、政策性银行、城市商业银行、农村合作金融机构、邮政储蓄银行、金融资产管理公司和外资银行。而非银行金融机构是指经批准成立、本质尚不具备信用创造功能、从事金融性业务的企业组织，主要分为契约型储蓄机构和投资性金融中介机构。具体来讲，主要包括金融租赁公司、汽车金融公司、信托投资公司、企业集团财务公司，以及货币经纪公司等。我国的金融市场主要包括货币市场、资本市场、保险市场、外汇市场、黄金市场等。货币市场主要包括同业拆借市场、回购协议市场、票据市场、大额可转让定期存单市场、短期融资券市场等。资本市场又称长期资金市场，是买卖中长期信用工具、实现较长时期资金融通的场所，它又可细分为股票市场、债券市场、基金市场、金融衍生工具市场等。

（一）金融中介

1. 银行业金融机构

截至 2010 年 12 月末，我国银行业金融机构（法人）数量为：政策性银行及国家开发银行 3 家，大型商业银行 5 家，股份制商业银行 12 家，城市商业银行 143 家，城市信用社 11 家，农村商业银行 43 家，农村合作银行 196 家，农村信用社 3056 家，邮政储蓄银行 1 家，金融资产管理公司 4 家，外资法人金融机构 37 家，信托公司 58 家，企业集团财务公司 91 家，金融租赁公司 12 家，货币经纪公司 3 家，汽车金融公司 10 家，村镇银行 148 家，贷款公司 8 家以及农村资金互助社 16 家。

（1）银行业市场份额。银行业金融资产不断增长。截至 2010 年末，我国银行业金融机构本外币资产总额为 95.3 万亿元，比上年同期增长 19.9%；负债总额 89.5 万亿元，比上年同期增长 19.2%。资产在各类银行业金融机构的分布如图 8-5 所示。

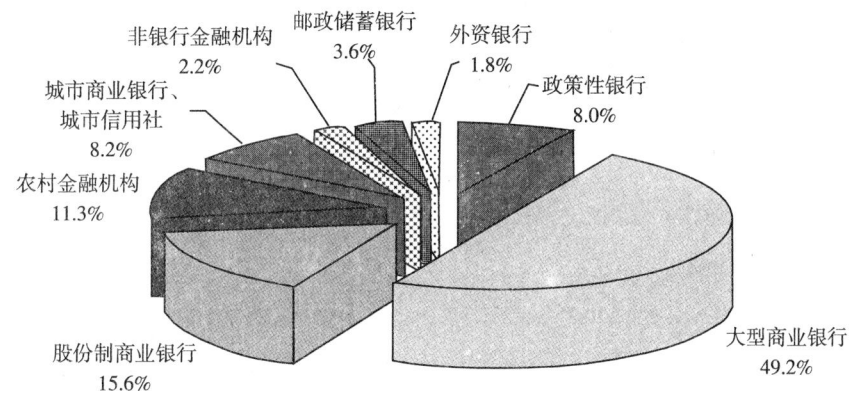

图 8-5　中国银行业 2010 年 12 月末资产结构分布
资料来源：银行业监督管理委员会。

图 8-6 呈现的是我国 2003~2010 年银行业金融机构资产规模市场份额发生变化的情况。从机构类型来看，2010 年资产规模较大的依次为：大型商业银行、股份制商业银行、农村中小金融机构和邮政储蓄银行，占银行业金融机构资产的份额分别为 49.2%、15.6% 和 14.9%。城市商业银行和城市信用社、股份制商业银行、农村中小金融机构和邮政储蓄银行、非银行金融机构、外资银行资产份额比上年分别上升 1.06 个、0.78 个、0.60 个、0.24 个、0.13 个百分点，大型商业银行、政策性银行及国家开发银行资产份额分别下降 2.11 个、0.71 个百分点。图 8-6 表明，虽然我国大型商业银行仍在市场中占有半壁江山，但其高度垄断格局正在逐步被打破，其他银行业金融机构尤其是股份制商业银行在快速发展并拥

有一定的竞争实力。

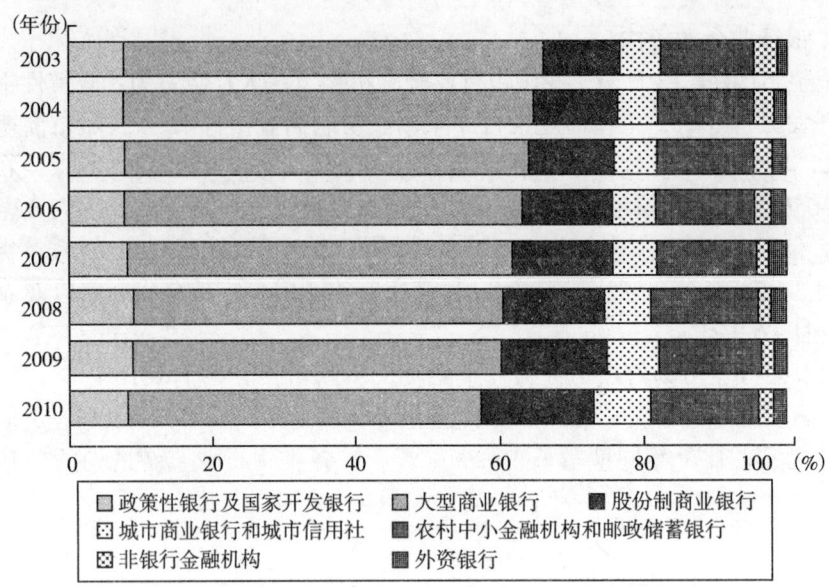

图 8-6 2003~2010 年银行业金融机构市场份额（按资产）
资料来源：银行业监督管理委员会。

（2）银行业存贷款结构。根据银行业监督管理委员会和人民银行的统计数据，由于金融危机的影响，2009 年银行业存贷款规模上升速度明显加快，到 2010 年由于通货膨胀等因素而增速有所放缓。截至 2010 年底，各项存款余额 73.3 万亿元，比年初增加 12.1 万亿元，同比增长 19.8%，增速较去年降低了近 8 个百分点。其中，居民储蓄存款余额 30.7 万亿元，比年初增加 4.2 万亿元，同比增长 16.0%；企事业单位存款余额 25.3 万亿元，比年初增加 2.9 万亿元，同比增长 12.7%。同期各项贷款余额为 50.9 万亿元，比年初增加 8.4 万亿元，同比增长 19.6%。其中，按贷款期限分，短期贷款余额 17.1 万亿元，比年初增加 2 万亿元，同比增长 13.1%；中长期贷款余额 30.5 万亿元，比年初增加 7.0 万亿元，同比增长 29.5%；票据融资余额 1.5 万亿元，比年初减少 9034 亿元，同比减少 37.8%；委托及信托贷款余额 6355 亿元。

（3）银行业集中度结构。最常见的衡量银行业结构的指标是银行集中度，它反映的是大银行与小银行的相对规模，银行集中度高意味着大银行在经济中的相对份额高；反之，意味着分散的中小银行相对份额高。本书使用 CRn 指数来衡量银行业集中度。CRn 指数是某特定市场中规模最大的前 n 位企业的产值、产量、销售量、销售额、资产总额等指标累计值占整个市场相应指标总值的比重。CRn 能较好地反映市场集中程度，即在 n 值一定的状况下，其值越大表示市场集中程度越高，市场支配势力越大，竞争程度越低。依据 CRn 指数，一些学者对垄断竞争程度不同的市场结构进行了分类。其中，贝恩的市场结构分类最具代表性。

表 8-11 贝恩的市场结构分类

市场结构	CR4 指数
寡占 I 型：极高寡占型	75%以上
寡占 II 型：高集中寡占型	65%~75%
寡占 III 型：中（上）集中寡占型	50%~65%
寡占 IV 型：中（下）集中寡占型	35%~50%
寡占 V 型：低集中寡占型	30%~35%
竞争型	30%以下

资料来源：杨公仆，夏大慰. 产业经济学教程. 上海财经大学出版社，2002.

表 8-12 我国银行业 2005~2010 年存款集中度和贷款集中度

年份	存款（亿元）	贷款（亿元）	银行业总存款（亿元）	银行业总贷款（亿元）	存款集中度 CR4（%）	贷款集中度 CR4（%）
2005	167073.3	102303.9	300208.6	206838.5	55.65	49.46
2006	190478.3	114575.1	348015.6	238279.8	54.73	48.08
2007	211438.1	129510.1	401051.4	277746.5	52.72	46.63
2008	248985.9	140310.8	478444.2	320128.5	52.04	43.83
2009	319552.7	193434.3	612006.4	425596.6	52.21	45.45
2010	366479.8	226423.1	733382.0	509226.0	49.97	44.46

注：存款集中度和贷款集中度的分母数据的统计口径包括政策性银行、国有商业银行、邮政储蓄机构、其他商业银行、城市合作银行、农村信用社、城市信用社、外资银行、信托投资公司、租赁公司、财务公司等金融机构；四家国有商业银行（中国工商银行、中国银行、中国建设银行及中国农业银行）各年度的存款和贷款总额由其资产负债表整理得到。

资料来源：中国银行业监督管理委员会和各期《中国金融年鉴》。

由表 8-12 我们发现，我国银行业在 2005~2009 年的存款集中度和贷款集中度总体上都呈较为明显的下降趋势，说明我国原来的国有商业银行高度垄断格局在逐步有所改变，其他银行业金融机构尤其是股份制商业银行在快速发展并拥有一定的竞争实力。

根据贝恩的市场结构分类标准，我国银行业 2005~2010 年的存款集中度和贷款集中度出现了等级变化，2009 年两个集中度分别属于贝恩市场结构分类里的寡占 III 型和寡占 IV 型；截至 2010 年两个集中度都有所下降，皆为寡占 IV 型。而在 1989 年时，我国银行业存款集中度和贷款集中度分别高达 93.7%和 89.0%。目前我国银行业结构总体上已从最初的"大一统"的寡占 I 型（极高寡占型）市场结构转变为垄断层级稍低的市场结构，总的趋势在向着更有竞争性的市场方向发展。

2. 非银行金融机构

（1）非银行金融机构的发展。在西方国家，非银行金融机构主要指契约型储蓄机构和投资性金融中介机构。其中，契约型储蓄机构包括保险公司（人寿保险、财产和灾害保险）和养老基金（私人养老基金、公共养老基金），投资性金融中介机构包括互助基金（股票债券互助基金和货币市场互助基金）和金融公司（Mishkin, 2000）。非银行金融机构在过去30年获得了快速发展。这使得各国金融体系客观上呈现"再中介化"趋势（Allen 和 Gale, 2000; Allen 和 Santomero, 2001; Schmidi 等，1999）。从20世纪60年代以来，各国金融系统出现了所谓"非中介化"（脱媒）趋势，大量的原先以银行为基础、带有浓厚关系型色彩的金融活动转向"保持距离型"（arm's length）交易。但在金融创新日益活跃、金融市场参与成本日趋提高的背景下，以投资基金、养老基金和保险基金等为代表的非银行金融机构发展快速，增强了金融中介在金融运行中的作用。

就我国而言，目前的非银行金融机构包括信托投资公司、融资租赁公司、财务公司、证券公司、保险公司以及共同基金公司等。截至2010年底，我国已有63家信托公司、107家企业集团财务公司、4家消费金融公司、17家金融租赁公司、4家货币经济公司、13家汽车金融公司、9家贷款公司以及农村资金互助社37家。截至2010年末，由中国银监会监管的非银行金融机构总资产达到20896亿元，较2003年和2009年分别增长了56.5%和34.8%，2010年其占银行业金融机构总资产的2.2%，较上年提高了0.3个百分点。

（2）影子银行体系。影子银行体系（The Shadow Banking System），又称为影子银行或影子金融体系，一般是指那些行使着银行功能却不受监管或少受监管的非银行金融机构，包括其开发的金融工具、产品与交易市场。据粗略考证，最早是美国太平洋投资管理公司的执行董事McCulley在2007年已使用影子银行体系这一概念，以概括那些有银行之实却无银行之名的种类繁杂的非银行机构。影子银行的产生使得传统上由银行系统承担的融资功能逐渐由金融衍生工具所具有的投资功能所替代，属于银行业务的证券化活动。就国际市场而言，构成影子银行体系的主要机构包括投资银行、对冲基金、私募股权投资、结构性投资工具（Structured Investment Vehicle）、货币市场基金。这类机构所运用的工具和产品包括担保债务凭证（CDO）、信用违约互换（CDS）、资产支持商业票据（ABS）和再回购协议（RP 或 Repo）等。

在我国金融市场中，虽然当前并未形成类似于发达国家那样的影子银行体系，但也在某些方面初现端倪，其在金融结构中的潜在影响也不容小视。主要以影子银行产品为主，如（阳光）私募股权基金、证券投资基金、券商集合理财产品、信托产品、保险产品和银行理财产品等。据统计，仅就银行理财产品的信贷类和组合管理产品这两类影子银行产品而言，2010年前10个月投放规模的保守估计量和乐观估计量分别为2.38万亿元和4.26万亿元，分别约占计划新增投放信贷规模7.5万亿元的32%和57%，这对央行货币政策目标的制定和实现会产生重要影响。我们也要看到，目前我国的这些产品与国际上的影子银行体系概念有所不同，基本上处于受监管状态，只是存在监管分散、缺乏统一协调的问题，尚待从系统性风险视角来改善对影子银行产品进行宏观监管的效能。

（二）金融市场

金融市场可以根据所交易的金融产品差异进行细分，也可以根据金融产品期限分为货币市场和资本市场两大类，一般地，被视为经济"晴雨表"的资本市场更容易受到关注。

1. 股票市场

（1）股票市场发展现状。以2005年的股权分置改革为起点，我国股票市场发展速度明显加快。截至2011年3月，我国股票市场共有境内上市公司（A、B股）2151家，其中B股上市公司108家。总市值由2005年的3.2万亿元猛增至2010年的26.54万亿元，大约增长了8.3倍；流通市值已达19.3万亿元，比2001年和2005年增加13.1倍和17.9倍；投资者开户数也达到1.87亿户。

表8-13 股票市值与GDP比率

年份	GDP（亿元）	市价总值（亿元）	流通市值（亿元）	总市值/GDP（%）	流通/GDP（%）
2001	95933	43522.19	14463.16	45.37	15.08
2002	102398	38329.12	12484.55	37.43	12.19
2003	116694	42457.72	13178.52	36.38	8.56
2004	159587	37055.57	11688.64	23.22	5.78
2005	183957	32430.28	10630.51	17.63	11.94
2006	209407	89403.89	25003.64	42.69	37.74
2007	246619	327140.89	93064.35	132.65	15.04
2008	300670	121366.44	45213.9	40.37	45.10
2009	335353	243939.12	151258.65	72.74	65.50
2010	397983	265422.59	193110.41	66.69	48.52

资料来源：中国证监会，国家统计局.2009年中国金融年鉴。

从表8-13所反映的股票市值与GDP的发展变化情况来看，2005年后股票市场发展开始加速，股票市值在2007年达到峰值，而后在2008年受金融危机影响降至峰值的37%，在最近两年一直处于恢复期。股权分置改革后5年间，上海和深圳两个交易所也取得了显著发展。上交所日均交易量由2005年的86亿元猛增至2010年的1420亿元，增幅更高达17倍。深交所先后推出了中小板和创业板，上市公司增加到1150多家。值得一提的是，2009年在深圳证券市场IPO家数居全球第一位，2010年上半年，深圳证券市场IPO家数和融资额均位居全球资本市场首位。国际金融危机后的2009年和2010年，沪深两市筹资总额分别达4609.5亿元和10275.2亿元，其中A股首次发行筹资分别为1879亿元和4882.6亿元，A股通过公开或定向增发、配股、权证行权再筹资分别为2015.5亿元和4072.4亿元。由此可见，在遭受金融危机严重冲击的全球证券市场中，沪深两市的筹资能力表现相当优异。

（2）股票（证券）市场结构变化。整体上，在进一步发展和整合主板市场和中小企业板块的同时，随着2009年创业板的启航，我国多层次的资本市场体系初步形成。这有助于改善企业的融资结构，也有助于满足投资者的多样化投资需求。从证券市场的供给和需求方面看，其主要特征表现为以下四个方面。

首先，上市公司的结构体现出动态优化的过程。2006年以来，伴随着新一轮牛市的风起云涌，国有大型企业的上市加快，一系列国内各行业中的佼佼者纷纷登陆国内主板市场，成为国内外机构投资者青睐的投资对象。这些大型国企的上市，为国内证券市场提供了业绩稳定优异的蓝筹股群体，强化了市场基础。

截至2010年11月，在2026家上市公司中，各行业在总市值的构成中占比由高到低如下：制造业（35.42%）、金融和保险业（25.44%）、采掘业（15.65%）、交通运输和仓储业（4.39%）、信息技术业（3.74%）、房地产业（3.57%）、批发和零售业（2.74%）、电力煤炭和水生产与供应业（2.69%）、建筑业（2.17%）、社会服务业（1.45%）、综合类（1.36%）、农林牧渔业（0.9%），以及传播与文化产业（0.47%）。

其次，发行规模的区域分布。2010年前11个月，证券发行总规模由高到低的区域分布是华北（27767.87亿元）、华东（6004.77亿元）、华南（3062.63亿元）、华中（1466.81亿元）、西南（1342.22亿元）、西北（1188.21亿元）、东北（984.48亿元）。图8-7显示出各区域发行规模的比重信息。细分到省和直辖市的话，发行额最高的是北京，达到全国总发行额的62.66%。广东省和上海市以很大差距位列其后，分别为2294.87亿元和2084.51亿元。发行额最少的5个省中，西北就占了三席，分别是宁夏回族自治区（33.75亿元）、青海省（81.70亿元）和甘肃省（119.28亿元）。

再次，证券市场的品种结构得到改善。证券市场中各券种的市值和成交额在近10年的变化如表8-14所示。不论从市值还是成交额的角度，股票在证券市场中一直处于主导地位，但2005年后其他证券的市值增长达到18.8倍，超过了股票市值增长速度。从各年累计成交额来看，股票和基金都因2008年金融危机而减少，债券成交量则在2006年之后呈逐年上升趋势。

第八章 中国金融体系结构调整与改革

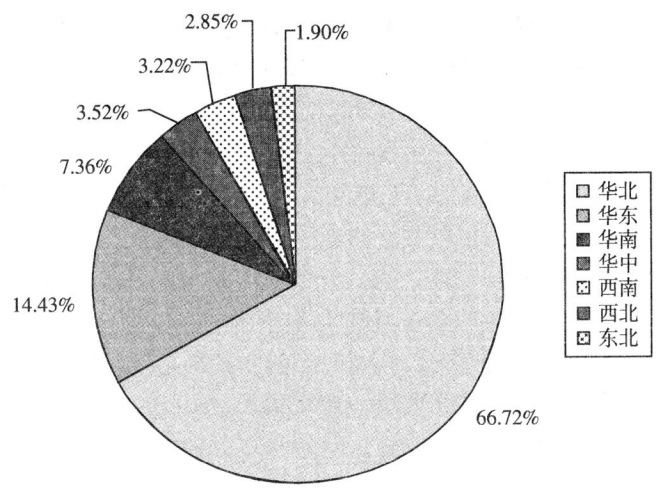

图 8-7　2010 年证券发行规模地区分布

注：数据截至 2010 年 11 月。
资料来源：Wind 资讯。

表 8-14　证券市场证券市值和券种交易构成

单位：亿元

年份	股票总市值	其他证券规模	A股累计成交额	B股累计成交额	基金累计成交额	债券累计成交额
2001	43522.20	21679.13	33242.04	5063.14	2561.87	20417.75
2002	38329.13	29691.45	27142.04	848.41	1166.61	33275.53
2003	42457.71	41060.17	31269.97	845.3	682.64	62136.13
2004	37209.23	54291.07	41576.2	757.76	480.53	50323.49
2005	32430.15	75151.18	31099.38	565.4	773.13	28367.87
2006	89403.52	93541.35	89217.09	1251.8	2002.65	18279.35
2007	327140.02	145479.99	454771.3	5784.95	8620.09	20667.25
2008	121366.44	163154.29	265890.42	1222.23	5831.04	28601.47
2009	243939.12	197405.76	533889.40	2097.37	10340.02	40181.67
2010	265422.59	226914.78	543465.92	2167.63	8996.44	72066.23

注：其他证券包括：基金、债券与期货。
资料来源：Wind 资讯。

随着股指期货的推出，资本市场已经形成了现货市场和期货市场并存的市场层次结构，以及股票、债券、基金、权证等多元化并存的市场品种结构。这不仅为投资者提供了多样化的投资工具，同时也为金融现货产品和衍生产品的发展创新打下基础。

最后，证券市场中机构投资者力量继续上升。我国以证券投资基金为代表的机构投资者迅速成长，尤其是 2006~2007 年，各类机构投资者争相入市，目前已经形成包括基金、券商、三类企业（国有企业、国有资产控股企业和上市公司）、社保基金、保险资金、QFII等各类机构投资者多元并存，竞相发展的格局。截至2010年年底，机构投资者持股市值占比已经达到41%。

（3）股票市场结构存在的问题。

其一，实质性多层次市场结构仍然存在缺陷。创业板市场的设立为中小型创业企业提供了公开发股上市的重要通道，是完善中国多层次资本市场的重要步骤。但现行的创业板在发行审核程序、监管规则和市场交易规则等方面，仍然基本沿用了主板市场的基础性制度架构，并没有出现太大突破。从本质上讲，创业板市场仍是以A股为基础的交易所集中竞价市场的组成部分，还没有成为交易规则具有实质性差异的另类股票发行上市交易的市场。与海外成熟的资本市场相比，其在基础性制度方面仍然需要进一步完善。

其二，新股发行制度过于行政化。一级市场新股发行制度过于行政化，以及不尽合理的申购机制，是我国股票市场上新股溢价上市的重要原因。在我国总体储蓄仍然不断攀升的格局下，只要一级市场的无风险收益继续存在，大量资金参与新股发行的局面就很难在短期内改变。而新股发行的总量控制，仅仅依靠内部分配结构的调整不能满足广大中小投资者的申购愿望，而且容易导致二级市场的市盈率偏高，给二级市场投资者带来更大风险，并导致市场投机行为过多以博取价格波动利得。

其三，市场化约束机制不健全，市场供求难以合理平衡。在国外成熟市场，当市场低迷时，资本约束会发生作用，市场主体通常会根据市场运行变化来自行调整发行规模和节奏。但我国资本市场是一个"新兴加转轨"的市场，市场化约束机制尚不健全。企业融资的愿望仍然强烈，很多公司希望发行上市。另外，市场对新股的投资意愿也很强烈，不断有大量的资金追逐新股。因此，合理平衡市场供求关系和有序调节融资节奏，将继续成为我国股票市场发展完善的政策出发点。

其四，上市公司质量与治理有待提高。上市公司是资本市场的基石。由于最初绝大多数上市公司是由国有企业剥离优质资产组成的，我国资本市场中的上市公司具有国有股占多数的特殊股权结构，而许多民营背景的上市公司又多脱胎于传统家族企业。因此，受体制性、机制性因素和惯性思维等多方面的制约，上市公司造假、大股东挪用上市公司资金、治理不规范、违规信息披露等行为时有发生，这些仍是目前困扰资本市场健康发展的一个突出问题。

其五，市场短期行为普遍存在。虽然机构投资者力量在增长，但我国个人投资者数量巨大，且风险识别和承受能力较差，容易靠所谓的"内部消息"来被动"跟风"。而市场中机构投资者仍在成长初期，相互竞争压力大，也缺乏长期性的投资策略，短期投机行为增大了市场的波动性。甚至有些市场机构投资者操纵股票的交易价格和交易量，制造内幕交易与各种假象，误导其他投资者盲目跟风。

追涨杀跌,使市场失去公平与公正,不仅破坏了证券市场的良性运行,也给社会增加了不稳定因素。

其六,内幕交易问题不断出现。内幕交易是我国证券市场监管面临的一个难题。作为"新兴加转轨"的市场,由于制度不健全、市场主体法制意识淡薄、利益驱动强、形式隐蔽,以及信息传递和决策链条长等因素,导致我国证券市场主体对内幕交易的违法和违纪后果重视不够,有的甚至成为隐性贿赂的方式。另外,一些投资者投机意识相对较重,经常主动打探内幕信息,也导致了不健康股市文化的形成,客观上又加重了内幕交易造成的影响。

其七,证券市场产品结构与种类需要丰富。从欧美等金融市场看,金融创新过度与监管不力是这次金融危机的一个直接诱因。危机之后,欧美发达国家都在进行金融改革和制度修正,试图在保护市场发展、增强市场活力与强化市场监管、降低系统风险之间寻求平衡。就中国这样的直接融资还不发达的新兴市场整体而言,面对的主要问题仍是创新能力相对不足、缺乏核心竞争力和持续发展能力。我国的资本市场还需要不断探索以市场为导向的创新机制,稳步发展符合经济发展内在需要的产品和服务,增强创新活动对经济发展的支持力度。

2. 债券市场

(1)债券市场结构现状。目前我国债券市场体系包括银行间市场、交易所市场和柜台市场。其中,银行间市场在债券市场结构中占据绝对主导地位。

截至2010年11月末,中央国债登记结算公司最新统计数据显示,中国债券市场11月末本币债券托管量为20.18万亿元,托管债券2305只,总市值20.23万亿元。其中,银行间债市托管金额18.89万亿元,交易所债市托管金额0.28万亿元,柜台市场托管金额0.17万亿元,其他托管金额0.83万亿元。从图8-8可看出,银行间债券市场在债券总托管量中占比高达93.61%;交易所市场的债券

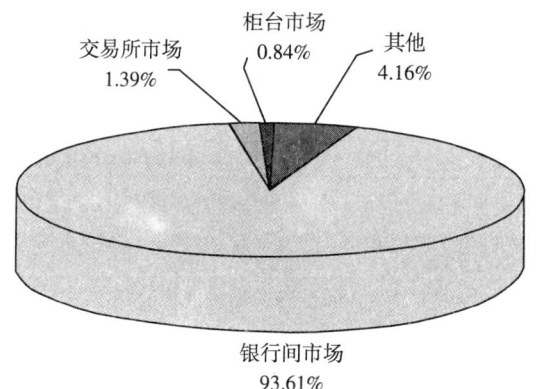

图8-8 中国债券市场债券托管量占比

注:数据截至2010年11月。
资料来源:中央国债登记结算公司。

托管量仅占 1.39%，柜台市场托管的债券占 0.84%，其他方式托管的债券占 4.16%。

表 8-15 是 2009 年末各个债券种类托管量在各市场的分布，银行间市场集中主要券种的绝大部分债券。图 8-9 呈现的是银行间债券组成发展趋势看，央行票据、金融债券、短期融资券、资产支持证券、中期票据和次级债等近年来出现的新券种，均在银行间市场交易，而且增长迅速。

表 8-15　2010 年末债券各市场分券种托管量

单位：亿元

	银行间	交易所	柜台	其他	合计
政府债券	61573.06	1977.09	1712.84	1365.31	66628.3
央行票据	37099.72	0	0	3809.11	40908.83
金融债券	56889.94	0	0	2466	59355.94
企业债券	12897.42	901.41	4.03	708.24	14511.1
短期融资券	6530.35	0	0	0	6530.35
资产支持证券	169.89	0	0	12.42	182.31
中期票据	13536	0	0	0	13536
集合债券	55.12	0	0	0	55.12
外国债券	40	0	0	0	40
合计	188791.5	2878.5	1716.87	8361.08	201748

资料来源：中央国债登记结算公司。

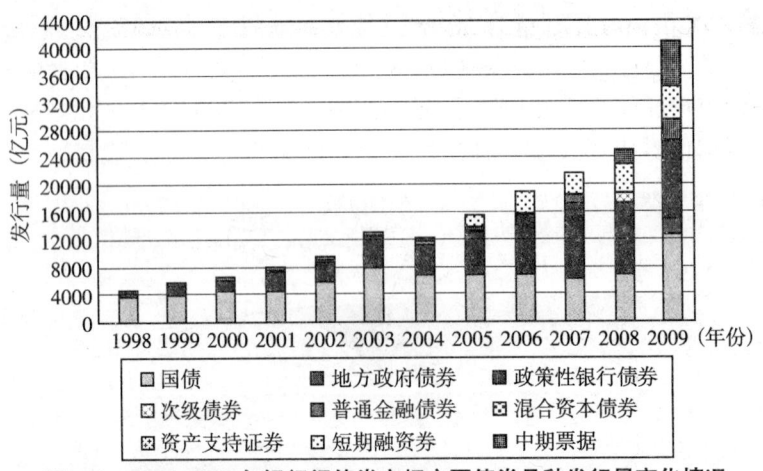

图 8-9　1998~2009 年银行间债券市场主要债券品种发行量变化情况

资料来源：中央国债登记结算公司。

交易所市场和柜台市场券种单一的状况没有发生大的改变。其中，交易所市场的券种以政府债券和非金融企业债务融资工具为主，2010 年分别为 1977.09 亿元和 901.41 亿元；柜台市场的情况类似，分别有 1712.84 亿元政府债券和近 4 亿元企业债券在这里交易。

2009年11月，中国银行间市场交易商协会《银行间债券市场中小非金融企业集合票据业务指引》的发布和首批中小非金融企业集合票据的推出，标志着非金融类中小企业的直接债务融资取得了进展。这是破解中小企业融资难题的一次有效探索。通过精心的制度设计，这项制度既缓解了中小型单一企业发债规模小、信用等级低、价格高、流动性差的问题，又为投资者提供了较为有效的保护机制。

（2）债券市场体系存在的主要问题。

①非金融类企业债券发展滞后。目前我国非金融企业在国内债券市场的融资并不顺利，企业债券市场与经济发展的规模相比较小，这种数量结构与国外成熟市场有明显差距。原因主要有以下三个方面：首先，市场监管部门对企业债券发行主体实行严格限制，因而发债主体以大型国有企业为主，而在间接融资上处于不利局面的民营企业在发行企业债券方面受到进一步制约。其次，我国企业债券市场上发行的大部分债券本质上类似于中央政府机构债券和地方政府的市政债券，这被称为企业债券在发行上的"非企业化"现象。受我国现有相关政策的影响，目前企业债券市场的发行主体大多集中分布在交通、能源等垄断性较高的基础性行业。另外，就企业债券本身而言，债券期限过短，能够在二级市场流通的时间过短，造成短期内大量兑付需要，从而弱化了投资者的交易动机，也不利于债券的转手流通。而且，企业债券在二级市场的表现不仅无法与股票市场相比，在换手率等方面也不如其他债券品种。最后，市场监管分别涉及发改委、证监会和人民银行等部门，这在一定程度上也造成了低效率行政影响，多头或重叠监管并不利于企业债券整体市场的长远发展。

②场外市场参与主体类别过于狭小。债券市场包括场内和场外两种市场形态。发达国家债券市场的特点是，尽管市场形态分为场内和场外，而且后者规模更大，但并不禁止特定发行人和投资群体的进入。场外市场交易为主的发展模式是债券市场发展的国际经验。但我国的场外债券市场的主体——银行间债券市场（实质上也是一种场内市场），最初是由人民银行组建并且主要为商业银行和非银行金融机构间进行债券交易服务的，商业银行机构至今仍然是这一市场的投资主体。债券发行人最初仅包括政府、中央银行和金融机构，后来才逐渐增加非金融企业债券融资工具。

③场内市场出现萎缩趋势。尽管从世界范围来看交易所市场不是债券市场的主要组成部分，但由于我国拥有广大的债券投资群体，在非金融企业和个人投资者被限制进入银行间债券市场的情况下，交易所市场就成为社会投资者进行债券投资的一个设施和机制均相对完备的交易场所。图8-10揭示了我国交易所市场发展的实际情况。从中可以看出，就绝对量而言，近年来我国交易所市场的债券

存管量和交易量出现了萎缩的趋势。主要原因还在于体制性问题。首先,金融债、央行票据、多种企业债务融资工具不在交易所市场发行和上市,限制了交易所市场券种和债券存量的增加,投资者缺少足够的可投资债券。其次,债券交易的交易量主要来自大宗交易,而商业银行等大宗交易主体不进入交易所市场,极大地限制了交易所市场的活跃程度。再次,自1997年商业银行退出交易所市场后,交易所和银行间债券市场形成相对分割的局面,导致我国债券市场缺乏统一互联和监管。最后,多头监管、发行、上市审核相分离,也使得交易所债券市场缺乏统一的发展规划。

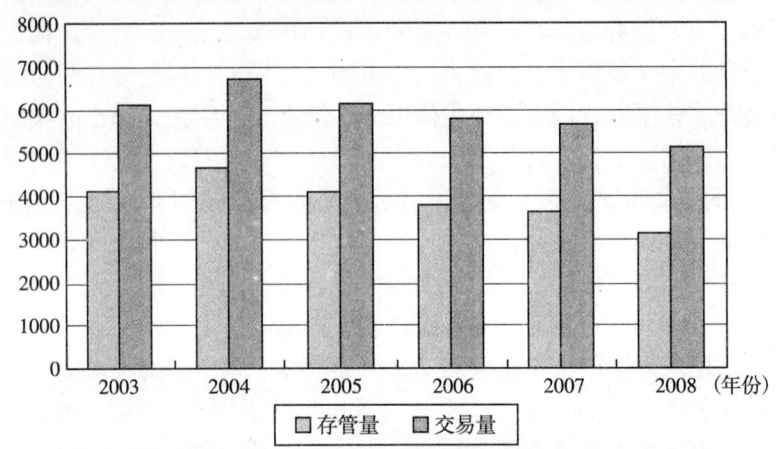

图 8-10 交易所债券市场的债券存管量和交易量
资料来源:中国证券登记结算公司,上海证券交易所,深圳证券交易所。

④债券市场分割,跨市场交易效率偏低。我国债券市场中跨市场发行和交易的国债和企业债券数量逐渐增加,为投资者提供了跨市场交易的机会。由于银行间市场、交易所市场和柜台市场受到不同部门的监管,采用的是不同的交易机制,投资者群体也有很大差异,因此同一证券在不同市场间很可能出现价格差异。这为债券投资者进行跨市场套利提供了机会。但由于银行间市场和交易所市场分别采用不同的托管和结算系统,使得债券的跨市场交易效率受到严重影响。

3. 货币市场

我国对货币市场的定义是,到期期限在1年以内的短期资金市场。这是基于我国货币市场与资本市场金融工具在期限上的区别而定的。在金融实践中,各国对货币市场的界定会根据金融产品发展的实际状况而有所不同。美国的货币市场包括短期国债、商业票据、大额可转让存单以及货币市场基金等货币市场工具的发行和流通市场。英国通常将货币市场定义为拆借期限为1~7天、3个月或1年内的借贷活动市场。加拿大对货币市场定义则更为宽泛,其货币市场还包括3年以内到期的所有联邦政府债券和联邦政府担保偿还的债券市场。

（1）我国货币市场发展概况。近年来我国货币市场在规模和结构上都取得了很大提升。从规模上讲，货币市场交易量从1998年的1.56万亿元上升到2009年前三季度的135.48万亿元。我国货币市场的相对规模（交易量与GDP比值）已经增长了34倍（见图8-11）。

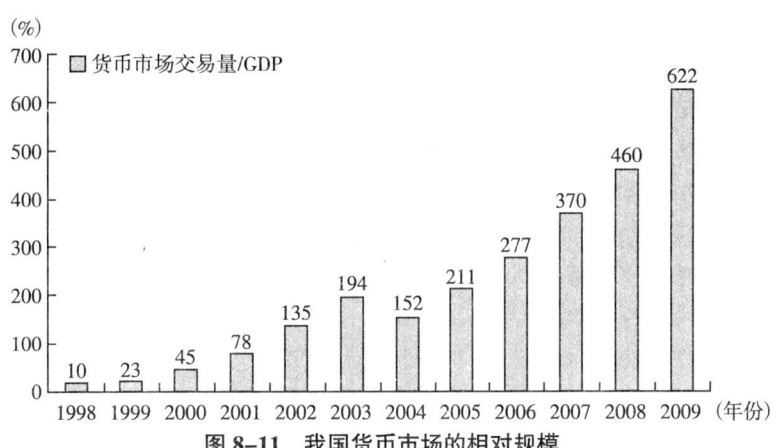

图8-11 我国货币市场的相对规模

注：2009年数据截至第三季度。
资料来源：中国经济信息网（http://www.cei.gov.cn）统计数据库。

从结构的角度看，货币市场各子市场的格局在近10年发生了显著的变化。1998年银行间债券市场和票据市场规模相当，交易量均占我国货币市场的47%，而同业拆借市场占比是6%。到2009年第三季度，银行间债券市场已经成为我国货币市场最重要的子市场，交易量占比达到71%，票据市场规模相对减少，交易量占比降为19%，同业拆借市场占比为10%。银行交易商市场的不断壮大为央行的公开市场业务提供了市场基础，成为货币政策传导的重要载体。在同业拆借市场上，基于银行间同业拆借市场形成的基准利率SHIBOR，作为货币市场基准利率的地位得到不断发展和巩固，推进了利率市场化建设。

（2）回购协议市场和同业拆借市场。货币市场回购交易量平稳增长，拆借交易大幅增加。2010年前三季度，银行间市场回购累计成交65万亿元，日均成交3458亿元，日均成交同比增长22.4%；拆借累计成交20.3万亿元，日均成交1077亿元，日均成交同比增长48.4%。从期限结构看，市场交易短期化趋势较为明显，回购和拆借隔夜品种的交易份额分别为80.0%和87.7%，分别比上年同期上升3.0个和4.9个百分点。交易所市场国债回购累计成交4.5万亿元，日均成交同比增长82.6%。

表8-16显示了货币市场融资结构动态变化。从2007年至2010年第三季度，

国有商业银行一直是银行间债券回购市场的资金净融出方。其他商业银行除2009年以外都充当着资金净融入方，商业银行的资金充裕与当年我国"一揽子"经济刺激计划有直接关系。而其他金融机构和外资金融机构在银行间债券回购市场则一直是资金净融入方。另外，在同业拆借市场上，国有商业银行则经历了从资金净融入方（2007、2008）向净融出方（2009、2010）的变化，而且净融出呈增长趋势，而其他商业银行则经历了正好相反的变化。其他金融机构和外资金融机构在同业拆借市场仍一直是资金净融入方。

表8-16 2007~2010年金融机构回购和同业拆借市场资金净融出入情况

单位：亿元

金融机构	回购市场				同业拆借			
	2007年	2008年	2009年	2010年	2007年	2008年	2009年	2010年
国有商业银行	-132639	-136684	-254127	-182021	11031	24597	-17539	-22842
其他商业银行	9899	12690	-8636	70866	-28619	-35809	4367	6791
其他金融机构	88364	92373	232790	84319	10868	2540	7030	13313
证券及基金公司	15175	33836	94468	57981	7670	2916	1739	2274
保险公司	31055	26538	40327	10414	—	—	—	—
外资金融机构	34376	31621	29973	26835	6720	8672	6142	2738

注：本表其他金融机构包括政策性银行、农信社联社、财务公司、信托投资公司、保险公司、证券公司、基金公司及其他机构。负号表示净融出，正号表示净融入。2010年的数据截至第三季度。

资料来源：中国人民银行。

这些变化说明了宏观政策调整过程中具有结构性效应。在适度宽松的流动性格局下，2010年第三季度的市场融资结构呈现以下特点：一是国有商业银行同业净拆出资金规模大幅增加。随着国际金融危机对我国金融市场的影响逐步减弱，银行间市场信用拆借交易日趋活跃，2010年前三季度国有商业银行同业净拆出资金规模同比增长35.4%。二是其他商业银行由上年同期净融出转为净融入。受加强资产负债管理以及资产持续扩张较快等多因素影响，前三季度其他商业银行净融入资金为7.8万亿元，同比增加8.0万亿元。三是非银行金融机构的资金需求明显减少。受国内股票市场波动加剧以及各方面不确定因素增多等影响，非银行金融机构的交易行为趋于谨慎，融资需求同比下降较多，证券及基金公司、保险公司前三季度净融入资金同比分别下降23.4%和67.5%，保险公司资金需求下降与其保费收入增长较快也有很大关系。

（3）票据市场。从表8-17可以看出，近年来我国票据业务发展迅速，市场规模不断壮大，具体呈现以下特点：一是商业汇票成为企业重要的信用工具和短期直接融资方式。二是票据业务已成为商业银行资产匹配、主动性负债管理工具。在我国，票据承兑属于贷款业务，票据融资余额也被央行纳入了信贷规模控制范围，因此，银行可以通过调整票据业务来调整贷款总量和结构。三是金融机构对央行资金依赖明显减少，再贴现工具基本淡出了票据市场。

表8-17 2000~2010年我国票据市场发展情况

单位：亿元

年份	贴现		商业汇票		再贴现	
	累计发生额	期末余额	累计发生额	期末余额	累计发生额	期末余额
2000	7442	3675	6447	1535	2667	1256
2001	12843	5111	15548	2795	2778	655
2002	13914	6950	19597	4909	246	8
2003	27797	12776	45394	8168	1057	766
2004	34177	14840	47058	10247	227	33
2005	44481	19574	67508	13837	25	2
2006	54263	22075	84918	15327	40	18
2007	58700	24363	101100	10913	138	57.43
2008	71000	32000	135000	19000	109.7	—
2009	78000	43000	181000	28000	101.7	87.7
2010	260000	15000	122000	56000	1712	—

资料来源：各期《中国金融年鉴》和《中国货币政策执行报告》。

（4）货币市场存在的问题。

①货币市场交易主体有限。货币市场交易主体较为集中。虽然我国货币市场的参与主体在不断丰富，但从交易量和债券持有的份额上看，市场交易仍然集中在少数商业银行尤其是国有商业银行。由于银行间债券市场中交易和债券持有主要集中于少数大型机构，而且机构投资者存在买卖行为趋同的情况，导致我国货币市场缺乏应有的弹性和缓冲空间，主要商业银行会对货币市场具有较大影响力，不利于市场竞争。货币市场专业中介机构数量也不足。随着参与主体多元化、投资需求多样化，原有的交易模式和信息收集模式已经不能满足参与者的需求，而市场上专门从事信息服务的专业机构（如货币经纪公司）数量不足。目前，大部分国内金融机构对市场上不多的如货币经纪公司一类的专业机构的认可程度也不高。

②货币市场的交易品种少。货币市场信用工具品种单一。我国货币市场信用工具虽然在品种和结构上有较大发展，但相比于成熟市场，产品工具种类较少，发展层次较低，与市场参与者的需求结构不对称。在债券市场中，企业债、公司债等以企业商业信用为基础的债券品种相对缺乏。尽管近年推出了短期融资券和中期票据等新品种，但以商业信用为基础的债券发行量仅占总发行量的18.23%。票据市场的业务发展主要依赖银行信用支撑，银行承兑汇票发行量占票据总发行量的95%以上，商业承兑汇票由于资金回收率低、风险性大，难以被交易对手接

受，在票据市场上处于被排斥的地位。单一的银行承兑汇票格局，既不利于商业银行规避票据风险，引导企业扩大票据融资，也不利于票据市场的发展和深化。现有的货币市场工具的流动性也相对较差。

③货币市场运行机制不畅。各子市场发展不平衡，且彼此缺乏联系。在发达市场经济中，货币市场基本上是由各子市场组成的多层次市场体系，而且每个子市场专门经营一种类型的货币市场工具，并为各自的市场主体提供服务；各子市场规模相当，并且均衡而协调地发展。由于我国货币市场发展时间短，除同业拆借市场、回购市场和票据市场以外的大部分市场都处于相对滞后状态，而且每个子市场的二级市场都不发达。各子市场多围绕其一级市场形成一个个相对独立的、基本封闭的市场，资金在各子市场间难以自由流动，形不成一个统一的货币市场体系。市场也缺乏作为统一定价基准的利率机制，目前的SHIBOR机制还不健全，作用很有限。

4. 基金市场

中国基金业从1998年开始起步，经过了12年的发展，证券投资基金在中国经济、金融生活中的地位不断上升。

表8-18 2010年基金概况

基金类型	基金家数	数量占比(%)	份额合计(亿份)	份额占比(%)	资产净值(亿元)	占净值比(%)
股票型	391	46.94	12401.64	51.03	11809.81	50.00
配置型	170	20.41	6602.89	27.17	6565.21	27.79
债券型	121	14.53	1341.61	5.52	1423.47	6.03
现金型	49	5.88	1181.32	4.86	1181.32	5.00
保本型	18	2.16	423.24	1.74	490.32	2.08
封闭式	61	7.32	1410.30	5.80	1526.38	6.46
QDII基金	44	5.28	940.29	3.87	735.68	3.11

资料来源：Wind资讯。

(1) 证券投资基金行业发展状况。近年来，中国证券投资基金行业不断发展壮大。表8-18说明了2010年度各类型基金的情况，截至2010年末，全国基金管理公司61家（其中合资公司33家），管理证券投资基金833只（其中封闭式61只，开放式基金772只），基金规模达24302亿份；基金资产总净值为23622亿元。

图8-12呈现的是2010年度各类型基金净值在整个基金业总净值的比重。股票型基金仍是主要基金类型，但其主导地位较2009年同期（62%）降低了约12个百分点。现金型基金（货币型基金）、配置型基金以及保本型基金较上年同期的比重只略有变化（不足1%）。

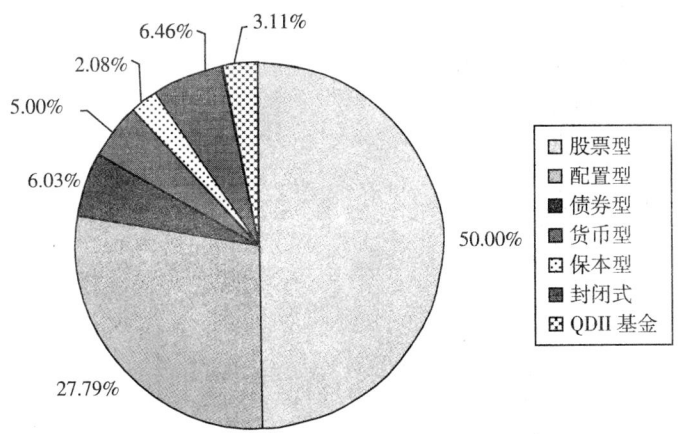

图 8-12 2010 年度各类型基金净值占比

资料来源：Wind 资讯。

（2）基金市场深度。近年来，我国基金市场的深度在不断扩大。

①基金净值规模与 GDP 的比例。中国基金资产净值与国民总收入比率在近 10 年间总体呈上升趋势（见图 8-13）。2000~2005 年，这个比率处于平缓逐渐上升的状态。在 2006 年，由于股权分置改革等利好的作用，基金业开始发展较快。2007 年资本市场更是蓬勃发展，使得该比率达到峰值 12.73%。而 2008 年金融危机的加剧导致该比率骤降至 6.17%。进入 2009 年，在宏观经济逐渐回暖、股票市场持续反弹的机遇下，基金行业资产管理规模重回 2 万亿元，该比率也有所回升。截至 2010 年末，各类型基金的总净值相对 GDP 比例又下降至 6.27%。可以预计，未来随着中国经济的持续稳定增长，基金市场作为财富管理的重要手段，其规模将会进一步扩张。

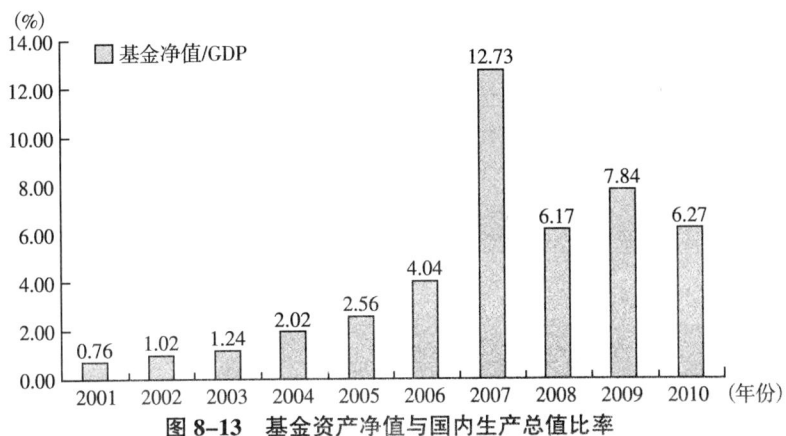

图 8-13 基金资产净值与国内生产总值比率

资料来源：Wind 资讯。

②基金实际持股与股票市值的比例。由于混合型基金（配置型基金）有9成以上都投资于股票，所以我们将股票型基金和混合型基金的资产净值加总来计算基金实际持有股票的市值。

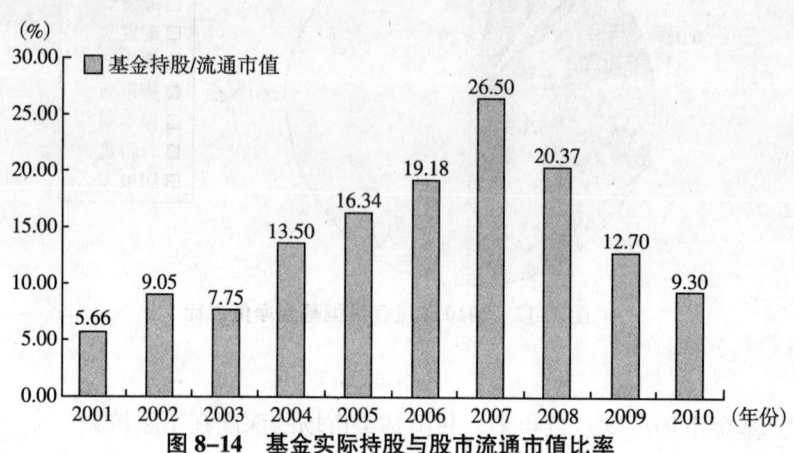

图 8-14　基金实际持股与股市流通市值比率

资料来源：Wind 资讯。

从图 8-14 可以看到，证券投资基金资产净值占股市流通市值的比率在 10 年间也呈上升趋势。比率的峰值（26.5%）出现在 2007 年，而 2008 年受到全球金融危机和大小非解禁的影响，比值下滑到 20.37%，到 2010 年年末该比值进一步下降为 9.39%。

③基金资产配置。基金的资产配置情况（见表 8-19）是考察基金对金融结构影响的重要方面。2003~2010 年，基金的资产配置并不均衡，基金主要将资产配置在股票和债券。其中，2005 年债券的配置甚至超过了股票，但股权分置改革之后（除了 2008 年，总资产的 46.16%）股票一直是基金最主要的配置品种。

表 8-19　2003~2010 年基金资产配置情况

单位：亿元

年份	股票	债券	基金	权证	现金	其他资产	资产净值	资产总值
2003	1020.71	151.83	—	—	24.70	—	1563.71	1563.71
2004	1596.75	1411.23	—	—	177.41	196.11	3111.92	3381.77
2005	1737.10	2164.33	—	0.15	633.34	321.40	4518.52	4856.10
2006	4796.26	1630.95	—	33.42	674.55	243.94	8538.67	8909.87
2007	24661.46	3431.82	192.28	84.24	3597.66	1254.79	32755.90	33228.40
2008	9208.19	7042.77	73.50	2.36	2544.05	803.17	19388.67	19947.53
2009	19345.39	2975.44	180.21	2.44	2678.72	1354.46	26760.80	27371.09
2010	18128.46	3184.61	324.89	0.03	1918.33	1021.27	25194.49	25706.22

资料来源：Wind 资讯。

2010年，基金在股票上的资产配置达到基金资产总值的70.52%，较上年有所降低；债券在基金总资产的占比达到12.39%，较上年增加了1.52个百分点；现金、基金及其他资产的占比达到7.46%、3.97%和1.26%，分别较上年增加了2.32个、0.6个和1个百分点。

（3）基金市场存在的问题。

①基金公司分化有所减轻，"马太效应"仍然明显。基金行业一直存在"马太效应"，即赢者通吃或一步领先，步步领先。如截至2010年第三季度，基金份额规模前10名的基金公司有9家分别位列资产净值排名和总利润排名的前10名（华夏、博时、易方达、嘉实、广发、南方、大成、华安、银华）。从规模的角度看，我们可以将基金份额分为以下几个区间：100亿份以下、100亿~200亿份、200亿~500亿份、500亿~1000亿份、1000亿份以上。在这些区间上，基金公司的数量分布如图8-15所示。

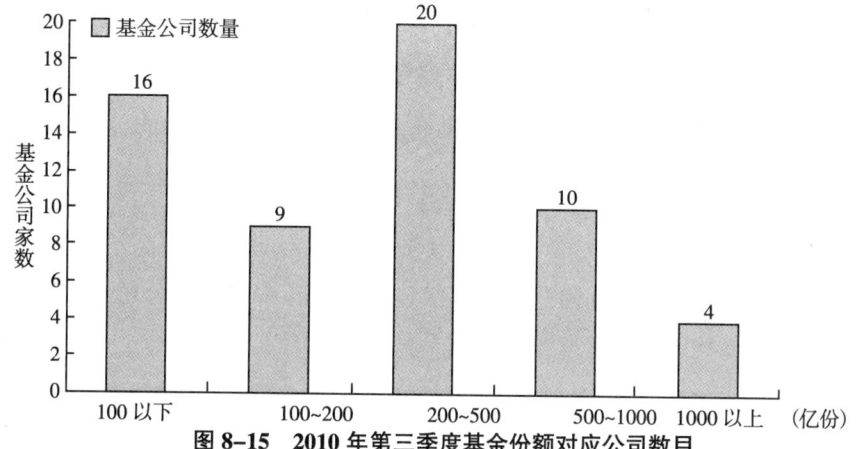

图8-15　2010年第三季度基金份额对应公司数目

资料来源：证券时报网，http://fund.stcn.com。

基金公司的数量在近两年基本没有变化，但从图8-15我们发现，分布在100亿份以下和200亿~500亿份两个区间的公司数目较2009年第三季度分别增加了1家和5家公司，而其他三个区间分别减少了2家、2家和3家公司。这些变化说明，中等规模的基金发展加快，基金业的竞争有所增强。表8-20反映了按基金公司资产净值排名的公司资产规模分布情况。其中，前10大公司管理资产规模占全行业资产管理总规模的近一半，反映出我国基金市场的集中度与欧美国家相当。后20家的公司资产净值约占总净值规模的6.33%，较2009年5%的水平有所上升。但总的来看，目前我国基金业已形成资产规模相对集中，"马太效应"虽有所减弱，但仍明显存在，而且竞争需要进一步加强。

表 8-20　2010 年第三季度基金净值百分比分布

	前 10 名	前 20 名	前 30 名	后 20 名	后 10 名
占资产净值的比重	49.63%	71.54%	87.10%	6.33%	1.63%

资料来源：证券时报网，http://fund.stcn.com。

②基金持有者以散户为主，资金来源具有较高流动性和不稳定性。中国基金持有者以个人投资者为主。最近 3 年中，个人投资者在账户总数及有效账户总数的比例均达到 99%以上，个人投资者是绝对主力，而机构投资者账户占比较低，其有效账户不到开户数总额的 1%。这种投资者的结构决定了中国开放式基金的资金来源具有高流动性和不稳定性，不利于为基金管理人实施投资提供持续性保障，基金也被迫过多追逐短期行为。这与国际发达市场有很大的差距。

③开放式基金公司具有同质性，加大了市场波动风险。对证券投资基金持仓比例与股票指数涨跌幅度进行相关性分析，说明了中国证券投资基金对股市的影响程度。在我国，股票型基金的仓位常常和大盘指数的走势高度一致，两者的相关系数为正且较大。这说明基金的市场行为加大了股市的波动性，不仅难以起到稳定股市的作用，反而可能产生了推波助澜和降低风险抵御能力的负作用。

5. 保险市场

（1）保险市场的主体。截至 2009 年末，全国共有保险机构 120 家。其中，保险集团公司 8 家，财产险公司 47 家，人身险公司 56 家，再保险公司 9 家，保险资产管理公司 10 家。从保险公司资本结构属性看，中资保险公司 64 家，外资保险公司 48 家。其中，中资产险公司 3 家，中资寿险公司 30 家，中资再保险公司 3 家；外资产险公司 16 家，外资寿险公司 26 家，外资再保险公司 6 家。2009 年新增保险公司 10 家。全国共有省级（一级）分公司 1172 家，比 2008 年增加 232 家。中支及中支以下营业性机构 62653 家。全国共有专业保险中介机构 2445 家，比 2008 年增加 114 家。其中保险代理机构 1822 家，保险经纪机构 350 家，保险公估机构 273 家。

（2）各类市场主体资产分布。从各类机构的资产规模角度来看，2009 年末，全国保险公司总资产共计 33418.44 亿元，比年初增加 4414.52 亿元。其中，产险公司总资产 4687.03 亿元，寿险公司总资产 27138.05 亿元，再保险公司总资产 994.45 亿元，资产管理公司总资产 68.46 亿元。各类机构的资产分布如图 8-16 所示。

从资产的增量变化看，2009 年资产增加速度由快到慢的依次是，产险公司（20.78%）、资产管理公司（17.36%）、寿险公司（16.73%）、再保险公司（13.36%）。

截至 2010 年末，全国保险公司总资产共计 50481 亿元，比年初增加 9846.25

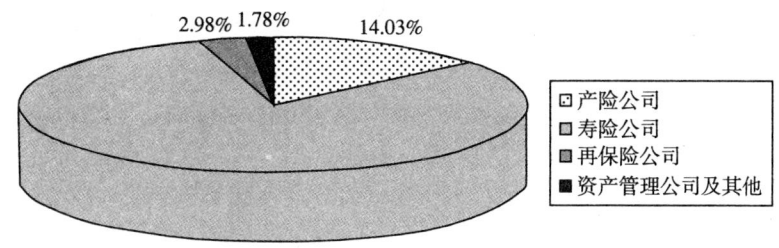

图 8-16 2009 年末各类保险机构资产分布
资料来源:《2009 年中国金融年鉴》。

亿元,是 2002 年的 8 倍多,2005 年的 3 倍多,资本金超过 4000 亿元,是 2002 年的 12 倍。

(3)保险资金运用结构。从保险资金运用来看,截至 2009 年末,保险资金运用余额 30552.77 亿元,较年初增长了 14.34%。其中,银行存款 8087.55 亿元,占资金运用余额的 26.47%;债券 17684.17 亿元,占比 57.88%;证券投资基金 1646.46 亿元,占比 5.39%;股票(股权)2425.36 亿元,占比 7.94%;投资性房地产 86.55 亿元,占比 0.28%。从增量变化的角度来看,以上保险资金运用领域在 2009 年增加速度由快到慢的依次是:债券(50.47%)、投资性房地产(24.91%)、银行存款(24.11%)、证券投资基金(-34.93%)、股票(-48.57%)。

2009 年保险资金的运用主要受到我国宏观政策和其他金融市场发展的影响。例如,在 2009 年的产险中,农业保险在国家政策支持下同比增长了 110%,健康险同比增长了 160%。相比之下,车险虽然仍占 1/3 强,但增势趋缓,占比较 2008 年下降了 1.54%。面对全球金融危机中货币市场和资本市场的急剧变化,多数寿险公司降低了投资型产品的投资规模,使得寿险产品结构进一步优化。同时,中小寿险公司的良好发展也使得市场集中度进一步下降,市场竞争性也得到了明显增强。

表 8-21 2010 年 9 月末主要保险资金运用余额及占比情况

	余额(亿元)		占资产比重(%)	
	2010 年 9 月末	2009 年 9 月末	2010 年 9 月末	2009 年 9 月末
资产总额	47995	37880	100.00	100.00
其中:银行存款	13070	10058	27.2	26.6
投资	31253	24232	65.1	64.0

资料来源:中国保险监督管理委员会。

2010 年前三季度,保险业累计实现保费收入 1.1 万亿元,已超过 2009 年全年,同比增长 32.0%。保险业总资产也保持较快增长势头,2010 年 9 月末,保险业总资产达 4.8 万亿元，同比增长 26.7%。表 8-21 反映的是 9 月末保险资金运用情况，投资类资产和银行存款增长速度呈"一升一降"的特点，投资类资产增长 29.0%，增幅同比上升 17.4 个百分点；银行存款增长 29.9%，增幅同比下降 13.0 个百分点。

2010 年，低利率、高通胀导致的负利率对以保险资金为代表的稳健型投资者构成严峻挑战，但我国保险业还是取得了不错的成绩。截至 2010 年末，保险资金运用余额达到 4.7 万亿元，近 6 年保险业年均投资收益率超过了 5%。

（4）区域保险市场。从地区存量市场规模来看，我国保险市场具有区域发展不平衡的明显特征。截至 2009 年末，东部地区保险市场规模超过中西部地区之和，东部 16 省市原保险保费收入 5749.76 亿元，占全国原保险总保费的 58.77%；而中部 8 八省市原保险保费收入 2287.46 亿元，占比 23.38%；西部 18 省市原保险保费收入 1731.89 亿元，占比 17.7%。从区域保费增速来看，中部地区发展最快，增速达到 53.82%，高于西部地区的 45.17% 和东部地区的 32.44%。这说明三大区域的保险市场发展有追赶聚敛的趋势。

从各省保险收入规模来看，全年保费收入过百亿的省已达 28 个，比 2009 年增加了 4 个。其中，广东省（不含深圳）实现保费收入 884.16 亿元，江苏省以 775.41 亿元紧随其后，上海、北京、山东、河南、四川、浙江、河北、辽宁、湖北、湖南十省保费收入超过 300 亿元，依次居第 3 位至第 12 位；除甘肃、宁波、贵州、厦门、宁夏、海南、青海和西藏外，其他省市保费收入均超过 100 亿元。从各省保费收入的增长速度来看，最快的地区增长了 63.71%，最低的不足 17%。

五、我国金融体系结构的调整与优化

从以上对我国金融体系结构的总体状况及其主要构成部分的发展变化来看，近年来随着我国经济的快速增长和社会主义市场经济体制改革的继续深化，金融体系的各种资产规模大幅增长，经济货币化与金融深化的程度在不断增加，市场化机制明显增强。这不仅表现在直接融资的金融市场发展较快，多元化、多层次的市场体系逐步建立完善，而且占主导地位的各银行金融机构本身受到市场纪律的约束也愈益强化，金融体系的风险管理水平与创新竞争能力稳步提高，金融服务实体经济的综合能力与效率显著提升。然而，当前我国金融体系仍然存在多种结构性弱点或缺陷，需要进一步调整和优化。

总体而言，一是尽管金融市场有所发展，但银行融资占绝对主导的模式尚未发生根本性变化，金融风险相对集中于银行系统。二是银行系统的结构不合理，全国性银行机构所占的存贷款市场份额一直明显偏高，而主要为中小企业服务的地方中小银行金融机构数量过少，所占的市场份额相对较小。更为严重的是，有些农村地区的金融需求几乎完全被正规的银行金融体系排斥在外。三是金融市场总体发展滞后,创新能力较弱,不同市场之间发展不协调,企业债券市场规模偏小,具有实质性差别的多层次股票市场体系尚不完善。四是在传统的正规金融体系之外,由民间资本主导的非正规金融(也可称为草根金融或民间金融)也有迅速发展,但监管部门对此类内生性的市场化金融机制不仅缺乏规范引导,而且予以严厉约束甚至打击,使其常游走于规则许可边缘或灰色地带,成为交易成本较为高昂的地下金融活动,最终阻碍了金融体系结构依据市场发展变化的适应性调整。五是金融体系的分业监管结构面临挑战。国际金融危机并未改变全球金融业综合化经营的竞争格局,我国一些金融机构也在尝试转向综合化经营模式,原来垂直集中的、相对严格的分业经营、分业监管结构出现了不适应性,监管真空和重复监管并存,而且与地方金融发展的客观需求状况也存在脱节问题。

导致上述金融体系结构性问题的原因是多方面的,既有历史条件的路径依赖与经济发展阶段的客观约束,也有转轨过程中体制机制方面的不健全。其中,主要原因有这么几个方面。

首先,政府对金融命脉实行严格控制,强化了全国性大银行,特别是几家国有大银行天然的垄断地位,也决定了我国现有金融体系的基本结构。其次,金融体系在转轨时期延续了其与国有企业之间的历史联系,承担了支持国有企业改革的主要任务,其自身的改革发展始终未能脱离这一框架。即使在市场纪律约束日益强化的情况下,金融体系仍然偏好将资源过多地配置到国有企业或各级政府主导的项目领域。最后,政府及金融监管部门对金融稳定的过度追求抑制了地方中小金融和金融市场的发育创新。一些农信社、城信社等地方中小金融机构的经营管理能力偏弱,倒闭破产的风险较大,可能给地方金融、经济与社会稳定带来严重影响;有些地方个别金融机构或市场局部出现危机事件,更增加了金融管理部门对金融稳定的顾虑;尽管我国市场化的金融产品发展非常不足,但国际金融危机则从外部加剧了各界对衍生金融产品的普遍担忧。这些因素导致了相当严厉的金融约束政策,在一定程度上可以说是为了满足短期的安全性而牺牲了长期的战略性发展。例如,对民间资本采取非常严格的市场准入,对金融业务创新采取严格审批,甚至不惜关闭某些市场等。另外,宏观政策调整也对金融体系的结构状况有明显影响。例如,在国际金融危机的前后阶段,先是为应对金融危机冲击采取超宽松的银行信贷刺激政策,有利于强化银行间接融资的结构;后来为应对通货膨胀采取偏紧的政策,又导致了为规避信贷规模约束的影子银行体系迅速成长。

国际金融危机以来,各国金融体系受到了深刻的冲击与影响。通过对危机的反思,一些主要国家开始实施大规模的金融立法与监管改革。在立法层面达成共识的基础上,金融监管部门再进一步研究细化各种规则制度,这必将导致其金融体系结构的调整。在积极跟踪和把握全球金融变革的大趋势下,我国更应结合本国经济与金融发展的阶段和结构特征，抓住战略性机遇，稳步推进金融体制的改革深化，积极引导和促进金融体系结构的调整与优化，使其能够更加有效地实现资源配置、管理风险并适应国际竞争。

在"十二五"期间，做好我国金融结构的调整与优化应把握以下原则：一是金融业在总量规模上保持适度增长，服务于实体经济，而不应脱离实体经济发展的客观需求形成金融经济的自我繁荣。二是坚持市场化改革的基本方向，进一步完善市场运行的制度与基础设施，包括建设利率与汇率等核心金融参数的市场化形成机制，促进市场内生性金融服务供给的培育发展。三是形成多元、多层、适度分散的金融资源布局，既避免金融机构的高度同质化与风险的过度集中，更有利于提供差别化的金融服务，而且可以较好地发挥地方管理与发展金融业的积极性与地方优势。四是金融体系结构要有利于协调市场基础与宏观调控，在经济发展的不同阶段，金融机构与金融市场在贯彻市场原则的同时，能够对国家发展战略、产业政策、财政货币政策等作出适度的反应，与实体经济良性互动。五是继续拓展金融业对外开放的深度与广度，大型金融机构要具有较强的国际竞争力，主要市场也要具有与国家经济规模相称的国际影响力，金融体系能对"走出去"战略提供更为强劲的支持。

为此，在"十二五"期间，宜从以下方面推进我国金融结构的调整与优化：

1. 继续改革和完善市场制度，场内和场外市场多层次协调发展，显著提高直接融资比重

加快建设一个高效、健全的多层次资本市场体系，不断推进我国资本市场发展的广度和深度，扩大直接融资规模与比重，是资本市场监管部门和各级市场参与者未来发展所面临的迫切任务和挑战。我国多层次资本市场的建设真正起步是从2004年中小板开始，2006年1月开始试点"新三板"，2009年推出创业板市场。多层次资本市场在落实自主创新国家战略，促进经济发展方式转变方面的作用已经初步显现。但是，与广大创新型、成长型中小企业的现实需求相比，与当前加快实施自主创新国家战略、转变经济发展方式的要求相比，多层次资本市场的建设还刚起步，其规模还很有限，其实质性功能亟须完善。加快发展中小板和创业板，为更多的创业企业、中小企业融资服务，有利于中国经济结构转型和生产方式转变。未来要加大场外市场的建设力度，场外市场是多层次资本市场的重要组成部分，有助于拓展资本市场的发展空间，深化资本市场对非上市中小企业的服务。可以通过加快发展"新三板"市场，为众多中小创业企业融资服务并积累监管经验研究探索挂牌备案制度、投资者准入制度、交易制度等创新措施，稳步构建投资监管下的统一性场外市场。

2. 重点加快建设统一、开放的债券市场

债券市场作为资本市场的重要组成部分，对于拓展各类企业的直接融资渠道、优化财务结构具有重要作用,应与股票市场协调发展。借鉴国际经验,中国债券市场发展的基本目标应该是建立"统一高效、分层有序、相互补充、协调发展"的较为完善的多层次债券市场体系。根据我国的特点,可以坚持以银行间债券市场为主体、交易所市场为补充的市场发展取向,积极引导和推动市场创新,完善清算结算、信用评级等市场基础设施建设和监管框架,建立信用风险、流动性风险、利率风险的定价机制与风控机制,完善地方政府融资渠道。同时,在债券市场发展的过程中积极防范金融风险,包括完善衍生工具的定价机制,针对目前市场投资需求和风险偏好同质化的倾向,逐步实现发债主体和机构投资者的多元化,进一步加大非金融企业的债券市场融资比重,以避免风险过度集中。要适当探索开放地方政府与机构发行适合我国特点的市政债券市场。适当创新适合于中小企业融资的债券品种,未来要在中小企业公司债和中小企业集合债的基础上,进一步优化公司债券市场发展的制度安排,积极支持中小企业利用债券市场筹集资金。还应引入合格的国际发行人发行人民币计价债券,同时可面向国内投资者发行外币债券。在推进国内债券市场发展的同时,积极参与亚洲债券市场的各项发展进程,将亚洲债券市场与货币、汇率政策协调相结合,在债券市场开放过程中注重维护金融稳定,使中国债券市场成为亚洲金融市场的核心力量。另外,应该尽快改变我国债券市场目前存在的"五龙治水"局面,建立全国统一的市场监管规则,尽快改变核准发行制度,实施发行备案制,消除监管部门在核准债券发行中的寻租行为和发行人利用监管竞争的套利行为。要贯彻落实《证券法》的相关规定,清除各种非市场化的进入障碍,对债券发行人达到法定资格条件的应允许其在市场发行债券融资。

3. 积极稳妥推进期货与金融衍生品等市场创新,规范发展私募基金市场

大力加强市场基础设施建设,加快金融产品创新,鼓励上市公司发行优先股、附权股证等新型证券,适时推出转融通机制以完善融资融券制度,改善机构投资者收益—风险结构,推动证券公司、基金公司等资产管理机构的产品创新。逐步完善信用风险缓释工具管理,有效管理市场风险。探索发展股票期货和期权及其他证券衍生品交易,完善市场避险机制。大力发展机构投资者,促进基金业良性成长,优化市场的投资者结构,增加市场流动性和促进价格发现。从金融监管环境、金融政策环境、金融信用环境、金融中介服务环境、金融开放环境、金融安全环境等各方面不断进行完善,为股权投资基金提供良好的发展空间。如适当放开金融机构包括商业银行、保险公司、养老金等支持投资私募股权基金的政策限制。鼓励商业银行开展PE托管业务、并购贷款业务,并以信托方式合法投资于股权投资基金,鼓励证券公司、保险公司、信托公司、财务公司等依法投资或设立股权投资基金和直接投资公司。支持企业年金、社保基金按照有关规定投资合法注册的股权投资基金。出台鼓励政策培育基金管理机构。

4. 在保持金融相对稳定的条件下，适度放宽地方性中小金融机构的市场准入，加快推进主要服务于中小企业的地方性中小银行金融机构的设立

有效发挥地方积极性，进一步充实地方基层金融监管力量，形成中央金融监管部门、地方政府、自律组织、中介机构等共同参与的地方金融监管体系，强化对地方局部金融风险的管理与处置能力。在此前提下，积极引导和规范民间资本进入金融业，充分发挥市场内生性的金融服务供给能力，为数量众多的中小企业提供服务。面对规模庞大且日益增长的中小企业金融服务需求，加快发展地方中小型银行金融机构的时机已经成熟。由于地方中小型金融机构可以充分发挥自身低成本掌握本地企业各种"软"信息的优势，其市场定位与经营特色十分适合中小企业的融资需求。当前要放松对民间资本的市场准入，鼓励因地制宜地大量设立多种形式的地方中小银行业金融机构（包括参与农信社等现有机构的改革），也可以使得民间金融走向"阳光化"。只有通过金融组织体系的创新构造，设立一大批主要定位于中小企业融资服务的中小型银行金融机构，合理地细分市场，真正确立中小企业信用在金融体系中的地位，才是解决我国小企业融资难问题的长效机制。

5. 继续按照分类指导的原则，合理规划政策性金融机构的布局，优化行业和领域配置，推进政策性金融体系的发展完善

有效区分不同金融业务类型，可以避免同质化风险，改善金融结构的效率，更有利于维护金融稳定。我国经济社会发展仍然存在大量的瓶颈领域和战略性项目需求，未来城市化进程中的大量社会领域的融资、公共基础设施建设、保障性住房建设、中小企业金融服务、"三农"领域的发展、支持产业（包括金融业自身）"走出去"竞争、地方信用以及应对大量各种灾害等许多方面，资金需求规模非常庞大，仍然需要设立适当的专业型政策性金融机构来有效解决融资问题，很难将其全部交给市场机制来选择。

6. 完善监管体制结构，提升监管效能

"十二五"规划纲要已经明确提出，要积极稳妥推进金融业综合经营试点，这既是面对未来全球金融竞争的需要，也是适合我国经济与金融发展阶段的客观要求。一方面，经过本轮国际金融危机，全球金融业在综合经营方面出现了一些新的变化，如提高监管的标准和覆盖范围，适当突出核心业务，限制影子银行等。但是，世界范围内金融业综合经营的基本趋势并没有改变。另一方面，随着我国经济的发展以及社会财富的增加，社会金融需求日益多元化，由简单的"存贷汇"需求向综合金融服务需求转变。就居民来看，随着家庭财富的积累，金融需求的层次发生显著变化，不再仅仅局限于存款和借记卡、信用卡等传统服务，资产管理已经成为高端客户的重要需求。就企业来看，在成长的每一阶段，需要有各种不同层次的金融市场提供支持，金融需求的种类也随着企业成长显著增加。这既包括商业银行，也包括保险、证券等其他金融市场。目前以"一行三会"为基本格局的分业监管结构，面对金融综合化经营的发展趋势，不适应的问题逐步暴露。未来在建设较为完整的多层次金融市场体系的基础上，应进一步调整和优化监管结构，终结对不同市场的人为分割状况，鼓励跨市场、跨机构的金融产品创新，加速不同金融市场的融合。在现有的专业化机构监管架构下，根据市场的发展和功能化监管的要求，合理划分监管职能，形成适度集中、分工协作的监管局面，避免监管真空与重复监管的并存，提升监管效能。尽快完善立法，加强对金融控股公司的综合经营全过程监督与全面风险管理。

（执笔：董裕平　姚　云）

参考文献

[1] Allen. F. Gale, D.Comparing Financial Systems. Cambridge: MIT Press, 2000.

[2] Allen, F., Santomero, A.M.. What do Financial Intermediaries do. Journal of Banking and Finance, 2001 (25): 271-94.

[3] Asli Demirguc-Kunt, Ross Levine. Bank-based and Market-based financial systems: Cross-country comparison, World Bank, 1999.

[4] Bencivenga V. R.. Some Consequences of Credit Rationing in an Endogenous Growth Model. Economic Dynamic Control, 1993, 17 (1): 97-122.

[5] Black, Stanley, Mathias Moersch. Financial Structure, Investment and Economic Growth in OECD Countries, New York: North Holland Press, 1998: 157-74.

[6] Boot A. W., Thakor A. V. Can relationship banking survive competition Finance, 2000, 55 (3): 679-713.

[7] Boot A. W. Thakor A. V. Financial System Architecture. Review of Financial Studies, 1997 (10): 693-733.

[8] Boyd, J., Prescott, E. Financial intermediary-coalitions. Journal of Economic Theory, 1986 (38): 211-232.

[9] Diamond, Douglas W. Financial Intermediation and Delegated Monitoring. Review of Economic Studies, 1984, 51 (3): 393-414.

[10] Gerard Caprio, Patrick Honohan, Joseph E. Stiglitz, eds. Financial Liberalization: How Far, How Fast. Cambridge University Press, 2001.

[11] Goldsmith Raymond W. Financial Structure and Development. Yale University Press, 1969.

[12] Hellman, Thomas, Kevin Murdock, Joseph E. Stiglitz. Deposit mobilization through financial restraint. Financial Development and Economic Growth: Theory and Experiences from Developing Countries, 1996.

[13] Holmstrom, B. and J. Tirole. Market Liquidity and Performance Monitoring. Journal of Political Economy, 1993, 101 (4): 678-709.

[14] Karolyi, G. A., R. M. Stulz. Are Financial Assets Priced Locally or Globally? prepared for the Handbook of the Economics of Finance, George Constaninides. North-Holland, 2002.

[15] La Porta R. F., Lopez-de-Silanes, A. Shleifer, R.W. Vishny. Legal Determinant of External Finance. Journal of Finance, 1997, 52(3): 1131-1150.

[16] La Porta, Rafael, Florencio Lopez-de-Silanes, Andrei Shleifer, Robert Vishny. Jounal of Pditical Economy, 1998(106): 1113-1155.

[17] La Porta, R., Lopez de Silanes, F., Shleifer, A., & Vishny, R. W. Corporate ownership around the world. Journal of Finance, 54(2): 471-519.

[18] La Porta R. F. Investor Protection and Corporate Governance. Journal of Financial Economics, 2000(58): 2-27.

[19] Mckinnon, Ronald I. Money and Capital in Economic Development. Washington, D.C.: The Brookings Institution, 1973.

[20] Rajan, R. G. Insiders and outsiders: the choice between informed and arm.s length debt. Journal of Finance, 1992(50): 1421-1460.

[21] Rajan R. G. Financial Systems, Industrial Structure and Growth. University of Chicago, 1999: 131-135.

[22] Schmidt, R.H., Hackethal, A., Tyrell, M. Disintermediation and the Role of Banks in Europe: An International Comparison. Journal of Financial Intermediation, 1999, 8: 36-67.

[23] Shaw, Edward S. Financial Deepening in Economic Development. New York: Oxford University Press, 1973.

[24] Shleifer A., Vishny R.W. A Survey of Corporate Governance. Journal of Finance, American Finance Association, 1997, 52(2): 737-783.

[25] Smith. B.D., Boyd J.H.. The evolution of debt and equity markets in economic development. Springer, 1998, 12(3): 519-560.

[26] Veronika Dolar and Césaire Meh. Financial Structure and Economic Growth: A Non-Technical Survey. Bank of Canada-Working Paper, 2002, 12: 1-30.

[27] 陈雨露, 马勇. 金融体系结构与金融危机. 金融评论, 2009(1): 3-14.

[28] 董裕平. 金融: 契约、结构与发展. 中国金融出版社, 2003.

[29] 林毅夫, 章奇, 刘明兴. 金融结构与经济增长: 以制造业为例. 世界经济, 2003(1): 3-21.

[30] 林毅夫, 姜烨. 发展战略、经济结构与银行业结构: 来自中国的经验. 管理世界, 2006(1): 29-41.

[31] 林毅夫, 姜烨. 经济结构、银行业结构与经济发展——基于分省面板数据的实证分析. 金融研究, 2006(1): 7-22.

[32] 林毅夫, 孙希芳, 姜烨. 经济发展中的最优金融结构理论初探. 经济研究, 2009(8): 4-17.

第九章 我国经济所有制结构调整问题

一、导言

经过始于1998年开始的"抓大放小"国有企业改革和乡镇企业改制,进入21世纪初之时,中国经济就已经成为典型的"混合经济形态"。一方面,国民经济中国有及集体企业数量、规模以及产出方面迅速下降,而非公有制经济则快速上升,以公有制为主体,多种所有制经济共同发展的格局已经形成;另一方面,微观企业中,混合所有制企业快速成长,股份有限公司成为重要的企业组织形式。以规模以上工业企业为例,到2000年各类企业数量为124861个,虽然国有及国有控股企业仍占73%,但比1998年减少21152个,占全部减少企业的90%;在2000年规模以上工业企业134290.5亿元的总资产中,国有及国有控股企业占62.56%,比1998年下降5.86%,集体企业下降3.13%,而股份公司(混合所有制企业)则上升了9.32%;从产出结构看,2000年规模以上工业企业增加值为26523.86亿元,其中国有及国有控股企业占51.94%,比1998年下降6.33个百分点,集体企业下降5.79个百分点,而股份有限公司则上升了10.5个百分点(见表9-1)。从社会贡献看,2000年全社会固定资产投资32917.73亿元,其中,包括个体、联营、股份制经济、外资及港澳台经济在内的非公有制经济占35.28%,

表9-1 1998年和2000年规模以上工业企业基本情况

单位:%

企业类型	企业单位数		工业增加值		资产	
	1998年	2000年	1998年	2000年	1998年	2000年
国有及国有控股企业	43.62	42.84	58.28	51.94	68.42	62.56
集体企业	32.17	30.31	17.37	11.58	10.30	7.17
股份有限公司	6.39	4.07	3.01	13.51	1.80	11.12
外商投资企业	7.22	9.57	10.49	12.07	10.00	10.31
港澳台商投资企业	10.60	13.21	10.85	10.89	9.48	8.84
合计	100	100	100	100	100	100

资料来源:《中国统计年鉴》(1999、2001)。

超过集体经济20.69个百分点，相当于国有经济固定资产投资的70.36%。

通过"抓大放小"等一系列国有企业改革措施的实施，到2000年国有企业3年脱困的目标基本实现，更重要的是拉开了战略性调整国有经济布局的序幕。根据1999年十五届四中全会确定的国有企业改革包括从战略上调整国有经济布局，就要将所有制结构调整与产业结构的优化升级相结合，要坚持有进有退，有所为有所不为，解决国有经济分布过宽，整体素质不高，资源配置不尽合理的状况。具体就是将国有经济集中到"涉及国家安全的行业，自然垄断的行业，提供重要公共产品和服务的行业，以及支柱产业和高新技术产业中的重要骨干企业"（俗称"国退民进"）。2003年，国有经济战略性布局调整基本结束。据统计，2003年中央企业在一般竞争性领域的资产下降到13.1%，而在涉及"关系到国民经济命脉和国家安全的重要行业和关键领域"则占有较大的比重，这部分企业的资产占全部中央企业资产总额的70.5%（《中国国有资产监督管理年鉴》2004）。根据中共十六大（2002）的部署和总体安排，继续调整国有经济的布局和结构与改革国有资产管理体制，成为深化经济体制改革的重大任务。随后在国务院和地方政府分别成立了代表国家行使国有资产出资人职责的国有资产监督和管理委员会。

国有经济战略布局调整的基本完成与国资委的成立，意味着"国退民进"时代基本结束，进入以提高国有企业经营绩效和促进非公有制经济快速发展为核心的进入所有制结构的"优化"调整阶段。为什么说从此进入了"优化"调整阶段呢？主要是因为：

（1）国有经济战略性布局调整的基本完成，国有企业数量减少的同时，资产质量不断提高，竞争能力不断增强，经济效益迅速好转的局面已经初步形成，为以提高质量为核心的国有企业改革奠定了基础。根据李荣融的报告，国有及国有控股企业，1998年是23.8万户，到2003年是15万户，减少了40%；职工人数，1998年是7804万人，2003年是4311万人，减少了40%；实现利润，1998年是214亿元，2003年是4951亿元，增加了22倍；企业资产总额，1998年是14.9万亿元，2003年是19.7万亿元，增长了35%；国有企业净资产，1998年是5.2万亿元，2003年是8.4万亿元，增长了60%；2003年国有资产收益率是5.9%。

（2）对国有企业改革的指导方针逐渐由宏观战略布局调整转向微观的国有企业监管体制和现代企业制度建设等。根据《企业国有资产监督管理暂行条例》的规定，国资委的主要工作包括：①推进国有资产合理流动和优化配置，推动国有经济布局和结构的调整；②保持和提高关系国民经济命脉和国家安全领域国有经济的控制力和竞争力，提高国有经济的整体素质；③探索有效的企业国有资产经营体制和方式，加强企业国有资产监督管理工作，促进企业国有资产保值增值，防止企业国有资产流失；④指导和促进国有及国有控股企业建立现代企业制度，完善法人治理结构，推进管理现代化；⑤尊重、维护国有及国有控股企业经营自主权，依法维护企业合法权益，促进企业依法经营管理，增强企业竞争力；⑥指导和协调解决国有及国有控股企业改革与发展中的困难和问题。2003年党的十六届三中全会进一步将深化国有企业改革明确为"完善国有资产管理体制"。由此可见，深化国有企业改革的工作重心在2003年以后已经由国有经济战略布局调整转向提高国有经济质量。

（3）国有经济的比重下降幅度太大，引起人们的担心。国有经济快速下降并不是国有企业改革的初衷，国有企业改革是试图通过"抓大放小"等方法实现战略布局调整，最终是以提高国有经济竞争力并优化资源配置为目的的。只是简单地强调国有企业规模的下降并不能真正提高国有经济质量，因此，在战略调整到一定阶段后，国有经济改革就会向优化、提高的方向转移。此外，国有经济下降速度过快，在国民经济中占比过低无疑会使社会主义性质受到质疑，而随着国有经济整体状况的好转，国有企业改革跨入新阶段就成为必然。2001年底，国有净资产总量比1995年增长91.4%，但国有经济对经济总量（GDP）的贡献率则逐步降低，从1978年占56%降至1997年的42%，到2003年再降为30%多。虽然2003年以来，"国退民进"时代基本结束，中国经济步入以"优化国有经济布局和结构"为核心的阶段，但是，国有经济在国民经济中的比重仍然处于下降的趋势之中。据全国工商联的推算，在GDP中，国有经济的比重从1993年的47%下降到目前的20%。另外，在工业总产值中，国有经济的比重从1998年的49.6%下降到2009年的26.7%；在城镇就业中，国有经济部门的比重从1995年的59%下降到2009年的20.5%；在税收中，国有经济部门的比重从1995年的59.7%下降到2008年的17.9%。

（4）之所以说所有制结构进入"优化"调整阶段，还在于政策明确提出要促进非公有制经济发展，这就意味着所有制调整朝着更为全面有序的方向发展。2003年党的十六届三中全会明确提出了经济体制改革的主要任务之一就是"完善公有制为主体、多种所有制经济共同发展的基本经济制度，建设统一开放竞争有序的现代市场体系"，"要进一步巩固和发展公有制经济，鼓励、支持和引导非公有制经济发展"。这是因为，个体、私营等非公有制经济是促进我国社会生产力发展的重要力量，而且从增强国有经济的控制力角度讲，如果没有非公有制经济的发展壮大，国有经济的控制力也就无从谈起。为促进非公有制经济发展，建设公平合理的市场竞争秩序，2005年出台了国内第一个促进非公经济发展的系统性政策文件，《国务院鼓励支持非公有制经济发展的若干意见》，俗称"非公经济36条"。

随后，包括个体经济和私营企业在内的民营经济快速成长，企业数量不断增加，资金规模不断扩大（见表9-2）。从企业数量看，2005年底，个体工商户为

2463.89万户，到 2010 年 9 月底达到 3406.54 万户，增加 942.65 万户，5 年年均增长 6.68%。私营企业 2005 年为 430.09 万户，2010 年 9 月达到 818.88 万户，增加 388.79 万户，是 2005 年的 1.9 倍，年均增长 11.66%。从资金规模看，2005 年个体工商户注册资金总额为 5809.5 亿元，户均 2.36 万元，2010 年 9 月达 12700 亿元，户均 3.73 万元，比 2005 年分别增长了 118.61%和 58.05%。私营企业 2005 年底注册资金总计为 6.13 万亿元，户均 142.6 万元，2010 年 9 月达 17.73 万亿元，户均 216.54 万元，比 2005 年分别增长了 189.09%和 51.85%。

表 9-2 "十一五"期间民营经济发展

年份	私营经济			个体经济		
	户数（户）	注册资金（亿元）	户均资金（万元）	户数（户）	注册资金（亿元）	户均资金（万元）
2005	4300916	61331.1	142.6	24638934	5809.5	2.36
2006	4980774	76028.5	152.6	25956066	6468.77	2.49
2007	5513120	93873.1	170.3	27415298	7350.79	2.68
2008	6574171	117356.7	178.5	29173323	9005.97	3.09
2009	7185000	135900	189.14	—	—	—
2010	8188800	177300	216.54	34065400	12700	3.73

资料来源：全国工商联研究室：《中国改革开放 30 年民营经济发展数据》，中华工商联合出版社 2010 年版；2009 年数据来自《2009 年中国民营企业成就非凡》，新华网，2010 年 1 月 25 日；2010 年数据来自《"十一五"期间个私经济创造明显经济效益和社会效益》，中国工商总局网站。

二、所有制结构"优化"阶段的总体趋势

随着所有制结构逐渐转向"优化"调整阶段，出现了一些新的趋势，如国有经济下降趋势放缓，个别企业、行业出现了扩张，国有与非国有经济分工合作更加清晰等。这些趋势引起了各界的关注与质疑。面对各种质疑，只有通过把握所有制结构调整的内在规律，才能厘清思想上的混乱，进一步推进"优化"所有制结构的调整进程。

1. 从某些主要经济指标来看，虽然国有经济的相对比重一直在下降，但下降趋势正在平缓，从趋势上来看，正在趋向于一种相对稳定的状态

随着所有制结构转向"优化"调整阶段，国有经济在国民经济中的下降速度明显放缓，而广义民营经济[①]的扩张也相应放缓，"国退民进"基本结束。具体来看，在工业总产值中，国有经济比重从 1998 年的 49.6%下降到 2009 年的

---

① 民营经济有广义和狭义之分。广义的民营经济指除国有及国有控股企业、三资经济以外的经济组织，狭义的民营经济主要指个体和私营经济，这里除特殊说明外均用狭义概念。

26.7%，但在 2003 年前后出现较大变化。其中，1998~2003 年的大多数年份里国有及国有控股企业的工业总产值每年下降在 3 个百分点以上，而 2003 年以后的大多数年份里每年下降都在 2 个百分点以内。在城镇就业中，国有经济部门的比重从 1998 年的 41.9% 下降到 2009 年的 20.63%，但在 2002 年前后有较大差异。其中，2002 年之前，国有经济在城镇就业中的比重每年都以超过 3 个百分点的速度下降，而其后则下降放缓，2008 年和 2009 年的这一比重分别比上年仅下降 0.55 个和 0.71 个百分点。在税收中，1998 年国有经济占比接近 50%，为 49.5%，到 2008 年这一比重下降到 17.9%，下降幅度较大。同样国有经济税收占比在 2002 年前后发生较大变化。其中，1998~2001 年的 4 年中，平均每年下降 5.4 个

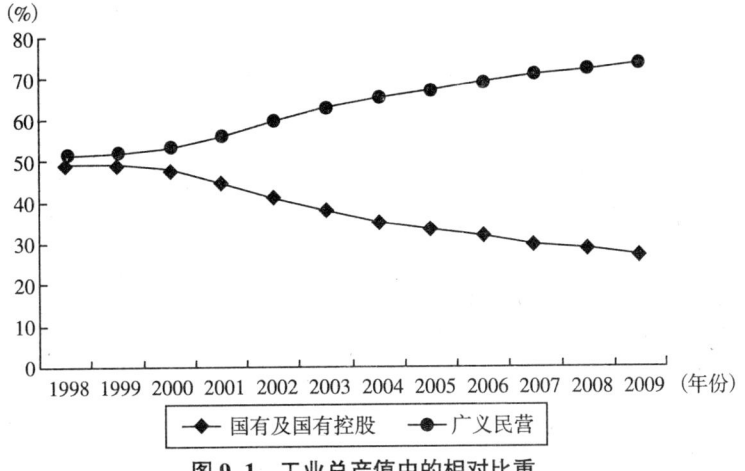

图 9-1 工业总产值中的相对比重

资料来源：《中国统计年鉴 2010》相关数据。

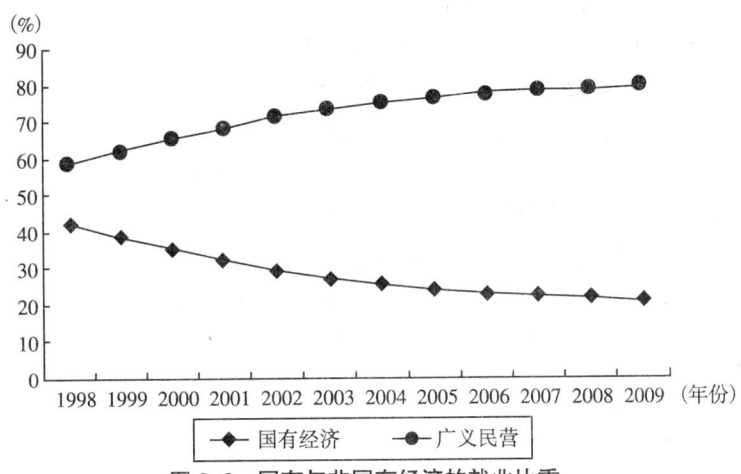

图 9-2 国有与非国有经济的就业比重

资料来源：《中国统计年鉴 2010》相关数据。

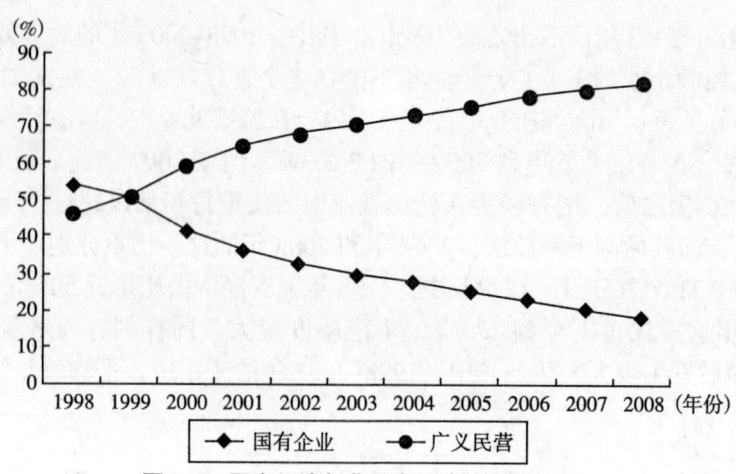

图 9-3　国有经济与非国有经济的税收比重
资料来源：《中国税务年鉴》历年相关数据。

百分点，而 2002 年及其后每年下降都没有超过 3 个百分点。图 9-1 至图 9-3 三个图形展示了近十多年的这些变化趋势。

如图 9-1、图 9-2、图 9-3 所示来看，国有经济似乎呈现一种趋于稳定的状态。不仅如此，个别企业和行业甚至出现了国有经济扩张的现象。"国退民进"的基本结束与国有经济的小范围扩张招引了广泛的关注。自 2004 年以来，就有人批判所谓"国进民退"现象。进入 2009 年以来，在经济学界、舆论界掀起了一股质疑、批评"国进民退"的热浪，认为这种现象是一种改革的倒退（吴敬琏、许小年）。全国"两会"前夕，一篇名为《建议"两会"审议和制止"国进民退"》（胡星斗）的文章似乎是对学界和舆论在 2009 年对"国进民退"质疑观点的汇总和升级。该文称，目前中国"在经济领域出现了大规模的'国进民退'的狂潮，在钢铁、化工、煤炭、民航、公路、电力、金融、房地产等几乎所有的有利可图的领域，民营企业都被挤垮或被强制低价收购"，呼吁"制止'国进民退'，是当前中国人民的首要任务"。但根据国家统计局局长马建堂所提供的数据并不支持"国进民退"的趋势。

对于这些质疑、争论我们应该综合考虑，既要关注所有制结构调整的总体趋势，又要关注一些新的现象，只有综合把握才能切实刻画所有制结构调整的阶段性特征，进而进行评价。综合来看，"国退民进"的趋势并没有改变，但速度明显放缓，"国进民退"只出现在部分行业中的部分企业。由此，我们可以得出结论，即所有制结构调整从量上的变化逐渐进入质的提高的阶段。在这一过程中无论是"国退民进"还是"国进民退"都不应该成为争论的焦点，问题的关键应该是国民经济中资源配置是否得到了优化，社会主义性质是否得到了体现，所有制结构是否进入了一个相对稳定的区间？回答这些问题实质上就是要回答中国国有经济的比重为多大对于国民经济健康、稳定发展才是最优的？显然，这是一个有待进一步深入论证的时代课题。

2. 在国民经济中，公有制经济资产在总量上依然保持着主导地位，且资产质量在提升，与私营和外资及港澳台经济的资产质量没有显著差异

在总资产中，国有企业略高于私营和外资及港澳台经济的总和。民营经济取得了长足发展，资产总额已经与外资及港澳台经济资产总额接近。近十年来，国有经济、民营经济与外资及港澳台经济的资产负债率差距非常小，有些年份，国有经济的资产负债率甚至低于私营与外资及港澳台经济。这说明，国有经济、私营经济以及外资及港澳台经济的资产质量不存在显著差异，证明国有企业改革是成功的。

以规模以上工业企业为例（见表9-3），尽管在总资产中，国有及国有控股企业资产占总资产的比重由1998年的76.66%下降到2009年的50.01%，但依然是所有企业中比重最高的，而且近几年来国有企业下降速度明显放缓。规模以上私营工业企业发展最快，从1998年的1.52%迅速上升到21.14%，但从2007年起上升趋势开始放缓，而2008年上升3个百分点是由于全球性金融危机使外资企业规模下降的结果。外资企业资产占比在1998年以后一直在20%~30%波动，相对而言比较稳定。

表9-3 规模以上工业企业资产变化：1998~2009

单位：%

年 份	资产总额				资产负债率		
	合计（亿元）	国有	私营	外资及港澳台	国有	私营	外资及港澳台
1998	97730.20	76.66	1.52	21.82	47.58	61.16	58.52
1999	105779.82	76.07	2.16	21.76	61.98	59.72	57.73
2000	113602.83	73.95	3.41	22.64	60.99	57.02	57.01
2001	122157.98	71.96	4.83	23.21	59.19	59.77	54.87
2002	129367.98	68.87	6.77	24.36	59.30	59.27	54.38
2003	148305.34	63.73	9.79	26.47	59.24	60.45	55.43
2004	189034.84	58.04	12.55	29.41	56.52	61.24	56.25
2005	212263.2	55.42	14.29	30.30	56.66	59.48	56.69
2006	252776.83	53.47	16.03	30.50	56.24	59.11	56.28
2007	307859.86	51.38	17.31	31.30	56.50	58.38	57.25
2008	376835.97	50.10	20.14	29.76	58.99	56.44	56.03
2009	431395.17	50.01	21.14	28.85	60.30	55.38	56.18

资料来源：根据《中国统计年鉴2010》相关数据计算得到。

国有企业快速下降与私营企业的快速上升是与国有企业改革分不开的，"抓大放小"与乡镇企业改制成就了私营企业的快速发展。同时，国有企业改革的结果是国有企业资产质量与盈利能力上升。从资产质量来看，1998年国有企业的资产负债率最低，仅有47.58%，之后大幅度上升到61.98%，随后逐渐下降并保持在60%附近，2004年再下降到56%左右，近两年来又回升至60%。相比之下，私营和外资及港澳台经济的资产负债率则相对稳定，且低于国有经济。如果不算1998年，国有经济资产负债率平均为63.97%，私营和外资经济则只有58.75%和56.19%。其中，私营经济2007年以前一直稳定在60%，且呈逐渐下降趋势，2007年以后出现大幅度下降。尽管国有、私营、外资和港澳台经济的资产质量有所差异，但从总体上看，1998年以后三者的差异并不是很大，基本属于同一水平。

另外，国有企业盈利能力在1998年以后也呈现快速增长的趋势，2007年达到10795.19亿元，是1998年的20.56倍。近两年受金融危机影响出现下滑，但依然保持在9000亿元以上。从整体上看，国有企业已经摆脱经营困境。2009年，国有、私营、外资及港澳台经济的利润比重分别为31.95%、33.29%和34.77%。从12年平均值看，国有、私营、外资及港澳台经济分别为49.49%、15.23%和35.23%。因此，长期看来，国有经济在利润创造方面依然是主要部门。从企业利润创造的效率来看，国有、私营、外资及港澳台经济的人均利润率和资本盈利率变化与人均产值和资本产出率变化相似。国有、私营、外资及港澳台经济的人均利润都呈现出逐渐上升的趋势，且国有经济人均利润增长速度远高于私营与港澳台经济（见表9-4）。2009年，国有经济人均利润51498.20元，是1998

表9-4 不同所有制企业盈利能力变化

年份	人均利润（元）				资本盈利率（%）			
	总平均	国有	私营	外资及港澳台	总平均	国有	私营	外资及港澳台
1998	2158.52	1401.20	4182.21	5400.10	1.03	0.70	4.52	1.96
1999	4242.58	2939.57	5305.16	9521.00	1.77	1.24	5.31	3.28
2000	9251.09	8040.50	5475.43	15035.64	3.42	2.87	4.90	4.99
2001	9972.23	8928.83	5771.90	15367.21	3.39	2.72	5.30	5.09
2002	11874.96	10863.62	6688.91	17804.69	3.87	2.96	5.60	5.96
2003	16797.10	17736.62	8365.43	22066.47	5.04	4.06	5.92	7.07
2004	20516.85	27635.82	9434.55	22082.03	5.69	4.97	6.03	6.97
2005	23380.76	34774.78	12532.95	21797.87	6.02	5.54	6.99	6.44
2006	28950.03	47036.92	16189.92	25419.29	6.75	6.28	7.88	6.98
2007	36819.23	61934.89	22432.05	31990.02	7.59	6.82	9.48	7.81
2008	35344.14	50518.87	28908.00	31955.36	6.80	4.80	10.94	7.35
2009	40223.05	51498.20	32542.74	41246.03	6.74	4.30	10.61	8.12

资料来源：根据《中国统计年鉴2010》相关数据计算。

年的 36.75 倍，私营经济人均利润的 1.58 倍，外资及港澳台经济利润的 1.25 倍。而 1998 年，国有经济人均利润仅为私营经济人均利润的 33.50%，外资及港澳台经济人均利润的 25.95%。可见，国有经济的人均盈利能力大幅度提高了。不仅如此，国有企业资本盈利率也大幅度提高，由 1998 年仅为 0.70%，上升到 2009 年的 4.30%，增长了 5.14 倍，年均增长 51.18%，大大缩小了与私营经济以及外资经济的差距。

之所以会出现劳动产出高而资本相对产出较低的现象，原因主要在于不同所有制经济的资本有机构成具有明显差异。其中，国有经济的资本有机构成远高于私营、外资及港澳台经济。1998 年，国有经济人均固定资产净额为 6.28 万元，而到 2009 年该指标提高到 50.38 万元，增加了 7 倍多。同期，私营经济人均固定资产净额仅增加了 2 倍，外资及港澳台经济更少，只增加了 0.49 倍。由此可见，以减员增效为主要内容的国有企业改革的结果进一步提高了资本有机构成，效果也逐渐显现，国有企业盈利能力大幅度增强。另外，需要指出的是由于国有企业比私营和外资企业承担更多平复经济波动的功能，因此，在两次经济危机后，国有企业的资产负债率有所上升，资本盈利率则相应下降。这同时可能蕴涵着私营经济的融资环境在经济危机等外来冲击下逐渐恶化，更难以获得金融系统的资金支持。

3. 就创新的主要指标来看，在创新活动上，无论从投入还是从产出看，公有制经济主导的格局没有发生变化，但比重在下降；而非公有制经济则呈上升态势

创新是决定一个企业和一个国家可持续发展的关键因素。由于大中型企业创新的产业化程度高，转化为生产的能力强，因此，在我国创新活动中承担着重要角色。就创新投入而言，主要包括人才和经费的投入。在人员投入方面，尽管公有制经济研发人员占比逐年下降，但在整个国民经济中仍然占据着绝对主导的地位。2001 年，公有制经济研发人员投入占总研发人员的 89.78%，2009 年依然保持着 62% 的份额。从公有制经济的内部结构看，创新投入实现了由国有经济，特别是国有企业主导向混合所有制经济主导的转换。2001 年，国有经济占公有制经济研发人员投入的 59.60%，2009 年下降到 32.03%；混合所有制经济则由 35.87% 上升到 66.76%。这种转换发生在 2003 年，当年国有经济为 47.02%，而混合所有制经济则上升为 48.82%，超过国有经济。在研发经费投入上，公有制经济的主导格局也没有发生变化。2001 年，公有制经济研发投入占 78.67%，随后逐年下降，但到 2009 年也依然保持着 62.39% 的份额。实际上，近年来这一比重一直维持在 62% 以上，且出现了回升趋势。同样，在公有制经济内部，国有经济逐渐让位于混合所有制经济。2001 年，国有企业占公有制经济研发经费投入的 48.02%，而混合所有制经济占到 45.25%，国有经济高出混合所有制经济不到 2.77 个百分点。2002 年，混合所有制经济反超国有经济 1.02 个百分点。2009

年，混合所有制经济研发经费投入占比上升到 65.87%，成为公有制经济中研发经费投入的主导。在非公有制经济中，外资及港澳台经济占据着研发经费投入的主导，只不过 2005 年以后外资及港澳台经济的研发经费投入一直比较稳定，而私营企业的研发投入则呈现不断上升的趋势，比重从 2001 年的 5.3% 上升到 2009 年的 27.07%，非公有制经济研发投入占比的上升主要是由私营企业研发经费增加带来的。按此态势发展，私营经济将取代外资及港澳台经济成为公有制经济以外研发投入的重要力量（见表 9-5）。混合所有制经济之所以能够超过国有经济，是因为国有经济转制的结果，同时，在保证公有制经济的主导研发投入的情况下，国有经济让位于混合所有制经济正意味着国有经济在控制力上有所提高，国有经济带动和指导作用逐渐发挥。

表 9-5　R&D（研发经费）投入的所有制机构

单位：%

年份	合计万元	国有经济	国有企业	集体企业	混合所有制经济	私营企业	外资及港澳台
2001	17052889	37.08	22.06	5.20	34.94	1.21	21.59
2002	12130319	35.18	20.18	5.01	35.97	1.77	22.04
2003	7207749	30.70	15.74	4.58	38.38	3.10	23.12
2004	11044916	21.93	11.96	2.83	49.96	7.65	27.12
2005	13673413	22.39	11.04	2.59	45.49	7.06	27.19
2006	16301909	22.85	10.12	2.35	41.03	6.46	27.26
2007	21125000	20.98	8.62	1.85	40.21	6.99	29.12
2008	26813110	19.25	10.04	1.44	43.08	8.73	27.20
2009	32115692	19.93	10.04	1.36	41.10	10.02	26.98

注：国有经济包括国有企业、国有联营企业和国有独资有限公司；混合所有制经济包括股份合作企业、联营企业（除国有联营）、有限责任公司（除国有独资）和股份有限公司。

资料来源：根据《中国科技统计年鉴》(2001~2009) 和《中国统计年鉴 2010》相关数据计算，2001 年和 2005 年数据根据差值法计算。

从创新的产出结构和效率看，公有制经济科研产出逐年上涨且维持着主体地位，同时科研产出效率大幅度上升，大大缩小了与非公有制经济的差距。从申请专利数来看，2001 年，公有制经济申请专利占 69.51%，之后虽然逐渐下降，但到 2009 年依然保持在 53.60% 的绝对优势。在公有制经济内部，混合所有制经济是公有部门最主要的科研产出部门。2001 年，混合所有制经济占公有制经济申请专利数的 42.23%，2009 年上升为 77.42%。在非公有制经济中，外资及港澳台经济是科研创新的主要力量，一直占非公有制经济申请专利数的 60% 以上，但从近几年看其逐年下降的趋势明显（见表 9-6）。

创新活动产出离不开投入，因此衡量创新效率就必须依据创新的投入产出情况，结合上面的分析我们分别用劳动产出率和资本产出率来刻画不同所有制经济

表 9-6 R&D（专利申请）产出的所有制结构

单位：%

年 份	合计（件）	国有经济	国有企业	集体企业	混合所有制	私营企业	外资及港澳台
2001	15339	30.41	14.35	9.74	29.36	4.84	18.89
2002	21297	20.80	12.59	6.23	40.82	6.44	25.72
2003	31808	20.80	8.96	4.37	39.65	10.62	29.42
2004	42318	20.80	5.34	2.52	38.49	14.8	33.13
2005	55664	16.17	5.85	2.14	41.79	14.51	30.14
2006	69009	11.54	6.36	1.77	45.09	14.21	27.15
2007	95905	10.21	5.99	1.35	46.51	17.34	29.29
2008	122076	11.76	7.72	1.09	42.06	18.39	26.55
2009	168408	11.26	7.21	0.84	41.50	17.46	28.56

注：国有经济包括国有企业、国有联营企业和国有独资有限公司；混合所有制经济包括股份合作企业、联营企业（除国有联营）、有限责任公司（除国有独资）和股份有限公司。
资料来源：根据《中国科技统计年鉴》（2001~2009）和《中国统计年鉴 2010》相关数据计算，2003 年、2005 年数据由差值法计算。

创新活动的投入产出效率。其中，劳动产出率即平均每项专利所投入的研发人员，资本产出率即平均每项专利所耗费所需投入的研发经费，因此，劳动产出率和资本产出率越低意味着创新活动的效率越高。单纯从数据看，在各种经济成分中，私营企业无论是劳动产出率还是资本产出率都是最高的，国有经济都是最低的，这就意味着私营企业的研发效率高于国有经济。但公有制经济（国有经济、集体经济和混合所有制经济）的科研产出率逐年提高，与私营和外资及港澳台经济的效率差距明显缩小。具体来看，2001 年国有企业创新活动的劳动产出率为 233 人/件，资本产出率为 1708.97 万元/件，分别是外资及港澳台企业的 5.42 倍和 1.35 倍，私营企业的 11.47 倍和 6.16 倍。然而，随着国有企业改革与所有制结构调整进入"优化"阶段，国有企业创新活动效率大幅度上升，到 2009 年，国有企业创新活动的劳动产出率则仅为 12 人/件，资本产出率为 269.59 万元/件，分别只相当于 2001 年的 5%和 15.6%，分别是外资及港澳台经济的 1.58 倍和 1.47 倍，私营企业的 2.53 倍和 2.43 倍（见表 9-7）。国有企业与混合所有制企业之间的效率差距也呈现快速缩小的趋势。一般认为创新的成功率低于 5%，如果按照这一比例计算，那么国有企业以及整个公有制经济在 2001~2009 年的 9 年间投入产出效率应该比表 9-7 所反映的更高。不仅如此，与私营企业和外资及港澳台企业重视专利申请不同，公有制经济特别是国有企业所在行业存在较大差异，私营企业与外资及港澳台企业多处于劳动密集型行业，因此创新活动多集中于实用型与外观型创新较多，而国有企业则在基础领域和新产品方面更多。此外，外资及港澳台企业引进技术较多，且在引进过程中进行再创新的成本相对较低。因此，结合上述分析，我们可以得出结论，即国有经济特别是国有企业的实际创新活动要远高于我们表 9-7 中所列出的数据。即便如此，表 9-7 所反映的国有企业以及公有制经济效率提高程度也是非常大的。

表 9-7　R&D 投入产出效率的所有制结构

年份	合计	国有企业	国有经济	集体企业	混合经济	私营企业	外资及港澳台
劳动产出率（人/件）							
2001	89	233	157	37	98	20	43
2002	64	162	153	39	55	18	25
2003	7	42	28	14	15	5	7
2004	13	36	17	9	14	8	7
2005	11	26	20	8	11	7	7
2006	10	21	24	7	10	5	8
2007	9	18	20	6	8	4	8
2008	8	12	14	6	9	4	8
2009	8	12	14	7	8	5	7
资本产出率（万元/件）							
2001	1111.73	1708.97	1355.41	593.45	1323.32	277.50	1270.61
2002	569.58	913.04	963.66	458.35	501.86	156.77	488.16
2003	226.61	459.32	334.50	275.78	221.48	58.59	170.94
2004	261.00	585.04	275.16	293.62	338.75	134.96	213.63
2005	245.64	447.01	366.60	303.80	257.49	118.09	227.13
2006	236.23	375.98	467.55	312.67	214.96	107.31	237.23
2007	220.27	316.97	452.67	302.87	190.41	88.81	218.98
2008	219.64	285.56	359.69	290.07	224.97	104.19	224.98
2009	190.70	265.59	337.58	309.54	188.86	109.47	180.15

注：国有经济包括国有企业、国有联营企业和国有独资有限公司；混合所有制经济包括股份合作企业、联营企业（除国有联营）、有限责任公司（除国有独资）和股份有限公司。

资料来源：根据《中国科技统计年鉴》(2001~2009) 和《中国统计年鉴 2010》相关数据计算，2003 年、2005 年数据由差值法计算。

三、国有经济与非国有经济呈现出更明显的相对分工趋势

"十一五"期间国有经济进一步集中：一是向基础性行业集中，二是向大型企业集中，三是向中央企业集中。这种集中是所有制结构进入"优化"调整的结果，反映了国有经济与非国有经济在国民经济中分工逐渐清晰，形成优势互补的态势。2008 年，在全部国有资产中，基础性行业的资产达到 24.6 万亿元，大型企业 36.1 万亿元，中央企业 21.3 万亿元，分别比 2005 年增长了 9.9 万亿元、

26.8万亿元、8.4万亿元,增长率分别为67.27%、290.1%、65.51%(见表9-8)。就业方面,基础性行业就业占国有经济就业总量的55.13%,大型企业占78.88%,中央企业占46.34%。国有经济向这些领域集中对于提高国有经济资产的质量,增强国有经济的活力和控制力具有重要作用。因为,这些领域的资产质量明显高于国有经济的总体水平,资产负债状况也好于全国平均水平。因此,国有经济的战略性收缩对于提高国有经济竞争力具有重要意义。

表9-8 2008年国有企业分布特征

单位:%

	资产占比	就业占比	资产负债率
全国合计	100.00	100.00	59.9
基础性行业	57.81	55.13	57.7
大型企业	84.96	78.88	59.6
中央企业	50.01	46.34	56.1

资料来源:根据《中国国有资产监督管理年鉴》(2009年)相关数据计算。

1. 在工业、批发零售以及住宿餐饮业中,国有、集体等公有经济已经让位于混合所有制经济和私营及三资经济,国有经济已经集中于国民经济的关键产业和行业。而且,在金融业中国有资本仍占据着最重要地位,为国民经济稳定发展做出了重要贡献

经过所有制结构的优化调整,国有经济逐渐从竞争性行业退出,并向国民经济的关键行业集中,而私营与外资经济则逐渐成为绝大多数竞争性行业的主导力量。从表9-9可以看出,私营、三资等非公经济分布最为集中的是餐饮业,占餐饮业资产的66.33%;其次是工业,占57.63%;批发业最低,也有34.50%。混合所有制经济分布较为均衡。其中,零售业最高占49.44%,餐饮业最低占27.15%。

表9-9 2009年不同行业资产的所有制结构分布状况

单位:%

	工业	批发业	零售业	住宿业	餐饮
合计	**100**	**100**	**100**	**100**	**100**
国有企业	8.36	20.03	6.09	22.12	5.12
集体企业	1.76	1.69	1.91	2.17	1.39
国有、集体合计	**10.11**	**21.73**	**8.00**	**24.29**	**6.51**
股份合作企业	0.66	0.28	0.69	0.73	1.45
联营企业	0.24	0.32	0.21	0.45	0.05
有限责任公司	22.17	31.54	29.25	25.71	20.41
股份有限公司	9.19	11.64	19.29	3.84	5.24
混合经济小计	**32.26**	**43.78**	**49.44**	**30.73**	**27.15**
私营企业	29.67	22.73	27.26	20.80	46.25

续表

	工业	批发业	零售业	住宿业	餐饮
港澳台资企业	9.56	2.59	5.53	14.11	7.27
外商投资企业	18.40	8.70	8.88	9.26	11.11
其他企业	—	0.47	0.87	0.80	1.70
私营、三资、其他小计	57.63	34.50	42.55	44.97	66.33

注：表中工业为规模以上数据，其他为限额以上企业。
资料来源：根据《中国统计年鉴2010》相关数据计算得到。

在国民经济最主要的工业部门中，国有及其控股经济、民营经济与外资及港澳台经济在不同行业的分布也呈现出不同的特点。其中，国有经济的资产以及生产能力主要集中于煤炭、烟草、石油和天然气、黑色金属、交通运输设备制造业、电力、热力、燃气、水的生产和供应等关系国计民生的关键领域，而绝大多数竞争性工业行业都以私营和外资经济为主。在工业全部39个行业中，国有、私营与外资经济分别在相关行业占据优势。就资产分布而言，国有及控股经济资产占比超过50%的行业包括煤炭、烟草、石油和天然气、黑色金属冶炼、交通运输设备制造业、电力、热力、燃气和水的生产及供应8个行业，资产占比超过30%的则包括黑色金属和有色金属采选、化学制造、有色冶炼和专用设备制造5个行业，除黑色金属采选外其他均超过私营与外资经济的资产比重；而私营经济资产占绝对优势的行业只有其他采矿和木材加工与金属制品2个行业，超过规模以下企业总资产的50%，在包括黑色金属采选等14个行业占该行业规模以下企业总资产的30%以上，其中超过国有及控股与外资的行业有9个，占有相对优势；外资则在皮革、文教以及通信、计算机及其他电子设备制造3个行业超过该行业以下总资产的50%，占绝对优势，在食品制造等13个行业超过30%，其中11个行业超过国有及国有控股与私营经济，占有相对优势。

就产值而言，国有及国有控股企业在煤炭开采、石油和天然气开采与加工、烟草、电力、热力的生产和供应业、水的生产和供应业6个行业比重超过50%，占绝对优势，而在黑色金属开采与冶炼、交通设备制造以及燃气生产和供应3个行业产值占比在30%以上，超过私营及外资经济占有相对优势；私营经济在黑色金属、非金属以及其他金属采选业、纺织、木材、家具6个行业中产值比重超过规模以上全部产值的50%，在有色金属采选等20个行业的产值比重在30%~50%，超过国有及国有控股企业和外资经济比重的达到15个，即在15个行业有相对优势；外资经济则在文体用品以及通信、计算机及其他电子设备制造业2个行业的产值超过50%，占绝对优势，在食品制造等13个行业产值超过30%，其中7个行业超过国有及国有控股与私营经济，占相对优势。

除了在基础性行业以外，需要指出的是，在包括银行、保险、证券、基金等现代经济核心的金融部门，在教育、医疗以及公共基础设施等关系全民福祉的非营利机构与公共品准公共品提供的部门，国有资本占据着绝对优势，这些部门的国有经济是国民经济健康发展与社会主义走向共同富裕的重要物质基础和保障。而且，如果将这些部门的国有资产计算在内，国民经济中国有资产比重将进一步大幅度提升。以银行为例，在2009年银行业金融机构将近78.8万亿元的总资产中，仅3家政策性银行和中、农、工、建、交5家国有银行资产就接近60%，超过47万亿元，大量的股份制银行以及城市商业银行中国有资本处于绝对控股的地位，而外资银行资产占比仅为1.71%。

基于此，我们可以得出一个基本判断，在社会总资产中，虽然公有经济的资产比重下降了，但国有资产仍占据着主导甚至主体地位，在基础性行业以及关键领域、金融部门以及教育医疗等公共领域主导着社会发展的方向，保障着国民经济的健康发展。而在工业、批发零售以及住宿餐饮等竞争性行业中，私营、外资经济是最主要的力量，为丰富社会产品，增强竞争做出了重要贡献。这种国有与非国有经济，公有与非公有经济优势互补的分布特征是所有制结构优化调整的结果，也符合大多数发达国家发展的基本规律。

2. 国有企业向大型企业集中

第一次全国经济普查（2005年）结果显示，按照登记注册类型分组，国有企业数量占单位数的5.5%，集体企业占10.5%，私营企业占61.0%，其他有限责任公司占10.6%，股份有限公司占1.9%，港澳台商投资企业占2.3%，外商投资企业占2.4%。虽然国有企业的数量相对较少，但已经向大中型企业集中。这种集中实现的一个重要路径是：通过有限责任公司、股份有限公司、上市公司等实现形式，国有经济支配着大量的非国有资本，增强了国有经济的控制力、竞争力和影响力。早在21世纪初期，就有1200多家国有企业在上海、深圳、香港的股本交易所上市；这些公司创造的产值占GDP的18%，其市值占GDP的40%。

目前，绝大部分上市公司都是国有控股企业，绝大部分中央企业都是上市公司。2009年，我国上市公司已达1718家，股票总股本达26163亿元，股票总市值243939亿元，当年通过股市筹集资金4967.7亿元。在上市公司的股权结构中，包括国有股在内的法人股占绝对和相对优势，国有资本处于控制和支配地位。2005年除金融部门以外，国有企业共有127067户，其中，大型国有企业2761家，仅占2.17%，但其就业人员占国有企业总从业人员的48%，资产占全部国有企业资产的27.39%。到2008年全部一级国有企业52859家，其中，大型国有企业1744家，占3.30%。2005年全部国有企业就业人员为1894.5万人，到2008年上升到2896.6万人，增加了1000多万人，大型国有企业就业占比达到78.88%，比2005年上升了30.88个百分点。2005年大型国有企业资产只有23615.5亿元，到2008年增长到109195.2亿元，增长了362%，占全部国有企业资产总额的 83.15%（见表 9-10）。

表 9-10 2005~2008 年大型国有企业规模变化特征

年 份	就业（万人）			资产（亿元）		
	大型国有企业	全国国有企业	占比（%）	大型国有企业	全国国有企业	占比（%）
2005	1894.5	3932.3	48.18	23615.5	86231.2	27.39
2006	1884.6	3374.6	55.85	27886.2	97624.3	28.56
2007	2853	3738.1	76.32	97012.7	116200.4	83.49
2008	2896.6	3672.3	78.88	109195.2	131323.7	83.15

资料来源：根据《中国国有资产监督管理年鉴》（2006~2009 年）相关数据整理计算得到。

3. 国有经济向中央企业集中

与国有经济数量不断下降形成鲜明对比，国有经济的资产规模不断扩大。2008 年，国有经济资产规模达到 42.5 万亿元，其中，中央企业 21.3 万亿元，地方企业 21.8 万亿元，分别比 2005 年增长 67.69%、65.51%和 57.83%。中央企业实现销售收入 10.8 万亿元，利润 6830.4 亿元，比 2005 年增长 60.44%和 8.82%。地方国有企业实现销售收入 5.8 万亿元，实现利润 2744.2 亿元，比 2005 年增长 107.49%和 108.10%。中央企业利润之所以没有出现大幅度增长，原因在于 2008 年爆发了严重的国际金融危机。实际上，无论是中央企业还是地方国企，2008 年利润较 2007 年都有所下滑。表 9-11 给出了 2005~2008 年中央企业规模变化情况。从中可以发现，中央企业在缓慢增长，其中，2005 年中央企业就业人员占全部国有企业就业人员的 43.48%，到 2008 年这一比重上升到 46.34%，其中最高的 2006 年为 50.26%。就资产而言，2005 年中央企业资产 45393 亿元，占全部国有企业资产的 52.64%，到 2008 年中央企业资产为 72926.7 亿元，比 2005 年增加了 27533.2 亿元，占全部国有企业总资产的 55.53%，而 2006 年则占到 57.32%。之所以中央企业就业绝对数在 2005~2008 年变化不大，主要是因为中央企业多涉及资本密集的行业，其创造就业能力较弱。中央企业 80%以上的资产集中在石油石化、电力、国防、通信、运输、矿业、冶金、机械工业等行业和领域，而企业户数则由 196 家减少到 138 家。2007 年，在石油天然气开采、电力热力生产和供应业工业总产值中，国有及国有控股企业占 96.9%和 90.8%，石油加工、炼焦及核燃料加工业，国有及国有控股企业占 75.5%，煤炭开采和洗选业、水的生产和供应业，国有及国有控股企业分别占 63.3%和 66.8%，交通运输设备制造业、黑色金属冶炼及压延加工业、有色金属冶炼及压延加工业等基础性和支柱性产业领域，国有及国有控股企业分别占 49.8%、42%和 32.2%。[①] 而之所以，中央企业

---

① 国家统计局：《改革开放 30 年报告》，http://www.stats.gov.cn/tjfx/ztfx/jnggkf30n/t20081106_402514956.htm。

在2007年以后资产增长幅度放缓，主要是因为由美国次贷危机所引发的全球性金融危机的冲击，使得中央企业受波及较大。这主要是因为中央企业的开放程度较高，且承担着重要的对外投资项目。中央企业是海外投资的主力军，截至2008年底，中央企业在全球127个国家和地区共设立对外直接投资企业1791家，累计对外直接投资1165亿美元，占对外直接投资累计净额的63.3%。

表9-11 2005~2008年中央企业规模变化特征

年份	就业（万人）			资产（亿元）		
	中央企业	全部国有企业	占比	中央企业	全部国有企业	占比
2005	1709.6	3932.3	43.48	45393.5	86231.2	52.64
2006	1696.0	3374.6	50.26	55956.5	97624.3	57.32
2007	1732.3	3738.1	46.34	66995.9	116200.4	57.66
2008	1701.7	3672.5	46.34	72926.7	131323.7	55.53

资料来源：根据《中国国有资产监督管理年鉴》（2006~2009年）相关数据整理计算得到。

此外，中央企业的发展提升了我国企业的国际竞争力。2005年，世界500强企业中，中国企业只有19家（含中国香港、中国台湾），其中国有及国有控股企业15家，中央企业10家。随后逐年增加，到2010年，世界500强企业中中国企业达到54家（含中国香港、中国台湾），其中国有及国有控股企业增加到42家，比2005年增加了27家，中央企业30家，比2005年增加了20家。2007年后世界500强企业中中国企业，特别是国有企业的快速增加，固然有金融危机冲击使原有世界500强中的一些企业损失惨重的因素，但不可否认，国有经济的战略重组在扩大相关企业规模的同时增强了它们的核心竞争力和盈利能力。以规模以上国有工业企业为例，2005年，规模以上国有企业人均利润为34774.78元，2009年增长到51498.2元，增长了48.1%，年均增长12.61%。实际上，国有企业同样受到金融危机的冲击，危机前的2007年人均利润最高达到61934.89元，2008年比2007年下降了18.43%，2009年重新恢复了增长。这说明国有企业不仅盈利能力增强了，抵御风险的能力也提高了。

四、存在的某些问题

所有制结构进入"优化"调整阶段后，公有制经济与国有企业得到进一步发展，取得了预定目标。2010年，国有经济的盈利能力大幅提升，全国国有企业累计实现利润19870.6亿元，同比增长37.9%，纳入统计的国有企业主要效益指标创历史新高，营业总收入、实现利润和上交税费三大指标比"十五"末期均实现翻番。[①] 非公有制经济，特别是民营经济取得巨大发展，无论是在规模上，还是发展速度以及对社会贡献程度，非公有制经济都已成为国民经济中的重要组成部分。尽管，所有制结构调整取得了巨大成就，但对于调整过程中出现的一些新问题仍需要深入研究，以使社会主义初级阶段市场经济向着更成熟的方向发展。

1. 所有制总体结构问题

根据"公有制为主体，多种所有制经济共同发展"的初级阶段基本经济制度原则，如何优化所有制结构，是我们面临的一个迫切的时代课题。由于缺乏明确的"量"的调整目标，以及对于不同调整阶段可能会出现的新特征缺乏足够的预见，而没有对其进行及时的调整与说明，这就使学术界和从事实践工作的人根据个人的偏好产生不同的判断，从而对当前所有制结构有不同的理解，而对于国有经济应调整到何种状态，非公有制经济如何发展产生了质疑。对目前的所有制结构，"左派"和"右派"都表示不满足，但却是基于完全对立的观点。其中，"左派"认为，中国经济中，公有制经济不断下降和非公有制经济份额越来越大，贫富差距日益扩大，正在脱离社会主义经济的正确轨道。而"右派"则认为，国有企业所占比重仍然太高，所占用资源过大，不符合建立高效率的市场经济的"内在"需要。这种观点的对立在近年所谓"国进民退"现象的争论中得到最充分的表现。受这种争论的影响，某些政府官员矢口否认存在"国进民退"现象。

这类争论表明，仅仅强调"毫不动摇地巩固和发展公有制经济，毫不动摇地鼓励、支持和引导非公有制经济发展"是远远不够的，容易导致思想的混乱。因此，对社会主义初级阶段的所有制结构，我们需要有一个准确的定量判断，有一个明确的实践指南。我们必须进一步研究是否存在一种最优所有制结构的问题。

究其根源是缺乏对所有制结构调整过程中不同所有制经济在国民经济中科学的量化判断与产业分布的合理结构的权威研究。需要指出的是，纯而又纯的公有制在我国社会主义建设过程中已经被证实在社会主义初级阶段是不利于生产力发展的，因此，在当前应鼓励多种所有制经济共同发展，特别是要促进非公有制经济发展。另外，鼓吹私有化也是不科学的，更不符合发达国家的基本发展规律。尽管私有化浪潮后，发达国家国有经济规模大幅缩小，但其在国民经济中的地位却更加突出了。主要发达资本主义国家国有经济规模不同程度的下降，但仍有较高比例且分布领域较为广泛。

2. 如何消除制度上的某些歧视，并允许非国有企业进入国企垄断行业的问题

民营经济是中国发展市场经济的核心力量。如何完善民营经济的发展环境，是中国建立健康的市场经济的必然要求。自2005年"非公经济36条"颁布以来，相关的制度建设逐步推开，垄断行业（除关系经济安全的行业外）大都在理

[①] 张茉楠. 国企2万亿利润背后的隐忧. 经济参考报，2011-01-24.

论和政策层面上已向民营经济开放。但在操作层面上,很多领域依然存在一道看不见的"玻璃门"阻挡着民营企业进入。例如,在石油领域,民营企业的实际进入与政府出台的政策相去甚远。2005年,商务部发布《成品油批发企业管理技术规范》、《成品油仓储企业管理技术规范》两个征求意见稿,规定申请设立成品油批发企业的申请主体注册资本应不低于1000万元,从事两年以上成品油零售业务,且须拥有30座以上自有或控股加油站。另外,天然气开采准入政策要求注册资本不少于40亿元。对于民营企业来讲,不可能短期内具备这些准入条件。正如中国民(私)营经济研究会会长保育钧指出:放在私营经济发展的整个历史进程中来看,"非公经济36条"堪称一份划时代的文件。但是,让人失望的是,直到目前,"非公经济36条"落实很难,也可以说基本没有落实,原因是碰到了既得利益集团的强大阻力,许多业内人士抨击的"玻璃门现象"(看得见进不去)并没有实质性的改变。[①]全国工商联关于"非公经济36条"落实情况的问卷调查显示,在行业准入方面障碍最大的五个行业分别是电力、电信、石油、金融服务业和公用事业,[②]而障碍主要来自技术、资金以及从业经验。为了将民营资本引向广泛的领域,切实破除阻碍非公有制经济发展的制度性障碍,2010年国务院颁布了《国务院关于鼓励和引导民间投资健康发展的若干意见》,也就是"新36条"。

要使"新36条"真正落到实处,发挥促进非公有制经济特别是民营经济的作用,就要做到以下几点:首先,要不断解放思想,打破不适合时代发展的陈旧观念束缚,制定并落实相关政策。民营经济的发展也得益于思想解放与政策支持。进一步发展民营经济就要求通过理论创新取得理论与实务界思想上的基本一致,减少不必要的争论,为民营经济发展创造良好的舆论环境。其次,在政策与相关法律法规执行上要借鉴渐进改革的成功经验,逐渐落实"非公经济36条"及相关配套政策。由于涉及原有利益格局的重新调整,相关阻力要比民营经济发展初期大得多,因此,必须渐进破除垄断壁垒,消除不同领域的既得利益团在激进改革情况下形成同盟关系的可能,分化打破垄断的阻力。通过逐次放开相关领域,打破限制民营经济进出相关垄断部门的各种壁垒,真正开启"玻璃门",为民营经济争取更大的发展空间。最后,提高政府服务效率,减少行政审批程序,进一步改革现行税费制度,降低民营企业的运行成本。

所有上述思路都是正确的选择。但是,与此同时,我们不能走向另一种极端,认为国有企业只能存在于"公共物品"领域。我们不能以英美模式作为所谓的"国际经验",以此模式来评判中国国有企业的状态,不宜将国有经济仅仅限定在非竞争性领域或公共物品的提供者。

---

① 张志勇. 中国往事30年. 经济日报出版社,2009.
② 黄孟复. 中国民营经济发展报告 (2007~2008). 社会科学文献出版社,2008.

从发达国家的发展经验看，除英、美国有经济规模最小（1%左右）外，芬兰、法国、意大利等绝大多数国家依然保持着较大比重的国有企业。其中，芬兰仅国有独资企业资产价值就占该国 GDP 的 80%，而法国和意大利[①]则分别占到该国 GDP 的 25%和接近 30%。从产出看，德国、法国和意大利[②]的国有企业营业额占 GDP 的 10%~15%，而芬兰的营业额占 GDP 的比重达到 45%。从所有权结构看，OECD 国家平均一半以上的国有企业是国有独资的，20%是国有控股的，也就是说，近 3/4 的国有企业完全或者大部分由国家控制或所有。从国有经济分布的领域看，OECD 国家的国有企业分布依然广泛，并不仅仅局限于公共品领域。绝大多数国家都根据国情，在不同的竞争性产业领域保持着国有企业。在主要的能源资源（如水力发电、石油、天然气和煤炭等）、邮政电信系统、主要的运输系统（铁路、航空）以及金融等"战略性"领域依然存在大量的国有企业。

3. 外资对国民经济安全的冲击问题

外资与国家经济安全是近年来各界非常关注的重大问题之一。之所以为各界所关注，主要是基于外资对于一国国家经济安全构成了较大威胁。所谓国家经济安全，就是一国的国民经济发展和经济实力处于不受根本威胁的状态。也就是在经济全球化时代背景下，一国保持其经济存在和发展所需资源有效供给、经济体系独立稳定运行、整体经济福利不受恶意侵害和非可抗力损害的状态和能力。由于外资具有趋利性、流动性和政治性等特点，因此，使引入外资具有可以促进一国经济快速发展的好处的同时，也可能会加重一国经济失衡状况，扩大危机的冲击和经济动荡，甚至使一国完全依附于外资企业，从而丧失经济甚至政治主权。从拉美金融危机，到东南亚金融危机以及本次论全球性金融危机都与外资企业的趋利性密切相关。

一般来讲，外资进入会使一国的金融安全、产业安全、能源安全、粮食安全等受到严重威胁。具体到我国而言，随着"入世"逐渐放松产业管制以后，外资经济开始向制造业以外的领域进入。表 9-12 给出了近年来外资进入的产业分布状况。从中可以发现以下几个特征：首先，外资正沿着产业链向制造业的上下游纵向延伸，即向上游的能源资源类产业和技术研发等，下游的批发零售、物流仓储等延伸。显然，通过向"微笑曲线"两端的纵向延伸，外资正在逐渐控制整个产业链并获得更高收益。这表明，外资经济在为从国际市场转向中国国内市场的战略转移做准备。其次，外资对与国计民生相关的产业，如水利、环境和公共设施管理业、电力、燃气及水的生产和供应业等行业增资迅速，这些行业与居民日

[①] 统计范围：法国只包括规模最大的 50 家国有企业集团，意大利只包括中央政府国有企业。
[②] 统计范围：法国只包括"一级"国有企业，意大利只包括中央政府国有企业，德国只涉及联邦一级规模较大的国有企业。

常生活密切相关，关系着全社会的福利水平，而且价格弹性较小，因此价格稍有提高就会为外资企业带来巨大利润，同时损害居民的生活与福利水平。无论是纵向延伸还是横向延伸，都会对中国的经济安全产生影响。再次，逐渐向关系国计民生的重要行业中的骨干企业渗透，通过控制龙头骨干企业控制该行业。近年来，跨国公司并购行业龙头企业的案例逐渐增多，对我国本土品牌造成巨大冲击。跨国公司并购的目的已从过去单纯通过参股分享中国经济发展的成果，逐渐转向实现公司全球战略布局意图。相当多的外资并购并非仅仅追求财务上的收益，更多的是追求产业整合、技术独占、品牌通吃、资源控制、垄断地位、消灭现存和潜在竞争对手等。在外资并购下中国一系列家喻户晓的名牌产品为外资所并购并"雪藏"起来（如健力宝、南孚等），最终逐渐在市场上消失。更有甚者，

表9-12 2005~2009年实际利用外资的产业分布

单位：亿美元，%

行业	2005年	2006年	2007年	2008年	2009年	2009/2005年	增长率
总计	603.25	630.21	747.68	923.95	900.33	49.25	11.03
农、林、牧、渔业	7.18	5.99	9.24	11.91	14.29	98.92	21.61
采矿业	3.55	4.61	4.89	5.73	5.01	41.03	10.11
制造业	424.53	400.77	408.65	498.95	467.71	10.17	3.05
电力、燃气及水的生产和供应业	13.94	12.81	10.73	16.96	21.12	51.47	14.56
建筑业	4.90	6.88	4.34	10.93	6.92	41.11	29.60
交通运输、仓储和邮政业	18.12	19.85	20.07	28.51	25.27	39.45	10.34
信息传输、计算机服务和软件业	10.15	10.70	14.85	27.75	22.47	121.47	28.02
批发和零售业	10.39	17.89	26.77	44.33	53.90	418.98	52.27
住宿和餐饮业	5.60	8.28	10.42	9.39	8.44	50.69	13.41
金融业	2.20	2.94	2.57	5.73	4.56	107.64	30.87
房地产业	54.18	82.30	170.89	185.90	167.96	210.00	39.67
租赁和商务服务业	37.45	42.23	40.19	50.59	60.78	62.29	13.49
科学研究、技术服务和地质勘察业	3.40	5.04	9.17	15.06	16.74	391.65	51.33
水利、环境和公共设施管理业	1.39	1.95	2.73	3.40	5.56	299.92	42.07
居民服务和其他服务业	2.60	5.04	7.23	5.70	15.86	509.96	73.59
教育	0.18	0.29	0.32	0.36	0.13	−24.00	6.32
卫生、社会保障和社会福利业	0.39	0.15	0.12	0.19	0.43	9.09	26.24
文化、体育和娱乐业	3.05	2.41	4.51	2.58	3.18	3.97	11.54
公共管理和社会组织	0.04	0.07	0.00	0.00	0.00	−99.73	—

资料来源：根据《中国统计年鉴》（2006~2010年）相关数据计算得到。

逐渐收购涉及产业安全的龙头企业，如徐工集团、佳木斯联合收割厂等，通过控制龙头企业控制整个行业。最后，对国内经济产生挤出效应，导致国内资本流向金融、房地产等资本市场，加剧了金融风险。尽管外资经济在纵向和横向领域所占份额不高，但如果按照当前的速度发展，必然产生挤出效应。在国内资金较为充足且未得到充分利用的情况下，这种挤出效应尤为明显。过剩的资金在实体经济中找不到投资渠道，必然会转向金融资产和房地产，从而造成金融房地产泡沫。此外，由于我国汇率、利率都存在上升预期，加速了短期游资的进入，加剧了我国的金融风险。

外资进入是一把"双刃剑"，但如果做好防火墙工作就会将外资进入的弊端降低，从而有利于促进经济发展。长期以来，我国疏于对外资进入的防火墙机制设计，缺乏对于外资进入的立法管理，再加上各地区的恶性竞争，导致外资轻易获得"超国民待遇"，同时将市场、优良企业以低廉价格出售给外资企业，造成大量国有资产流失。因此，在今后进一步完善全方位、多层次、宽领域的对外开放格局的同时，要妥善处理扩大利用外资和维护国家经济和产业安全的关系。为实现这一目标，就必须从法律、制度、政策以及部门建设等多角度建立健全外资进入可能给国民经济带来的风险评估、预警与防范机制。

五、结束语

所有制结构问题所涉及，绝不仅仅是经济效率和社会福利问题，还涉及政治问题。特别是决定一国经济中国有经济比重的因素，是比较复杂的，不只是国有企业的内部效率，还包括政党与意识形态、社会公平目标、自然垄断产业的特性、特定阶段社会经济发展的需要等。仅仅依赖于经济效率，并不能够对国有企业给出一个全面、客观的评判。因此，在讨论所有制结构调整变化过程中，应该综合考虑经济、社会、政治等因素，还要结合一国经济、社会、政治等发展的阶段性特征，才能切实把握不同所有制经济发展的基本规律，促进经济发展。有鉴于此，各国应根据本国国情决定其最优所有制结构和国有经济和公有制经济的最优规模。

（执笔：杨春学　杨新铭　胡家勇）

参考文献

[1] 胡红伟. 央企利润上缴比例提高，中国烟草等收取利润 15%. http://www.bjnews.com.cn, 2010-12-31.

[2] 国企 2 万亿利润背后的隐忧. 经济参考报, 2011-01-24.

[3] 十年央企大变身：从哪里来，向何处去?. 南方周末，http://www.infzm.com.

[4] Judith Clifton, Fracisco Comin, Danniel Diaz Fuentes. Privatization in the European Union, Kluwer Academic Publishers, 2003.

[5] Shirley, Mary M., Walsh, Patrick Maurice. Public vs Private Ownership: The Current State of the Debate. World Bank Policy Research Working Paper, 2000.

[6] Word Bank and the International Finance Corporation. Doing Business 2011 China, http://www.doingbusiness.org/reports.

[7] 程恩富，程言. 振兴民族产业不能靠外资并购. 中国财经报，2006-12-12.

[8] 戈登·塔洛克. 寻租. 李政军，译. 西南财经大学出版社，1999.

[9] 工商总局. "十一五"期间个私经济创造明显经济效益和社会效益，http://www.saic.gov.cn.

[10] 国家统计局. "十一五"经济社会发展成就系列报告之二：对外开放再上新台阶. 中国统计信息网，2011-03-02.

[11] 国家统计局. 改革开放30年报告，http://www.stats.gov.cn.

[12] 胡星斗. 建议"两会"审议和制止"国进民退". 学习月刊，2010 (6).

[13] 黄孟复. 中国民营经济发展报告 (2007~2008). 社会科学文献出版社，2008.

[14] 经济合作与发展组织. 国有企业公司治理：对OECD成员国的调查. 李兆熙，谢晖，译. 中国财政经济出版社，2008.

[15] 李俊江，史本叶，侯蕾. 外国国有企业改革研究. 经济科学出版社，2010.

[16] 李子彬. 宏观经济调控与中小企业发展面临的机遇与挑战. 经济科学出版社，2009.

[17] 刘建丽，王欣. 我国利用外资"十一五"回顾与"十二五"展望. 财贸经济，2010 (7).

[18] 全国工商联研究室. 中国改革开放30年民营经济发展数据. 中华工商联合出版社，2010.

[19] 田为民，景维民. 基于经济增长的最优所有制结构安排. 经济问题，2008 (8).

[20] 王涛，吴国蔚，曾诗鸿. 外资准入政策与国家经济安全问题研究文献综述. 上海经济研究，2005 (12).

[21] 吴敬琏. 中国市场经济出现倒退. 理论学习，2011 (9).

[22] 许小年. 国进民退背离改革方向. 商界 (评论)，2009 (11).

[23] 杨永华. 内、外资企业对中国工业经济增长的贡献比较. 亚太经济，2010 (3).

[24] 张春霖. 国有企业改革：效率与公平的视角. 经济社会体制比较 (双月刊)，2008 (4).

[25] 张文魁. 重启有时间表的国企民营化改革. 改革内参，2010 (38).

[26] 张志勇. 中国往事30年. 经济日报出版社，2009.

[27] 中国企业管理研究会，中国社会科学院管理科学研究中心. 中国企业改革发展三十年. 中国财政经济出版社，2008.

[28] 丁冰. 利用外资须重视维护国家经济安全. 求是理论网.